POLITICAL HISTORY OF
JAPAN–KOREA NORMALIZATION TALKS

日韓国交正常化交渉の政治史

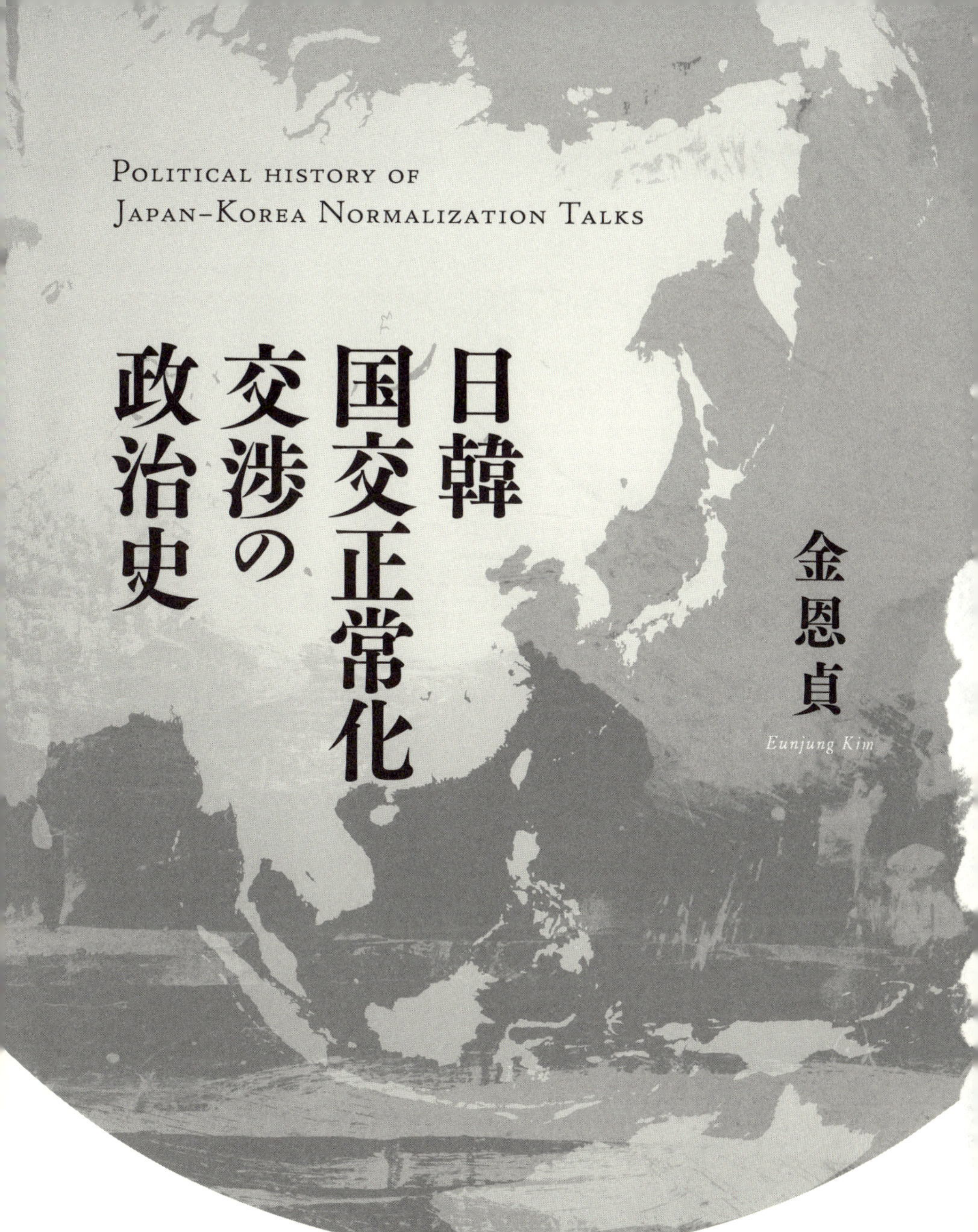

金恩貞

Eunjung Kim

千倉書房

日韓国交正常化交渉の政治史

目次

第2章

対韓請求権交渉案の成立

―「相互放棄＋α」案の成立過程　一九五二〜五三年　067

第5章 経済協力方式での決着
――事務的折衝と政治的妥協の狭間 一九六一～六二年

凡例

一、文中の［　］は、特に断らない限り、筆者（引用者）による注記である。

二、韓国人名は、初出に限り韓国・朝鮮語の発音でルビを振り、主要な英文人名および英文組織名は初出に限り（　）で英文を表記した。

三、一次史料および引用文献の情報は、初出時に表記した。

四、国会議事録はすべて、以下のウェブサイトから引用した。
国立国会図書館「国会会議録検索システム」（http://kokkai.ndl.go.jp）

五、和文史料の表記
外務省文書　情報公開法に基づく日本外務省開示文書
注で、請求番号－文書番号を表記。
例、外務省文書、二〇〇六－五八八（請求番号）－六九（文書番号）

六、韓国・朝鮮語史料の表記
韓国外交文書　韓国外交史料館韓日会談外交文書
注で、登録番号を表記。
例、韓国外交文書、七七
『調書』『対日賠償要求調書』大韓民国政府、一九五四年

七、英文史料の表記
NA　National Archives II, College Park, Maryland, USA
RG　Record Group
Sebald Diaries William J. Sebald Papers, 1887-1980

八、政府名の表記
本書は、朝鮮半島で一九四八年八月一五日に樹立した大韓民国政府を「韓国」、一九四八年九月九日に樹立した北朝鮮人民共和国政府を「北朝鮮」と略記する。なお、戦後韓国政府が樹立する以前の北緯三八度線以南の地域を「南朝鮮」、その政府を「南朝鮮過渡政府」と記す。

九、「日韓国交正常化」および「日韓国交正常化交渉」の表記

日韓国交正常化とは、戦後、日本と新生独立国として出発した韓国が正式な外交関係を樹立したことを意味する。日韓関係において、この用語は、断絶していた不正常な状態からの回復を意味する「国交回復」、「復交」として使われるより、「国交樹立」という意味として理解される。

一〇、引用文の表記

日本の外務省文書からの引用や韓国の外交文書および韓国・朝鮮語文献からの翻訳引用にあたり、一般的な日本語の表記・表現を用いて要約を行った箇所がある。なお、今日、あまり用いられることのない、あるいは一般的でない表現であっても、当時の時代背景や文脈に鑑み必要と思われる場合は、そのままとし、ママルビを振った。

序論　戦後日本の対韓外交の原点

日韓請求権問題の再検討

一九六五年の国交正常化以来、日本と韓国は政治、経済、文化などあらゆる分野で協調関係を拡大してきた。その一方、日本の朝鮮統治に対する歴史的評価をめぐっては、現在も両国の感情的対立が続いている。戦前の歴史に対する異なる認識は、過去の清算をめぐる論争の主因であり、その射程は、植民地支配に関わる諸問題に向けられている。敗戦国日本による戦後処理の一環でもあった日韓国交正常化交渉（以下、日韓会談）[1]は、本来このような過去を清算する重要な機会となるはずであった。

日韓会談は、一九五一年一〇月に予備会談が開始され、一九六五年六月に最終妥結を迎えるまで、実に約一四年もの歳月を費やした。同会談において、歴史認識をめぐる両国の対立が最も顕在化したのは、財産請求権の問題（以下、請求権問題）においてであった。請求権交渉は会談そのものの成否の鍵を握っていたといって過言ではない。しかし、この問題は最終的に、「過去清算」を意味する請求権の名目ではなく、「経済協力」によって解決されることになる。その結果、日本の朝鮮植民地支配に対する韓国の賠償請求権のみならず、植民地支配により生じた朝鮮人被害者への個人請求権も封印されることになった。
本書は、日韓請求権問題の解決に至る日本政府内の政治過程を分析対象とし、従来不透明だった経済協力方式の形成過程を明らかにした上で、日韓会談の史的展開に新たな視座を提供したい。

先行研究

日韓会談に関する先行研究は、汗牛充棟の観をなしているが、とりわけ日韓関係史[2]、韓国現代史[3]、日本外交史[4]の観点から書かれた著作は多い。これらの研究は、総じて過去の朝鮮支配を正当化する日本人の歴史認識に対する批判的視座に立ち、日本人の植民地支配に対する反省の欠如が日韓会談にも投影されたと主張している。

これらの先行研究は、日韓会談について以下の三点の歴史観を共有している。第一は「断絶史観」である。先行研究は、日韓会談は一九五〇年代の膠着と一九六〇年代の進展という対照的な図式の下、二つの時期における交渉の断絶性を暗黙の前提としてきた。日韓会談の前半期に当たる一九五〇年代には、日韓両国は請求権問題をめぐって激しく対立し、交渉はほぼ進展を見なかった。韓国の対日交渉の初期方針は、日本に対する懲罰的な賠償請求権の要求にあった。これに対して日本は、韓国の対日賠償請求権の要求や、同名目による韓国への支払いを実質的に否定しただけでなく、逆に戦後本国へ引き揚げる際、朝鮮半島に残された日本の国公有・私有財産に対する請求権(以下、対韓請求権)[5]を主張して、韓国と真っ向から対立した。

こうした激しい対立は、一九五七年に岸信介首相によって日本の対韓請求権の主張が撤回されるまで続いた。史料的制約もあり、一九五〇年代における日韓会談の交渉過程は未だ十分に解明されたとは言い難いが、この時期を通して請求権交渉に実質的な進展が見られなかったことは事実である。

ところが、会談後半期とも言うべき一九六〇年代、請求権交渉は「過去清算」の問題ではなく、経済問題として扱われることで急速に進展した。一九六二年一一月、池田勇人内閣の大平正芳外相と、朴正熙《パク・チョンヒ》政権の実力者である金鍾泌《キム・ジョンピル》韓国中央情報部（ＫＣＩＡ）部長の主導で、請求権問題は総額を六億ドルとする経済協力方式により解決する合意が図られた。いわゆる「大平・金合意」である。同合意によって請求権問題の解決の方向が定まると、その他の懸案についても議論が進み、一九六五年六月に日韓国交正常化交渉は最終的な妥結に至った。

以上の経緯を見る限り、一九五〇年代と一九六〇年代における日韓間の請求権交渉の様相は対照的であり、たしかに両時期の交渉には大きな断絶が存在したかに見える[6]。

第二は「政治家決定史観」である。先行研究では、日韓会談は一四年という長期間にわたり断続的に行なわれたが、交渉の節目に登場する政治家の決断が、会談を次の段階へ進展させる決定的要因になったという点が強調される。一九五七年の岸首相による対韓請求権の主張撤回や、一九六二年の大平外相と金部長による政治決着は、政治家の政策決定の典型として語られることが多い[7]。

この「政治家決定史観」と不可分の関係にあるのが、第三の「米国介入史観」である。一九九〇年代半ば以降、日韓関係と国際情勢の連動に着目し、これによって日韓会談が制約または促進されたと指摘する研究が登場してきた[8]。これらの研究は、三〇年ルールによって公開された米国の外交史料を駆使したものである。米国史料の公開によって日韓関係に関する研究は大きく進展し、特に請求権問題が経済協力方式で妥結されるに際しては、米国政府の役割が大きかったことも明らかになった。

先行研究は、総じて日韓両国における政治家の決定に際して米国の介入があったことを指摘する。すなわち「政治家決定史観」と「米国介入史観」は表裏一体の関係で語られるのである。

また、これら三つの史観は、外圧や政治介入のため独自の政策を貫徹できなかった日韓両国外交の脆弱性を強調する傾向を持つ。その結果、日韓会談の過程で「冷戦論理」や「経済論理」が優先され、「歴史論理」が排除される形で請求権問題が妥結された、という帰結が導かれることになるのである。

ところが近年、日韓両国でも一次史料の公開が大きく進展し、従来の見解に修正が加えられるようになった。研究動向を図式的に捉えるならば、日韓会談を考察する上で「断絶史観」から「連続史観」へと潮流が変化してきたといえる。とりわけ、張博珍《チャン・パクチン》、朴鎮希《パク・チンヒ》、李鍾元《リ・ジョンウォン》による諸研究は、一九五〇年代と一九六〇年代の日韓会談には一定の連続性が存在した点を指摘している。

例えば、張博珍は一連の研究の中で、日韓間の請求権交渉における韓国政府の政策的連続性を指摘し、韓国の対日政策における内在的論理の一貫性を明らかにしている[9]。朴鎮希は、一九五〇年代に李承晩《リ・スンマン》政権の下で形成された対日政策の特徴を解明した上で、これが李政権崩壊後の韓国の対日政策に引き継がれたことを示唆している[10]。新史料に基づく李鍾元の最近の研究は、一九五〇年代末と一九六〇年代における日本の対韓政策の連続性を指摘した上、米国の仲介はその力の限界を露呈するものであったと論じている[11]。

これらの研究においても、従来の「政治家決定史観」や「米国介入史観」は未だ有効とされている。しかし、新たな史料の公開によって、従来指摘された以上に日韓両国が、独自の政策と交渉戦略を有していたことが明らかになり、日韓会談における両国政府の激しい攻防が解明されつつあるといえよう。

とはいえ、日韓会談における日本政府内の政治過程については、まだ不透明な部分が多い。張博珍[12]を除けば、日韓請求権交渉の際の日本政府内の動向について分析した研究は皆無に近い。ただし、それも、主に韓国の対日政策に分析の焦点が当てられているため、日本の対韓交渉姿勢は、韓国の主張や要求に合わせて防衛的かつ臨機応変に形成されたものとして、その受動性が強調されるのである。

問題提起と分析視座

本書では、以上に述べた従来の通説に次のような疑問を呈したい。日本の対韓交渉戦略は、果たして政治家の決断に依存しなければならないほど脆弱であったのか、また、米国の介入は日韓会談を進展させる上で決定的要因であったのか、という二点である。

これらの疑問は以下のような仮説に換言できよう。すなわち、日韓関係における岸首相や大平外相の政治的判断に際しては、これを支える何らかの政策的基盤が、すでに日本政府内で形成されていたのではないか、ひいては、交渉の初期から妥結まで、日本政府内には一貫した対韓交渉戦略および政策が存在したのではないか。先行研究は、請求権交渉にあたり、日本政府には明確な交渉戦略が欠如していたと論じているが、こうした低い評価はいささか誇張されたものではなかっただろうか。

以上を踏まえ、本書は日本政府内に日韓会談に関する一貫した交渉戦略と政策が存在したことを解明すべく、以下の二点を分析視座として設定する。

第一に、一九五〇年代と一九六〇年代を貫く「連続史観」の立場から、日韓請求権問題が経済協力方式で解決される過程を検討する。

具体的には、経済協力方式の政策的起源を一九五〇年代の日本政府の初期韓国政策に求め、ここから日韓会談の最終妥結に至るまでの政治過程を史的に検証する。すなわち、戦前から日本政府内に胚胎《はいたい》された対韓認識を背景に形成された請求権問題をめぐる日本の政策が、一定の連続性を保ちながら、最終的に経済協力方式へ収斂されるプロセスを描き出す。経済協力方式へと至る日本の対韓政策の漸進的変化を描き出すことで、従来の研究が強調する「政治家決定史観」や「米国介入史観」とは異なる構図を示したい。

第二に、日本の対韓政策の決定過程を、アリソンの「政府内政治」モデルを援用して分析する[13]。日韓会談を描いたこれまでの先行研究は、史料的制約もあって、日本政府を対外政策の決定主体における単一の合理的行為者として描く傾向が強かった[14]。これに対して本書は、日韓請求権問題をめぐる日本政府内の省庁間の対立や、官僚と政治家の相互作用を分析し、諸アクターの利害対立が政策形成にいかなる影響を及ぼしたのかを検討する。それにより日韓会談の交渉過程を従来と異なる側面から考察することが狙いである。

本書が特に着目するのは、対韓政策の形成過程において外務省の果たした役割である。近年、日本の対中国外交研究においては、外務省が政策形成に果たした役割の詳細な研究が進んでいる[15]。そうした政策的構想や戦略が存在したことは対韓外交においても同様であろう。従って、日本の対韓政策をめぐる外務省内の議論を子細に描くことで、米国の介入や政治家による政治的決断の背景にあった政策的文脈を明らかにすることができるだろう。

本書の構成と資料

本書は全六章の構成で、時系列に沿って日韓請求権交渉の妥結過程を解き明かしていく。第一章から第三章では、日韓会談にほぼ進展が見られなかった一九五〇年代に焦点を当て、先行研究では不透明だった部分を明らかにする。

第一章では、日本の対韓請求権の主張を支えた法的論理がいかに形成されたかを、日韓会談開始前の時期に遡って分析する。第二章では、一九五二年二月から一九五三年一〇月までの初期日韓会談を対象に、請求権問題をめぐって省庁間の思惑が異なる中、日本政府内で対韓交渉に臨む具体案が形成されていく過程を解明する。第三章では、一九五三年一〇月から一九五七年一二月までの会談中断期に、日本政府が対韓請求権の主張撤回に至る政策過程を検証する。この時期、日本政府は中断された日韓会談再開のための糸口を模索していたが、これをめぐって与党と各省庁間での対韓認識の相違が浮き彫りになりつつあった。こうしたなか、日本政府が、それまでの対韓戦略との連続性を保ちつつ、如何にして対韓政策を変容させたかを検証する。

続く第四章から第六章では、日韓会談が妥結に向かった一九五〇年代後半から一九六〇年代までの、後期日韓会談に焦点を当てる。ここでは、当時の日本政府内の議論が、一九五〇年代初期の対韓交渉戦略と政策構想の延長線上にあったことを検証する。

第四章では、第四次日韓会談と第五次日韓会談で、交渉が実質的に停滞する中、日本政府内で当初の対韓戦略に沿った政策変容が試みられる過程を解明する。第五章と第六章では、請求権問題を経済協力方式によって解決するという大前提の下で進められた第六次・第七次日韓会談を、既存研究の成果を踏まえながら再検討する。日韓間交渉の様相、日本政府内の政治過程、米国の動向といった要素が複雑に絡み合う中で、日韓請求権問題がどのようにして経済協力方式へと決着したかを明らかにする。

最後に、本書で用いた一次史料について付言しておきたい。日韓会談に関する両国の一次史料が本格的に公開されたのは二〇〇〇年代以降である[16]。まず二〇〇五年、韓国政府は日韓会談に関連する外交文書の公開に踏み切った。同文書は、一九五一年の予備会談から一九六五年の条約締結に至るまでの全期間を含むものであり、合計一五六点、頁数にして三万五三五四頁に及ぶ。この韓国側の外交文書はソウル市内の外交史料館で一般公開されている[17]。

日本側外交文書の公開は、こうした韓国側の動きを背景に、市民団体の開示請求によって実現した。吉澤文寿や太田修などの研究者と戦後補償を求める市民団体を中心に、二〇〇五年一二月に結成された「日韓会談文書・全面公開を求める会（以下、求める会）」が、二〇〇六年四月、外務省に対して行政機関情報公開法に基づき日韓会談文書の開示請求を行い、その後、関連文書の部分開示や非開示決定を下した外務省を相手取って訴訟を行った。その結果、外務省は、二〇〇六年八月から二〇〇八年五月まで七回にわたって、合計一三六九件の文書の全面公開に踏み切った。だが、公開された文書のうち一部は黒塗り状態であり、事実上「不開示」の文書も相当含まれている。そのため「求める会」を中心に追加の開示請求は続けられ、黒塗り部分の一部が解除されるなど、若干の進展が見られる[18]。

こうした史料状況の改善によって、日本の対韓外交を多角的に解明することが可能となった。ただ、本書はあくまで日本外交を研究対象とするため、記述の多くは外務省文書に依拠し、それ以外の日本側一次史料としては大蔵省や外務省の刊行物を補完的に使用した。そして、日本側の動きを裏付けるために、韓国の外交文書や米国国務省文書も適宜活用している。

註

1——日韓国交正常化交渉は「日韓会談」または「日韓交渉」と略称されるのが通例である。本書は、主に「日韓会談」を用いるが、直接引用やその要約などにおいては、適宜「日韓交渉」の表記も用いている。

2——日韓会談に関して日韓関係史の観点から書かれたものとしては、高崎宗司『検証日韓会談』岩波新書、一九九六年、山本剛士『日韓関係——協力と対立の交渉史』教育社、一九七八年、吉澤文寿『戦後日韓関係——国交正常化交渉をめぐって[新装新版]』クレイン、二〇一五年、李庭植『戦後日韓関係史』中央公論社、一九八九年、李鍾元「韓日会談とアメリカ——『不介入政策』の成立を中心に」『国際政治』第一〇五号、一九九四年、一六三〜一八一頁。同「韓日国交正常化の成立とアメリカ——一九六〇〜六五年」『年報近代日本研究』第一六号、一九九四年、二七二〜三〇五頁、李鍾元、木宮正史、磯崎典世、浅羽祐樹[共著]『戦後日韓関係史』有斐閣アルマ、二〇一七年がある。日韓会談に関する論文集としては、李鍾元、木宮正史、浅野豊美[編]『歴史としての日韓国交正常化』Ⅰ・Ⅱ、法政大学出版局、二〇一一年、국민대학교일본학연구소편[国民大学日本学研究所編]『한일회담과 국제사회[韓日会談と国際社会]―외교문서 공개와 한일회담의 재조명[外交文書公開と韓日会談の再照明]1』선인[ソンイン]二〇一〇

年、同『의제로 본 한일회담［議題から見た韓日会談］―외교문서 공개와 한일회담의 재조명［外交文書公開と韓日会談の再照明］2』선인［ソンイン］二〇一〇年がある。

3――韓国現代史研究として、太田修『日韓交渉――請求権問題の研究［新装新版］』クレイン、二〇一五年、木宮正史「韓国における内包的工業化戦略の挫折――5・16軍事政府の国家自律性の構造的限界」『法学志林』第九一巻第三号、一九九四年、一～七八頁、同「1960年代韓国における冷戦と経済開発――日韓国交正常とベトナム派兵を中心にして」『法学志林』第九二巻第四号、一九九五年、一～一一六頁、李鍾元「戦後米国の極東政策と韓国の脱植民地化」『アジアの冷戦と脱植民地化』岩波書店、一九九三年、三～三七頁、同『東アジア冷戦と韓米日関係』東京大学出版会、一九九六年、박진희［朴鎮希］『한일회담：제1공화국의 대일정책과 한일회담의 전개과정［日韓会談、第一共和国の対日政策と韓日会談の展開過程］』선인［ソンイン］二〇〇八年、빅터차［ヴィクターD・チャ］「1965년 한일수교 협정체결에 대한 현실주의적 고찰［一九六五年日韓国交正常化協定締結に対する現実主義的考察］」『한국과 국제정치［韓国と国際政治］』Vol.25, No.1、一九九七年、二六三～二九七頁、유의상［劉義相］『대일외교의 명분과 실리―대일청구권 교섭과정의 복원［対日外交の名分と実利――対日請求権の交渉過程の復元］』역사공간［歴史空間］二〇一六年、장박진［張博珍］『식민지관계 청산은 왜 이루어질 수 없었는가：한일회담이라는 역설［植民地関係清算はなぜ成し遂げられなかったのか、韓日会談という逆説］』논형［ノンヒョン］二〇〇九年、同『미완의 청산［未完の清算］』역사공간［歴史空間］二〇一四年。

4――日本外交史の観点より日本歴代政権の対韓政策に焦点を当てた研究として、金斗昇『池田勇人政権の対外政策と日韓交渉』明石書店、二〇〇八年、二一～二二頁、이원덕［李元徳］『한일 과거사 처리의 원점―일본의 전후처리 외교와 한일회담―［韓日過去史処理の原点――日本の戦後処理外交と韓日会談］』서울대학교출판［ソウル大学出版］一九九六年。

5――韓国では「逆請求権」と称するが、本書は日本側の名称である「対韓請求権」と記す。ただし、引用などにおいては「逆請求権」と記されている場合はそのままとした。

6――このような「断絶史観」は、太田、前掲書、二〇一五年、高崎、前掲書、一九九六年、山本、前掲書、一九七八年、吉澤、前掲書、二〇一五年、李元徳、前掲書、一九九六年、李庭植、前掲書、一九八九年など、日韓会談全期間の交渉過程を通史的に論じている著書に共通して見られる。

7――太田、同上、高崎、同上、山本、同上、吉澤、同上、李元徳、同上、李庭植、同上。

8——日韓関係と国際動向との連動に着目した研究として、ヴィクター・D・チャ、前掲論文、一九九七年、同『米日韓反目を超えた提携』有斐閣、二〇〇三年、木宮、前掲論文、一九九四年、同、前掲論文、一九九五年、李鍾元、前掲書、一九九六年、同、前掲論文、一九九三年a、b、同、一九九四年a、b。

9——張博珍、前掲書、二〇〇九年、同、前掲書、二〇一四年、同「日韓会談における被害補償交渉の過程分析——「賠償」・「請求権」・「経済協力」方式の連続性」李鍾元他、前掲書I、二〇一一年、二一~五二頁。

10——朴鎮希、前掲書、二〇〇八年。

11——李鍾元「日韓の新公開外交文書に見る日韓会談とアメリカ(一)——朴正熙軍事政権の成立から「大平・金メモ」まで」『立教法学』第七六号、二〇〇九年、一~三二頁、同「日韓の新公開外交文書に見る日韓会談とアメリカ(二)——朴正熙軍事政権の成立から「大平・金メモ」まで」『立教法学』第七七号、二〇〇九年、一〇九~一四〇頁、同「日韓の新公開外交文書に見る日韓会談とアメリカ(三)——朴正熙軍事政権の成立から「大平・金メモ」まで」『立教法学』第七八号、二〇一〇年、一五五~二〇五頁、同「日韓会談の政治決着と米国——「大平・金メモ」への道程」李鍾元他、前掲書I、二〇一一年、八三~一一四頁。

12——張博珍、前掲書、二〇一四年。

13——グレアム・アリソン、フィリップ・ゼリコウ[著]・漆嶋稔[訳]『決定の本質——キューバ・ミサイル危機の分析』II、日経BPクラシックス、二〇一六年、一二九~三八五頁。

14——アリソンの「合理的アクター」モデルでは、「アメリカ」もしくは「ケネディ大統領」を政策決定の主体として、キューバ・ミサイル危機における米国の対応を分析している。グレアム・アリソン、同上I、五九~三〇〇頁。

15——日本の対外政策における外務省の役割を解明した最近の代表的な研究成果としては、井上正也の研究(『日中国交正常化の政治史』名古屋大学出版会、二〇一〇年)がある。井上はこの著書において、日本の対中国政策における外務省および外務省官僚の役割は、「対中国政策」の形成のみならず「交渉」の次元にも及んだとし、外務省の積極的な対中国政策推進を評価している(井上、同上、六~七頁)。

16——日韓外交文書公開の経緯については以下の論文から引用している。李鍾元、前掲論文、二〇〇九年a、一~七頁、李鍾元他、前掲書I、二〇一一年、四~五頁。

17——また、その全ての史料は、韓国国民大学日本研究所にもPDFファイルとして所蔵されており、韓国国会図書館でも入手できる。

18——日本側外交文書のファイルは、「求める会」のウェブサイト(http://www.f8.wx301.smilestart.ne.jp/)からも確保することができる。なお、「求める会」は、二〇一六年一二月二三日解散宣言を行い、活動を終了した。

第1章 韓国問題に臨む日本の法的論理

——対韓請求権主張の形成過程 一九四九〜五一年

二〇〇五年に日韓会談に関する韓国外交文書が公開されたことを契機に、同会談をめぐる韓国政府内の動向や韓国の対日政策の形成過程を解明した研究成果が出てきた[1]。なかでも日韓請求権問題をめぐる韓国政府の内在的論理については、近年張博珍の研究が新たな解釈を示している[2]。張は、韓国政府が交渉当初から、請求権問題が「過去清算」という意味で解決されることを期待していなかったとし、その理由を次のように分析した。すなわち、当時の韓国政府にとって最も重要だったのは、反共と経済的危機の克服を「国家守護」の課題として国家を再建することであり、その目的を両立させる上で、日本からの反省や謝罪を期待することは難しいと認識していたからだというのである。張の表現を借りれば、「日韓会談は、韓国の存立のためにすでに構造的にも実現不可能だった植民地関係清算の機会が、正式に歴史に葬られるプロセスに過ぎなかった」[3]のである。

こうした韓国政府の対日政策に対して、日本政府はどのような論理を持って日韓交渉に臨んだのであろうか。従来の研究では「植民地主義」への省察を前提に日本の対韓認識を批判する論調が多かった[4]のに対し、近年、新史料に基づき、対韓外交の内在的論理について新たな解釈を試みる論者も登場している[5]。

ただし、それらにも研究上多くの空白が残されていることは指摘しなければならない。
本章では、日韓会談の開始以前に日本政府内で検討されていた、請求権問題をめぐる日本側の法的論理と、その形成過程を明らかにする。この時期の日本政府の姿勢を検証することは、日本がどのような認識に基づいて戦後日韓関係の出発点に立とうとしていたのかを考察する重要な手がかりとなろう。

1 日韓間戦後体制の出発

◆日本政府の対韓認識

日本の敗戦に伴って、朝鮮半島に居住していた日本人の内地引き揚げが開始された。南朝鮮[6]からの引き揚げは一九四六年三月、北朝鮮からの引き揚げは一九四七年四月にピークを迎えた[7]。その際、南朝鮮に残された日本財産(以下、在韓日本財産)[8]については、国公有資産・私有財産を問わず、一九四五年一二月六日付で駐朝鮮米陸軍司令部軍政庁(USAMGIK、以下、駐韓米軍政庁)が発した軍政令第三三号(以下、命令三三号)によって、米軍政庁に帰属させられた[9]。

命令三三号により没収された在韓日本財産は、大韓民国が成立した直後の一九四八年九月一一日、「韓米間の財産及び財政に関する最初の協定」(以下、韓米協定)第五条によって韓国政府に移譲されることになる[10]。

このような一連の処置は、米国政府の初期日本占領政策において顕著であった懲罰的対日賠償政策に基づき、ポーレー(Edwin E. Pauley)大使率いる賠償使節団により骨格が作られた。ポーレーは、一九四五年一二月七日に「日本の軍国主義の復活を不可能にし、余剰の工業設備を除去し日本の侵略を受けた諸国に移す」趣旨で、中間賠償に関する報告を発表した[11]。そして、戦前の日本が占領地域で形成した財産を搾取と見なし、日本の海外財産に対するすべての所有権を凍結したのである。こうした方針が、韓国にも適用された[12]。しかし、日本政府および旧朝鮮統治関係者は、命令三三号などによる、在韓日本財産の韓国政府への権利移転およびその処分措置を一様に否定した[13]。

例えば、外務省に設置された「平和条約問題研究幹事会」は、一九四九年一二月に『割譲地に関する経済的財政的事項の処理に関する陳述』の中で、「日本の朝鮮統治は搾取ではなくむしろ同地域の近代化に貢献」したとし、在韓日本財産に対する命令三三号の措置は苛酷であると主張した[14]。

また、大蔵省管理局は、付属機関である「在外財産調査会」を通じて、日本人が戦前海外で行った経済的活動などを調査し、その執筆に取りかかった。大蔵省は、同調査会による調査結果を、一九五〇年七月までに『日本人の海外活動に関する歴史的調査』と題する三五冊の本にまとめている。そのなかで、戦前朝鮮半島内で行われた日本および日本人の活動について、「正常な経済・文化活動であり、朝鮮に対する日本からの援助は差引プラス」であったとの見解を示した[15]。

一方、旧朝鮮総督府官僚は、敗戦直後の一九四五年八月二七日、「朝鮮総督府終戦事務処理本部」を組織した。同組織は戦前日本人が朝鮮半島内の各方面にわたり経済活動を行ったと評価し、朝鮮半島内の日本の工場設備などが「代償なくして朝鮮人に接収される」ことを批判した。同組織の主張するところは、在韓日本財産は単に日本と韓国との間で清算すべき問題ではなく、連合国と日本との間の問題であり、連合国に対する戦争賠償問題に充てる必要があるというものであった[16]。

さらに、旧朝鮮総督府官僚は南朝鮮に進駐した米軍に対し、日本は講和条約を批准するまで朝鮮に対する主権を保有すると主張した。これは米軍の南朝鮮占領によって、朝鮮に対する日本の主権はあくまで「休止」された状態にすぎないとする考えに基づいていた。こうした日本の主張は当然ながら、植民地支配を不当なものとし、日本の敗戦とともに主権が回復したとする朝鮮側の主張と真っ向から対立した[17]。朝鮮の主権回復を、対日講和条約批准まで先延ばしする旧朝鮮総督府側の主張は、命令三三号の効力を否定するための布石でもあった。

このように、戦後まもない時期の日本政府の対韓認識は、植民地支配を正当なものとし、そこで形成された日本の財産を肯定するものであった。以下では、こうした日本の対韓認識に影響を与えた政治状況について検討する。

◆連合国の戦後認識

ヨーロッパでは終戦直後から講和の準備が進められ、一九四七年七月にパリ講和会議が開催された。だが、同講和会議に参加していた米国、英国、フランス、ソ連など連合国側に、戦前の植民地支配の罪を追及してそれを清算するという考え方は存在しなかった。それは、枢軸国のみならず連合国も植民地を保有していたためであり、講和会議は戦勝国と敗戦国との間の戦後処理という色彩を強く帯びていた[18]。

パリ講和会議の結果、イタリア講和条約が締結されたが、同条約においてはイタリアの戦争責任のみが問われた。連合国との間で講和条約は結ばれなかったドイツについても、連合国側はユダヤ人迫害に対する人道的責任と犠牲者への補償こそ追及したものの、他国への侵略行為や植民地支配の是非については、ほぼ問わなかった[19]。

一方、朝鮮半島については、日本の降伏直前、北緯三八度線を境に米ソが南北を分割占領して信託統治することが連合国の間で合意されていた。米軍の占領統治下にある三八度線以南では、一九四八年五月、大韓民国の制憲議会を構成するための総選挙を経て、同年八月一五日に大韓民国(以下、韓国)政府が樹立される[20]。他方、ソ連占領下にある北緯三八度線以北には、一九四六年二月に「北朝鮮臨時人民委員会」が設立され、これが一九四七年二月に「北朝鮮人民委員会」となり、一九四八年九月九日に朝鮮民主主義人民共和国(以下、北朝鮮)政府が樹立される[21]。

日本と南朝鮮を同時に占領した米国は、連合国の一員でありながら、植民地主義には否定的であった。しかしながら、米国は戦前の朝鮮支配を肯定する日本政府の認識を問題視しなかった。むしろ米国の戦後政策の初期段階において、南朝鮮占領は敵国領土への進駐であるとの認識の下で進められた。朝鮮半島は大日本帝国の不可分の一部と考えられていたのである[22]。

とりわけ、駐韓米軍政庁のホッジ(John R. Hodge)司令官や、アーノルド(Archibald V. Arnold)軍政長官など、南朝鮮に進駐した米軍関係者には、南朝鮮占領を日本領土の一部への進駐と見なす傾向が強かった。しかも、ホッジは、朝鮮植民地時代の日本の統治機構を解体せず、それを南朝鮮占領に活用しようとした。南朝鮮における占領行政に、日本の天皇の権威と旧朝鮮総督府官僚を利用する、間接統治案を構想していたのである[23]。

このようなホッジの試みは、南朝鮮国内から強い非難を受け、米軍による南朝鮮初期占領政策の重大な失策となった。それには以下のような理由が挙げられる。第一に、朝鮮半島は米ソによる分割占領方式であったため、日本のような単独占領と異なり、米国は南朝鮮占領政策についてソ連と意見調整を行う必要があった[24]。したがって、ホッジ案が、植民地主義の清算を徹底していた北朝鮮から非難と反発を招き[25]、その後見であるソ連に受け入れられる可能性が希薄であったことは、想像に難くない。

第二に、ホッジは米国の南朝鮮への進駐を敵国への進駐と見なすこととしたが、カイロ宣言[26]は「日本帝国からの朝鮮人の解放」に言及していた。そのため、ホッジの南朝鮮間接統治案は、朝鮮人を「敵国民」とすべきか、それとも「被解放人民」とすべきか、という点で、連合国としての米国にディレンマを生じさせた。結局、ホッジ案は朝鮮を敵国とする方針をとったが、これは言い換えれば、朝鮮と日本を分離せず、戦前日本の朝鮮統治を否定しないことを意味していた。こうした議論は、朝鮮人から大きな失望と反発を買ったのである[27]。

第三に、ホッジ自身の準備不足のため、そもそもこの案には実現可能性を危ぶむ声があった。このように、ホッジ案はいくつかの難題を抱えており、最終的にトルーマン政権は一九四五年九月二〇日に同案の見直しを発表する。こうして米国の方針は南朝鮮直接占領へと転換することになる[28]。

ただし、米国は、旧朝鮮総統府の機構を維持しつつ、米軍将校がその職務を代行する方式を用いて南朝鮮の占領行政を開始した。直接統治に当たって、旧朝鮮総督府の機構をほぼそのまま踏襲したのである。米国は、このような統治方式は南朝鮮の住民を刺激せず、効率的な占領行政を行う上で好都合だと考えたが[29]、このような米国の南朝鮮占領政策の基底に、戦前日本の朝鮮統治の是非を裁くという想定がなかったことは明らかであった。

こうした連合国の認識は、「日韓の併合は当時日本と韓国との間で適法に行われ、朝鮮の独立は日本の敗戦の結果生じたものであり、日本と韓国は戦争状態ではなかった」[30]とする日本政府の主張を追認するものであった。

その後、一九五一年九月八日に米国サンフランシスコで調印され、翌年四月二八日に発効した対日講和条約[31]においても、日本には連合国との戦争に関する責任だけが問われた。第二次世界大戦の一連の戦後処理の過程において、戦前の植民地主義に対する責任は暗黙のうちに排除されたのである。

◆米国の対日占領政策

少し時期を遡ると、ローズヴェルト(Franklin D. Roosevelt)米国大統領は、第二次世界大戦の終結以前から、アジアにおける戦後構想について、中国の大国化を企図していた。戦後日本の膨張を抑えるために、中国を中心とするアジア秩序の再構築を目指したのである[32]。

一九四五年四月一二日にローズヴェルトが急死し、副大統領であったトルーマン(Harry S. Truman)が大統領に昇格する。新政権はヨーロッパ政策の遂行にあたってソ連を脅威と認識し、冷戦戦略を展開したが、アジアではその脅威の程度は低いと判断し、前政権の中国大国化政策を継承していた[33]。そして、対日戦後処理においても、ポーレー調査団の厳格な対日賠償方針に立脚した厳しい態度を踏襲した[34]。

しかし、まもなく対日占領政策をめぐって、ワシントンのトルーマン政権と駐日連合国軍総司令部(Supreme Commander for the Allied Powers、以下、SCAP)の間で、見解の相違が露呈するようになる。

SCAPのマッカーサー(Douglas MacArthur)最高司令官は、温和な対日占領政策を主張していた[35]。マッカーサーは、この時期までに日本占領の主たる目的であった非武装化と民主化は達成され、残る課題は経済復興のみと考えていた。そのため、日本の経済再建の障害となる、懲罰的な対日賠償政策の中止をワシントンに求めた。パリ講和会議が大詰めに向かっていた一九四七年三月一七日には、マッカーサーは本国との事前協議を経ず、対日講和条約の早期締結案を一方的に発表している。マッカーサーの早期講和論に対して英国はいちはやく肯定的に反応したが、トルーマン政権はマッカーサーの言動を警戒したため、この時点での早期講和論は挫折する[36]。

ところが同じ時期、アジア情勢の変化により、米国の対日賠償政策および対日占領政策は転換を余儀なくされつつあった。中国大陸に目を向ければ、国民党と共産党の衝突が一九四六年より全面的な内戦に発展していた[37]。共産化する中国への警戒を強めたトルーマン政権は、日本の政治的な安定が回復されないまま講和条約を締結すれば、日本の政治的・経済的混乱はさらに悪化し、これを利用して共産主義勢力が拡大する恐れがあると危惧《きぐ》していた[38]。

国務省は、経済復興による日本の政治的安定の回復を重視し、対日講和を早期達成するよう政府を説得した[39]。これを受けてトルーマン政権は、対日賠償をめぐる要件を緩和するとともに、従来の対日占領政策を根本的に見直すことを決定した[40]。この政策転換によって、ポーレーらによる厳格な対日賠償政策は中止された。こうして、外交権こそ依然として停止された状態ではあるものの、それ以外の面で日本との「事実上の講和」が進行することになった[41]。

その後、東アジアの国際情勢は急速な変化を迎える。一九四九年一〇月、共産党政権が率いる中華人民共和国(以下、中国)が成立し、中国大陸は共産化した[42]。蒋介石の中華民国政府(以下、国府)は、同年一二月に台北への移転を決定した。さらに一九五〇年六月、朝鮮戦争が勃発した。当初、米国を中心とする国連軍が韓国側に立って参戦したが、同年一〇月には中国が北朝鮮を支援する形で同戦争に介入した[43]。これにより、東アジアにおける国際政治上の色分けが明確になった。

東アジア国際政治情勢の一連の変化によって、対日講和問題はアジア冷戦の帰趨《きすう》を握る重大な争点となり、日本の経済復興は、米国にとって対日政策の最重要課題と位置付けられた。それは、比較優位論に基づく国際分業体制を前提に、東南アジアへの日本の工業製品輸出の道を開き、同地域への日本の経済的進出を容認するものであった[44]。米国の対日政策の転換は、戦前および戦中の植民地主義的な貿易パターンの復活を想起させ、東南アジア諸国のナショナリズムと反日感情、ひいては反米感情を刺激する恐れがあった。それでも米国は、同地域の反米運動が拡大しないよう配慮しつつ、日本の経済復興とアジア地域の安定と共産化防止を最優先する戦略を堅持した[45]。

戦前の植民地主義に対する責任を問わない連合国の態度に加え、中国の共産化により表面化した東アジアの情勢変化を契機に、米国の対日占領政策は温和なものへと転換された。この変化は、韓国をはじめアジア諸国における脱植民地や民族主義の願望を埋もれさせ、同地域において日本の存在感を高めることとなったのである。

◆韓国の挫折

韓国は、米軍政下の南朝鮮過渡政府の時代であった一九四七年から、対日賠償要求に関する理論的検討と事実関係の整理に着手していた。この時期、厳格な対日賠償を推進していたポーレー調査団は、韓国は対日戦勝国ではないが賠償を受け取ることは可能であるとの見解を表明した。韓国はこれに呼応し、日本の朝鮮支配は不当であり植民地支配による被害を補償すべきという前提で、対日賠償請求に関するリストの作成を開始した[46]。

ところが米国の対日政策が転換したことで、韓国の対日賠償要求の根拠は弱まった。米国は自ら対日賠償要求を緩和するのみならず、他の連合国にも、要求の大幅な削減または放棄を要求していた[47]。米国の新方針は、韓国が準備していた対日請求における「賠償」の概念を曖昧にすることになったのである[48]。

一九四九年九月に完成し、一九五四年に大韓民国政府によって刊行された『対日賠償要求調書』の序文には、対日賠償をめぐる韓国政府の苦心の痕跡が見て取れる。韓国政府はここで、同調書における被害調査の対象を、韓国併合時の一九一〇年から一九四五年八月一五日の終戦日〔原文では解放日〕までにした。そして、この三六年間の日本の朝鮮支配は「朝鮮人の自由意思に反した日本単独の強制的行為である」ことを大前提としている。その上で、「(韓国の)対日賠償要求の基本精神は、日本を懲罰するための報復の賦課ではなく、犠牲と回復のための公正な権利の理性的要求にある」としたのである[49]。

しかしながら、韓国政府は、日本の非合法的な朝鮮統治による無限の損失に対し賠償を要求することはできるが、これは一切不問にし、日中戦争及び太平洋戦争期間中に限って、直接戦争によって被った人的・物的被害についてのみ、賠償を強力に要求する、とした[50]。

これについて太田修と吉澤文寿は、この序文の「一九一〇年から一九四五年八月一五日までの日本の韓国支配は韓国国民の自由意思に反した日本単独の強制的行為である」という文言を取り上げ、韓国が当初から日本の朝鮮支配に対する清算を要求していたことの根拠としている[51]。これに対して張博珍は、韓国側の主張は日本の不法な植民地支配に対する責任追及と、それに基づく問題解決がはっきりしていないと指摘し、韓国が植民地主義に対する責任規定をそもそも明確にしていたのか、と疑問を呈している[52]。

確かに、同調書の序文では日本の不法な植民地支配に対する賠償取立ての正当性を主張している。しかし、賠償要求の範囲は「中日戦争および太平洋戦争期間中に直接被った人的物的被害補償」に限定されている。韓国政府が、対日賠償を植民地支配に対する賠償とするのか、戦争被害への賠償要求と捉えていたのかは曖昧であったと指摘せざるを得ない。

ただし、その後、韓国側は日本に対し戦争賠償に準じた賠償を要求する方向に傾いた。そのため、韓国は対日講和会議において戦勝国たる連合国の地位を確保することに期待をかけた。韓国政府は「中国上海にあった大韓民国臨時政府は、植民地時代全期間を通して対日独立闘争を展開したのみならず、光復軍を結成し、対日宣戦布告の上、連合国側の中国軍に編成され、実際に第二次世界大戦において日本軍と戦った」[53]と主張した。

韓国は、上海臨時政府を対日交戦国の地位獲得の根拠とし、対日講和条約における連合国としての資格を米国に要請した。これに対してマッカーサーは、韓国が連合国側の署名国として対日講和会議へ参加することを容認していた[54]。ムチオ(John J. Muccio)駐韓米国大使も、国務省からの意見打診に対し、一九四九年一一月二三日、「韓国が米軍政から引き渡された在韓日本財産によって、韓国側の対日賠償請求を帳消しにする」ことを条件に、韓国を対日講和会議に参加させるべきであると勧告している[55]。

ダレス(John F. Dulles)米国国務長官顧問は、マッカーサーやムチオの建議を受け入れ、一九四九年一二月二九日に作成した対日講和条約草案に、韓国が連合国の資格で対日講和会議へ参加することを明示した。ところが英国政府は、韓国は戦前日本の植民地であり、日本と交戦状態がなかったとの理由で、韓国に対する連合国資格の付与に反発した。そのため米国は英国の意見に同意することになる。結局、「戦時中、大韓民国臨時政府が結成した光復軍が連合国側で対日戦争を行った」という韓国政府の主張は却下され、一九五一年六月一四日付の対日講和条約の米英共同草案で、韓国は署名国のリストから除外された[56]。

しかし、連合国の旧植民地だった東南アジア諸国に対しては、日本との戦争賠償交渉の当事者としての性格が与えられた[57]。戦勝国の旧植民地であった東南アジア諸国には与えられた連合国としての資格が、敗戦国日本の旧植民地であった韓国には認められなかったのである。

これについて先行研究では以下のような分析がある。太田は、英国が反対して米国が結局それに同調した背景には、植民地統治を合法的なものとする連合国の「帝国の論理」が働いており、これによって日本は植民地支配に対する清算の機会が失われたと論じている。金民樹《キム・ミンス》は、英国から提起された中国問題への影響を米国が考慮したためだと論じている。張博珍は、韓国の署名国排除の背景には英国の反対が絶対的に作用したというより、米国自身の再考によるものであると主張している。すなわち、米国における戦前戦後の対東アジア政策、そして米国の冷戦戦略と連動する対日講和の論理が複雑に絡み合って表れた、論理的な矛盾構造の結果であると論じている[58]。いずれにせよ、韓国の対日講和条約への署名国としての地位確保は、連合国の利害関係により、不可能になったのである。

◆韓国の対日賠償要求論理の制約

さらに追い打ちをかけるように、一九五一年七月にダレスが発表した対日講和条約試案は、韓国側にとってきわめて不利な内容であった[59]。その最たるものは第四条（a）項の規定である。韓国政府は、在韓日本財産が命令三三号および一九四八年九月一一日に締結された韓米協定によって、すでに韓国政府に移譲されていると考えていた。だが（a）項は、日韓間の外交交渉によって、在韓日本財産の所有権移転に関する議論を改めて行うことを明示していたのである。韓国の有力な法学者であった兪鎭午《ユ・ジンオ》が指摘したように、同条項は、韓国の対日請求権が在韓日本財産の接収によってある程度満たされたと見なされ、それ以上の韓国の対日請求を抑止するものであった[60]。

韓国の李承晩政権は、ダレス試案の第四条（a）項規定が日本の朝鮮併合を正当化し、ひいては日本による対韓請求権の主張を是認する結果になると激しく非難した。そして、米国に同条項の修正を要請した。米国政府はこれを受けて、対日講和条約が署名される直前の一九五一年八月一六日、講和条約の最終草案の第四条に（b）項を新たに設けた[61]。対日講和条約の第四条（a）項及び（b）項の内容は以下の通りである。

第四条（a）　この条の（b）の規定を留保して、日本国及びその国民の財産で第二条に掲げる地域にあるもの並びに日本国及びその国民の請求権（債権を含む）で現にこれらの地域の施政を行っている当局及びそこの住民（法人を含む）に対するものの処理並びに日本国におけるこれらの当局及び住民の財産並びに日本国及びその国民に対するこれらの当局及び住民の請求権（債権を含む）の処理は、日本国とこれらの当局との間の特別取極の主題とする。第二条に掲げる地域にある連合国又はその国民の財産は、まだ返還されていない限り、施政を行っている当局が現状で返還しなければならない（国民という語は、この条約で用いるときはいつでも、法人を含む）。

（b）　日本国は、第二条及び第三条に掲げる地域のいずれかにある合衆国軍政府により、又はその指令にしたがつて行われた日本国及びその国民の財産の処理の効力を承認する。[62]

新たに追加された（b）項の内容は、在韓日本財産の処分を命じた命令三三号の効力を日本に認めさせるものであった。当時韓国では対日講和条約第四条に(b)項の挿入を成功させたことが大きな外交的成果と評価された[63]。

他方、日本は一九五一年九月八日、(b)項を含んだ講和条約に調印したものの、日本政府にとって(b)項の挿入は予想外であった。一九五一年一〇月一〇日から第一二回国会が開かれたが、「平和条約及び日米安全保障条約特別委員会」で、西村熊雄外務省条約局長は「同条項が韓国の強力な外交活動によって挿入され、日本にとっては不利となる条項である」[64]と認めている。外務省は「当初ダレスが韓国を連合国として調印させようとしたが、韓国のこうした要請が挫折したことから、李政権側の要請によって、韓米協定確定のために第四条(b)項が挿入された」という経緯を説明した上で、同条項が今後日韓間の交渉に及ぼす影響に憂慮を示した[65]。

ただし、(b)項の新設によって、韓国は日本に対する一定の交渉力を確保したものの、対日請求権が確実に保証されたわけではなかった。この第四条(a)項と(b)項の矛盾した内容は、その後の日韓会談の全期間を通じて両国が対立する一因となる。

韓国政府は、講和条約の最終草案が発表された直後の一九五一年八月二〇日から、有識者を集めた座談会を開いていた。同年一〇月に予定されている日韓会談の予備会談の開始が近づくなかで、対日賠償の性格をいかに規定すべきかが議論された。同座談会には、兪鎭午高麗大学法政大学長、張基栄《チャン・キョン》韓国銀行副総裁、洪《ホン》璡基《・チンキ》法務部法務局長、李建鎬《リ・ゴンホ》高麗大学教授など、経済および法律分野の専門家が出席した[66]。彼らがその後、日韓会談における韓国側代表団に加えられたことを考えると、この座談会での議論は見逃せない。

座談会の出席者たちは、「(日韓間の)賠償執行においては、独自の方法によってその特殊要求を貫徹しなければならない」[67]という曖昧な見解を述べ、対日戦争賠償の概念を積極的に主張しなかった。兪鎭午らは、韓国の対日賠償要求は戦勝国の敗戦国に対する戦費賠償の観念ではなく、既成債権ないし収穫物の返還で形成されている特異性を有したものであるとした。対日賠償の性格を、債権債務の概念に基づいて解釈していたのである。その上で対日賠償を米国からの借款と共に韓国経済再建のための重要な資金調達方法として位置づけていた[68]。同座談会の出席者たちは対日賠償要求を「過去清算」より「経済的な側面」に重きをおいて、考えていたのである。

彼らは、韓国の対日賠償要求の根拠を連合国側の見解に求めていた。第一に、「日本が暴力又は貪欲により盗取又は奪取した財産一切を原状に回復」することを明示したポツダム宣言である。第二に、日本の帝国主義を批判したポーレー賠償使節の声明である。そして第三に、「日本が占領した地域から掠奪した一切の財産をその正当な所有者に返還するように強制する」というキャンベラにおける英国の対日講和予備会談の決議声明も根拠として挙げていた[69]。

しかし、こうした連合国側の見解は、朝鮮に対する日本の賠償責任に直接言及したものではなかった。本節で見たように、日本は朝鮮半島に対する戦前の認識を踏襲したまま、戦後の日韓関係を設定した。日本と韓国に対する米国を含む連合国側の認識も、戦前の植民地主義を否定するものではなかった。こうした状況が、韓国の対日賠償の論理を制約する要因となったのである。

2 対韓請求権主張論理の形成

◆講和研究と「山下報告書」

日本外務省では、敗戦直後の一九四五年一一月、来たる対日講和会議に備え、西村熊雄条約局長を座長とする「平和条約問題研究幹事会」を発足させた。同幹事会は講和条約に関する研究を開始し、多岐にわたる研究項目を策定し、基礎資料を作成した。一九四七年三月にマッカーサーが早期講和の方針を示すと、外務省内で行われていた幹事会は、他省庁を交えた各省連絡幹事会へと発展し、政府レベルでの検討に移行した[70]。

外務省条約局では、まずヨーロッパにおける敗戦国と連合国との間の講和条約の内容を分析した。連合国側の戦後処理の動向をめぐるこれらの分析は、のちに講和条約に関する『講和条約研究資料』として刊行されることになる[71]。まず条約局は、講和研究の諸項目のうち領土割譲に伴う主要問題について、国際法学者である名古屋大学法学部の山下康雄教授に研究を委嘱した。条約局と山下は、領土割譲に伴う主要問題として、①領土割譲と国籍・私有財産、②講和条約と在外資産、③講和条約と外国財産、④講和条約と工業所有権、⑤戦争と契約、⑥米国の独乙財産処理など、六つの個別の研究項目を設定した。研究の焦点は主に、敗戦国の旧占領地域における財産の処分が、戦争賠償といかに関係するかに当てられた[72]。

山下は、講和条約における賠償問題関連条項を経済分野に位置づけた。そして、「理によって争うことのできる分野は経済条項」であり、経済と関連する条項は他の項目に比べ「理性」が支配すると論じ、自分の研究は国際法の発達において重要な意味を持つと自賛している[73]。

山下の一連の研究成果は、一九四九年から一九五一年の間に次々とまとめられ、外務省によって「山下報告書」と名付けられた[74]。条約局は山下の研究調書について「講和問題その他の研究及び執務上極めて有益であり、大方の研究に資する」と評価し、これらを刊行して外務省内外に配布した[75]。

「山下報告書」は、その後、賠償請求問題に関する日本政府の法的論理の基礎となる。一九五一年一〇月二五日の参議院「平和条約及び日米安全保障条約特別委員会」に、山下は国際法学者としては唯一の参考人として出席し、在外日本財産の処理および賠償問題に関する自らの法的見解を示している[76]。

本章が「山下報告書」に注目する最大の理由は、日韓間請求権問題に関する日本政府の法的論理の形成に与えた影響の大きさゆえである。同報告書は敗戦国の在外財産処理を詳細に検討し、韓国に残置されている戦前の日本財産に対する日本の権利主張を正当化する法理論を整えた。これについては、当時外務省条約局の原富士男事務官が日韓間の請求権問題に関する法的見解を補足説明する際に、「…わが方の見解の理論的基礎となっている名古屋大学山下教授の見解に対し…」と述べていることからも明らかである。また、原が作成した文書を、アジア局で引用したことが示されている[77]。

◆敗戦国の在外財産処理問題に関する研究

講和条約発効後の日本の外交課題は、諸外国との国交正常化にあった。なかでも、韓国および東南アジア諸国との間で賠償並びに国交正常化交渉を行なう際に、当該国にある旧日本財産に対する連合国の措置を、日本はどう受け入れるべきか規定する必要があった。この問題意識は、先述の「山下報告書」が作られる背景となる。

外務省条約局は、敗戦国の割譲地域［旧占領地域］にあった財産の処理問題と、戦争賠償の問題に関する研究に取り掛かっていた。この際、条約局は山下に対して、第一次世界大戦後にドイツと連合国の間で締結されたヴェルサイユ条約と、第二次世界大戦後イタリアと連合国の間で締結されたイタリア講和条約を先例にすることを提案する[78]。

条約局は、両条約をそのまま日本に適用することは難しいが、適用方法に関しての推測は可能であると考えていた。そして、両条約を先例に、割譲地域にある譲渡国［敗戦国］の国公有・私有財産の権利や利益の取扱いについて勘案することを試みたのである[79]。

山下は、領土割譲に伴い割譲地域に居住していた敗戦国住民の国籍や私有財産、および国公有財産の処理問題に焦点を当てて研究を進めた。この山下の研究に基づいて、条約局は、イタリア、ヴェルサイユ両条約における財産処理の特徴をまとめた[80]。

まず条約局は、先例となる両条約とも、譲渡国の国公有財産は実質的に継承国［連合国］に無償で引き渡されたと解釈した。ヴェルサイユ条約の場合、国公有財産を継承国に対する賠償の肩代わりとしているが、実際には無償で取り立てられたのと同じであるとした。イタリア講和条約には、賠償とは別のカテゴリーで、継承国がイタリアの国公有財産を無償で受領する規定があり、ヴェルサイユ条約に比較してもその範囲が広く過酷な規定になっていると指摘した。ただし、イタリア講和条約では割譲国にある敗戦国国民の私有財産権の存続を認めているため、私有財産の範囲を厳格に規定した結果として、国公有財産の処理範囲が厳しく決められたものだと判断した[81]。

次に条約局は、譲渡国の私有財産に対しては制限的ではあるが、両条約とも敗戦国国民の私有財産について原所有者の権利を認めていると解釈した。イタリア講和条約においては、割譲地域内に永住するイタリア人の財産が適法に取得されたものであれば、その私有財産権を保護し、継承国国民と平等の権利を与えているというのである。なお、連合国およびその同盟国の領域内にあるイタリア人の私有財産も、条件つきで原所有者への返還やその権利を認めているとみられた。ヴェルサイユ条約においても、割譲地域内に永住するドイツ人の私有財産権のみが保護されているが、ドイツ人の私有財産権が全く排除されてはいないことは注目に値した[82]。

山下の研究に基づき条約局が引き出した結論は以下の通りである。国公有財産については概ね敗戦国への返還は認められない。だが、私有財産に関しては原所有者たる敗戦国国民にある程度の権利が認められる[83]。ただし、条約局は、ヴェルサイユ条約において私人の在外財産が賠償支払に用いられた場合には、その財産の所有者に対してドイツ政府が補償の義務を負っている点に注意を喚起している。条約局は、この先例が日本人引揚者の国内補償要求に際しての論拠となる可能性を懸念したのである[84]。こうした敗戦国の在外財産処理問題に関する日本政府の見解は、第一二回国会の衆議院および参議院の「平和条約及び日米安全保障条約特別委員会」において、西村条約局長から述べられている[85]。

◆「分離地域」論

外務省条約局は、敗戦国の在外財産の処理に関する研究を踏まえ、駐韓米軍による在韓日本財産の処理についても議論を整理した。条約局が在韓日本財産の処理に関してまず問題としたのは韓国の地位規定であった。

先述したように、対日講和会議の結果、東南アジア諸国には対日戦争賠償の対象国という性格が付与された反面、韓国に対してはその資格が付与されなかった。だが、韓国が連合国の地位から排除されたにもかかわらず、韓国を念頭においた対日講和条約第四条(b)項の規定が挿入されたことで、韓国の地位に関する問題は複雑化していた。

韓国の地位規定について、山下は「朝鮮は独立国となったのであるから、割譲地ではなく分離地域、すなわちdetached territoryといった方が適切である」との解釈を示した。山下は分離地域を「日本の支配から除外された領域」または「管治していた当局」と定義したが、いかなる基準で割譲地域と分離地域を区分したかについては明確な基準を示さなかった[86]。

この「割譲地域」と「分離地域」については、今日も国際法的に十分に定義されているとは言い難い。一般的に、割譲地域は条約に基づいて割譲された地域を指し、領域の得喪の権原の一つとして割譲という概念が用いられている。これに対して分離地域は、領域の得喪の権原に限定せず、もう少し広い一般的意味で用いられることが多い[87]。

こうした定義に従えば、山下や条約局は、朝鮮については、領域の得喪の権原概念に基づき、条約により正式に割譲された地域ではなく、日本の敗戦によって国際法的な裏付けのない状況で日本から分離された地域と解釈していたといえるだろう。換言すれば、割譲地域とは一時日本に侵略・占領されたが、最終的に戦勝国となって対日講和条約などを権原として主権を回復し、かつ対日講和条約への署名資格を取得した地域を指す。一方、分離地域とは、条約の権原のない状況で、日本の敗戦によって分離された、対日戦勝国ではない地域を指すといえるだろう。山下はこのような概念の下、対日講和条約への署名資格を持つ東南アジア諸国を割譲地域、署名国ではない韓国を分離地域として区別していたと考えられる。

ところが問題は、山下は朝鮮と同じく植民地統治を行っていた台湾については、割譲地域と規定している点である。山下が「台湾に対する政治的考慮、即ち中国政府と国民政府が考えられる」[88]と述べたことから、以下のような背景が考えられる。

一九四九年一〇月、中国大陸に共産党政権である中華人民共和国が成立すると、中国代表権問題をめぐる英米の対立が表面化した。この中国代表問題は日本政府内でも問題となっていた。西村条約局長は、国府に中国の代表権を認めるという米国の方針について、法律的にも政治的にも困難なものと指摘し、否定的であった。だが、吉田茂首相は、米政府に沿って国府を支持する意向を明確に示していたのである[89]。

山下はこうした吉田政権の方針を認識していたと推測される。すなわち、日本が国府を中国の代表政府と見なして、講和条約の締結交渉を行う可能性を考慮していたのであろう。中国は第二次世界大戦で連合国側の一員として日本と交戦した。そのため、中国には連合国の資格が与えられていた。したがって、台湾が中国代表の座に付く場合、台湾と朝鮮は、対日賠償交渉において確実に異なる地位が与えられるのである。

なお、割譲地域および分離地域における海外財産の処理に関する山下の研究も、第一次世界大戦後のヴェルサイユ条約と第二次世界大戦後のイタリア講和条約が先例とされた[表1-1参照]。

まず、私有財産に関する見解は以下の通りである。ヴェルサイユ条約では、ドイツ人の私有財産は割譲地

表1-1 敗戦国の海外財産処理に関する「山下報告書」の見解

区分	割譲地域		分離地域	
	国公有財産	私有財産	国公有財産	私有財産
WWⅠ後、ヴェルサイユ条約	没収	没収	賠償の代償	維持を黙認
WWⅡ後、イタリア講和条約	没収	維持	没収	維持を黙認
在韓日本財産の場合	該当しない	該当しない	賠償の代償	維持

出典：外務省文書「平和条約第四条について（上）」[90]に基づき筆者作成

域を譲受した連合国によって清算されたが、イタリア講和条約では、割譲地域にあるイタリア人の私有財産は清算されていなかった。その一方で、両条約とも、分離地域における私有財産に関しては、その帰属が明らかにされていない。これは第二次世界大戦後に結ばれた講和条約においても同様である、というものであった[91]。

こうした山下の見解からは以下のような解釈が導かれる。すなわち、割譲地域における敗戦国の私有財産没収の先例としては、ヴェルサイユ条約が存在する。しかし、分離地域に関しては先例がない。それゆえ「第二次大戦後には、分離地域にある敗戦国の私有財産を連合国が清算することを、暗黙のうちに排除している」という解釈が可能となる。したがって、山下は、日本の分離地域たる韓国における日本人の私有財産は、駐韓米軍政庁により清算されたとは解釈しないと結論付ける[92]。

次に、国公有財産に関して、山下は先例の両条約をはじめ国際法上の一般的な原則として、割譲地域のみならず分離地域においても、その没収を認めているとした。ただし、分離地域における国有財産が、イタリア講和条約のように「無償」で譲渡されるのか、ヴェルサイユ条約のように「賠償の肩代わり」となるのかについては議論の余地があるとした[93]。

この点に関して山下は、分離地域にある日本の財産を「賠償の肩代わり」とすることは、先例から見て必ずしも断念する必要はないと主張した。そして、在韓日本財産のうち国公有財産は、韓国の対日賠償要求と相殺する対象になり得るとしたのである。なお、私有財産が対日賠償要求の相殺対象になるかについて、山下は明確な言及をしていない〔94〕。

先述したように、ヴェルサイユ条約では、私人の在外財産が賠償支払に用いられた場合に、その財産の所有者に対してドイツ政府が補償の義務を負うことになった。この時期すでに、日本国内においても、朝鮮からの引揚者による国家補償要求が高まっていた。山下はこの点を意識したのである。

◆在韓日本財産に対する日本の所有権

条約局は、山下の見解を踏まえ、敗戦国国民の私有財産権の保護は国際法上排除されていないとした上で、在韓日本財産のうち私有財産に限っては、日本の財産権要求が可能であるという結論を導き出した〔95〕。そして、在韓日本財産の処分を命じた駐韓米軍政庁の命令三三号の効力を、対日講和条約の締結後にいかに受け止めるべきか、という問題が次の研究課題となった。

山下がまとめた研究の中で、韓国との請求権問題に関連するのは「平和条約第四条について(上)(下)」という研究報告書である。これは、一九五一年に外務省内でまとめられ、翌年には「在韓日本資産に対する請求権」と題した研究論文として公表されている〔96〕。

外務省内では、この時期すでに在韓日本財産に対する日本の所有権の主張、すなわち対韓請求権を主張するための法的論理が整えられていたのである。

「平和条約第四条について(上)(下)」において、山下は主に、命令三三号による在韓日本財産の没収を、対日講和条約第四条と関連していかに解釈するのか、在韓日本財産に対する日本の権利はどこまで及ぶのかについて論じている。この中で彼は、第四条(b)項について「拙劣な規定」であると批判した。命令三三号による在韓日本財産の処分の効力は、四条(a)項の規定通り、日韓間の外交交渉で決められるべきであると主張した。そして韓国側が、在韓日本財産が四条(b)項によって最終的に韓国に帰属されたと解して安心するのは「馬鹿げた」考えであると述べている[97]。

在韓日本財産をめぐる山下の主張は以下の四点に要約できる。第一に、国際法上に私有財産尊重の原則があるため、米軍政府の命令三三号による日本資産の処理は、没収や最終的な所有権の移転を意味しない。第二に、命令三三号は戦時中の英米の敵産管理制度を簡素化したものであり、在韓日本財産に対する売却行為などの財産処理の効力のみを承認したものである。第三に、韓米協定による在韓日本財産の韓国への移転は、韓国の対日請求権を担保するための措置である。韓国は日本資産の管理者にすぎず、原所有権は日本にある。第四に、講和条約第四条の(a)項と(b)項を読み合わせると、講和条約自体は在韓日本資産の最終的な取り扱いに関して未解決のままである。(b)項は在韓資産に対する日本の権利を放棄させたものではない。日本政府は(a)項で保障されている日韓間の特別取極によって、韓国政府に対し、在韓日本財産の売却代金などの返還や損害賠償を要求する権利を有する[98]。これが、いわゆる対韓請求権主張の法的論理である。

ただし山下は、日韓間の特別取極で定められるべきものを対韓請求権の対象とするが、これに関する「法律論としての請求権の議論」と「政策論としての請求権の議論」とは別個の問題であると述べた。そして、政策的観点から、日本は対韓請求権を、①無条件に消滅させる、②韓国の対日請求権の放棄を条件として消滅させる、③完全に存続させる、という三つの案を提示した[99]。

ここで注目すべきは、①は日本の対韓請求権のみの放棄、②は日韓間で請求権を相互放棄、③は日韓間の請求権をすべて認めた上当事者同士で相殺、とそれぞれ言い換えることができる点である。日韓間請求権問題に関するその後の日本政府内の議論の原型を、すでに山下の報告書に見出すことができるのである。山下は、日本政府が韓国政府との外交交渉において対韓請求権を改めて放棄することが望ましいが、それは無対価ではないと付け加えている[100]。山下自身は、日韓間の請求権問題をめぐる実質的な解決策として、②案を念頭に置いていたと推測できよう。

一方、山下は、日本による朝鮮統治と関連して生じた問題で、未解決の事柄については、日本が責任を負うべきであるとした。その例として、韓国民が日本官吏としてうけるべき未払俸給、恩給、日本の公債などを挙げている。山下は、「あえて言えばこれらが韓国の対日請求権」であると規定した上、韓国政府がそれらを放棄したとき、その代償として日本が在韓日本財産に関する権利を放棄することを主張した[101]。このような山下の見解は、日本の朝鮮統治を肯定する認識に立脚していた。すなわち、植民地統治下で「日本人であった朝鮮人」に対する補償と公債のみを、対日請求権の対象として認めるものであった。

以上に見るように、山下はイタリア講和条約とヴェルサイユ条約を国際法上の先例とし、敗戦国の在外財産処理の際に「私有財産の尊重原則」が見られると主張した。また、請求権問題における韓国の立場を弱めるために、韓国の国際法上の地位を分離地域として規定した。その上で山下は、在韓日本財産に対する日本の権利主張は正当なものであり、この主張は対日講和条約第四条の枠内で処理可能であるという結論を導き出した。こうした山下の法的見解は、その後、日本政府による対韓請求権主張の理論的基礎となるのである。

3 山下見解の矛盾

◆命令三三号における「帰属命令」の解釈問題

日韓会談がSCAPの斡旋によって開始されたことは周知の通りである。日韓両国は、本会談に入る前に約一カ月間の予備会談を行い、本会談における議題選定や会談形式などを調整することになった。仲介役を務めたのはSCAPのシーボルド(William J. Sebald)外交局長である。日韓会談予備会談は、一九五一年一〇月二〇日、東京のSCAPの会議室で、シーボルドの斡旋により開始された。

同会談の開始には、韓国よりも日本とSCAPの方が積極的であった。日本政府は、対日講和条約発効後、戦前日本人であった在日朝鮮人に新たな法的地位を与える必要があった。だが、彼らに日本国籍を維持させるべきか、韓国や北朝鮮の国籍へ移行させるべきか、仮に後者の場合に日本国内での法的待遇をどのようなものにするかが問題となっていた[102]。

この時期日本国内では、在日朝鮮人の存在が社会問題となっていた。戦前に朝鮮半島から日本に渡ってきた者のうち、戦後も日本国内に残留した在日朝鮮人の多くは不安定な生活にさらされていたが、日本政府は彼らに対する生活保護を負担と考えていた。さらに、朝鮮半島の政治状況に影響を受けた在日朝鮮人社会内ではイデオロギー対立が先鋭化し、その大半が社会主義への「あこがれ」を抱いていた[103]。

シーボルドの日記からは、日本政府関係者が、在日朝鮮人が組織した大部分の団体を左翼団体と見なし、彼らを潜在的な共産主義者として強く警戒していたことがわかる。戦後直後から、在日朝鮮人は日本国内で、民族学校を設立したり自分たちの権益を守るための団体を結成していたが、日本政府はこのような在日朝鮮人の勢力拡大を懸念していた。そして、日本政府はSCAPの黙認の下で、在日朝鮮人系の民族学校の設立を許可せず、一部の在日朝鮮人系の宗教団体を解散させたが、このような措置の背景には彼らを共産主義者と見なす双方の認識が存在した[104]。

そのため、日本政府とSCAPにとって同会談の最大の目的は、対日講和条約の発効前に、在日朝鮮人の国籍および法的待遇問題を解決することであった。しかし、韓国政府の関心はあくまで財産請求権問題にあった。これは日本政府も事前に予想していたことであり、日本政府は、一九五一年の予備会談の開始直前に、山下の研究報告書を基礎とした日韓請求権問題に関する一連の検討をほぼ完了させていた。

ところが、予備会談の終了後、山下の法的見解にいくつかの問題点が提起されることになった。予備会談において、日本には対韓請求権が存在しないとする韓国側の強硬な態度に直面したことに加え、韓国側の主張が日本の法的論理を全面的に否定するものだったためである[105]。

韓国側の法律顧問であった兪鎭午は、韓国と日本の主張が真っ向から対立するため、今後、問題が表面化する可能性を懸念していた。そして、兪は、在韓日本財産が没収されたことに日本が大きな不満を抱いていると指摘し、それが会談にいかなる影響を与えるかは不明なので、請求権交渉を行う際、常にこの点を念頭に置くべきであると韓国政府に提言していた[106]。

しかしながら、予備会談の際に韓国側は、対日講和会議への参加が頓挫したことを挽回すべく、対日講和条約第四条(a)項に明示された日韓間の財産処理に関する特別取極の対象となるのは、韓国の対日請求権のみであると主張した。韓国側は、命令三三号における帰属命令(Vesting Decree、以下、ヴェスティング・デクリー)によって、在韓日本財産は韓国へ完全に帰属されており、日本政府は在韓日本財産を接収した命令三三号の法的効力を対日講和条約第四条(b)項によって認めていると主張したのである[107]。

このような韓国側の主張に対し、日本外務省は、第四条の(a)項と(b)項の矛盾する内容のため、在韓日本財産の地位が曖昧になったと見ていた。そして、今後日本が日韓会談において対韓請求権を主張する場合、同条項をめぐる日韓間の異なる法解釈が大きな争点になると予想した。また、同省内からは、米国が命令三三号を発した当事者であったことから、命令三三号の帰属命令の効力を日本が否定できるのかという疑問も呈された[108]。

外務省内で特に、山下の見解に懐疑的であったのはアジア局である。同局は早くから、日本政府は第四条(b)項の規定により命令三三号の有効性を承認しなければならないと考えていた[109]。

さらに、アジア局が懸念したのは米国政府の姿勢であった。対韓請求権をめぐる日本政府内の議論を危惧した米国政府は、「講和条約によって日本が命令三三号の有効性を承認した以上、日本は在韓日本資産に対する請求権は主張し得なくなる」という意見をアジア局に伝えていた。アジア局は、こうした米国政府の態度が日本の立場を不利にし、日本の法的論理に否定的な結論が導き出される可能性もあると懸念していた[110]。

アジア局の懸念に対しては、西村条約局長も第四条(b)項の存在が韓国側の主張を後押ししていることを認めていた。そして、日本が強硬な主張を続けて韓国と対立すれば、米国がこの問題に介入してくる可能性があり、現時点における米国の介入は決して日本に有利には働かないと判断していた[111]。

外務省内ではアジア局を中心に、法理的観点のみに依拠して外交交渉を進めることは不可能であり、現実的な交渉戦術を探るべきという意見が登場した。在韓日本財産に対する日本の法理そのものは放棄しないが、韓国との交渉の際に法的問題をあまり強調し過ぎない方が良いとの判断であった[112]。また、交渉の経過次第によっては、請求権問題を経済協力問題などに落して処理すべきとする、後の交渉経過から振り返ると興味深い見解も示されている[113]。

「山下報告書」に対する法学者からの批判も存在した。英米法の権威であった高柳賢三東京大学教授は、「ヴェスティング・デクリーが管理処分以上の効力を持たないという従来の法解釈は、安易且つ楽観的であり、それが敵産管理令と解することができるとしても、私有財産を没収する効力を否定することは早急である」[114]とし、山下の主張の限界を指摘した。

高柳は、「ヴェスト(Vest)という英米法上の概念が、管理権の移転のみを意味する場合も、最終的な帰属を意味する場合もある」と説明した。また命令三三号は戦時中の英米の敵産管理制度を簡素化したものと解する山下の見解にも疑問を呈している。さらに高柳は、連合国の敵産管理令に「没収」という用語はないが、返還を原則的に認めないため、命令三三号が敵産管理令であるとしても、その帰属命令は観念としては没収に等しいと反論した。彼は、これらの対応が第一次世界大戦時とは異なる第二次世界大戦時の特徴であると付け加えている[115]。

当時日本政府内には、在韓日本財産が韓国に帰属させられたことの不法性を国際法廷に訴え、在韓日本財産の売却代金を返還させる案が存在した[116]。これについても高柳は、日本に勝訴の見込みはないと断言し、私有財産を含む在韓日本財産に対する日本の主張が受け入れられることは難しいと判断していた[117]。

山下の『領土割譲の主要問題』研究に関与していた国際法学者の横田喜三郎東京大学教授も、在韓日本財産に日本の原所有権を主張する山下の意見に疑問を投げかけた。横田は、米軍政府が日本の財産を所有しこれを韓国に譲渡したことを、日本は第四条(b)項によって認めたことになるという見解を示した[118]。

このように、命令三三号の効力に対する山下の法的見解は、韓国側と鋭く対立したのみならず、外務省内や学界からも論理的な不整合性を批判されたのである。

◆私有財産尊重原則をめぐる日本政府のディレンマ

一九四五年八月日本の敗戦当時、海外に在留していた日本人は、軍関係者が約三二〇万人、民間人が約三八〇万人であった。民間人の中で日本へ引き揚げた者は約三二〇万人であり、なかでも朝鮮半島からの引揚者は、北朝鮮から約三〇万人、南朝鮮から約四二万人、全部で約七二万人にのぼった。これは、海外引揚者の約二二%を占め、旧満州地域からの引揚者一〇〇万人に次ぐ大規模な引き揚げであった[119]。

敗戦によって帰国した引揚者たちは、朝鮮半島に残された自身の財産への国家補償を求めていた。引揚者たちが私有財産権の保護を主張する際に根拠としたのは、一九〇七年のハーグ陸戦法規第四六条であった[120]。同条には「占領軍の占領地における私有財産没収を禁ずる」という規定があった。また、引揚者は在外財産が講和条約によって賠償などに充てられた場合、それを国家が補償すべきと主張していた。その国内法的根拠としては、「私有財産は正当な補償の下にこれを公共のために用ひることができる」と規定された、日本国憲法第二九条を挙げている[121]。

しかし、同じように戦争で塗炭《とたん》の苦しみを受けた多くの日本人は、引揚者の問題に強い関心を持っていなかった。むしろ敗戦後の国内世論は、旧植民地時代の海外における日本人の活動に批判的であり、彼らの在外財産は現地住民から搾取したものと見ていた[122]。

そうした国内の批判は、引揚者たちが戦前海外で蓄積した私有財産に対する国家補償を要求する際の最大の障害となった。そのため、引揚者は国内の批判的世論を転換させるために積極的な活動を展開した。とりわけ、旧朝鮮総督府関係の引揚者は、朝鮮半島に残した財産や権益の擁護を目的に、「同和協会」、「中央日韓協会」、「友邦協会」などの団体を組織して活動を展開した。また彼らの一部は政界に進出して政治的な影響力を高めようとした。このような組織的な活動は、初期日韓会談に少なからぬ影響力を与えることになった[123]。

なかでも旧朝鮮総督府で官房総務課長などの要職を歴任し、終戦時には対米降伏文書の調印や駐韓米軍をめぐる行政に携わった山名酒喜男《みきお》は、「中央日韓協会」や「友邦協会」の支援を得て、『朝鮮総督府終政の記録』などの資料を編纂した。同資料には、朝鮮における日本人の活動や成果を評価するのみならず、引揚時の苦労や、帰還後の生活の困難について詳細に記述されている。引揚者に対する国内の批判を払拭すべく編纂されたこれらの資料は、学校や図書館などの公共施設に配布された[124]。

こうしたなか、第一二回国会で引揚者国内補償問題に関する審議が行われた。時期が日韓予備会談と重なっていた上、この審議の中で今後の日韓請求権交渉の行方や、在外財産喪失者に対する日本政府の方針が示されると予想されたため、引揚者たちは多大な関心を寄せていた。国会審議では、主に対日講和条約の第一四条と第一六条に関連する在外財産の補償問題、それを補償する場合の法的根拠である憲法第二九条三項といかに関連付けるのか、などについて日本政府の態度が質された[125]。

答弁は、外務省、大蔵省、法務府の担当者が行った。引揚者の国内補償という機微に関わる問題であったこともあり、答弁には慎重を期せざるを得なかったにせよ、概して在外財産の喪失に対する国内補償について政府は消極的な態度に終始した[126]。

外務省は一〇月二二日の参議院委員会で、引揚者の在外財産に対し「補償をするのが最もいいが、国全体の立場から十分検討して最も妥当な方法を発見する以外にない」という曖昧な見解を示すに止まり、引揚者の国内補償に関する直接的な言及を避けた。一一月九日に答弁に立った外務省の西村条約局長は、「日本の場合、戦争損害者は在外資産喪失者のみではないが、私有財産尊重の原則と在外資産の所有者に対する補償の問題を政府として当然考える」と語り、引揚者への国内補償そのものは否定しない一方、先例となる講和条約では在外財産に実質的な補償が行われなかった事実も強調した。敗戦国の政府に私有財産の補償義務が課せられたとはいえ、実際にはドイツ、イタリアとも空文に終わったことを指摘し、引揚者への国内補償を回避する可能性を示唆したのである[127]。

法務府からは大橋武夫法務総裁が出席した。法務府も引揚者への国内補償については基本的に理解を示した。ただし、在外財産は憲法施行区域外にあったため日本国憲法の管轄外の事柄であるとし、補償問題と憲法との関連を否定した。法務府も外務省のように、引揚者を大きな意味での戦争被害の一態様として位置づけた。そして、引揚者問題は、戦争被害者間の犠牲の調整、政府の財政能力とのバランス、政策的問題などを考慮した上で決定すべきとした[128]。

引揚者に最も厳しい態度を示したのは大蔵省であった。池田勇人蔵相は「在外財産を補償する財政的余裕がなく、どこまで補償するかはまだ確信がつかない」と答弁した。池田は日本の財政状態が引揚者に補償し得るかはっきりした見通しがつかないため、在外財産の補償は相当困難であると説いた。その上で、連合国側も日本の財政状態を認識しているため、在外財産に対する国家の補償を規定したヴェルサイユ条約やイタリア講和条約の先例とは異なり、対日講和条約には引揚者への補償規定が存在せず、これは憲法に違反していないと述べたのである[129]。

このように日本政府は、外務省の国際的慣例、法務府の法理的妥当性、大蔵省の財政状況など様々な理由をあげ、引揚者の私有財産に対する補償を避けようとした。在韓日本財産に対する所有権の主張について、私有財産尊重の原則を強調したこととは対照的であった。すなわち、私有財産尊重原則に関する日本政府の論理は、対韓交渉という外交の場と、引揚者国内補償問題という国内政治の場に挟まれたものであった。このような一つの法理をめぐる二つの解釈は、日本政府の対韓請求権主張における法理的、政策的なディレンマとなった。

以上に見るように、山下の法的見解の問題点は様々な方面から浮上していた。それにもかかわらず、山下の見解は最終的に、日本政府の対韓請求権の法理的主張に取り込まれ、その後も請求権問題に関する論理的起点として位置づけられたのである。

4　対韓強硬論と法的論理の強化

◆大蔵省の対韓強硬論

本節では、日本政府が韓国との請求権問題をいかに認識しながら、山下の示した法理的見解を強化したのかを検討したい。その際、外務省と大蔵省の事務当局間で交わされた議論に着目する。

一九五二年二月の第一次日韓会談を控えた日本政府は、松本俊一外務省顧問を首席代表に、関係各省の実務者からなる代表団を組織した。同代表団は、同年一月から対韓交渉の要領案を作成するため打合せを行い、参考資料として「山下報告書」「平和条約資料」「同和協会調書（朝鮮統治実績）」の他、大蔵省からも資料が提出された[130]。請求権問題をめぐる代表団内の討議は、次のように展開された。

まず代表団は、朝鮮半島全体に残した旧日本財産は、韓国の対日請求額をはるかに超えるものと見ていた。しかし、朝鮮半島の政情や朝鮮戦争による財産の消失状況、韓国の経済状況などの観点から、在韓日本財産の回収は事実上困難だと悲観的に見ており、交渉の長期化も予測した[131]。

また、引揚者に対する国内補償問題との関連を踏まえて、日本と韓国における相手国関連の私有財産を、どのように取り扱うかに関して三つの処理方式案が用意された。第一は、私有財産不可侵の法理を貫徹し、国家は関与せず、私人間の直接解決に委ねるという直接主義である。この場合、国家が非難されることにはなるが、国内政治問題となる可能性は低いとされた。第二は、私人間の債権債務に関して全て国家が肩代わりし、私人間決済を国内問題として解決をはかるという間接主義である。この場合は国内政治問題化する恐れがある。第三は、中間的な案として、日韓の間に共同清算委員会などの仲介役の機関を設け、国家は弁済責任を直接負担しないという仲介主義である[132]。

外務省は、私人間の直接解決方式に疑問を抱き、引揚者問題には実質的に国家が介入せざるを得ないと考えていた。だが大蔵省は、国家が何らかの形で介入することで財政的責任を被る可能性のある、間接主義や仲介主義のような解決方式には反対した。大蔵省は、私有財産に関してはあくまで私人同士の直接解決に委ねるべきであると主張し、直接主義案を支持したのである[133]。

大蔵省内にも「在外財産をバーゲンに使って補償もしないことはできない」という意見が存在した。要するに、引揚者の在外私有財産を当該国に対する日本の賠償に充てながら、引揚者にこれに関する補償をしないことはできないという意味である。だが、同省内では、私有財産問題に対し政府が介入すれば、最終的には日本のみが韓国へ賠償支払いを行うことになり、引揚者に国が弁償することは避けられない、という懸念が支配的であった[134]。

第一次日韓会談の開始が近づくにつれて、大蔵省の厳しい態度は際立つようになった。「韓国側の請求額が厖大なら日本も厖大な請求権を要求」すべきという過激な見解が現れるようになり、その一方で日本政府が韓国政府に「思い切って譲歩」することへの懸念を募らせるようになっていた[135]。大蔵省は日本の交渉要領案が「守勢的」であると批判し、「もっと攻勢をかける」ことを主張した。これに対し、外務省は厳しい攻勢をかけるか否かは韓国の出方次第であり、「外交上の実益の有無」を考えた上で決定すべき事柄であると応酬した[136]。

こうした日本政府内の論争が韓国で報道されると、日本が旧日本財産を韓国の対日請求権と相殺することを狙っているとの非難が韓国世論から噴出した。韓国内では「日本植民地収奪論」が打ち出され、日本に韓国に対する請求権などあり得ないとする主張が強まった。日本でもこれに対抗するかのように、代表団内部で大蔵省を中心に韓国側の主張に強硬に対応すべきだという声が高まり、「韓国併合の適法性」を前提にした交渉要領案の再検討が主張されるようになった[137]。

外務省は大蔵省の強硬姿勢に疑問を抱きつつも強く抵抗はしなかった。請求権問題によって日本の財政が悪化した場合、その責任論の矛先が外務省に向くことを警戒していたのである[138]。大蔵省の対韓強硬論の背景には財政問題への危機感があったことは事実である。だが、こうした大蔵省の態度は、明らかに外交面での柔軟性を欠いたものであった。

◆外務省条約局による法理上の原則論

全省的に対韓強硬姿勢を示していた大蔵省とは対照的に、外務省では意見が割れていた。アジア局は、外交的な側面を考慮する立場から、政府内で支配的であった対韓強硬論に懐疑的であった。米国政府は冷戦戦略の文脈から日韓国交正常化の早期達成を望んでおり、アジア局は米国の立場を強く意識していた[139]。またアジア局は、韓国との交渉の成否は、戦後国際社会に復帰しようとする日本外交にとって重大な試金石であると見ていた。韓国との交渉が難航した場合、東南アジア諸国との関係にも波及すると考えられ、アジア外交全般への悪影響が懸念されていたのである[140]。

その一方で条約局は、財政問題に起因する大蔵省の対韓強硬姿勢とは動機が異なっていたが、厳しい対韓国交渉姿勢に傾きがちであった。条約局は、国際法や条約解釈上の原則論、植民地主義や請求権問題をめぐる韓国との国際法的な論争を意識したゆえ、厳格な法理論に立脚して法解釈を行う立場であった[141]。

第一次日韓会談を控えて、外務省では山下の立論は、やや楽観に過ぎ理論的普遍性を欠くという認識が広がりつつあった。とりわけ、命令三三号の帰属概念が委託ないし管理権の移転とする法的論理は根拠を欠いており、命令三三号自体を国際法的側面から改めて検討すべきであるという主張が強まっていた[142]。

しかし、対韓強硬論の先頭に立った大蔵省の態度は、条約局が法的論理の補強を推し進める上で強い援軍となった。条約局は、従来の山下見解にいくつかの理論を補足し、在韓日本財産の問題をめぐる法的論理をさらに強化した。

◆山下見解の補強とその限界

朝鮮半島における韓国管轄権の範囲

朝鮮半島を二分する北朝鮮と韓国は、互いに朝鮮半島において正統性をもつ唯一の合法政府であることを主張していた。こうした南北対決は、国際地位において正統性と体制優位を確保するための体制間競争でもあった。一九四八年八月には韓国政府が、同年九月には北朝鮮政府が成立していたが、国際連合（以下、国連)は同年一二月一二日の第三次国連総会の決議を通じて、早々と韓国のみを朝鮮半島における「唯一合法政府」として承認する。さらに、一九五〇年六月に北朝鮮の南侵により朝鮮戦争が勃発すると、国連は北朝鮮を朝鮮戦争の侵略者として規定し、朝鮮戦争停戦協定締結の際には韓国側を代弁して一翼を担うこととなる。韓国のみを朝鮮半島における「唯一合法政府」と認めた「国連帽子」[143]は、国際的地位における韓国の優位を意味した[144]。

だが、注目すべきは、国連総会決議は「国連臨時朝鮮委員会(UNTCOK)と協議が可能なところの朝鮮人多数が居住している地域で、有効な支配と管轄権を及ぼす韓国が、朝鮮半島における唯一合法政府である」としていた点である[145]。

すなわち、国連は、朝鮮半島における管轄権については北朝鮮に対する判断を留保した上で、韓国のみを「唯一合法政府」として認定していた。韓国が同地域での「唯一合法政府」であるとされながらも、その管轄権は実際の施政の及ぶ三八度線以南に限定されるのか、もしくは、韓国の管轄権が北朝鮮にまで及んで朝鮮半島全体を代表するのかについては明確ではなかったのである。

大蔵省は、国連総会の決議により韓国のみが「唯一合法政府」としての地位を確保したとはいえ、朝鮮半島における韓国の主権の範囲は曖昧なままであったことに着目した。なぜなら、韓国政府の管轄権を北朝鮮にまで認める場合と、韓国に限定する場合では、在北朝鮮日本財産の取り扱いや日韓請求権交渉の適用範囲が異なってくるためである。韓国の主権が北朝鮮にも及ぶことになれば、北朝鮮地域も含めて朝鮮半島全体に残されたすべての旧日本財産が、日韓間の請求権交渉の対象になる[146]。

実際に、日本の敗戦時に朝鮮半島に残された日本財産は、韓国より北朝鮮の方に多く存在していた。在韓日本資産は、不動産、金、銀、白金、通貨、証券、銀行勘定、債券、有価証券等を含めて、約二二億七五五三万ドルに至った。一方、戦前日本が重化学工業基地として育成し、大規模の産業施設が多く残存していた北朝鮮地域には、在韓日本財産より大きい規模で、約二九億七〇九五万ドルの日本財産が残っていた[147]。

したがって、講和条約第四条(a)項で規定されているように、韓国へ帰属された旧日本財産が日韓請求権交渉の際に改めて取極の対象となる場合、在北朝鮮日本財産も韓国へ委譲されたとすることは、日本の立場を有利にするものであった。それゆえ大蔵省は、北朝鮮にある旧日本財産を韓国との請求権交渉の対象に含める解釈を可能にする、朝鮮半島全地域における韓国のみの管轄権を主張した[148]。

だが農林省は、韓国の管轄権を拡大すれば漁業問題への影響が大きいことを指摘し、韓国が朝鮮半島全地域を代表する管轄権を持つとする大蔵省の主張に事実上反対した。農林省は、韓国の管轄権を朝鮮半島全体へ拡張した場合、北朝鮮の漁場が縮小するため北朝鮮を刺激するのみならず、国際的に新たな問題を引き起こす恐れがあると説明し、慎重な対応を求めたのである[149]。

アジア局も、請求権問題とも絡む韓国の管轄権問題で、大蔵省と見解を異にしていた。将来北朝鮮と交渉を行う余地を残しておきたかったのである。そのため、実際に北朝鮮にも政府が存在することを認め、韓国の管轄権は三八度線以南に限定する解釈が望ましい、という考えであった。ただしアジア局は、北朝鮮を三八線以北の「施政当局」と見なすことは、日本が朝鮮半島における二つの政権を認め、韓国の「国連帽子」を支持する米国の方針に異議を唱えることと同義であるため、対米外交に悪影響をもたらすと判断した。また、このような議論は、北朝鮮地域にも主権が及ぶとする韓国政府の政治的主張にも真っ向から反しており、韓国を刺激する恐れがあった。アジア局は、「国連決議など国際政治の状況から見て日本が韓国の管轄権を規定することは適切ではない」という立場をとっていたのである[150]。

朝鮮半島における韓国の管轄権問題をめぐって日本政府内の思惑が錯綜するなか、条約局は、第四条(a)項に記された「日本と施政当局との特別取極」の文言から朝鮮半島における「施政当局」の範囲を検討した。そして、韓国政府の実際の施政範囲に鑑み韓国の管轄権を朝鮮半島の南半部に限定することと、北朝鮮地域にも韓国の主権が及ぶとすること、二つの解釈が可能であるとした。条約局は、韓国の管轄権規定は高度な政治性があるが、大蔵省とアジア局のどちらの解釈も講和条約上禁止されていないと結論付けた[151]。

しかし、韓国の管轄権範囲をめぐる日本政府内の論争は、各省庁の利害関係もあって明確な結論を出すに至らず、日本は韓国の管轄権問題を正式に日韓会談の議題としなかった。だが、一九六〇年代、日韓会談が妥結に向かう際に、この問題は日韓間で論争を引き起こすことになる。日韓基本条約第三条における韓国の唯一合法性条項は、日本の対北朝鮮交渉をめぐり日韓間で争点となるが、この論争の起源はこの時期の日本政府内における韓国管轄権をめぐる論争に求めることができよう[152]。

二重法理

条約局は英米法の専門家である高柳賢三に、ヴェスティング・デクリー、すなわち、命令三三号における帰属命令の効力の解釈についての補足研究を依頼した。その際、条約局は高柳に、英米法における所有権移転に関する概念である「二重法理」を用いて、従来の山下による見解を補強することを提案した[153]。

先述したように、高柳は命令三三号に関する山下の法的見解に疑問を呈し、日本は在韓日本財産に対する所有権を主張できないと述べていた。しかし、この後、高柳は当初の自分の見解を覆し[154]、命令三三号をめぐる山下の法的見解を支持するようになる。

高柳は、英米法の観点から見れば、日本はlegal ownership（法的所有権）を失ったが、equitable ownership（衡平法上の権利）は残ると述べた。その上でヴェスティング・デクリーは明白に敵産管理に関するものであり、日本の権利を決定的に奪ったものではないと論じた。そして、日本の資産を米軍政府が売却した場合、第四条(b)項ゆえにその売却の法的効力を否定することはできないが、売却代金に関する請求権は日本人所有者にあると説いた[155]。これは、第三者による所有権の移転によって原所有者の法的所有権は失われても、衡平法上の所有権[156]として原所有者の実質的な所有権は残るという英米法上の二重所有権の概念に基づく考えである。

高柳はまた在韓日本財産を処分した韓国国内法の効力を否定している。彼は韓国の帰属財産処理法は「大陸法的な意味の完全な所有権」が韓国政府にあるという錯覚の下に、在韓日本財産の帰属措置の根拠とするため制定されたものであるとした。さらに韓米協定の効力についても、「敵産管理権を韓国に移した文書に過ぎない」と主張している[157]。

以上の高柳の見解を受けて、条約局は命令三三号が私有財産の尊重原則を排除していないとする山下の見解と、高柳の「二重法理」の概念を結びつけ、次のような論理を展開した。すなわち、英米の対敵取引禁止法においては、「二重法理」は公式に認められている。原所有者の権利を認めるのは現在の国際法上の慣行であり、命令三三号もこの概念に基づくものである。命令三三号には、私有財産の没収に関する積極的な規定がないので、私有財産尊重の原則を排除する意思がない。したがって、命令三三号によって在韓日本財産は韓国に信託されて、受託者[韓国]の名義となっているが、実質的には委託者[日本]の財産である、というものであった[158]。

しかし、英米法系の所有権概念を採用した「二重法理」は、大陸法系の所有権概念を採用する韓国側の法的論理を決定的に崩すものにはなり得なかった。大陸法系の所有権的担保の法理においては、債権者の所有権の取得を認めている[159]。特に、財産所有権の移転に関して、フランス法を中心とするヨーロッパの大陸法系の国の多くは、受託者が財産の信託を受容することを拒み、信託財産の所有権を取得することが特徴である[160]。

すなわち、大陸法系の所有権概念では、第三者によって所有権が移転されると、それを最終的移転と見なし、原所有者がクレームを提起する権利を認めていないのである[161]。この点については高柳も、命令三三号の措置を「大陸法系の考え方からすれば、日本国民は所有権を喪失したというように誤解する」余地があると指摘していた[162]。

内乱に対する国家責任理論

朝鮮戦争は半島全域に莫大な被害をもたらし、民間人を含めた人的被害のみならずおびただしい財産損失をもたらした。韓国における財産の多くが戦前日本由来の財産であったとすれば、戦争による被害財産の大部分が在韓日本財産であったという説明も可能である[163]。

大蔵省は、たとえ韓国が在韓日本財産に対する日本の所有権を認めたとしても、韓国が朝鮮戦争によって滅失したと主張すれば、実質的に返還不可能になると考えた。そのため、朝鮮戦争で消失した在韓日本財産の補償責任を韓国政府に求める考えであった。大蔵省は日韓両国民の私有財産の返還をめぐって、その解決を私人間同士の交渉に委ねられなくなったとしても、日本人の私有財産の損害に対する補償を、韓国の国家責任とする狙いがあったのである[164]。

しかし大蔵省の思惑に反して、日本政府内では否定的な見解が支配的であった。大蔵省の主張は、法律的観点に照らして恣意的であり、国家責任理論が韓国に有効とする法的根拠が不十分であったためである。そして、日本がこの法理によって韓国に損害賠償を請求する権利は認められないとし、その理由として以下の見解が示された[165]。

第一に、三八度線を挟んで韓国と北朝鮮がそれぞれの政府を樹立していることから、朝鮮戦争を内乱と規定することには無理がある。第二に、国家責任を問うための法的根拠として提示された「国家の故意や過失によって私人の財産が守られなかった場合」という条件は、朝鮮戦争には適用できない。第三に、朝鮮戦争には米軍を中心とする国連軍が参戦しているため、朝鮮戦争を内乱とみなす場合「国連軍が外国の内乱不干渉義務に違反した」と日本が批判したかのような印象を米国に与え、対日世論が悪化する可能性が高い、というものであった[166]。

それでも条約局は、大蔵省の強い要請を受け、国際法上の「内乱に対する国家責任理論」を韓国に適用できる可能性を検討した。条約局は、朝鮮戦争を通常の内乱と見なすには妥当性を欠くかもしれないが、少なくとも形式的には通常の内乱と見て差し支えないという見解を示した。その上で「内乱に対する国家責任理論」を韓国にも適用できるという結論を導いた[167]。

条約局は、この結論を正当化するために、国連軍の行動が韓国軍に対する支援ではなく、国際平和や安全のための警察行為であると解釈した。すなわち、国連軍と北朝鮮との戦闘行為は「公戦」にあたり、他方、韓国と北朝鮮との戦闘行為は「内乱」にあたるという論理で、朝鮮戦争が「公戦」と「内乱」の二重の性格を持っているとしたのである。したがって、条約局は、韓国に対してはこの「内乱」に関する国家責任を問うことができると結論づけた[168]。

しかし、山下見解の補強を目的とするこのような法的論理は、論理的な弱さや恣意性ゆえに従来の法理的矛盾を解消できず、早々に立ち消えとなる。日本は予備会談の中で、朝鮮戦争によって消失した在韓日本財産に対する韓国の国家責任に言及していた[169]。これが第一次日韓会談の際に韓国側によって取り上げられ、韓国および米国世論から強い批判を受けたことから、日本は直ちにこの主張を撤回せざるを得なかったのである[170]。

◆法的論理の弁証

講和条約の締結にむけて日本政府は、戦勝国である連合国と東南アジア諸国に対して、異なる二つの顔を使い分けた。連合国に対しては敗戦国の立場をとり、戦争賠償や戦後秩序の再編に主眼をおいて講和会議に臨んだ。一方、東南アジア諸国に対しては、経済的進出を念頭において国交回復をはかろうとしていた[171]。

賠償請求問題においても、この二つの区別は明瞭であった。連合国の「穏健な対日政策」のおかげで、連合国と日本との間の賠償請求問題は対日講和条約の締結前に一段落していた。しかし、対照的に東南アジア諸国との間では、吉田首相の「賠償は一種の投資である」[172]という言葉に象徴されるように、開発や経済協力を通じた同地域への再参入を視野に入れた賠償問題の解決が目指され、講和後に国交正常化交渉が行われることになった[173]。

以上に見る日本政府の基本姿勢は、対韓政策においても変わらなかった。植民地であった韓国に対し、日本政府はより厳格な方針をもって臨んだといっても過言ではない。山下の研究報告書で示されたように、日本政府は韓国との間の賠償請求問題を、朝鮮統治時代に起こった未解決問題に対する「補償」として処理しようとした。さらに韓国側の反発を予見しながらも、朝鮮半島に残された日本の旧財産に対する権利を主張する。

だが、韓国政府は日本による朝鮮統治を不当だと批判し、朝鮮統治に対する日本の謝罪を伴う「過去清算」が請求権問題の本質にあると主張する。その後も、過去の植民地統治に対する謝罪と賠償によってこそ、両国の国交正常化が達成されるべきであると主張したのである。このような賠償請求問題をめぐる日本と韓国の認識のずれは、日韓国交正常化交渉で大きな論争へと発展する[174]。

本章で検討したように、このような日本の主張を可能にしたのは当時の国際情勢であったといえよう。連合国側は戦後処理の過程で韓国に過酷なほど無関心であり、日本の植民地主義に対する是非を問わなかった。

そして、対日講和会議においても、敗戦国日本の植民地であった韓国と、連合国の植民地であった東南アジア諸国に異なる位置を付与した。連合国の態度は、韓国の対日賠償要求の論理を制限するとともに、戦前から日本政府内に胚胎されていた対韓認識を清算する機会を消滅させた。このことは、請求権問題をめぐる日本政府の法的論理の形成に影を落とした。

日本政府は日韓会談の開始以前から、在韓日本財産に対する所有権主張を正当化するための法的論理を形成していた。日本側の法的論理は様々な問題を指摘されつつも、日本の対韓請求権の主張を支える論理として定着していく。このように「不完全」な法的論理が、日本政府にとってどのような意味を有していたのであろうか。

西村条約局長は「韓国に移譲された日本財産について日本が権利として返還を要求できるのではなく、単に交渉の際に日本資産は韓国側のプラスになった事実を指摘し得るために留る」[175]と述べていた。また山下も後日「在韓日本資産が実際に返還されたり補償されたりすることを期待していたわけではない。韓国側の要求にいかに対応し、在韓日本資産に物をいわせるために、日本政府の法理論は意義がある」[176]と語っている。西村や山下の見解からは、日本の対韓請求権の主張は韓国の対日請求権を減額させるための交渉材料であったとする先行研究の議論[177]を裏づけている。

次章ではこうした法的論理を背景に、一九五〇年代初期の日本政府内で、対韓請求権問題に関する政策と戦略がいかに形成されたかを検証していく。

註

1——張博珍、前掲書、二〇〇九年、同、前掲書、二〇一四年、同、前掲論文、二〇一一年、二一~五二頁、同「한일회담에서의 기본관계조약 형성과정의 분석：제2조 '구조약 무효조항' 및 제3조 '유일합법성 조항'을 중심으로［韓日会談での基本関係条約形成過程の分析：第二条「旧条約無効条項」及び第三条「唯一合法性条項」を中心に］」『국제・지역연구［国際・地域研究］』제17권 제2호［第17巻第2号］, 2008년, pp.1-39、同「한일회담 청구권 교섭에서의 세부항목 변천의 실증분석：대일8항목요구 제5항의 해부［韓日会談請求権交渉での細部項目変遷の実証分析：対日八項目要求第五項の解剖］」『정신문화연구［精神文化研究］』제34권 제1호［第34巻第1号］, 2011년 3월, pp.86-117、同「한일회담 청구권 교섭에서의 세부항목 변천의 실증분석：대일8항목요구 제2항의 해부［韓日会談請求権交渉での細部項目変遷の実証分析：対口八項目要求第二項の解剖］」『일본공간［日本空間］』Vol.6, 2011년 5월, pp.195-241、同「대일평화조약 제4조의 형성과정 분석：한일간 피해보상 문제에 대한 '보상', '청구권'의 이동(異同)［対日平和条約第四条の形成過程の分析：韓日間被害補償問題における「補償」、「請求権」の異同］」『국제・지역연구［国際・地域研究］』제20권 제3호［第20巻第3号］, 2011년, pp.1-42、「전후 한국의 대일배상 요구의 변용：미국의 대일배상 정책에 대한 대응과 청구권으로의 수렴［戦後韓国の対日賠償要求の変容：米国の対日賠償政策に対する対応と請求権への収斂］」『아세아연구［亜世亜研究］』제55권 제4호［第55巻第4号］, 2012년, pp.116-153、朴鎭希、前掲書、二〇〇八年、劉義相、前掲書、二〇一六年。

2——張博珍、同上書、二〇〇九年、二〇一四年、同上論文、二〇一一年。

3——張博珍、同上、二〇〇九年、五三二頁。

4——太田、前掲書、二〇一五年、高崎、前掲書、一九九六年、山本、前掲書、一九七八年、吉澤、前掲書、二〇一五年、李元徳、前掲書、一九九六年。

5——張博珍、前掲書、二〇一四年、浅野豊美「サンフランシスコ講和条約と帝国清算過程としての日韓交渉」李鍾元他、前掲書Ⅱ、二〇一一年、五五~九四頁、同「経済協力の国際政治的起源」浅野豊美［編著］『戦後日本の賠償問題と東アジア地域再編』慈学社、二〇一三年、一九七~二二二頁。

6——本書では、一九四八年八月一五日に大韓民国政府が樹立する以前、北緯三八度線の以南の地域を「南朝鮮」、その政府を「南朝鮮過渡政府」と記す。

7——정병욱[チョン・ビョンウク]「조선총독부관료의 귀환후의 활동과 한일교섭—同和協会・中央日韓協会를 중심으로[朝鮮総督府官僚の帰還後の活動と韓日交渉—同和協会・中央日韓協会を中心に]」『광복60 새로운 시작 종합학술대회 자료집 I[光復六〇年 新しい始まり 総合学術大会資料集I]』二〇〇五年、二一四〜二三二頁。

8——日本は、北朝鮮側に残置された戦前日本の国公有・私有財産を「在朝日本財産」と、韓国側に残された財産を「在韓日本財産」と区別して称し、韓国との請求権交渉において戦略的に用いた。他方、分断状況において北朝鮮を韓国の一部とする韓国は、表面的には北朝鮮にある旧日本財産も韓国の資産とし、「在朝日本財産」という表現をはばかる傾向があった。すなわち、韓国側の言う「在韓日本財産」は、朝鮮半島全域に残された旧日本財産のすべてを意味している。本書は、日韓間の請求権交渉に関連しては、その実在に関係なくすべて「在韓日本財産」と称し、敷衍的説明を必要とするなど、場合によっては「在北朝鮮日本財産」という表現を用いるが、引用の場合はそのままとした。

9——外務省アジア局第一課「日韓会談における双方の主張及び問題点の附属資料」一九五八年一月二〇日、情報公開法に基づく日本外務省開示文書(以下、外務省文書)、二〇〇六-五八八(請求番号)-六九(文書番号)。以下、日韓会談関連の日本外務省文書は同じ要領で表記する。命令三三号の英文の内容は、この外務省文書の六一〜六三枚目に「HEADQUARTERS UNITED STATES ARMY FORCES IN KOREA Office of the Military Governor Seoul, Korea ORDINANCE NUMBER 33 : VESTING TITLE TO JAPANESE PROPERTY WITHIN KOREA6 December 1945」と出ている。和文は、六四〜六六枚目に「在朝鮮美国陸軍司令部軍政庁　法令第三十三号　朝鮮内にある日本人財産権取得に関する件(本訳文は、在朝鮮合衆国軍政府官報による)」と出ている。

10——外務省アジア局第一課「日韓会談における双方の主張及び問題点の附属資料」外務省文書、同上、七二〜七三枚目「アメリカ合衆国政府と大韓民国政府との間の財政及び財産に関する最初の取極(一九四八年九月二一日京城で署名)」を参照のこと。

11——太田、前掲書、二〇一五年、三九〜四〇頁。

12——李元徳、前掲書、一九九六年、一七〜二二頁。

13——高崎、前掲書、一九九六年、五〜一〇頁。

14——高崎、同上。

15——高崎、同上。

16——旧朝鮮総督府出身の官僚達の日本へ帰還後の活躍や、朝鮮半島からの引揚者達の組織的運動については、チョンの前掲論文「朝鮮総督府官僚の帰還後の活動と韓日交渉―同和協会・中央日韓協会を中心に」二〇〇五年を参照した。

17——長澤裕子「戦後日本のポツダム宣言解釈と朝鮮の主権」李鍾元他、前掲書Ⅱ、二〇一一年、一三二頁。長澤は、朝鮮の独立時期をめぐる論争が、ポツダム宣言の解釈をめぐる論争へと発展した過程を、以下のように解明している。南朝鮮は、日本がポツダム宣言を受諾し降伏文書に正式調印した一九四五年九月に、日本から法的権威を回復したと主張した。これに対し日本は、ポツダム宣言の受諾はただ日本の主権が制限されたにすぎないし、朝鮮における日本の法的権限が即時消滅したことではないと主張した。こうした対立は、その後日韓会談において、朝鮮の独立時期をめぐる日韓間の法律論争にまでつながったという。

18——佐々木隆爾「アジア・太平洋戦争の戦後補償のために支払った金額」『日本史研究』一九九四年、一九三～二〇七頁。

19——国際法事例研究会『日本の国際法事例研究(6)戦後賠償』ミネルヴァ書房、二〇一六年、二七～二八頁。同書は、第二次世界大戦後の各国の賠償請求権の処理に関して、当事諸国の条約を概観し、国際法の事例としてまとめたものである。

20——米軍政下で南朝鮮が単独政府樹立に向かう過程、その中で展開される政治過程については以下の著作を参照されたい。ブルース・カミングス[著]・鄭敬謨、林哲、加地永都子[訳]『朝鮮戦争の起源Ⅰ：１９４５－１９４７年、解放と南北分断体制の出現』二〇一二年、第六章。

21——李東俊『未完の平和』法政大学出版局、二〇一〇年、一九頁。

22——小此木政夫「米軍の南朝鮮進駐——間接統治から直接統治へ」赤木完爾、今野茂充[編]『戦略史としてのアジア冷戦』慶應義塾大学出版会、二〇一三年、八四～八八頁。

23——小此木、同上、九三～九六頁。

24——小此木、同上、九三～九六頁。

25——戦後ソ連の朝鮮半島に対する政策の概要、ソ連による北朝鮮占領過程、北朝鮮政権による植民地時代の負の遺産や親日派に対する清算などについては、ブルース・カミングス、前掲書、二〇一二年、第一一章を参考した。

26——敗戦国日本の運命が公的に示されたカイロ宣言が、カイロ会談においていかなる政治過程と背景により形成されたかについては以下を参照。五百旗頭真『米国の日本占領政策』上、中央公論社、一九八五年、一五五～一七五頁。

27――小此木、前掲論文、二〇一三年、九三～九六頁。
28――小此木、同上、九三～九六頁。
29――小此木、同上、九六～一〇〇頁。
30――外.管.経「朝鮮における債務の処理について」一九四九年三月、外務省文書、二〇〇六‐五八八‐一五五九。
31――本書は、戦後連合国と日本との間で締結された本条約を「対日講和条約」と記すが、引用の場合はそのままとした。
32――ローズヴェルト大統領の東アジア構想の中で戦後中国を大国とする構想については、以下を参照。五百旗頭、前掲書、一九八五年、一二九～一五四頁。
33――李錫敏「トルーマン政権期における『冷戦戦略』の形成とアジア冷戦の始まり――対ソ脅威認識を中心に」赤木完爾他、前掲書、二〇一三年、二一～二五頁。
34――太田、前掲書、二〇一五年、三八～三九頁。
35――SCAPの対日占領政策については、五百旗頭真編『第3版補訂版 戦後日本外交史』有斐閣アルマ、二〇一四年、第一章を参照した。
36――樋渡由美『戦後政治と日米関係』東京大学出版会、一九九〇年、五～一〇頁。
37――戦後中国大陸における国共内戦については、波多野善大『国共合作』中央公論社、一九七三年、二四六～二五四頁を参照した。
38――李錫敏、前掲論文、二〇一三年、二一～二五頁。
39――楠綾子『占領から独立へ』吉川弘文館、二〇一三年、二三四～二四八頁。
40――李錫敏、前掲論文、二〇一三年、二五頁。
41――楠綾子、前掲書、二〇一三年、二三四～二四八頁。
42――井上、前掲書、二〇一〇年、一四頁。
43――朝鮮戦争に中華人民共和国[中国]が参戦するまでの朝鮮戦争の展開、様相および中国参戦の過程とその結果については、以下を参照されたい。ディヴィッド・ハルバースタム[著]・山田耕介、山田侑平[訳]『ザ・コールデスト・ウインター：朝鮮戦争』下、文春文庫、二〇一二年「第八部　中国の参戦」、ブルース・カミングス[著]・鄭敬謨、林哲、山岡由美[訳]『朝鮮戦争の起源2：1947‐1950年、「革命的」内戦とアメリカの覇権』下、二〇

二二年、第二一章、沈志華［著］・朱健栄［訳］『最後の天朝』上、岩波書店、二〇一六年。

44——菅英輝「アメリカの戦後秩序構想とアジアの地域統合」『国際政治』第八九号、一九八八年、一〇九～一二五頁。

45——菅英輝、同上。

46——李元徳、前掲書、一九九六年、一七～二二頁。

47——李元徳、同上、二一～二九頁。

48——太田、前掲書、二〇一五年、二一頁。太田によれば、賠償という用語は、第一次世界大戦後のヴェルサイユ条約などにおいて登場した概念で、この条約に規定された賠償とは、戦勝国が敗戦国に対し戦争で発生した被害・損害・損失を支払うものであり、被害回復の意味であったという。

49——大韓民国政府『対日賠償要求調書』一九五四年「序文　一、対日賠償要求の根拠と要綱」。

50——大韓民国政府、同上。

51——太田、前掲書、二〇一五年、吉澤、前掲書、二〇一五年。

52——張博珍、前掲書、二〇〇九年。

53——李元徳、前掲書、一九九六年、二六～三八頁。

54——高崎、前掲書、一九九六年、一六頁。

55——李元徳、前掲書、一九九六年、二六～二七頁。

56——金民樹「対日講和条約と韓国参加問題」『国際政治』第一三一号、二〇〇二年、一三八～一四二頁。

57——原朗「戦争賠償問題とアジア」『アジアの冷戦と脱植民地化（近代日本と植民地八）』岩波書店、一九九三年、二六九～二八九頁。

58——太田、前掲書、二〇一五年、七四～七五頁、金民樹、前掲論文、一三三～一四七頁、張博珍、前掲書、二〇〇九年、二一三～二一四頁。

59——金東祚［著］・林建彦［訳］『韓日の和解——日韓交渉一四年の記録』サイマル出版会、一九九三年、五～六頁。

60——정무과［政務課］「1. 주일대표부 유진오 법률고문의 일본출장보고서［駐日代表部兪鎮午法律顧問の日本出張報告書］, 1951.9.10」大韓民国外務部外交文書（以下、韓国外交文書）、七七（登録番号）『한일회담 예비회담［日韓会談予備会談］（1951.10.20～12.4）본회의 회의록［本会議会議録］, 제1-10차［第一～一〇次］, 1951』。以下、日韓会談関連の韓国外交文書は同じ要領で表記する、「一九五一年八月二十日座談会」一九五一年八月、外務省文書、二〇〇六-

五八八-一五七二。

61――高崎、前掲書、一九九六年、一六～二〇頁。

62――外務省条約局、法務府法制意見局［編］『解説平和条約』印刷庁、一九五一年、一八～一九頁。

63――金東祚、前掲書、一九九三年、七～八頁。

64――「第十二回国会参議院　平和条約及び日米安全保障条約特別委員会会議録　第十号」一九五一年一一月五日『国会会議録検索システム「http://kokkai.ndl.go.jp」(二〇一七年八月二三日検索)、外務省文書にも、政府答弁の内容が抜粋要約されている(アジア局第二課「国会における在外財産補償に関する政府答弁等」外務省文書、二〇〇六-五八八-一二三四)。

65――西沢記「日韓問題定例打合会(第三回)」一九五一年一二月一〇日、外務省文書、二〇〇六-五八八-一六三一。

66――「一九五一年八月二十日座談会」外務省文書、前掲。

67――「韓国の対日賠償要求について」日付不明、外務省文書、二〇〇六-五八八-一五七二。

68――「韓国の対日賠償要求について」外務省文書、同上。これに関して、李元徳(前掲書、一九九六年)は、韓国は請求権問題を過去清算問題として認識していたが、これが反共論理や経済論理に葬られたと論じた上で、これを容認した米国や日本の態度を批判している。一方、張博珍(前掲書、二〇〇九年)は、韓国はそもそも戦後連合国の態度や朝鮮半島を取り巻く構造的な要因のため、日韓会談において過去の植民地主義そのものを清算することは実現不可能であることを認識していたと論じている。同外務省文書における、韓国有識者たちの対日賠償認識を見る限り、張の議論に説得力がある。

69――「韓国の対日賠償要求について」外務省文書、同上。

70――西村熊雄『サンフランシスコ平和条約』鹿島研究所出版会、一九七一年、二一～二八頁。

71――条約局法規課『講和条約研究資料　第一巻～第五巻』一九五〇年、同『講和条約研究資料　第六巻―平和条約案に対する独乙国意見書―』一九五一年、同『講和条約研究資料(上巻)』一九五一年、同『講和条約研究資料(下巻)』一九五一年。

72――条約局法規課『領土割譲と国籍・私有財産　講和条約の研究　第一部(山下教授)』一九五一年、同『講和条約と在外資産　講和条約の研究　第二部(山下教授)』一九五一年、同『講和条約と外国財産　講和条約の研究　第三部(山下教授)』一九五一年、同『講和条約と工業所有権　講和条約の研究　第四部(山下教授)』一九五一年、同

『戦争と契約　講和条約の研究　第五部（山下教授）』一九五一年、同『米国の独乙財産処理　講和条約の研究　第六部（山下教授）』一九五一年。

73――条約局法規課『戦争と契約　講和条約の研究　第五部（山下教授）』一九五〇年「序説」を参照。

74――山下と外務省主導で行われた研究の成果として、一九四九年九月に『領土割譲の主要問題』が刊行されたのを皮切りに、一九五〇年には『講和条約研究資料』（第一巻〜第六巻）と『講和条約の研究』（第一部〜第六部）が、一九五一年には『講和条約研究資料』（上巻、下巻）が刊行される。なお、『講和条約の研究』（第一部〜第六部）は、一九五〇年に謄写刷りとして印刷されたが、一九五一年には活版として改めて刊行される。

75――山下康雄『領土割譲の主要問題』一九四九年「序」、条約局法規課『米国の独乙財産処理（講和条約の研究第六部）』一九五〇年「はしがき」、条約局法規課『講和条約研究資（上）』一九五一年「はしがき」。

76――「第十二回国会参議院　平和条約及び日米安全保障条約特別委員会会議録　第三号」一九五一年一〇月二五日『国会会議録検索システム』（二〇一七年八月二三日検索）。

77――北東アジア課「平和条約第四条（b）項と在南鮮旧日本財産との関係」一九五二年二月六日、外務省文書、二〇〇六－五八八－一五六七。

78――条約局法規課『講和条約研究資料（上巻）』一九五一年、「はしがき」。

79――条約局条約課「講和資料第二十二号」一九五一年一月、外務省文書、二〇〇六－五八八－一五六〇。

80――条約局条約課、外務省文書、同上。

81――条約局条約課、外務省文書、同上。

82――条約局条約課、外務省文書、同上。

83――条約局法規課『領土割譲と国籍・私有財産』一九五一年「序説」。

84――条約局条約課「講和資料第二十二号」外務省文書、前掲。

85――「第十二回国会衆議院　平和条約及び日米安全保障条約特別委員会議録　第四号」一九五一年一〇月一九日『国会会議録検索システム』（二〇一七年八月二三日検索）、「第十二回国会参議院　平和条約及び日米安全保障条約特別委員会会議録　第十一号」一九五一年一一月六日、同上。

86――条約局法規課「平和条約第四条について（上）（未定稿）（講和条約研究第三号）」一九五一年九月、外務省文書、二〇〇六－五八八－一五六二「はしがき」。

87——この点については国際法学者である坂本茂樹神戸大学名誉教授のご教示を得た。記して感謝申し上げる。筆者の質問に対する坂本茂樹氏からの書面回答(二〇一四年一一月二一日)。

88——条約局法規課「平和条約第四条について(上)(未定稿)(講和条約研究第三号)」外務省文書、前掲「はしがき」。

89——中国代表問題をめぐる英米対立と日本政府の姿勢に関しては、井上、前掲書、一四～二三頁を参照した。

90——条約局法規課「平和条約第四条について(上)(未定稿)(講和条約研究第三号)」外務省文書、前掲「第一章　私有財産」、「第二章　国有財産」。

91——条約局法規課「平和条約第四条について(上)(未定稿)(講和条約研究第三号)」外務省文書、前掲「第一章　私有財産」。

92——条約局法規課、外務省文書、同上。山下は、割譲地域および分離地域における私有財産処分に関する法的論理を、割譲地域における国籍選択問題などと関連づけて説明している。だが本書は、これに関する詳細な議論を留保し、山下が在韓日本財産問題に関して割譲地域と分離地域の区分を用いた、ということを論証するための引用に留める。

93——条約局法規課「平和条約第四条について(上)(未定稿)(講和条約研究第三号)」外務省文書、前掲「第二章　国有財産」。

94——条約局法規課、外務省文書、同上。

95——条約局法規課、外務省文書、同上。

96——山下康雄「在韓日本資産に対する請求権」『国際法外交雑誌』第五一巻第五号、一九五二年、一～三〇頁。一九五二年一〇月二五日に公表された同論文は、それ以前に、外務省文書としても保存されている。「在韓日本資産に対する請求権」一九五二年七月三〇日、外務省文書、二〇〇六－五八八－一三一一。

97——条約局法規課「平和条約第四条について(下)(未定稿)(講和条約研究第四号)」一九五一年九月、外務省文書、二〇〇六－五八八－一五六二「第四章アメリカ軍の日本資産処理」。

98——山下、前掲論文、一九五二年。

99——山下、同上。

100——山下、同上。

101——山下、同上。

102——朴鎮希、前掲書、二〇〇八年、九九～一〇九頁。

103——在日韓国・朝鮮人社会の状況については、김현수[金鉉洙]『일본에서의 한일회담 반대운동[日本における韓日会談への反対運動]』선인[ソンイン]二〇一六年、三六〜五〇頁を参照した。

104——Diary entry for 1949, William J. Sebald Papers, 1887-1980 [hereafter, Sebald Diaries], Special Collections and Archives Division, Nimitz Library, U.S. Naval Academy, Annapolis, Maryland. 本日記の閲覧にあたってはロバート・D・エルドリッヂ氏と楠綾子氏のご好意を得た。記して感謝申し上げたい。

105——「(日韓請求権交渉資料四)敵産管理と私有財産尊重について(ヴェスティング・デクリーは没収規定でないことの論拠)」一九五二年二月一五日、外務省文書、二〇〇六-五八八-一五六五。

106——政務課「駐日代表部兪鎭午法律顧問の日本出張報告書」韓国外交文書、七七、前掲。

107——政務課、韓国外交文書、同上。

108——「(日韓請求権交渉資料四)敵産管理と私有財産尊重について(ヴェスティング・デクリーは没収規定でないことの論拠)」外務省文書、前掲。

109——アジア二課、「日韓特別取極の対象となる日本資産及び請求権について(1)(主としてヴェスティング・デクリーについて)」一九五一年一二月三日、外務省文書、二〇〇六-五八八-一五六三。

110——アジア二課、外務省文書、同上。

111——西沢記「日韓問題定例打合会(第三回)」外務省文書、二〇〇六-五八八-一六三一。

112——条三「第二条による分離地域に係る請求権の処理方式」一九五二年二月七日、外務省文書、二〇〇六-五八八-一五六七。

113——アジア二課「日韓会談省内打合会決定事項」一九五二年二月六日、外務省文書、二〇〇六-五八八-一六三三。

114——亜二、条一「ヴェスティング・デクリーに関する高柳教授の所見について」一九五二年二月一二日、外務省文書、二〇〇六-五八八-一五六五。

115——亜二、条一、外務省文書、同上。

116——北東アジア課「平和条約第四条(b)項と在南鮮旧日本財産との関係」一九五二年二月六日、外務省文書、二〇〇六-五八八-一五六七。

117——亜二、条一「ヴェスティング・デクリーに関する高柳教授の所見について」外務省文書、前掲。

118——条約局第四課「在韓日本資産に関する請求権について」一九五三年四月、外務省文書、二〇〇六-五八八-

一三一一、七五〜八二枚目。
119 ――若槻泰雄『戦後引揚げの記録』時事通信社、一九九一年、四六頁。
120 ――李元徳、前掲書、一九九六年、五四〜五六頁。
121 ――アジア局第二課「国会における在外財産補償に関する政府答弁等」外務省文書、二〇〇六 - 五八八 - 一二三四。
122 ――チョン、前掲論文、二〇〇五年。
123 ――チョン、同上、チョンによれば、このような引揚者の組織的な活動は、初期日韓会談において彼らの発言力を強めたのみならず、その後日本社会の右傾化にも少なからず影響したという。
124 ――チョン、同上。
125 ――引揚者の在外財産や国内補償問題に対する政府答弁については、外務省文書に抜粋要約されている内容から引用する。アジア局第二課「国会における在外財産補償に関する政府答弁等」外務省文書、前掲。
126 ――アジア局第二課、外務省文書、同上。
127 ――「第一二国会衆参両院の平和条約及び安保条約特別委員会における答弁抜粋」外務省文書、二〇〇六 - 五八八 - 一〇四七。
128 ――外務省文書、同上。
129 ――外務省文書、同上。
130 ――アジア二課「請求権問題会談の初期段階における交渉要領」一九五二年一月二三日、外務省文書、二〇〇六 - 五八八 - 五三七。
131 ――アジア二課、外務省文書、同上。
132 ――アジア二課「請求権処理問題交渉に関して問題となる諸点」一九五二年二月五日、外務省文書二〇〇六 - 五八八 - 一五六四。
133 ――アジア二課、外務省文書、同上。
134 ――栗野「請求権問題に関する大蔵省との打合せ」外務省文書、二〇〇六 - 五八八 - 五三八。
135 ――アジア二課「請求権問題会談の初期段階における交渉要領(第二案)」一九五二年二月一日、外務省文書、二〇〇六 - 五八八 - 五三七、「請求権問題に関する初期の交渉要領案(第三次案)」一九五二年二月六日、外務省文書、二〇〇六 - 五八八 - 五三七。

136――栗野「請求権問題に関する大蔵省との打合せ」外務省文書、前掲。
137――亜二「請求権問題に関する交渉要領案(第三次案)の再検討」一九五二年二月一二日、外務省文書、二〇〇六-五八八-五三七。
138――「請求権問題交渉に関する打合せ会」一九五二年二月二五日、外務省文書、二〇〇六-五八八-五三九。
139――アジア局第二課「日韓交渉の現状」一九五二年一月六日、外務省文書、二〇〇六-五八八-一六三二。
140――亜五課「朝鮮問題(対朝鮮政策)一、平和条約の調印」一九五六年二月二一日、外務省文書、二〇〇六-五八八-六七。
141――条三「第二条による分離地域に係る請求権の処理方式」外務省文書、前掲。
142――北東アジア課「平和条約第四条(b)項と在南鮮旧日本財産との関係」一九五二年二月六日、外務省文書、二〇〇六-五八八-一五六七。
143――李東俊によれば、「国連帽子(UN. Cap or UN. hlemet)」という用語は、そもそも北朝鮮が韓国にある国連機構の不当性を印象づけるために、また米国の国連名称を用いた北朝鮮に対する圧力を非難するために使い始めたが、米国政府内でもこの用語を頻繁に用いたという。李東俊、前掲書、二〇一〇年、八頁と脚注(8)を参照。
144――国連による朝鮮半島における韓国の「唯一合法政府」承認過程については、李東俊の著書(同上、二〇一〇年、一六~二〇頁)を参照した。
145――李東俊、同上、一九頁。
146――アジア二課「日韓会談日本側代表団第一回打合会」一九五二年二月八日、外務省文書、二〇〇六-五八八-一六三四。
147――敗戦後、在韓日本財産は命令三三号という法的根拠により韓国政府へ移譲されたが、在北朝鮮日本財産は法的根拠のないまま北朝鮮政府へ接収された。在北朝鮮日本財産は、主として、北朝鮮臨時人民委員会により接収され自主管理されているうちに、進駐軍のソ連軍が北朝鮮による旧日本財産の国有化を追認する形で、北朝鮮政府へ移譲された。若槻、前掲書、一九九一年、一九八~二四八頁。
148――条三「第二条による分離地域に係る請求権の処理方式」外務省文書、前掲。
149――アジア二課「日韓会談日本側代表団第一回打合会」外務省文書、前掲。
150――「請求権問題交渉に関する打合せ会」外務省文書、前掲。

151——条三「第二条による分離地域に係る請求権の処理方式」外務省文書、前掲。

152——「韓国の唯一合法性条項」と日本の対北朝鮮交渉との関連性については、以下の論文を参照。李元徳「日韓基本条約と北朝鮮問題：唯一合法性条項とその現在的含意」李鍾元の他、前掲書I、二〇一一年、三二一～三四九頁。

153——亜二「高柳教授の『朝鮮に於ける日本資産に就いての意見』要旨」一九五二年二月一八日、外務省文書、二〇〇六-五八八-一五六五。

154——高柳がいかなる理由で、当初の自分の法的見解と山下理論に対する批判を覆したかは判然としない。高柳は戦後、東京裁判で日本側弁護団の一人として活躍し、後には内閣憲法調査会の会長も務めた。こうした高柳の「御用学者」としての経歴から、彼の「転向」と見てとることも可能であろう。また高柳は山下の見解が、外務省をはじめ日本政府内で支持を得ており、対韓請求権主張を支える法理論として採用されたことを、意識していたとも考えられる。

155——亜二「高柳教授の『朝鮮に於ける日本資産に就いての意見』要旨」外務省文書、前掲。

156——高柳賢三『司法権の優位』有斐閣、一九五八年、二三九頁、岩崎政明「土地所有権の遡及的移転と課税処分—英国におけるequityの法理をめぐる議論を素材として—」『税務大学校論叢』四〇周年記念論文集、二〇〇八年、六七頁。

157——亜二「高柳教授の『朝鮮に於ける日本資産に就いての意見』要旨」外務省文書、前掲。

158——「(日韓請求権交渉資料四)敵産管理と私有財産尊重について(ヴェスティング・デクリーは没収規定でないことの論拠)」外務省文書、前掲。

159——大陸法系の所有権的担保の法理において、現在では、債務者に財産の利用が認められる。だが、元来の大陸法系では、債務者に留保される権原と債権者に法上授与される権原の重要性が対立しつつも、概して、債権者の所有権の取得を認めていた。アウロ・ブッサーニ、ミシェル・グリマルディ[著]・高秀成[訳]「所有権的担保——大陸法の概観」『慶應法学』第三四号、二〇一六年、一五八～一五九頁。

160——瀬々敦子「大陸法国における信託の受容の在り方について——中国、日本、フランス、ドイル、ケベック、スコットランド等を比較して」『京都府立大学学術報告(公共政策)』第三号、二〇一一年一二月、五二～五五頁。

161——アウロ・ブッサーニの他、前掲論文、二〇一六年、一五八～一五九頁、瀬々敦子、同上。

162——亜二「高柳教授の『朝鮮に於ける日本資産に就いての意見』要旨」外務省文書、前掲。

163——「朝鮮動乱に対する韓国の国家責任の有無について」一九五二年二月一一日、外務省文書、二〇〇六-五八八-一五六八。

164——外務省文書、同上。

165——外務省文書、同上。

166——外務省文書、同上。

167——外務省文書、同上。

168——外務省文書、同上。

169——政務課「6. 제6차[第六次], 1951.11.8」韓国外交文書、七七、前掲。

170——「日韓会談第四回本会議　議事要録」一九五二年三月二四日、外務省文書、二〇〇六-五八八-一八九。

171——宮城大蔵『戦後アジア秩序の模索と日本』創文社、二〇〇五年、三~七頁。

172——宮城、同上。

173——戦後日本の歴代政権における東南アジア政策に関する包括的研究として以下を参照。波多野澄雄、佐藤晋『現代日本の東南アジア政策』早稲田大学出版部、二〇〇七年、保城広至『アジア地域主義外交の行方：1952-1966』木鐸社、二〇〇八年。

174——李元徳は、日韓会談において過去清算の領域に属する議題は、基本関係問題と財産請求権問題であり、前者は精神的な過去清算、後者は物質的な過去清算の次元にあると述べている。李元徳、前掲書、一九九六年、四頁。

175——「日韓問題定例打合会(第三回)」一九五二年(推定)一二月一〇日、外務省文書、二〇〇六-五八八-一六三一。

176——山下康雄「平和条約第四条の解釈-表明案に対するcomment」外務省文書、二〇〇六-五八八-一五九三。

177——高崎、前掲書、一九九六年、三六頁、張博珍、前掲書、二〇〇九年、二七八頁、吉澤、前掲書、二〇一五年、四八頁、李元徳、前掲書、二〇〇八年、五五頁。

第2章 対韓請求権交渉案の成立
――「相互放棄＋α」案の成立過程 一九五二～五三年

本章では、第一次日韓会談が開始された一九五二年二月から、第三次日韓会談が決裂した一九五三年一〇月までの初期日韓会談を取り扱う。この時期の顕著な特徴は、請求権問題が最大の争点であったにもかかわらず、交渉そのものにほぼ進展が見られなかったことであろう。初期日韓会談では、日本の対韓請求権主張をめぐって激しい法律論争が展開された。相互の政治指導者が抱いた相手国への嫌悪感や両国民間の反感など、この会談を通じて展開された感情的な対立については、先行研究でもしばしば取りあげられている[1]。

二〇〇八年に日本の外交文書がほぼ公開されたにもかかわらず、初期日韓会談について、それらが十分に活用されているとは言い難い。そのため、この時期の日本政府内の動向についても未解明の部分が多い。前章で検討したように、日本政府は請求権問題が会談の最大の争点になることを予想しており、日韓会談の開始前から対韓請求権の主張に関する法的論理をまとめていた。この法的論理には、戦後日本の韓国認識がはからずも浮き彫りにされている。

以下では、新史料に基づいて、対韓請求権をめぐる日本政府の内在的論理が、初期日韓会談の政治過程にいかに反映されたかを解明してゆく。その際、次の二点に注目して議論を進めたい。

第一に、請求権問題をめぐる省庁レベルの対立といった国内政治要因が、対韓国政策の形成に及ぼした影響である。日本政府内では、請求権問題をめぐる法的論理の検討段階から外務省と大蔵省との間に大きな認識の隔たりが存在した。両省の意見の相違は、会談第一次中断期に請求権問題をめぐる議論が進むなかで表面化していく。この政府内アクター間の認識の相違がいかに止揚され、請求権交渉案が成立したかは注目すべき点といえよう。

第二に、請求権交渉案の成立過程における、日本の国内政治と米国政府の対外政策との相互作用である。日本の対韓政策の形成に米国政府はどのようにかかわったのか、日本は米国の意向をどのように受け止め、政策を進めようとしたかを明らかにしていきたい。

1 請求権問題をめぐる日本政府の初期戦略

◆「相互一括放棄」をめぐって

対日講和条約の署名国から排除されたことで、対日賠償要求の前提が制限された韓国は、対日講和条約のうち自国にも適用可能ないくつかの条項を利用し、日本との直接交渉を通じて請求権問題を解決する戦略を採らざるを得なくなった。このような韓国側の態度は、一九五一年一〇月に開始された予備会談において明確に示された[2]。

たとえば、韓国は対日講和条約のなかから韓国に適用可能な条項として、「日本国は、朝鮮の独立を承認して、済洲島《チエジユド》、巨文島《コムンド》及び欝陵島《ウルンド》を含む朝鮮に対するすべての権利、権原及び請求権を放棄する」とした第二条（a）項、「第二条及び第三条に掲げる地域のいずれかにある合衆国軍政府により、又はその指令に従って行われた日本国及びその国民の財産の処理の効力を承認する」とした第四条（b）項、「日本国は、戦争中に生じさせた損害及び苦痛に対して、連合国に賠償を支払うべきことが承認される」とした第一四条（a）項を取り上げている[3]。

これに対して、日本代表団は、韓国の莫大な対日請求を拒絶するとともに、日本政府も在韓日本財産の回収を断念していないという姿勢を韓国側に示した。そして、駐韓米軍政庁が日本の財産を「交戦国でも占領国でもない第三者に移譲」したことは「国際法を無視したもの」である、と主張した。これは在韓日本財産を韓国へ移転した命令三三号の効力を否定することを意味した。このような請求権問題をめぐる両国の思惑の違いは、以後の日韓交渉の難航を早くも予感させるものであった[4]。

予備会談の直後、日本代表団の内部では、命令三三号による在韓日本財産の処分に合意しないという方針を固めた上で、請求権問題の解決方策をめぐる議論が交わされた。この時期、政府内では韓国との請求権問題を「相互一括放棄」として処理する構想が検討されていた。韓国の対日請求権と日本の対韓請求権を相互に認めた上で、これらを相互に放棄するという内容である。同構想は在韓日本財産に対する日本の権利主張を正当化する法的論理を前提としたものであった[5]。

しかし、問題は「相互一括放棄」構想をどのように実施するかという具体的な方法がまだ確立されていない点にあった。そもそも「相互一括放棄」が日韓双方の請求権の「相殺」を意味するのか「相互放棄」を意味するのか、十分に議論が詰められていなかったのである。

この点については、先行研究でも「相殺」と「相互放棄」の違いが必ずしも明確に認識されてこなかった。そのことが、少なからず議論の混乱を引き起こしてきた点は否めない[6]。「相殺」と「相互放棄」は用語上、似通った方式に見える。だが、この二つの方式が日本政府にもたらす政策的帰結は大きく異なっている。

まず「相殺」方式は、日韓間の請求額を精算し、その差額をいずれかが返還することになる。同方式の利点は、国公有財産の精算は国同士に、私有財産に関する相殺手続は私人間の解決にゆだねるという法的措置が可能となる点である。これによって日本政府は、韓国に対する莫大な請求権の支払いのみならず、引揚者に対する国家補償も回避することが可能になる。前章で検討したように、日本政府は、本会談の開始を控えて、引揚者の海外私有財産について三つの処理方式案を検討していた。そのうち、直接主義が採択されれば、「相殺」方式での処理が可能であった[7]。

他方で「相互放棄」方式は、日韓両国の請求権の差額を問わず、相互の請求権を完全に放棄することを意味する。同方式は国公有資産のみならず引揚者の私有財産まで国が放棄することになる。そのため、日本政府は引揚者に対する国家補償の必要性が生じることになる。すなわち「相互放棄」方式は、前章で検討した間接主義や仲介主義による国家の介入を伴うものであった[8]。

先行研究も示すように、日本による対韓請求権主張の背景には、莫大な金額となることが予想された韓国の対日請求を減額する狙いに加えて、朝鮮半島引揚者の私有財産に対する国家補償を回避する狙いがあった[9]。このことを踏まえれば、日韓会談が開始される時点で日本政府は「相殺」方式を念頭に置いていた可能性が高い。

◆「相殺」方式の模索

「相互一括放棄」の実質的な解決方式が「相殺」を意味していたという推察は、当時の日本政府内の議論からも看取することができる。

日本政府は当初、韓国が提起しようとする対日請求権の金額は一九四三年基準で約四八〇億円との情報を得ていた[10]。一九四九年から一九七一年のドル・ショックまで、円ドルの為替レートが「一ドル＝三六〇円」の固定相場制だったことに従えば、四八〇億円は約一億三〇〇〇万ドルとなり、韓国の対日請求権の金額が「莫大」であるという日本の憂慮は杞憂にすぎなくなる。しかし、韓国政府は、終戦直後の為替レートである「一ドル＝一五円」で換算していた[11]。この場合、韓国の対日請求額は三二億ドルに達する。

なお、当時日本政府は、国公有資産および私有資産を合わせて、北朝鮮に約二九億七〇〇〇万ドル、韓国となった南朝鮮に約二二億七〇〇〇万ドルの旧日本財産があると推計していた。これを合わせれば朝鮮半島全域に残された日本財産は約五三億ドルとなる[12]。ちなみに、このような旧日本財産が、当時の朝鮮半島全資産の八五％を占めているという認識は、日韓両国に存在していた。張博珍は、こうした説と、為替レートを「一ドル＝一五円」で計算した山本剛士の議論を折衷し、日本が韓国に対する請求権として主張している日本人私有財産は、約九億ドルと試算している[13]。

日本が推察していた韓国の対日請求権の金額である四八〇億円を、一億三〇〇〇万ドルと見るか三二億ドルと見るか、また日本の対韓請求権主張の対象となる在韓日本財産を、五二億ドルとするか九億ドルとするかによって、議論の内容がまったく異なってくることは明らかであろう。

しかし、いずれにせよ日本政府は、韓国政府が対日請求額として勘定していた約四八〇億円をはるかに上回る日本の在韓日本財産を確保しながら、これとは別に請求権を提起しようとすることは、不公正であるという不満を抱いていた。日本政府は、在韓日本財産の価値が韓国の対日請求権の総額を上回ると認識し、韓国との交渉に臨んでいたことは確かである。そして、「相殺」方式で日韓間請求額の差額を算出すれば、理論上は韓国が日本へ支払うことになると考えていたのである[14]。

さらに注意すべきは、韓国政府が対日請求の対象としていた項目の内容である。当初、韓国政府が作成していた『対日賠償要求調書』は全四部から構成されていた。「第一部　現物」では、戦前日本により朝鮮半島から搬出された地金・地銀などの現物と、日本が所有していた不動産と動産の返還を要求している。「第二部　確定債権」では、日系通貨、有価証券、郵政債権、恩給、保険金など、日本と韓国との間の単純な債権債務問題の処理を求めている[15]。このなかには、朝鮮銀行東京支店に留保されていた朝鮮銀行券の残高など、在日韓国財産も多くの部分を占めている[16]。

続いて、「第三部　中日戦争および太平洋戦争に起因する人的物的被害」では、戦争による人的被害の補償や、損失した財産の回復を求めている。そして、「第四部　日本政府低価収奪による被害」では、植民地時代に日本が朝鮮から低価で略奪した物に対する損害回復を要求している[17]。

張博珍によれば、韓国政府が実質的な対日請求権として挙げたのは、同調書のうち第一部と第二部を中心とした財産損失の回復であり、第三部における戦争賠償的性格の要求や、第四部における植民地統治への責任に関わる要求については曖昧な態度を示し、戦争動員や植民地支配によって発生した費用の回収のみを主張したという[18]。これについて張は、反共と経済再建を眼目にしていた韓国政府は、請求権問題を「過去清算」として解決することに当初から大きな期待をかけていなかったと論じている[19]。

日本政府は、韓国政府の要求が、徹底した「過去清算」に基づいた賠償請求というより、民事上の財産損失に関する項目を中心に構成されている点を看破していた。そして、韓国政府の要求を在韓日本財産と在日韓国財産の範囲内で解決することも念頭に置いていたと推察できる。これについて、李東俊《リ・ドンジュン》は、朝鮮銀行の戦後在日資産のうち日本政府が強制徴収した金額を「一ドル＝一五円」で換算すると、一九六五年に妥結した請求権および経済協力資金のうち無償三億ドルにほぼ相当するという、興味深い分析を行っている[20]。

ところが、日韓双方の請求権を「相殺」するためには、韓国政府に日本の主張を呑ませる必要があった。実際には、韓国政府が「相殺」方式を受け入れる可能性は希薄であったと言わざるを得ない。韓国内でも「韓国内の富の相当程度が在韓日本財産である」[21]と認識されていた当時の状況下で、在韓日本財産に対する日本の権利を認めれば、韓国におけるほとんどの経済的利権が戦前と同じく日本に属することになってしまう。これは韓国側には受け入れ難いことであった。さらに日本政府の試算のように、在韓日本財産の価値が韓国の対日請求権の総額より多いとなれば、「相殺」方式は韓国の対日請求権の実質的放棄に等しい。

以上に見るように、日本政府内では予備会談の直後から対韓請求権の主張を前提として日韓間請求権の「相互一括放棄」が述べられていた。この時期の日本政府の認識を踏まえると、同構想は日韓間の請求権を「相殺」する方式に近かったといえよう。

2 第一次日韓会談と請求権問題

◆請求権問題をめぐる日韓対決

第一次日韓会談は一九五二年二月一五日から東京で開始された。日本側代表団は、松本俊一外務省顧問を首席代表に、外務省からは井口貞夫外務次官、西村熊雄条約局長、倭島《わじま》英二アジア局長ら幹部級が参加し、これに他官庁からの人員も加わって、かなりの規模となった。他方、韓国側は、梁裕燦《ヤン・ユチャン》駐米大使を首席代表に、後に梁の後任となる金溶植《キム・ヨンシク》駐日公使らが出席したが、日本側に比して相対的に小さな代表団であった。

日韓両国の代表団がまず行なったのは議題選定のための討議であった。日韓会談の議題は、財産請求権、在日韓国人の法的地位、漁業協定、船舶、文化財返還など多岐にわたった。日本代表団は、請求権の関連議題を「日韓両国及び両国民の財産及び請求権の処理」と称した。請求権を、韓国の日本に対する一方的なものではなく、両国ともに行使できるものとし、間接的ではあるが日本が対韓請求権を主張することを示唆したのである[22]。

二月二〇日から請求権委員会が開かれ、韓国側は『対日八項目』を含む「韓国の対日請求要綱案」を日本側に提出した。ここで注目すべきは、韓国政府が会談開始前から準備していた『対日賠償要求調書』が、この時期『対日八項目』に変化している点である。この過程を詳細に分析した張博珍は、韓国政府の対日要求が「賠償」から「請求権」へと表面上大きく変化したように見えるが、実際には賠償要求の現実的な補完作業を経て、請求権へ再編成したものであると述べる。すなわち、韓国政府の『対日八項目』と『対日賠償要求調書』は、極めて密接な連続性を有しているというのである[23]。

韓国側が、『対日八項目』で提起した対日財産請求の概容は以下の通りである。

(一) 一九〇九年から一九四五年までの期間中、日本が朝鮮銀行を通じて韓国から搬出した地金及び地銀の返還。
(二) 一九四五年八月九日現在及びそれ以後の日本政府の対朝鮮総督府債務の弁済。
(三) 一九四五年八月九日以後、韓国から振替または送金された金員の返還。
(四) 一九四五年八月九日現在、韓国に本店、本社または主要事務所があった法人の在日財産の返還。
(五) 韓国法人または韓国自然人の日本銀行券、被徴用韓国人の未収金、補償金及び其他請求権の弁済。
(六) 韓国人の日本政府または日本人に対する権利として(一)ないし(五)に含まれないものは韓日会談成立後、個別的に行使できることを認定。
(七) 前記の財産または請求権で生じた諸過失の返還。
(八) 前記、返還および決済は協定成立後、直ちに開始し、遅くとも六ヶ月以内に完了すること。[24]

『対日八項目』の内容は、『対日賠償要求調書』における債権債務関係を中心に、その細部項目を補完して構成されていることが判る。しかし、日本側は「韓国側の出方が予想し難いため、まず先方要求の全貌を提示」させるとの考えの下、韓国側の要求内容を探っていた。二月二三日の第二回請求権委員会から三月三日の第四回請求権委員会までは、韓国側の各請求項目の趣旨やその法的根拠に関する質疑応答が続けられた[25]。

この過程で日本側は、韓国政府内の知日派が対日強硬派を説得した結果、韓国の対日請求権要求が予想より温和なものになったと判断した。そのため、仮に日本が対韓請求権を主張すれば、それは韓国の期待を裏切ることになり、李承晩大統領が知日派の代表を罷免し、対日態度を硬直化させる可能性も想定された[26]。それにもかかわらず、日本側は三月六日の第五回請求権委員会で「日韓両国間に取極められるべき財産及び請求権の処理に関する協定の基本要綱(以下、基本要綱)」を提出し、対韓請求権を公式に提起した。日本側の提案した「基本要綱」の要旨は次の通りである。

- 日韓両国は財産に関する権利を相互に確認し、それを回復する措置を講ずる。この権利が侵害されているときは、原状回復又は損害の補償を負う。
- 日本及び韓国は、米軍政令による財産の処理の効力を承認するが、承認する効果の範囲については別途協議する。
- 日本は、公用又は国有財産、企業用に提供した国有財産を韓国に譲渡する。譲渡の方法については別途協議する。
- 具体的実施が相互に衡平且つ実効的に行われるように措置する。[27]

「基本要綱」は、日本政府が会談開始前から準備していた対韓請求権の法的論理に基づいていた。これに対して韓国側は、請求権問題を「法的というより政治的に解決したい」意向を示した。韓国側は請求権問題をめぐる対立を避け、同問題の早急な解決を促したのである[28]。

しかし、日本側は、韓国が今後日本に経済的に依存せざるを得ないため請求権問題の解決を急いでいる、という印象を持っていた[29]。そのため、日本側は「基本要綱」に基づき、韓国の主張のままに請求権問題を解決する意思がないことを示した。この「基本要綱」で示された日本の法律的主張は、韓国側の主張とは正面から対立するものであった。日本の法律的主張は、①命令三三号は在韓日本財産の没収を意味しない、②私有財産に関する日本の原所有者は国際法上の最終処分権を持つ、③韓国政府が処分した日本財産の売却代金は、対日講和条約第四条(a)項により、日韓間の外交交渉の対象になる、といったものであった[30]。

これに対し韓国側は、①在韓日本財産は命令三三号によって没収され、②日本は講和条約第四条(b)項でこれを承認していることから、③同四条(a)項でいう日韓間での特別取極の対象は韓国の対日請求権のみであると反論した[31]。

日韓間の法律論争の最大の争点は、命令三三号による在韓日本財産の処理の効力を、対日講和条約第四条の枠内でいかに解釈するのかという点であった。前章で論じたように、第四条には、在韓日本財産を日本と韓国との二国間特別取極により最終的に処分する趣旨の(a)項と、日本は命令三三号による在韓日本財産の処分を承認するという趣旨の(b)項が存在した。すなわち(a)項を強調すれば日本の立場を有利にし、(b)項を強調すれば韓国の立場を有利にするという、相反した条項が併記されていたのである。

韓国側は、日本が在韓日本財産に触れることを問題視して、日本側の法理論的な説明や討議を全面的に拒否した[32]。また在韓日本財産をめぐる両国の主張は、日本の朝鮮半島の統治に対する両国の歴史認識の違いも浮き彫りにした。韓国側は、在韓日本財産は日本の不法な植民地支配の下で蓄積されたものであり、非合法的であることを強調した。そして、日本が対韓請求権についての主張を撤回しない限り、会談そのものを進めないと明言した[33]。

他方、日本側は、戦前の朝鮮半島支配および統治時代に形成された日本財産を正当なものと主張し、韓国側の要求を拒否した[34]。両国の対立は妥協の余地のないまま平行線をたどり、会談は四月に入ると停滞状態に陥った。

日本側は、法律論争で会談が決裂すれば、韓国国内で自国の法的論理の限界が明らかになると同時に、外交上の失態として韓国政府が世論の非難を浴び、立場を悪くすると判断していた。そのため日本側は、会談を決裂させることも厭わない構えであった[35]。

◆省庁間対立の表面化

第一次日韓会談が停滞するなか、日本政府内では「財産請求権問題委員会」が開かれた。この委員会では、大蔵官僚と外務官僚が中心となり、請求権問題をめぐる意見調整が行われた。大野勝巳外務省参事官を主査として、後宮虎郎《うしろくとらお》アジア局第二課長、広田稹《しげる》アジア局第四課長、重光晶条約局第三課長、光藤俊雄経済局第五課長など、外務省スタッフに加えて、上田克郎大蔵省理財局外債課長、賠償問題のために臨時に設けられた賠償庁[36]の服部五郎特財総務課長が参加した[37]。

委員会における大蔵省の対韓強硬姿勢は際立っていた。大蔵省は「私有財産権の尊重は国際法上の原則であり、絶対に譲れない日本国民の要請」であると述べ、原則論に基づいて韓国との交渉を進めることを主張した。強硬論の背景には、対韓請求の支払いと引揚者への国内補償措置がもたらすであろう財政悪化への懸念があった[38]。

外務省は、大蔵省の強硬な態度が日韓交渉を妨害することへの懸念を募らせ、席上、大蔵省の行き過ぎた主張が「日本の韓国に対する経済的支配の復活」と韓国側に見られていると指摘した上で、こうした憂慮が他省庁からも上がっていると伝えた[39]。

これに対し、大蔵省は、韓国が命令三三号による在韓日本財産の没収を既成事実として、国際法を一方的に解釈することは許されないと主張し、対韓交渉は厳格な法的論理の上で行うべきであると強硬であった。また、経済的支配を云々とする韓国側の発言は、理解不足に基づいていると断じた。大蔵省は、あくまでも日本の対韓請求権の主張を貫徹し、日韓間の請求権を「相殺」すると明言していた。ただし、請求権決済に際しては韓国側の実際の負担能力を考慮し、妥協の余地があると述べている[40]。一連の発言からは、大蔵省が、請求権を「相殺」すれば韓国から日本へ返還される分のほうが多いという前提に立っていたことが窺える。

一方、外交交渉としての日韓会談の性格を重視し、大局的見地から日韓の関係正常化を図る必要があると考えていた外務省は、請求権問題さえ解決できれば、他は自ずと解決の道が開かれると考え、この問題の解決に柔軟な態度を示した[41]。

さらに外務省は、安全保障上の観点からも韓国との早期関係正常化を望んでいた。外務省は、軍備を持たない日本にとり、経済的支援を通じて韓国の政治経済的安定を図ることは安全保障の観点から見て重要であると考えていた。そのため、交渉次第では、請求権問題を経済協力問題などに落とし込んで政治的に処理する意向を示していた[42]。また、日本の対韓請求権と韓国の対日請求権をどのような方式で解決すべきかが問題であるとし、日本が対韓請求権の主張を貫徹するより、具体的な解決策を模索することが現実的とした[43]。

かくして、外務省が今後の請求権交渉の進め方として提示したのは、まず「在韓米軍政府において処分済のものは売得金を問題とするに止める。これらによる売得金の清算については、韓国側の在日資産及び対日請求権と見合う分につきその transfer を便宜省略することを考慮する」が、これが「不都合なる場合には相互に請求権を放棄する方式を研究する外なかるべし」というものであった[44]。

興味深いのは、外務省が示した前案は、韓国で処分された旧日本財産の売却代金と韓国の対日請求権を見合わせる「相殺」に近い解決方式であり、後案は「相互放棄」に近い形であった点である。すなわち、外務省内では「相殺」方式か「相互放棄」方式かの二つを区別しており、いずれを選択するかで、会談の行方に与える影響が異なると認識されていたのである。

浅野豊美は、相互放棄の上で韓国にいくらかの金員を支払う、後に「相互放棄＋α」案と呼ばれることになるアイデアをめぐる両省の対立について、法的解釈の相違に基づくと述べている[45]。しかし、これまでの分析を踏まえると、両者は自省内の論理に基づき、政策的帰結が明らかに異なる「相殺」と「相互放棄」をめぐって対立していたといえるだろう。

会談が膠着状態を迎えるなか、外務省は交渉の決裂を回避すべく韓国代表団と接触し、法的論理を迂回した非公式討議を提案したり、大蔵省幹部と韓国代表との話合いを斡旋したりしていた[46]。だが、すでに両国とも会談続行への意欲を喪失しており、外務省の仲裁は成果を上げることなく、一九五二年四月二六日、第一次日韓会談は決裂した。

3　会談第一次中断期における外務省内の動向

◆法律論争への懐疑

第一次会談の決裂により、日韓会談は約一年間の第一次中断期を迎える。この時期について、先行研究では全くの空白期とされており、議論の対象にもされてこなかった。しかし、日韓関係が膠着状態にあったこの期間は、日本政府内では請求権問題に対する具体的な政策案が浮上した重要な時期であった。本節ではこの政策案の形成過程、特に外務省内の議論に焦点を当て、同省が如何なる認識に基づいて、請求権問題をめぐる政策案を構想したか明らかにする。

外務省内では、第一次日韓会談の決裂直後から、日韓の不毛な法律論争に対する懐疑論が台頭し、実現性の高い解決策が模索されるようになった。その背景には、法律論争に終始するだけでは請求権問題を解決できないのみならず、国交正常化も難しいという現実的な情勢認識があった。そもそも外務省は、第一次日韓会談中に韓国側が提起した法的論理を、比較的合理的なものと受け止めていた。一方、日本の法的論理については、韓国側の論理を完全に崩すものにはならないと判断しており、その限界を認めざるを得なかった[47]。

また外務省内には、対日講和条約の枠内に留まる限り、引揚者に対する国内補償を回避することは困難であるとする見方も浮上していた[48]。これに対し大蔵省は、先例として検討された二つの講和条約と異なり、対日講和条約では在外財産に対する国内補償を義務づける条項が存在しない点を強調した。そして、そのことを引揚者に対する国内補償を否定する有力な根拠としていた[49]。

外務省条約局は、対日講和条約には確かに国内補償の条項は存在しないが、かといって明文的に国内補償を禁じたものでもないと解釈していた。そして、対日講和条約における規定の欠陥は、国内補償の問題を日本の国内問題として日本の自由に委ねている点にあるとした[50]。法解釈上の原則論に固執していた条約局も、省内の議論が進むなかで、引揚者に対する国内補償問題を政治的に解決する可能性を模索するようになったのである。

◆米国をめぐる綱引き

日韓会談が決裂する際、日本側が懸念したのは米国政府の動向であった。韓国政府が、会談の開始前から米国の会談への参加を繰り返し要求していたこともあり、日本政府は、この問題で米国が韓国寄りの立場をとる可能性を憂慮していた。さらに、米国が日韓会談に介入すれば、国内では米国の干渉と見なされ、対米世論が悪化すると恐れていた[51]。

こうした日本政府の立場をよく理解するSCAPのシーボルド外交局長は、日韓会談は両当事者が自主的に解決すべき問題であるとし、米国が日韓会談の調停者となることに反対した。そして、ワシントンの国務省に対し、日韓会談への干渉に反対する意見を具申している。その後、国務省内では日韓問題に介入しないという、いわゆる「不介入政策」の原則が成立する[52]。国務省は、日本政府に「日韓交渉について事実上の援助はするが、干渉がましきことは一切避ける」と語り、韓国政府からの介入要請を拒否したのである[53]。

しかしながら、日韓会談の早期妥結を望んでいた米国政府は、公式な介入こそ控えたものの、水面下でのコミットメントは継続していた。国務省は、在韓日本財産に関する日本の権利主張は講和条約に違反していると考えており[54]、法律論争をめぐる日本の態度に否定的な立場をとっていた。そして、ボンド（Niles W. Bond）外交局参事官を通じて、請求権を日韓相互に放棄するよう議論を進めれば本問題は解決可能とする見解を日本政府に伝えていた[55]。国務省は「相互放棄」に対する韓国の反発を予想し、現段階でこの解決方法を取り上げるのは時期尚早であると断りつつも、日本側の請求権の「相互放棄」方式を支持していた[56]。

とはいえ、表向き米国政府の姿勢は中立的なものであり、悪く言えば折衷的であった。そのことは命令三三号の法的効力に関する米国の姿勢からも明らかである。

在韓日本財産をめぐる対立が続くなか、韓国政府は、命令三三号の法的効力を講和条約第四条の枠内でいかに解釈すべきか、米国政府に問い合わせていた[57]。韓国にとって、日本との法律論争で優位を占めるためには、命令三三号による在韓日本財産の韓国への帰属の効力を明確にする必要があった。韓国の狙いは、対日講和条約の実質的な起案者であり、かつ命令三三号を出した当事者である米国政府により、対日講和条約第四条(b)項によって命令三三号の法的効力が完結した、という確認を得ることにあった。

当初、米国務省は命令三三号の詳細な解釈を詰めようとする韓国政府の要請に警戒的であった。韓国政府が日韓会談への米国の介入を誘導して、交渉を有利に運ぼうとしていると判断したためである。しかし、韓国政府の粘り強い要請に応じて、第一次日韓会談決裂後の一九五二年四月二九日、国務省は米国政府の見解を示した書簡(以下、五二年覚書)[58]を梁裕燦駐米大使に送付した[59]。この日は、対日講和条約が発効し、日本が米国の占領から独立した翌日であった。国務省は、日本が占領下にある時期に、米国政府が繊細な政治問題に干渉する印象を与えないようにしていたのである。

同覚書の要点は「(1)対日平和条約第四条(b)項ならびに駐韓米軍政庁の関連指令およびその措置により、韓国内財産に対する日本側のすべての権利、権限および利益は消滅した、(2)しかし、これらの財産処理は第四条(a)項に定められている特別取極を考慮するにあたって関連がある」[60]というものである。

ところが同覚書は、(b)項により在韓日本財産に対する日本の請求権が消滅したとしつつも、(a)項により在韓日本財産の処分の事実が韓国の対日請求権を制約し得るという、第四条(a)項と(b)項の相反する規定を同時に認める折衷的内容であったため、かえって日韓対立に拍車をかけることになった[61]。

この国務省覚書が日本政府へ正式に渡されたのは五月一六日であった。外務省は、同覚書が韓国政府の意図したような、日本の法的論理を完全に覆すものではなく、これによって韓国の一方的な主張は成立しなくなったと判断したが、さりとて韓国の立場が強化された点は認めざるを得なかった。省内には、韓国は「善意の第三者」であり、講和条約第四条の意味に関しては米国を相手に争うべきという見解さえ見られた[62]。

外務省は解釈次第では、米国政府が韓国の主張を支持したように見られる恐れがあるとして、国務省に同覚書を公開しないよう要請した[63]。これに対して国務省も、主権を回復したばかりの日本に米国が圧力を加えているように見られることは避けたいと述べ[64]、日韓会談への干渉や、いかなる公式表明も控えると約束した[65]。

ところが、この時期「ワシントン八日発AP通信にて、梁大使の宣伝工作に関連し、米国務省が平和条約第四条の解釈につき日本に在韓財産権はない旨のノートを公表した」という情報が、駐米日本大使館から外務省アジア局へ伝えられていた[66]。九日には、日本国内の各紙夕刊に、ワシントンAP電として米国務省が日本の対韓請求権の主張を否定するような覚書を発表した、という報道がなされた[67]。

外務省は政府内で、こうした報道は韓国の政治的歪曲と宣伝の結果だとして、AP電の内容を否定した[68]。特に、外務省アジア局は大蔵省理財局宛に、同電に関して駐米大使に照会したところ、国務省が日本の対韓請求権に言及したことがないことを確認した、という旨のメモを送った[69]。また、外務省は、現在韓国政府がワシントンAP電を利用して会談再開を要請しているが、日本としてはしばらく会談の冷却期間を置くことが望ましいと述べた。韓国政府が国内で選挙を控えて日韓会談再開を選挙に利用するため政治工作を行っているとし、現況で会談を開くことは外務省としても「人的・物的に無駄なこと」だとした[70]。

さらに外務省は、会談が決裂する直前から韓国が米国向けの言論活動を展開していたことを鑑み、日韓関係に対する米国世論の動向を注視していた。国務省が国内世論に押されて韓国に同情的となり、日本の主張を抑えるような態度に出ることを懸念していたのである[71]。

こうした外務省の憂慮は現実のものとなり、日本は米国世論から厳しい批判を浴びせられることになった。たとえば、一九五二年五月二四日、「クリスチャン・サイエンス・モニター」紙は、「日本の好戦的愛国主義」と題した社説を掲載し、日本社会に対する強い疑念を表明している[72]。その後も、米国の世論は「寛大な講和条約を得た日本が韓国に対しては苛酷な態度を示し、韓国が支払い能力のないことを見越して、結局米国が韓国に援助する資金の中から財産返還の実を得ることを狙っている」などと、日本を強く批判した[73]。外務省は、韓国問題に対する米国政府の姿勢と、米国内の対日世論の悪化を意識せざるを得なかった。

◆韓国人送還問題と漁業問題の浮上

国務省覚書を入手した韓国政府は外務省に対し会談の再開を要請する一方、米国にも会談再開のための仲裁を求め続けた。だが外務省は、日韓両国の主張が根本的に対立している状況では、会談を再開しても進展が望めないと述べ、韓国の要請を拒否する[74]。

ところが、一九五二年夏になると日韓会談の決裂状態を放置し得ない状況が生じた。日本政府は、同年八月の韓国大統領選挙で李承晩政権が崩壊し、新たに親日政権が登場することを期待していた。日本側が会談再開を拒否していた理由の一つにはこの大統領選挙があった。だが、期待に反して李承晩が大統領に再選されたことで、日本政府は李政権との交渉に否応なく向き合わざるを得なくなったのである[75]。

また、長崎県大村市の大村収容所に収容されていた韓国人(以下、大村韓国人)の強制送還問題が新たな争点として浮上した。日本政府が出入国管理令を制定したのは一九五一年一一月のことである。これに基づいて、日本政府は、不法入国者および外国人登録令に違反して禁固以上の刑に処せられた外国籍の者を、強制退去の対象者と見なして大村収容所へ送った。同収容所には一時中国人も収容されていたが、大部分を占めるのは韓国・朝鮮人であった。日本政府はこの収容者のなかで、韓国・朝鮮人を韓国へ強制送還する方針を示していたのである[76]。

しかし、対日講和条約の発効直後の一九五二年五月、韓国政府は戦前から日本に居住していた在日韓国・朝鮮人の法的地位が未確定であることを理由に、強制送還の受取を拒否した。韓国政府は、講和条約が発効された以上、彼らが日本に在留している経緯を考慮し、まず彼らの身分を確定する必要があると主張した。

韓国政府から受け入れを拒まれた大村韓国人は、その後も大村収容所に収容され続けることになった[77]。

日本政府は、この問題を協議するためにも韓国との会談を再開する必要があったのである。一九五二年七月から八月にかけて、外務省の倭島英二アジア局長は、柳泰夏《リュウ・テハ》駐日代表部参事官と会談再開に向けた打合せを行った。これは米国のマーフィー(Robert D. Murphy)駐日大使とムチオ駐韓大使による非公式の斡旋によるものであった[78]。

打合せに目立った進展は見られなかったが、これを契機に日本政府内で会談再開に向けた関係省庁による意見交換が再開された。しかし、最大の争点である請求権問題をめぐって、大蔵省と外務省の見解の隔たりは依然大きかった[79]。

大蔵省はそもそも「請求権問題について大きな犠牲を忍んでまで会談の再開を急ぐ必要がない」として、日韓会談の再開そのものに消極的であった。外務省内でも、当時の韓国情勢を「韓国政府の対日強硬路線とは対照的に、韓国民の対日感情は緩和されており、李政権への反対勢力は同政権の対日政策への批判を強めている」と分析しており、「良い時期が来るまで日韓交渉を将来に延ばす」という考え方も存在していた。さらに言えば、大村韓国人の強制送還問題を解決するため請求権問題で譲歩を行なえば、これが韓国側に逆宣伝に利用され、外務省が国内批判の的にさらされる事態を憂慮していた[80]。

ところが、一九五二年秋以降、日韓関係の緊張を更に高める事態が発生する。それは韓国政府が李承晩ラインを設定したことによる日韓漁業問題の勃発であった。李ラインは、第一次日韓会談の開始直前である一九五二年一月一八日、李承晩政権が「隣接海洋に対する主権に関する大統領宣言」[81]として一方的に宣布した海洋境界線で、韓国では「平和線」と呼ばれるものである。

李ラインの設定と韓国の強硬措置がもたらした波紋は大きかった。一九五二年九月から韓国政府は李ラインを侵犯する日本漁船の拿捕《だほ》を開始し、同年一〇月には、拿捕した日本漁民を韓国国内法に基づいて処罰することを決定した。このような事態に日本の世論は沸騰し、日韓会談を中止せよという否定的な世論が高まった[82]。

先行研究が示すように、韓国政府が李ラインを設定して日本漁船を拿捕した背景には、日韓会談を有利に進めるための交渉材料とする狙いがあった[83]。これ以後、韓国政府は、漁業問題を会談再開に向けた対日圧力手段として用いるようになり、それは日韓会談の様々な場面においても登場することになる。

◆外務省アジア局の情勢認識

両国の緊張関係が急速に高まるなかで、大蔵省は「李政権に対する日本国内の不信感が強いこの時期に、在韓国公有財産を放棄することさえ国民感情から困難」であると主張していた。大蔵省は依然、私有財産の尊重という法的論理に固執しており、引揚者に対する国家補償につながるような形での請求権問題の解決に反対であった[84]。大蔵省の狙いは、日韓両側の請求権をすべて認めた上で「相殺」方式によって請求権の差し引きを行なうことであった。そのため、私有財産についても、国家が介入せず私人同士の直接解決に委ねる方針を貫こうとしたのである[85]。

外務省内でも、大蔵省と同様の財政問題への懸念や、他の海外資産の処理をめぐって新たな問題を引き起こす可能性を懸念する声があったことは事実である。「相互放棄」によって実質的利益を得るのは韓国のみであるとの判断もあり、「相互放棄」方式に向けたハードルは低くないと考えていた[86]。それでも、外務省は請求権交渉の難しさを認識させるため、大蔵省から請求権交渉の委員長を選任して、本交渉へ参加させることを提言するなど、積極的に請求権問題に取り組もうとした[87]。

外務省内でもとりわけ日韓交渉促進の立場にあったのは、朝鮮半島を主管する外務省アジア局である。アジア局は、大蔵省の主張する「相殺」方式の実効性について強い疑問を呈していた。在韓日本財産の相当部分が朝鮮戦争によって消失したなかで、「相殺」方式を貫徹しても、実質的に日本が得られる差額は少額であり、むしろ国全体として支払う分の方が多いと主張したのである[88]。

アジア局は、「相互放棄」案にもっとも強く反対している大蔵省や、外務省内の一部で唱えられていた強硬論を「日本側の損失を顧みないイージーゴーイングな考え方」として批判した。アジア局は、将来台湾との請求権交渉に際して、中国が交戦国であったことに鑑み、韓国よりも更に融和的条件を求められる可能性が高く、韓国との「相互放棄」はむしろ有利な先例になると説いた[89]。

こうしたアジア局の主張を受け、外務省内の見解も「終局の見透として、原則的な相互放棄の他に若干の韓国側の主張アルファ《ママ》の承認を必要とする」という方向に収斂されていった。これがいわゆる「相互放棄＋α」構想[90]である。外務省は、日本と韓国が相互に請求権を放棄する「相互放棄」に加えて、韓国への支払いを是認する考えを示したのである[91]。

この時期、朝鮮半島および韓国問題に対する米国の政策は、戦略的重要性の低さに比べて政治的な重要性が高いというディレンマのなかで成立していた。東アジアにおける冷戦構造がまだ不透明であった一九四七年頃、米国は対ソ戦略の観点から工業地域である日本の重要性を再評価し、対日占領政策を転換していた。その後、一九四九年にアチソン・ライン[92]として知られる「不後退防衛線」に日本を組み込み、翌年一月にはこれを公式化する。その反面、東アジアにおける軍事戦略的評価が低かった韓国を「不後退防衛線」から外した[93]。しかし、そうした状況は朝鮮戦争の勃発によって大きく変化した。朝鮮半島がすべて共産化するような事態となれば、米国は同盟国からの政治的信頼性を損ない、自由主義世界にはかりしれない政治的悪影響をもたらす恐れがあった。そのため、米国の東アジア政策の中で韓国の政治的重要性は急激に高まることとなり[94]、朝鮮戦争勃発から約一カ月後の七月中旬、朝鮮戦争へ介入することになる。

外務省アジア局は、極東における米国の韓国政策の変化を正確に見抜いていた。そして朝鮮戦争に深く関与した米国が、当面、韓国の李承晩政権を支援し続けることは確実であると見ていた[95]。こうした国際状況を踏まえ、日本と韓国との関係回復は必須であり、日韓関係の悪化は日本外交全体にとって得策ではないと判断していたのである[96]。アジア局は日本が米国政府の支持を得るためには韓国との会談再開が必要であり、軍備を持たない日本が、共産主義勢力と最前線で対峙する韓国に、経済的支援を行なう必要があると主張した[97]。

以上の情勢分析を前提に、アジア局は、命令三三号の効力を否定する日本側の従来の主張は、もはや米国の支持を獲得できないと説いた。日本はむしろ韓国へ物質的、精神的な支援を与えるべき、というアジア局の主張は徐々に外務省内にも浸透する。やがて外務省は、従来の法的論理による対韓交渉を継続すべきか、判断しかねるようになっていった[98]。

◆「相互放棄＋α」案の形成

一九五二年七月、外務省では、請求権問題の処理方式をめぐる大蔵省との折衝に備えて、包括的な交渉案がまとめられた[表2－1]。この交渉案は、大蔵省側の主張も盛り込む形で計七つの案が準備され、各案について韓国側の出方や日本の得失などが検討された。ただし、これら七つの提案例において、従来の大蔵省の見解が反映されたと見なされるのは、第五案における北朝鮮関係財産への言及と第七案における私人間折衝への言及のみである。すなわち、外務省は、大蔵省の主張する「相殺」方式や直接主義による私人間財産問題の解決を、事実上排除したのである[99]。

外務省は、これら七案のうち、第三案、第四案、第六案であれば、韓国側が請求権交渉に応じる可能性が高いとした。これらの案は概ね法的論争を避け、請求権を「相互放棄」した上で韓国側に対してある程度の支払いを認める案である[100]。

表2-1 請求権問題における対処方式案

	提案例	成立の見込と利害得失
第一案	基本関係、国籍処遇、船舶が解決するまで、請求権問題全体を延期する。	韓国方針の変化がない限り、請求権問題を棚上げして他の懸案解決に入ることはない。
第二案	原則論は棚上げにして、各項目の実情審査をする。その後解決方法の交渉をする。	日本側が法理論を明白に撤回しなければ、韓国は乗ってこない。
第三案	請求権全般の交渉は南北統一の時期まで持越すも、とりあえず、講和条約四条（b）項に関する日本の法理論を主張しないと共に、韓国にこの点を考慮すべき事を約さしめる。	韓国の懸念を解消し、米国に対しても利点がある。しかし、実質的には相互放棄に向かう方式であり、国内から反対を招く不利がある。
第四案	在韓国有財産は、無償譲渡し、他は相互放棄するが、若干の例外は認める。又、北朝鮮関係には触れない。	韓国は、相互放棄と日本のアルファ持出し案に乗ってくるかもしれないが、北朝鮮関係を未決に残す事には反対する可能性あり。日本でも、国内補償問題の生起等、国内反対が多いと思う。
第五案	第四案に、北朝鮮関係財産を含め、全体として相互放棄する。	日本において、第四案と同様の反対がある。特に、北朝鮮関係は第四条（b）項と関係がないからなおさらである。
第六案	日本より例外項目を支払い、まず交渉を妥結させ、他の項目は南北統一まで延ばす。	実質的には相互放棄になるが、とりあえず、国内を刺激しない効果がある。しかし、将来に問題の尾を残す。
第七案	例外項目を支払い、まず交渉妥結し、他の項目は私人間折衝と両国の立法、司法措置に委ねる。	国内世論を刺激することは少ないが、実質的には日本が一方的に［請求権を］とられる。

出典：外務省文書「日韓請求権問題省内打合会」［101］に基づき筆者作成

一九五三年一月五日、李承晩大統領が日本を訪問した。李大統領の訪日はSCAPの招待によるものであり、クラーク（Mark W. Clark）国連軍司令官とマーフィー駐日大使が非公式な仲介を試みた結果であった。そして、翌六日、クラーク主催の午餐会で李大統領と吉田茂首相との対面が実現することになる［102］。

両国首脳の対面は簡単な挨拶のみで終わったが、初めて日韓両国首脳による面会であり、会談再開に向けた雰囲気作りの一助となった。外務省は両国首脳の接触によって険悪化した日韓関係が緩和されたと喧伝し、漁業問題による日韓関係の危機が、むしろ会談再開の気運を高めることにつながったと評価した［103］。

外務省はこの機会を、政府内で対韓交渉の主導権を確立するきっかけにしようとしていた。大蔵省の態度が強硬なため、政府内で重要決定を行なうには、政治レベルでの解決が必要であると考えた外務省は、首相および関係閣僚の諒解を得た上で、関係各省による実務レベル協議を行い、日韓会談の再開に備えることとした[104]。

実際、奥村勝蔵外務事務次官は「外交の場において近時他省庁が対等で口を出しすぎる」と批判し、外務省が大枠の基本方針を決定すれば、他の省はそれを承認すべきであると述べている。また、奥村は日韓問題に関する政府内政治調整の不在を指摘し、外交交渉は得失を考えた上で、最後には政治的決断を下す必要があると唱えた。奥村は「相互放棄」という大方針さえ決まれば、後は国内問題に過ぎないとして、まず同問題を、ハイレベル交渉を通じて、政治的に決定する必要があると語ったのである[105]。こうした奥村の発言からは、外交面を考慮せずに対韓強硬姿勢に固執する大蔵省への批判と、韓国政策をめぐる官僚レベルでの対立の激しさが見て取れる。

一九五三年一月時点で、外務省内では日韓間の請求権問題に関する具体的な方針が成立しつつあった。外務省は日韓国交正常化交渉を成功させるためには、請求権問題を先決せねばならないとした上、省内で作成されていた従来の交渉案に更に検討を加え、三つの試案を提示した。第一案は、日韓両国がその財産請求権を相互に放棄する、第二案は、日韓両国がそれぞれ相手国のとった措置を承認し合う、第三案は、日本が在韓日本財産に対する韓国政府の措置を承認する代わりに韓国の対日請求権を放棄させる、というものである。この三案のうち、外務省は「第二案は内容が不明確で日本側の一方的な損失になる公算が高く、第三案も現実性がないので、残る第一案が最も適当である」とした[106]。

なお、外務省の説明は第一案を正当化するために述べたという性格が強く、その具体的な理由は明確でない。ただし、これまでの省内の議論から、大蔵省の主張する「相殺」方式を前提とした第二案は、外務省として想定外であったと推察できる。第三案は、日本が在韓日本財産に対する所有権を放棄する代わり、韓国の対日請求権の放棄を誘導するもので、結果的には第一案のような「相互放棄」の体裁となる。しかし、第三案は「日本が在韓日本財産に対する韓国政府の措置を承認する」ことを明記しているため、これまで外務省が主張してきた「山下報告書」に基づく対韓請求権の論理を覆すことになってしまう。

すなわち、第一案を適当とした外務省の主張には、「相互放棄」を日韓請求権問題の解決案としながらも、従来の法的論理に対する直接言及を避けようとする狙いが込められていたといえよう。実際、外務省内では「法理論は一応棚上げにして相互放棄になるような解決に導く段階に来た」[107]という認識が広がりつつあった。そして、外務省は「法理論を正面に出すことなく、実質的に相互に請求権を放棄し合い、場合によっては別途経済提携その他によって韓国の復興に協力する用意のあることを示す」[108]として、請求権問題に関する解決案、いわゆる「相互放棄＋α」案をさらに具体化していった。

一方、外務省内の経済局や条約局、そして文化情報局からは、「相互放棄＋α」案に対する若干の問題提起がなされた。まず、「相互放棄」により日本国内の対韓債権債務者の間で不公平が生じる可能性、北朝鮮の法的地位と北朝鮮にある旧日本財産の問題、引揚者国内補償の可否、韓国のさらなる反発を招く恐れなどである[109]。韓国への支払いを意味する「＋α」をめぐっては、経済提携により韓国への支払いを行うが、請求権問題としてではなく漁業問題に関連させて解決することが提案された。この主張は、漁場問題解決に関する具体的な模索というより、請求権としての韓国への支払いを避けようとする認識が、外務省内にも根強いことを意味していた。また、国内補償問題に対する大蔵省の負担を軽減させるため、外務省でもその対策を立てておく必要があるという主張もあった[110]。

とはいえ、このような外務省内からの問題提起は、今後「相互放棄＋α」構想を展開していく上で生じうる諸問題を慎重に検証し、交渉戦略をより工夫することを提案するに留まった。

このように、会談第一次中断期、外務省内では対韓交渉に関する実質的な解決案として「相互放棄＋α」案が形成された。ただし、同案は、対韓請求権に関する従来の法的論理の放棄を前提としたものではなかった。外務省は日韓間の法律論争を回避しながら、請求権の支払いを経済的手段の文脈から行うこととしたのである。この含意は、以降の日韓請求権問題に関する政策において、表面的には同案の政策的変容が生じるとしても、内在的論理として貫かれることとなる。次節では、こうした外務省内の構想が、日本政府内の議論のなかでどのように展開されたのかを検討する。

4　外務省案への収斂

◆政府内議論の後退

第一次日韓会談の決裂から約一年後の一九五三年四月一五日、第二次日韓会談が開始されることとなった。日本側は久保田貫一郎外務省参与を、韓国側は第一次会談において交替首席代表を務めた金溶植駐日公使を、主席代表としてそれぞれ内定していた。ところが、第二次日韓会談の開始を控えた同年二月四日、韓国海軍による日本漁船の取り締まりの過程で日本人漁民が死亡した「第一大邦丸事件」が発生する。この後、日本国内における対韓世論は最悪の状態に陥り、日本政府は韓国水産物の輸入を禁止するなど報復措置を断行した。対する韓国側も拿捕した日本人漁民を釜山に抑留することになる[11]。

日本政府は、日韓会談において漁業問題を優先するよう世論からの圧迫を受けていた。請求権問題の先決を主張していたアジア局も、こうした事態の下で正常な交渉は進展しがたいと判断せざるを得なかった[12]。これに対して韓国政府が今次会談で最大の関心事としていたのは、日本の対韓請求権を放棄させることであった[113]。そのため、第二次日韓会談は当初から両国の思惑が全く食い違う形で開始された。日本代表団は、請求権問題をめぐる韓国側との対立を避けつつ、李ラインの撤廃を含む漁業交渉に入ろうとした。日本側は、請求権交渉の具体論には踏み込まず、法律論争よりも実際的な協議を行うべきとする原論的な話に終始した[114]。

韓国代表団は、日本が今回の会談で対韓請求権の主張を撤回するだろうという一方的な期待を抱いていた。このとき、韓国側は次のような論理を日本側に述べていた。すなわち、今後、朝鮮戦争の休戦協定が成立しても、南北朝鮮が平和的手段で統一される可能性は存在しない。それゆえ、韓国がこれからも共産主義国家と対峙していくためには、韓国の復興が不可欠となる。日本が請求権問題をめぐって韓国に譲歩しても、それは自由主義世界の全体の利益につながるので、米国政府から日本に対して何らかの「お返し」があるだろう、という論理であった[115]。

ところが、韓国側の期待とは裏腹に、倭島英二アジア局長は、柳泰夏駐日代表部参事官との協議の席上で、請求権を日本側だけでなく、韓国側も同様に請求しない「相互放棄」の可能性を打診した。こうした倭島の発言に柳は当惑した[116]。日本の提案する「相互放棄」は、韓国側にとっては、日本が対韓請求権の主張撤回の意思がないことを示したのみならず、韓国の対日請求権自体を否定しているかのように受け止められたのである。かくして、第二次日韓会談は、開始から間もなく停滞状態に陥った。

この第二次日韓会談は、朝鮮戦争の休戦交渉と並行して行われていた。一九五三年一月二〇日に米国ではアイゼンハワー(Dwight David Eisenhower)政権が誕生し、同年三月五日にはソ連のスターリン(Joseph Stalin)が死亡した。こうした状況を迎えて、米国と中国は朝鮮戦争を決着するための休戦会談を本格的に開始していたのである[117]。朝鮮戦争の休戦協定が締結に向かうと、それを口実に、六月、日本は日韓会談の一時休会を申し入れた[118]。

ところが、日韓間の論争的な対立が続き、会談が二カ月あまりも空転すると、日本政府内では会談の無期休会案が台頭していた。特に、日本代表団の久保田代表は、極めて「反日的」[119]である李承晩政権の行動が朝鮮半島の情勢や韓国の状況を不透明にしていると批判し、会談の無期休会を提案した。その上で、久保田は、請求権問題に関して法的論理を棚上げにしたとしても、日本側の従来の「純法律的見解には何等変更がない」という立場を貫いた[120]。外務省でも下田武三条約局長は、久保田の会談無期休会案に積極的に同意していた。下田は、影響力が低下している李承晩政権を相手に、日本に有益性のない会談を妥結させるより、日韓会談の全ての議題について新たな角度からアプローチをする必要があると唱えた[121]。当初から対韓強硬姿勢であった大蔵省も久保田代表の無期休会案を支持した。大蔵省は、請求権の「相互放棄」を提案しても直ちに実現することは難しいとし、請求権問題を含む日韓会談の本格的な討議を先延ばしにすることを主張した[122]。

このような政府内の強硬論に対しアジア局は、李承晩政権が国内政治上の戦略から「反日カード」を利用している側面が強いことを認めていた。そして、李政権の行き過ぎた対日行動は、国際情勢を考慮しない無謀な行為であると批判し、李政権との会談継続に悲観的な見通しを立てていた。しかしアジア局は、請求権問題をめぐる日本政府内の議論が後退することを警戒し、「朝鮮戦争による在韓日本財産の被害率は七割に近く、講和条約第四条(b)項は韓国の立場に同情的であり、国際世論は必ずしも日本に有利ではない」と述べ、請求権の「相互放棄」の有効性を強調した。その上で、アジア局は、朝鮮戦争の休戦協定締結が近づいているこの時期だからこそ、日本政府が請求権問題に関する態度を最終的に決定する必要があると主張していた[123]。

だが、第二次日韓会談は、漁業問題に対する日本世論の悪化のため、本格的な交渉に至らず、一九五三年七月二三日に朝鮮戦争の休戦協定締結を理由に休会に入った。日韓会談に対する日本政府の硬直した認識に変化の兆しは見えないままであった。

◆国務省と外務省の戦略的類似性

朝鮮戦争の休戦協定締結を理由に休会された日韓会談は、協定が成立すれば再開されることが約束されていた。だが、一九五三年七月二七日の休戦協定成立後も、日本政府は国内の準備不足を理由に会談再開を拒んだ。韓国政府は、日本を交渉のテーブルに座らせるため、李ライン内に立ち入った日本漁船の拿捕を一層強化した。日本の国内世論は沸騰し、漁業問題に対する政府の生ぬるい対応を強く批判すると共に、漁業問題が解決されない限り韓国との会談再開に反対する姿勢であった[124]。

漁業カードによる韓国の対日圧力とそれに対する日本の反発という悪循環が繰り返されるなか、日韓米間の協議を経て、第三次日韓会談として、一九五三年一〇月六日に会談が再開されることが決定された。ところが会談日が近づくにつれ、外務省は、漁業問題の先決を促す国内世論と政府内の強硬姿勢の双方に直面した。一九五三年九月半ば、奥村次官は日本政府内の事情をあげ、李ラインの撤廃を含めた漁業問題に限って会談を再開するよう、米国に斡旋を打診した。だが米国務省は、漁業問題のみを早急に解決することは困難であるとし斡旋を拒否した[125]。

国務省が、漁業問題に対する日本の仲介要求を拒否した理由は、日韓会談に深く関与しないという従来の方針を堅持したためである。また、漁業問題を交渉カードに用いざるを得ない韓国側の意図も理解していた。国務省は外務省に対し、請求権問題と漁業問題は連動していると述べ、漁業問題の解決のためには、請求権問題で日本が先に譲歩すべきであると忠告した[126]。さらに朝鮮戦争の休戦協定が成立するなかで、米国政府は東アジアの「力の均衡」の維持と中国の拡大を抑止するために、韓国の経済復興を重視していた[127]。そのために米国は日韓の早急な関係回復を望んでいたのである。

外務省は、米国の協力なくして漁業問題の解決は不可能であり、その米国政府が韓国に圧力を加えにくい状況にあることは理解していた。また、政府内の強硬論に押され、奥村次官を通じて漁業問題に限っての会談再開を米国に要請したが、省内は、請求権問題と切り離した漁業問題単独の解決は不可能であり、請求権問題で日本が譲歩を示さない限り会談妥結は難しいとする国務省の見解に同意していた[128]。日韓問題をめぐる問題意識のレベルで、外務省は米国務省と多くを共有していたといえよう。

◆大蔵省の姿勢緩和

第三次日韓会談は一九五三年一〇月六日に開始された。第二次会談に引き続き、久保田貫一郎外務省参与と金溶植駐日公使が首席代表を務めた。一方、日韓間交渉が進行する傍ら、日本政府内では「相互放棄」案に向けた意見調整が本格的に展開されていた。外務省は、「相殺」方式は韓国政府のみならず米国政府に対しても説得力を持たないと説いていた。その上で今回の会談では、少なくとも請求権の「相互放棄」を提案しておかなければならないと主張した。外務省は、このまま手をこまねいていては、日本が韓国に「不当な要求を行っている印象を第三者〔米国〕に与え」てしまい、日本の国際的地位が不利になると断じた[129]。

一〇月八日と九日には、会談首席代表である久保田参与も参加して、請求権問題に関する外務省と大蔵省の打ち合わせが行われた。久保田は、「昨年の非公式会談において韓国の梁代表が相互放棄に言及している」と述べた。そして、韓国側にとって「相互放棄」案はそれほど予想外ではないので、日本側が請求権の「相互放棄」を提案することは問題ないとした。久保田は、代表団内では日韓会談無期休会を唱えるなどの強硬姿勢を示していたが、「相互放棄」という外務省の基本方針は尊重していた[130]。

これまで強硬姿勢一辺倒であった大蔵省も、一応外務省案への協力姿勢を示し、日本から先手を打って「相互放棄」を提議することも一案であると外務省案に同意した。また大蔵省は「放棄に若干のオマケをつけてやってもよい」と述べ、外務省の主張してきた韓国に対する支払いも認めた。引揚者への国内補償問題についても、補償の国内措置と外交交渉とは別問題であるので、国内において補償問題を決定する前でも「相互放棄」案は提出できるという前向きな姿勢を示した[131]。

大蔵省が、外務省案のいわゆる「相互放棄＋α」案に同意し、引揚者問題と請求権問題を切り離して処理する方法を示したことは、従来の姿勢から著しい前進であった。だが、外務省と大蔵省の間では、依然法的論理の扱いをめぐって意見の懸隔が存在した。

外務省は、日韓間の取極の際に「相互放棄」を明文化せず、なお韓国側に日本が講和条約第四条（b）項の解釈を認めたような態度を示すとした[132]。「相互放棄」に対する韓国側の反発を意識し、韓国側を刺激せず実質的に「相互放棄」する方法を提示したのである。

これに対し大蔵省は、国内説得の困難を理由に、第四条に対する従来の解釈を堅持した上で、別の方法で韓国政府を説得し、法律論争を止揚するべきと述べた。引揚者への国内補償問題についても、引揚者たちを刺激するような事態を避けるため、有職者による審議会を設け、そこで研究した上で慎重に決定することも併せて主張した[133]。

ともあれ、法的論理の厳格な適用にこだわり続けた大蔵省も、これまでの姿勢を軟化させ、外務省案への歩み寄りを示した。外務省は「大蔵省が意見を固めることに快く協力した」と評価し、そして一九五三年一〇月九日の第一回請求権委員会の直前、日本政府の基本案は、外務省が主張してきた「相互放棄＋α」論に収斂したのであった[134]。

日本政府内の最強硬派であった大蔵省が態度を変化させたことには、どのような背景があったのだろうか。最大の構造的要因として指摘できるのは、財政状況の好転である。朝鮮戦争は日本に特需をもたらし、日本経済は好況と復興の時期を迎えた[135]。一九五二年及び一九五三年度の日本の予算編成は、対日講和条約発効後の戦後独立財政の原型といえた。しかも、一九五三年度予算は、三次にわたる補正の結果、一兆二七三億円に上り「一兆円予算」の時代が到来した[136]。日本政府は占領期に米国側から要求されていた諸般の支出項目を見直し、戦前の軍人恩給の支給など占領期には実施できなかった諸政策を、今後の財政政策に盛り込む余裕が生まれたのである[137]。このような財政状況の改善が、財政拡大に強い警戒心を抱いていた大蔵省の態度を軟化させたことは、想像に難くない。

次に、大蔵省が、漁業問題をめぐって国内の批判が高まるなか、請求権問題をめぐって強硬姿勢を取ることで、政府内の批判の矛先が自分たちに向く可能性を意識していたことが挙げられよう。李承晩政権の露骨なリンケージ戦略が、大蔵省の立場を揺るがした部分はあっただろう。ただし大蔵省は、外務省が一挙に従来の法的解釈を覆し、韓国への支払いにも予想外の譲歩をするのではないか、という疑いを解いてはいなかった。そのため「韓国へのオマケは最後の恩恵」という厳しい姿勢を維持しつつ、請求権問題と漁業問題を関連させることを前提に、外務省案に同意を示したのである[138]。

そして、米国務省が小笠原三九郎蔵相に、この問題での大蔵省の協力を直接要請したことが挙げられる。第三次会談の開催が遅れるなか、一〇月二日から小笠原蔵相が米国を訪問していた。このとき国務省は小笠原に対して日韓会談の促進を求めていた。韓国の行動が行き過ぎであることを認めた上で、現在の韓米関係が微妙な段階にあるので、米国を介さず休会中の日韓会談を速やかに再開することを勧告したのである[139]。史料的制約から、大蔵省が、これにどのように反応したかは不明である。しかし後の展開を見る限りにおいて、国務省から蔵相への直接の申し入れは、対韓強硬論に固まっていた大蔵省に少なからぬ影響を与えたと推測される。外務省の見解を支持する国務省の勧告が、大蔵省の強硬姿勢を軟化させる上で影響を与えたことは否めない。こうした大蔵省の転換は、外務省が対韓交渉戦略における主導権を確保する契機となり、政府案が外務省案に収斂される結果をもたらした。

これまでの過程からわかるのは、吉田茂政権が官邸レベルで果たした役割は限定的であったことである。すなわち、日本の「相互放棄＋α」案は、外務省を中心に成立したもので、政治レベルの主導によるものではなかった。また、米国務省の交渉促進に向けた働きかけが役割を果たしたことは事実であるが、「相互放棄＋α」案自体が米国政府の発案ではなかったことは明らかである。

5 「相互放棄＋α」案の帰結

◆久保田発言の誘発

日本政府内で「相互放棄＋α」案が基本案として公式に示されたのは、一九五三年一〇月一七日付の日韓交渉処理方針に関する高裁案である。同案に、「原則的な日韓間の相互放棄」と「プラスアルファ」の支払いが盛り込まれた。「相互放棄＋α」案が公式に成立した後、議論の対象は請求権交渉の進め方へと移る。日本政府は、まず韓国に日韓間の請求権の「相互放棄」を認めさせた上で、韓国への支払いに関する協議を行うことを想定した[140]。

興味深いことに、この高裁案が決裁された時点で、すでに久保田代表の発言をめぐる日韓の攻防が始まっていた。この久保田発言とは、第三次日韓会談の首席代表であった久保田貫一郎による、日本の朝鮮支配を肯定する趣旨の発言のことである。

日本代表団は、政府内で高裁案が決済される前の一九五三年一〇月九日、第一回請求権委員会（分科会）で「相互放棄」案を韓国へ正式に提起した[141]。この際に久保田は、第一次日韓会談の際に非公式の形ではあるが韓国側が「相互放棄」に同意していたと主張し、これを既成事実として扱おうとした。だが、韓国側はこれを日本側の誤解であると反発し、日本側が対韓請求権主張を撤回しなければ、韓国は三六年間の日本支配による被害の賠償を求めると応酬した[142]。

前回の第二次日韓会談では、日韓両国とも請求権問題に関する法律論争を抑制していたが、日本側の持ち出した「相互放棄」案を契機に、日韓の法律論争が再燃することになる。一〇月一五日の第二回請求権委員会で、日本の提案をめぐる日韓の攻防が本格的に展開された。

まず、韓国側は以下の要旨の発言を行い、日本の「相互放棄」の提案を拒否した。

- 韓国は、韓国の富の八〇パーセントを占める在韓日本財産の返還要求を日本側がするとは全く予想していなかった。
- 韓国は、賠償的なものを留保し、政治・経済機構からの分離に伴う法的清算的な性質の請求を合理的範囲内で行っている。
- 日本が「相殺」を主張するのであれば、韓国は新しい考慮のもとで賠償的要求をせざるを得ない。[143]

韓国は、日本の対韓請求権の主張を前提としている「相互放棄」案を受け入れず、現在の韓国の対日請求権請求は、従来の懲罰的な対日賠償構想から譲歩したものであると主張したのである。韓国側は、朝鮮戦争後の韓国の経済状況への配慮を欠いた日本の提案は、韓国に対する威嚇的な影響を及ぼすと考えたのである。

だが、こうした韓国側の主張に対し、日本側も再反論を行い激しい議論が交わされた。この過程における久保田の発言内容を要約すれば以下のようなものであった。

・朝鮮の独立が対日平和条約成立前に実現したのは国際法違反である。
・在朝日本人が連合国の手で引き揚げさせられたことも国際法違反である。
・在朝米軍政庁の日本財産処分及びこれに関する米国国務省の見解は国際法違反である。
・カイロ宣言中の「朝鮮人民の奴隷状態云々」という語句は連合国の戦時中の興奮状態に由来するものである。
・三六年間の朝鮮における日本の支配は朝鮮にとって有益なものであった。[144]

久保田の発言は、日本の植民地主義を正当化し肯定的に評価するものであった。その上で日本の同意なしで朝鮮が独立したこと、連合国が韓国で行った措置など全てが国際法違反であると断じたのである。

韓国側は一連の久保田発言に反発し、一六日と一九日に開催予定であった他の委員会を延期した。そして、二〇日に開かれた本会議の席上で、韓国側は日本が依然として朝鮮支配を正当化しており、朝鮮統治時代の不公正な経済環境の下で形成された在韓日本財産に対する権利を主張していると批判した。韓国側は久保田発言に過去に対する日本の不当な認識が表れたと非難し、発言に内在する日本の対韓認識の是非を質した。そして、韓国側は、日本が久保田発言と対韓請求権の主張を公式に撤回することを要求したのである[145]。

しかし、翌二一日の本会議で、日本代表団は会談の進展を阻害しているのは、李ライン内での韓国の一方的な強制措置であると反論し、韓国の要求を拒否した。日本側は、一国代表の見解について撤回を求める韓国側の態度は外交交渉において前例のないことであると非難した。また、日本代表団は、韓国の独立は日本の敗戦の結果ではなく対日講和条約の結果成立したと述べて、久保田の発言を擁護した。その上で、久保田発言の本質は朝鮮の独立が国際法違反か否かという問題ではないにもかかわらず、韓国側が日本代表の個人的な発言の言葉尻を捉えて曲解し、前後関係を無視して一部のみを問題にしていると応酬したのである[146]。

日本側の反論を受けて韓国代表団は、久保田発言および対韓請求権の主張撤回に日本側が応じない限り、今後の会談への出席は不可能だと述べて本会議を退席した。一九五三年一〇月六日に開始した第三次日韓会談は、久保田発言によって惹起された論争のあげく、三週間も持たず一〇月二六日、三度《みたび》中断に追い込まれたのである[147]。

日本外交文書に記録されている、日韓会談をめぐる久保田の発言と態度を分析すれば、そもそも久保田が会談の早期妥結を目指していなかった様子が窺える。第三次日韓会談の開始前に、各省庁の担当者が出席した打合せ会においても、久保田は「もし韓国が会談期間中に日本漁船の拿捕を続け日本へ圧力をかけるならば、日韓関係が悪化することを覚悟してでも、会談の打ち切りを考慮せざるを得ない」という強硬な立場を明らかにしていた[148]。

多くの先行研究において、久保田発言は日本政府内に蔓延する「戦前朝鮮統治の正当性」を代弁するもので、個人の突発した発言ではないとされる[149]。また、韓国側にとっても、それまでの日本側の態度を勘案すれば、久保田発言がまったく予想外の暴言ではなかったと見ている[150]。日本側が「相互放棄＋α」案であれば会談は早期妥結するだろうと、多少会談の展望を楽観視していたとの見方もある[151]。

これらの説に従えば、「相互放棄＋α」案に対する韓国側のある程度の反発は予想していたとはいえ、これが久保田発言をめぐる攻防へと拡大し、会談の長期中断にまで発展することを、日本側は予想していなかったと考えられる。久保田が、外務省では少数派であった対韓強硬論の立場を示していることは確かである。しかし、会談の中断という結果は、韓国との対立を避け早期妥結を達成しようとしていた外務省の対韓交渉戦略とは距離があったと言えよう。

◆日韓の歴史攻防

久保田発言によって会談が決裂する中、李承晩大統領は内心では日韓のさらなる関係悪化を憂慮していた。そのため韓国政府は駐日韓国代表部を通じて外務省に、両国が刺激的な措置を自制し、米国の斡旋を受けてでも会談を続けることを密かに打診した。しかし外務省は、会談再開の必要性には同意したものの、韓国側の退席によって会談が決裂した以上、現段階で日本側から会談再開を持ちかけることは難しいと応じた[152]。

両国政府の間では非難声明の応酬となり、両国は歴史問題をめぐる攻防へと突入した。韓国政府は、三六年にわたり日本からあらゆる分野で被害を被った自分たちには、フィリピンを上回る対日賠償請求権があると述べた。また「朝鮮のような被圧迫民族の解放と独立は、第二次世界大戦後の最も高い国際法の新原則である」と主張した上、戦後「従属的な私有財産尊重原則は変更」されたと語り、在韓日本財産は一切没収されたと強調した[153]。

他方、日本政府は、韓国政府が久保田発言をめぐる論争から飛躍し、日本に対韓請求権の主張を撤回させるための理由にしていると反論した。そして、久保田発言を口実に会談を決裂させたのは、韓国側の予定通りの計画のようであるとして、会談決裂の責任を韓国側に転嫁した。日本国内でも野党の一部議員からは、久保田代表の発言が不適切だったと批判の声が上がったが、政府内では「当り前のことを当り前にいっただけ」と、久保田への擁護論が支配的だった[154]。

久保田発言により誘発された日韓間の歴史攻防は、両国の世論に広がり、相手国に対する不満が噴出した。韓国世論は、久保田の発言は韓国人に対する日本人の優越感を示す証拠であると憤慨した。その上で、日本は過去の侵略を未だ清算しておらず、久保田の発言を支持して、過去の軍国主義と帝国主義を正当化していると非難した。さらに、久保田の発言とこれに擁護的な日本政府の態度は、韓国併合の再現を狙っているものだとした[155]。しかし、日本の世論は「韓国は財産問題とは直接関係のない問題について、殊更にいいがかりをつけている」と韓国側を非難した[156]。

久保田は、自らの発言が会談決裂の直接的な原因となった後も、政府内で強硬姿勢を崩さなかった。自身が起草した「日韓会談決裂善後《ママ》対策」と題する文書のなかで久保田は、韓国の強硬姿勢の背後には日本の朝鮮植民地支配に対する補償を要求する考えがあり、さらに戦前朝鮮で日本人が築いた財産を全て否定する狙いがある、との考えを示した。さらに久保田は、外務省内で合意されていた対韓交渉戦略を超える強硬策を主張した。すなわち、韓国への経済報復を強めること、在日韓国人のなかで北朝鮮志向の人物を北朝鮮へ送還すること、李ライン問題を国際機関へ提訴し、米国政府の影響力を利用して韓国に対抗することなどを提案したのである[157]。

久保田の態度は、日本政府内の対韓強硬論に再び火をつけた。大蔵省は外務省に歩み寄りを見せた態度から一変して、韓国に対して「相互放棄という表現を用いることすら反対」という強硬姿勢に回帰した。そして、韓国との会談自体に疑問があるとして、その再開にも否定的な態度を示した[158]。法的論理においても、対日講和条約は日本と戦勝国との間の条約であるので、戦勝国ではない韓国に残した日本の財産が、対日講和条約より放棄されたと解釈することは認められないとした。その上で引揚者の在韓私有財産を国が放棄し、それを補償しないこととすれば、国会における説明が困難になると主張した[159]。外務省は、大蔵省に対し、政府が国民に代わって請求権を放棄した前例があると反駁した。さらに請求権の「相互放棄」が、直ちに引揚者の在外財産に対する国家の法的義務を生じさせることはないと説明した。だが、外務省もまた、国内で高まりつつあった対韓強硬論を刺激せず、一応その動きを注視することにした[160]。

◆「相互放棄＋α」案の含意

本章で検討したように、外務省内では早い時期から、日韓間の請求権問題をめぐって踏み込んだ議論が行われ、こうしたなかから「相互放棄＋α」案が形成された。同案は日韓両国が請求権を放棄した上で、日本から韓国への支払いを認めることを意味する。

「相互放棄＋α」案の成立過程を分析した際、同案には以下の二点の含意があったことが分かる。第一に、請求権の「相互放棄」は、日本の対韓請求権の主張を正当化した上での放棄である。第二に、「＋α」とは、韓国への支払いは承認するが、それを請求権として認めたものではない。ここから、同案には会談開始前から検討されていた「山下報告書」に基づいた日本の対韓請求権の法的論理が継承されていることがわかる。

一方で、対韓交渉方針をめぐって対立してきた外務省と大蔵省であったが、法的論理を放棄しない点では一致していた。だが、その点をいかに処理するかについては両省の認識のギャップが存在した。すなわち、財政的問題に傾きがちな大蔵省は、従来の法的論理を全面に強調し財政支出を抑制しようとした。他方、外交的な見地から韓国との交渉に当たり、国際動向や対米関係を意識していた外務省は、大蔵省のような過剰な法的主張ができなかったのである。

その後、外務省と大蔵省との認識の疎隔は、政府内の調整を通じて埋められ、「相互放棄＋α」案に収斂されていく。日本政府は、一九五三年の段階で「＋α」という形で請求権支払いを許容していたのである。しかし、この「相互放棄＋α」案は、韓国政府に示されなかった。同案の前提となる「相互放棄」案自体が、戦前日本の朝鮮支配を正当化する論理に支えられたものであり、韓国側に受け入れられなかったためである。

確かに張博珍の指摘とおり、李承晩政権は、当初から日本の朝鮮支配に対する「過去清算」を過度に期待していなかったのかもしれない。だが、李政権の国内政治基盤は、反日政策に支えられていたといっても過言ではない[161]。強硬な反日政策を展開する李政権にとって、戦前の朝鮮支配を正当化するかのような日本の「相互放棄」案は、到底受け入れられるものではなかったのである。

結果的に、日本の「相互放棄」の主張は、久保田発言を理由とした日韓間の激しい歴史認識論争まで発展し、会談は再び中断となった。この対立によって、第三次日韓会談は短期間で終わり、その後日韓間の公式会談は長い冬眠期を迎えることとなる。

註

1——太田、前掲書、二〇一五年、高崎、前掲書、一九九六年、山本、前掲書、一九七八年、吉澤、前掲書、二〇一五年、李元徳、前掲書、一九九六年。

2——政務課「6. 제6차[第六次], 1951.11.8」韓国外交文書、七七、前掲。

3——政務課、韓国外交文書、同上。

4——政務課、韓国外交文書、同上。

5——亜二「財産、請求権処理に関する件」一九五一年一二月一〇日、外務省文書、二〇〇六-五八八-五三六。

6——たとえば、太田修(「二つの講和条約と初期日韓交渉における植民地主義」李鍾元他、前掲書II、二〇一一年、二一～五四頁)は日韓会談開始前から日本政府内では請求権問題の解決策として「相殺および相互放棄」方式が確定したと主張しているが、「相殺」と「相互放棄」を同じ意味合いとして扱っている。李東俊(「日韓請求権交渉と『米国解釈』——会談『空白期』を中心にして」李鍾元他、前掲書I、二〇一一年、五三～八二頁)は、会談第二次中断期、米国の政策提言によって日本が「相互放棄」方式を成立したとするが、「相殺」概念についての言及は見られない。浅野豊美(前掲論文、二〇一一年、五五～九四頁)の場合「相殺」概念に重きを置いている。すなわち「相互放棄」方式は「相殺」を具体的に実現するための一方策である、というのが浅野の解釈である。さらに浅野は、外務省が「相殺」方式による請求権問題の解決を模索していたことに対し、大蔵省は「相殺」に消極的だったと主張している。だが、こうした浅野の議論および史料の解釈には、少し疑問が残る。後述するが、日韓間の請求権問題をめぐって、外務省は「相互放棄」方式を、大蔵省は「相殺」方式を主張し、対立することとなる。

7——本書、第一章の四節を参照のこと。なお、外務省史料は以下の通りである。アジア二課「請求権問題会談の初期段階における交渉要領」外務省文書、前掲。

8――アジア二課、外務省文書、同上。

9――高崎、前掲書、一九九六年、三六頁、張博珍、前掲書、二〇〇九年、二七八頁、吉澤文寿、前掲書、二〇一五年、四八頁、李元徳、前掲書、二〇〇八年、五五頁。

10――亜二「財産、請求権処理に関する件」外務省文書、前掲。

11――동북아주과[東北亜州課]「韓国の対日請求権八項目に関する両側の立場　対照表」韓国外交文書、七五二『제6차 한일회담 청구권 관계자료[第六次韓日会談：請求権関係資料], 1963』。当時日本政府内でも、韓国側が戦後直後の為替レートである「一ドル＝一五円」を請求権金額の換算へ適用したという記録がある、アジア局「韓国側対日請求額に対する大蔵、外務両省による査定の相違について」一九六二年二月一五日、外務省文書、九五〇六－五八八－一七四九。

12――若槻、前掲書、一九九一年、一九八～二四八頁。

13――張博珍、前掲書、二〇〇九年、二七九頁。

14――亜二「財産、請求権処理に関する件」外務省文書、前掲。

15――大韓民国政府『対日賠償要求調書』一九五四年。

16――李東俊「旧朝鮮銀行在日資産の再編と韓国の対日請求権交渉」浅野豊美[編]『戦後日本の賠償問題と東アジア地域再編』慈学社、二〇一三年、一一二頁。

17――大韓民国政府『対日賠償要求調書』前掲。

18――張博珍の著書(前掲書、二〇一四年、九四～二〇二頁)において、韓国の『対日賠償要求調書』の全体的な意味とその根拠、細部項目に分けての詳細な分析が行われている。

19――張博珍、前掲書、二〇〇九年、二三六～二三九頁。

20――李東俊、前掲論文、二〇一三年、一三四頁。

21――このような韓国側の認識は、韓国外交文書(정무과[政務課]「2. 제2차[第二次]1953.10.15」韓国外交文書、九七『제3차한일회담[第三次日韓会談](1953.10.6-21)청구권위원회회의록[請求権委員会会議録], 제1-2차[第一～二次], 1953.10.9-15』など)で散見される。

22――「日韓会談第一回正式会議議事要録」一九五二年二月一五日、外務省文書、二〇〇六－五八八－一八〇。

23――張博珍、前掲書、二〇一四年、三七五～三九二頁。

24——東北亜州課「청구권문제[請求権問題]」韓国外交文書、七五二、前掲。

25——「日韓会談日本側代表団第二回打合せ会次第」一九五二年三月四日、外務省文書、二〇〇六－五八八－一六三五。

26——「請求権問題交渉の中間段階における対処要領案」一九五二年三月一〇日、外務省文書、二〇〇六－五八八－五四二。

27——「日韓両国間に取極められるべき財産及び請求権の処理に関する協定の基本要綱(昭和二七．三．六．日本側提案)」外務省文書、二〇〇六－五八八－五四〇。「基本要綱」の原案は三月四日付の文書であり、ここには「私有財産の売却により生じた売却代金は日本に引き渡す」との文言も含まれている。だが、これが韓国に正式に提出された、この三月六日付の「基本要綱」には、「私有財産の売却により生じた売却代金は日本に引き渡す」との文言を含めず、露骨な対韓請求権の主張は控えられている。

28——「日韓会談日本側代表団第二回打合会」一九五二年三月八日、外務省文書、二〇〇六－五八八－一六三五。

29——「請求権問題交渉に関する打合せ会」一九五二年二月二五日、外務省文書、二〇〇六－五八八－五三九。

30——韓国側の法的論理に関しては以下の史料を参照した、정무과[政務課]「3. 제2차[第二次], 1952.2.23」韓国外交文書、八六『제1차한일회담[第一次日韓会談](1952.2.15-4.21), 청구권분과위원회 회의록[請求権分課委員会会議録], 제1-8차[第一～八次], 1952.2.20-4.1』。また、金恩貞「日韓国交正常化交渉における日本政府の政策論理の原点——『対韓請求権論理』の形成を中心に」『国際政治』第一七二号、二〇一三年、二八～四三頁も参照。

31——政務課「3. 제2차[第二次], 1952.2.23」韓国外交文書、八六、前掲。

32——亜二「請求権問題の討議再開を本会議に提議することについて」一九五二年三月一八日、外務省文書、二〇〇六－五八八－五四三、「日韓会談の現況」一九五二年三月二三日、外務省文書、二〇〇六－五八八－六八九。

33——「二、日韓請求権問題」一九五二年五月、外務省文書、二〇〇六－五八八－一五〇九。

34——「第三回日本側代表打合会議事録」一九五二年三月三一日、外務省文書、二〇〇六－五八八－一六三八。

35——「会談決裂の場合韓国側の不利となる諸点」一九五二年四月四日、外務省文書、二〇〇六－五八八－一六四四。

36——賠償庁は、賠償庁臨時設置法(一九四八年一月三一日法律第三号)に基づき、総理庁の外局として一九四八年二月一日に設置された。一九四九年六月一日には、総理府設置法(一九四九年五月三一日法律第一二七号)により総理府の外局となったが、一九五二年四月二八日に廃止された。

37——「日韓会談財産請求権問題及び漁業問題委員会日本側委員」外務省文書、二〇〇六－五八八－五三九。

38——大蔵省「基本要綱に関する若干の注解」一九五二年四月一五日、外務省文書、二〇〇六-五八八-五四五。
39——大蔵省、外務省文書、同上。
40——大蔵省、外務省文書、同上。
41——「日韓会談省内打合会決定事項」外務省文書、二〇〇六-五八八-一六三三。
42——外務省文書、同上。
43——アジア二課「日韓国交調整特に請求権問題について」一九五一年一一月一〇日、外務省文書、二〇〇六-五八八-一三〇三。
44——「日韓会談における請求権問題対策に関する件」一九五二年四月八日、外務省文書、二〇〇六-五八八-五四七。
45——浅野、前掲論文、二〇一三年、一九七〜二二二頁。
46——「日韓会談財産、請求権問題交渉の経緯」一九五二年四月一五日、外務省文書、二〇〇六-五八八-五四四。
47——「覚書　請求権問題省内打合せ会」一九五二年二月二八日、外務省文書、二〇〇六-五八八-五三九。
48——アジア二課「在韓私有財産権放棄と国内補償問題」外務省文書、二〇〇六-五八八-一三〇二。
49——「第一三国会衆参両院の平和条約及び安保条約特別委員会における答弁抜粋」外務省文書、前掲。
50——アジア二課「在韓私有財産権放棄と国内補償問題」外務省文書、前掲。
51——李鍾元、前掲論文、一九九四年、一六六〜一六七頁。
52——李鍾元、同上。
53——「日韓会談の現況」一九五二年三月一三日、外務省文書、二〇〇六-五八八-六八九。
54——李鍾元、前掲論文、一九九四年、一六九頁。
55——アジア局第二課「電送第2353号　日韓会談請求権問題処理方針に関する件」一九五二年四月二二日、外務省文書、二〇〇六-五八八-六五三。
56——アジア局第二課、外務省文書、同上、Tokyo Embassy to Department of State, Pusan Embassy, 1952.5.12, RG84, Japan, Tokyo Embassy, Classified General Records, 1952-1963, 320, Box.1, NA.
57——張博珍、前掲書、二〇〇九年、二八一頁。
58——対日講和条約と命令三三号をめぐる国務省の見解は、一九五二年四月二九日と一九五五年一一月五日に示されるが、両文書の内容は微妙に異なる。なお、一九五五年に示された文書はそのあと少しずつ内容を修正しながら一九五七年の文書に至る（本書第三章三節を参照）。本書では、一九五二年四月二九日付の国務省見解を「五二年覚書」と、一九五五年から提示され一九五七年に決着する国務書見解を「五七年覚書」とし、議論を進めていく。なお、「五二年覚書」と「五七年覚書」という区別は張博珍が最初に使用したものである（張博珍、前掲書、二〇〇九年、二八一頁〜三一六頁）。

59 ——John Allison to Yang Yu Chan, 1952.4.29, RG84, Korea, Seoul Embassy, Classified General Records, 1953-55, 320.1, Box.4, NA.

60 ——日本外交省文書にも、同覚書の英語原文がある、外務省文書、二〇〇六-五八八-六五四。

61 ——国務省覚書が出された経緯やその内容を分析した上で、同覚書の法解釈の曖昧さを批判し、日韓交渉への影響を考察したものとしては、李鍾元（前掲論文、一九九四年）と李東俊（前掲論文、二〇一一年）の論考がある。

62 ——西沢「日韓請求権問題対策について」一九五二年七月一五日、外務省文書、二〇〇六-五八八-六五五、西沢「請求権財産問題折衝要領に関する件」一九五二年七月一六日、外務省文書、二〇〇六-五八八-六五五。

63 ——亜二「日韓請求権問題に関し国務省が声明を発表した場合の我方の措置について」一九五二年五月一六日、外務省文書、二〇〇六-五八八-六五四、亜二「日韓交渉に関する件」一九五二年五月一六日、外務省文書、二〇〇六-五八八-六五四、亜二「対韓請求権問題について」一九五二年五月一六日、外務省文書、二〇〇六-五八八-六五四。

64 ——Tokyo Embassy to Department of State, Pusan Embassy, 1952.5.12, RG84, Japan, Tokyo Embassy, Classified General Records, 1952, 320, Box.1, NA、アジア局第二課「電送第００４０６９号　対韓請求権問題に関する外電について」一九五二年五月一五日、外務省文書、二〇〇六-五八八-六五四。

65 ——Murphy to Department of State, 1952.5.17, RG84, Japan, Tokyo Embassy, Classified General Records, 1952, 320, Box.1, NA.

66 ——「電送　日韓会談に関する梁大使の宣伝工作に対する対策の件」一九五二年五月九日、外務省文書、二〇〇六-五八八-六五四。

67 ——「日韓間請求権問題に関する外務省情報文化局長声明」一九五二年五月一二日、外務省文書、二〇〇六-五八八-六五四。

68 ——「附記　請求権問題について」一九五二年五月一二日、外務省文書、二〇〇六-五八八-六五四。

69 ——「冠省［無題］」一九五二年五月一三日、外務省文書、二〇〇六-五八八-六五四。

70——亜二「日韓会談の現況と対処方針について」一九五二年五月九日、外務省文書、二〇〇六-五八八-一六四三。

71——「第五二一号（LTF）在韓財産について米紙の論説に関する件」一九五二年五月二七日、外務省文書、二〇〇六-五八八-六八九。

72——その要旨は以下のようである。「日本が在韓財産に対する請求権を持ち出し、朝鮮戦争の結果受けた損害の賠償を要求したことは厚かましい限りである。韓国が共産主義との戦争に傷つき流血し、共産主義から日本を救っているこの時に、東京は冷やかに三五年間支配した国に対し帝国主義的特権の回復を要求している。日本社会のリベラルな人々は、ジンゴイズムが潜在化した戦前の精神の明瞭な復活に断然抗争するであろうと信じる（筆者要約）」。外務省文書、同上。

73——アジア二課「請求権財産問題に関する折衝要領に関する件」一九五二年七月二一日、外務省文書、二〇〇六-五八八-六五五。

74——「第二段階における請求権問題（一九五二年七-八月会談再開気運に際して）」外務省文書、二〇〇六-五八八-六五五。

75——外務省文書、同上。

76——吉澤、前掲書、二〇一五年、六五～六六頁。

77——吉澤、同上。

78——「日韓会談の再開に関する件」一九五二年七月一〇日、外務省文書、二〇〇六-五八八-一〇三八。

79——「朝鮮関係懸案例」一九五二年八月二日、外務省文書、二〇〇六-五八八-一〇四二。

80——アジア二課「日韓会談問題の検討」一九五二年八月一九日、外務省文書、二〇〇六-五八八-一〇四一。

81——「大統領宣言」一九五二年一月一八日、外務省文書、二〇〇六-五八八-六九。「PRESIDENTIAL PROCLAMATION January 18, 1952」外務省文書、同上。

82——조윤수［趙胤修］「평화선과 한일어업협상［平和線と韓日漁業協商］」国民大学日本学研究所編『外交文書公開と韓日会談の再照明2』ソンイン、二〇一〇年、四三六～四三七頁。

83——李ラインに関する近年の研究として以下を参照。藤井賢二「李承晩ラインと日韓会談」『朝鮮学報』三月号、二〇〇四年、一二一～一五〇頁、同「公開された日韓国交正常化交渉の記録を読む——李承晩ライン宣言を中心に」『東洋史訪』二〇〇六年、五一～六九頁、朴鎮希、前掲書、二〇〇八年、一二四～一五八頁、李元徳、前掲書、一九九六年、四九頁。また趙胤修（「日韓漁業の国際政治――海洋秩序の脱植民化と『国益』の調整」東北大学法学研究科博士学位論文、二〇〇八年）は、李ラインおよび漁業問題は、日韓両国間の政治的問題のみならず経済的利益にかかわる問題や国家利益という観点を強調している。

84――「第二段階における請求権問題（一九五二年七‐八月会談再開気運に際して）」外務省文書、前掲。

85――「朝鮮関係懸案例」一九五二年八月二一日、外務省文書、二〇〇六‐五八八‐一〇四二。

86――アジア二課「日韓会談問題の検討」外務省文書、前掲。

87――「請求権問題折衝要領案骨子」外務省文書、二〇〇六‐五八八‐六五五。

88――アジア二課「日韓会談問題の検討」外務省文書、前掲。

89――西沢「日韓請求権問題省内打合会」一九五二年七月二一日、外務省文書、二〇〇六‐五八八‐六五六。

90――先行研究にも「相互放棄＋α」案に言及した例はあるものの、この案が日本政府内で如何なる認識の下、形成されたかについてはほとんど論じられていない。張博珍は、既存の論者が見過ごしてきた同案に注目し、これが一九五〇年代初期に日本政府内の一部において構想されたと指摘している。しかし、張の議論においても、「相互放棄＋α」案の形成過程については不透明なままである。さらに、張は、同案は韓国の対日請求権の要求に対応するための日本政府の妥協的な案であり、結局、この案は現実的に韓国へ提示されることなく、構想のままで姿を消したと述べている。張博珍、前掲書、二〇一四年、四五八頁。

91――「請求権問題折衝要領案骨子」外務省文書、二〇〇六‐五八八‐六五五。

92――一九四七年に共産主義の封じ込めを打ち立てたアチソン（Dean Acheson）は、一九四九年にトルーマン政権の国務長官に任命されてからも封じ込め政策を継続した。そのなかで、極東地域では、日本、沖縄、フィリピン、アリューシャン列島に対する軍事侵略に米国は断固として反撃するという、前任者の政策と差別される独自の政策を標榜する。これは、一九五〇年一月の「不後退防衛線（アチソン・ライン）」演説によって示される。ところが同演説は、台湾、朝鮮半島、インドシナなどの地域を除外し、同地域についての明確な介入意思を行なわなかった。ブルース・カミングス、前掲書・下、二〇一二年、五〇二～五一二頁を参照。

93――今野茂充「東アジアにおける冷戦とアメリカの大戦略」赤木完二他、前掲書、二〇一三年、一八〇～一八一頁。

94――平山龍水「朝鮮半島と日米安全保障条約――日韓米連鎖構造の形成」『国際政治』第一一五号、一九九七年、五八～七三頁。

95――外務省アジア局第二課「日韓国交調整特に請求権問題について」一九五二年一一月一〇日、外務省文書、二〇〇六‐五八八‐一三〇三。
96――西沢「日韓請求権問題省内打合会」一九五二年七月二一日、外務省文書、二〇〇六‐五八八‐六五六。
97――外務省アジア局第二課「日韓国交調整特に請求権問題について」外務省文書、前掲。
98――西沢「日韓請求権問題省内打合会」外務省文書、前掲。
99――西沢、外務省文書、同上。
100――西沢、外務省文書、同上。
101――西沢、外務省文書、同上。
102――李元徳、前掲書、一九九六年、六四頁。
103――情報文化局「電送第214号　李韓国大統領の訪日に関する件」一九五三年一月七日、外務省文書、二〇〇六‐五八八‐一〇四五。
104――「日韓会談再開の基本条件に関する打合せ会議状況」一九五三年一月二四日、外務省文書、二〇〇六‐五八八‐一〇四六。
105――アジア局第二課「日韓会談再開に関する第一回省内打合会議事要録」一九五三年一月二三日、外務省文書、二〇〇六‐五八八‐一〇四六。
106――西沢「日韓間請求権特別取極の諸様式について」一九五三年一月二一日、外務省文書、二〇〇六‐五八八‐一三〇六。
107――西沢、外務省文書、同上。
108――「日韓会談再開の基本条件について」一九五三年一月二三日、外務省文書、二〇〇六‐五八八‐一〇四五。
109――「日韓請求権問題‐相互放棄の諸問題」外務省文書、二〇〇六‐五八八‐一三〇一。
110――アジア局第二課「日韓会談再開に関する第一回省内打合会議事要録」外務省文書、前掲。
111――第一大邦丸事件後の日韓関係の悪化や日韓交渉への影響については以下を参照。趙胤修「日韓漁業の国際政治――海洋秩序の脱植民化と『国益』の調整」東北大学法学研究科博士学位論文、二〇〇八年、第三章。
112――アジア局第二課「日韓会談交渉方針（案）」一九五三年四月八日、外務省文書、二〇〇六‐五八八‐一〇五〇。
113――アジア二「日韓交渉に関する第一回各省打合会次第」一九五三年四月二三日、外務省文書、二〇〇六‐五八八‐一一〇五二。

114――久保田参与「日韓交渉報告(六)」一九五三年五月一一日、外務省文書、二〇〇六‐五八八‐六九三。

115――アジア局第二課「張基栄代表との非公式会談に関する件」一九五三年六月一七日、外務省文書、二〇〇六‐五八八‐一六九九。

116――アジア局第二課「倭島局長・柳参事官会談要旨」一九五三年六月三〇日、外務省文書、二〇〇六‐五八八‐一七〇〇。

117――朝鮮戦争休戦に至る経緯については、ハルバースタム、前掲書、二〇一二年、四九二～五〇三頁を参照されたい。

118――高崎、前掲書、一九九六年、四六頁。

119――先行研究では、韓国の歴代政権における対日政策の特徴に対して論じる際に、「反日」、「防日」、「接日」、「用日」、「克日」などという多様な表現が用いられている。なかでも、太田は、李政権の対日政策は単純な「反日」ではなく、「防日」ナショナリズムであるとする。その上、「防日」ナショナリズムは、対日交渉を有利に進めるための手段として、対米交渉のための政治的カードとして、国内政治を安定させるための大衆動員・国民統合の手段として機能したと論じる(太田、前掲書、二〇一五年、一一五～一二五頁)。ともあれ、李政権の対日政策が「反日的」、「対抗的」であったことには異論の余地はない。そして、「防日」も日本に徹底して対抗する構えであったことは事実であり、この点から、筆者は「防日」も「反日」の範疇に入ると考える。

120――久保田参与「日韓会談無期休会案(私案)」一九五三年六月二一日、外務省文書、二〇〇六‐五八八‐一〇五四。

121――下田「無期休会案に賛成の理由」一九五三年六月二三日、外務省文書、二〇〇六‐五八八‐一〇五四。

122――久保田「日韓会談処理方針案」一九五三年七月一三日、外務省文書、二〇〇六‐五八八‐一七〇一。

123――アジア局第二課「日韓交渉処理方針に関する件」一九五三年七月九日、外務省文書、二〇〇六‐五八八‐一〇五六。

124――趙胤修、前掲博士論文、二〇〇八年、第三章。

125――事務次官奥村「日韓会談の件」一九五三年九月二九日、外務省文書、二〇〇六‐五八八‐六九〇。同外交文書群には、この時期、李ラインや漁業問題をめぐる日米間の意見交換の様子が数多く収められている。

126――事務次官奥村、外務省文書、同上。

127――李鍾元、前掲書、一九九六年、四六頁。

128——亜二「李ライン強行に関する対策折衝」一九五三年一〇月五日、外務省文書、二〇〇六-五八八-六九〇。

129——外務省アジア局第二課「日韓会談における双方主張の現状」一九五三年一〇月三日、外務省文書、二〇〇六-五八八-一〇六一。

130——「請求権問題外務大蔵打合会」一九五三年一〇月八日、外務省文書、二〇〇六-五八八-六五七。

131——外務省文書、同上。

132——外務省文書、同上。

133——外務省文書、同上。

134——外務省文書、同上。

135——大蔵省財政史室編『昭和財政史　第1巻　総説』東洋経済新報社、二〇〇〇年、三頁。

136——大蔵省財政史室編、同上、一七一頁。

137——大蔵省財政史室編、同上、一四二～一四七頁。

138——「請求権問題第二回打合会」一九五三年一〇月九日、外務省文書、二〇〇六-五八八-六五七。

139——亜二「李ライン強行に関する対策折衝」外務省文書、前掲。

140——「高裁案：日韓交渉処理方針に関する件」一九五三年一〇月一七日、外務省文書、二〇〇六-五八八-一〇六〇。
この文書において「＋α」の部分に該当すると思われる部分は黒塗りされている。だが、すでに日本政府内の様々の打合せの場面において、「相互放棄＋α」案が提唱されていたことは確かである。ここでその細目が確認できなくても、本章の議論を進めるには差し支えない。

141——アジア二課「日韓会談の交渉経過について(大臣の議会答弁資料)」一九五三年一〇月二八日、外務省文書、二〇〇六-五八八-一〇六三。

142——アジア局第五課「日韓会談の経緯」一九五四年九月一〇日、外務省文書、二〇〇六-五八八-一〇六八。

143——政務課「2. 제2차[第二次]1953.10.15」韓国外交文書、九七、前掲。

144——アジア局第五課「日韓会談の経緯」一九五五年一月三一日、外務省文書、二〇〇六-五八八-四八一。

145——정무과[政務課]「14. 제3 차[第三次], 1953.10.20」韓国外交文書、九五『제3 차한일회담[第三次日韓会談](1953.10.6-21) 본회의회의록및1－3차한일회담결렬경위[本会議会議録および一～三次日韓会談決裂経緯], 1953.10-12』。

146——アジア局第五課「日韓会談の経緯」一九五四年九月一〇日、外務省文書、二〇〇六-五八八-一〇六八。

147――アジア局第五課、外務省文書、同上。
148――「再開日韓会談第一回各省打合会議事録」一九五三年一〇月二日、外務省文書、二〇〇六‐五八八‐一〇五九。
149――久保田発言の背景、これにより触発された日韓間の歴史認識攻防などについては、以下の著書で詳細にまとめている。太田、前掲書、二〇一五年、一〇四～一一四頁、高崎、前掲書、一九九六年、五四～六四頁、張博珍、前掲書、二〇〇九年、二八七～三〇六頁、吉澤、前掲書、二〇一五年、五三～五八頁、李元徳、前掲書、一九九六年、六五～七七頁。なお、張博珍は、久保田発言の本質とこれに反発する韓国側の対応を、韓国政府の内在的論理に照らして考察している。
150――張博珍、同上、二九九頁。
151――張博珍、前掲書、二〇一四年、四六八頁。
152――大江官房長「柳参事官と会談の件」一九五三年一〇月二八日、外務省文書、二〇〇六‐五八八‐一七〇五。
153――久保田「日韓会談決裂善後対策」一九五三年一〇月二六日、外務省文書、二〇〇六‐五八八‐一〇六二。
154――高崎宗司「第三次日韓会談と「久保田発言」」『思想』一九八五年、五三～六七頁。
155――『朝鮮日報』一九五三年一〇月二二日、同、一九五三年一〇月二七日、『東亜日報』一九五三年一〇月二五日。
156――高崎、前掲論文、一九八五年。
157――久保田「日韓会談決裂善後対策」外務省文書、前掲。
158――亜二課「日韓の請求権相互放棄」一九五三年一一月一〇日、外務省文書、二〇〇六‐五八八‐六五八。
159――亜二課、外務省文書、同上。
160――亜二課、外務省文書、同上。
161――朴鎭希は、李政権の反日的政策は、当時の時代的背景においては不可避な選択であったと述べている。まず、李大統領自身は、日本の朝鮮統治時代に反日独立運動を展開した独立運動家出身である。また、日本から独立して一〇年も経たない韓国にとって、民族的要求として「過去清算」の論理は強く存在していた。そのため、李政権は国内政治において「反日コードを迫られていた」と、朴は論じている(朴鎭希、前掲書、二〇〇八年、三二九～三三三頁)。一方、李鍾元によれば、米国は、李政権の反日的行動が日韓関係を進展させないことのみならず、李の強硬な態度が米国との関係も停滞させているとみなし、一時期は李政権の転覆を試みたこともあったという(李鍾元、前掲書、一九九六年、一九七頁)。

第3章 会談第二次中断期の政治過程
——対韓請求権の撤回まで 一九五三～五七年

　久保田発言によって第三次会談が決裂してから、一九五八年四月の第四次会談再開まで、日韓会談は約四年半に及ぶ第二次中断期を挟むこととなる。この長い空白期は、日韓会談がいかに難航したかを示す象徴とされている。対韓請求権をめぐる日本の主張が、一九五〇年代の日韓交渉における重要な争点であっただけに、同問題が会談第二次中断期にどのように決着したかを考察することは、戦後日韓関係の形成過程を検討する上でも欠かせない作業である。

　この中断期については、近年、注目すべき論考がいくつか登場している。李東俊は日韓会談の再開をめざす日韓米三国間の水面下での交渉や、請求権問題と関連した米国の法解釈をめぐる日韓間の論争に焦点を当てた。その上で李は、この時期は単なる日韓会談の中断期ではなく、一九六〇年代の日韓会談を進展させる上での重要な「分岐点」であるととらえ直した。また同時期の米国の仲介は、日韓間で請求権を相互に放棄することを骨子とした「相互放棄」案の提案など、具体的な政策にまで及んだとしている[1]。張博珍は、李と同様、日本が対韓請求権の主張を撤回するまでの国務省と外務省の間の意見調整過程に注目し、会談再開のための日韓間の非公式討議についてもある程度解明している。この時期を単なる会談の中断期とは見ず、その後の日韓交渉との連続性のなかで論じている[2]。

李と張の論調は、共に近年の日韓交渉史研究の新たな潮流となっている「連続史観」に基づいている点で注目に値する。しかし、両氏とも、会談第二次中断期における日本政府内の動向については十分解明していない。依然として、先行研究の多くは、この時期における日韓関係を、日韓間の世論に後押しされた感情的対立や「人質外交」[3]といった論理で単純化しがちである[4]。そして、日本が対韓請求権の主張を撤回し会談が再開されるまでの政治過程について、米国の介入や岸信介首相の政治的決断[5]、矢次一夫という「非正式接触者」[6]の活躍が強調されがちである[7]。対韓請求権の主張撤回に踏み切るまでの日本政府内の動向については、未だ不明な部分が多いと指摘せざるを得ない。

本章では、会談第二次中断期、日本政府が対韓請求権の主張を撤回するまでの政策決定過程を、一九六〇年代の日韓会談との連続性という観点から実証的に論じる[8]。その際、日本政府の政策決定に際しての諸アクター間の有機的な相互作用を再検討し、先行研究上の空白を埋めることを狙いとする。

また、日本の対韓請求権の主張撤回が、それまでの日本政府の政策を放棄したものとみなすべきなのか、従来の論理の延長線上に位置づけられるものなのか、従来の韓国政策と断絶された政策的な大転換だったのかを検証する。併せて、米国政府の調停や政治家の政治的力量が、この中断期を打開する上で決定的なものだったのかについても再検討する。

1　第三次日韓会談決裂直後の日本政府内の動向

◆米国の仲介と久保田発言の撤回示唆

先述したように、当初日本政府は日韓会談について米国の仲介を望まなかった。米国側も占領期間中は、日本への内政干渉と見られないよう、介入を自制していた。

米国政府の政策に変化が生じるのは、一九五三年一月にアイゼンハワー政権が成立してからである。アイゼンハワー政権は、以前のトルーマン政権下で急速に進行した米国の対外コミットメントの拡大を見直し、米国の一方的な負担を軽減する目的で、一種の分業体制としての新たな地域戦略を確立しようとした。新政権の国務長官に就任したダレスも韓国に対し、安全保障の見地から日韓関係の正常化の重要性を強調していた[9]。

一九五三年五月にはアリソン(John M. Allison)が駐日大使として赴任する。戦前からの日本専門家であるアリソンは、占領期には国務省北東アジア課長として、ダレス国務長官顧問とともに対日講和条約締結交渉を担当した人物である[10]。駐日大使となったアリソンは、日韓問題への積極的な介入意思を示していた[11]。

米国政府の政策変化に対し、日本が占領終了後も米国からの干渉を受けているかのような印象を国内に与えることを懸念していた外務省であったが、久保田発言を契機に第三次日韓会談が決裂すると、もはや二国間の直接協議によって問題を解決することは困難であると考え始める。とりわけ、日本代表の不適切な発言によって外交交渉が決裂したことは、日本政府にとって政治的負担になると判断された[12]。

そのため外務省は、第三次日韓会談が決裂した直後、米国に対して日韓問題への仲介役を依頼することを決定し、岡崎勝男外相がアリソン駐日大使を通じて、米国が日韓会談の再開のための調停役となるよう正式に要請した。こうして米国は日韓会談への公式的な仲介に乗り出した。米国は、会談再開前に日韓両国の見解を調整し、会談再開後にはオブザーバーとして日韓交渉に出席することになった[13]。

米国の仲介は、駐日米国大使館と駐韓米国大使館が取次ぎ、本国政府の調整を受ける形式がとられた。まず日米両国が協議を行った上で、会談決裂から約一カ月後の一九五三年一一月、外務省は韓国側に日本の声明案を提示している。この案の内容は、原則的には、いわゆる「相互放棄＋α」案を示唆するもので、請求権を「相互放棄」としながら、戦前の朝鮮人官僚や徴兵者の恩給・未払給与等については支払うとしている。これに加えて日本側が韓国の漁業発展に協力するとして、請求権交渉と漁業交渉を同時に進める意図を示した。久保田発言については、会談を再開する際に日本側代表の挨拶の中で、久保田の発言に対する韓国側の感情をやわらげる趣旨の文言を盛り込むとした[14]。

この外務省の声明案は、大蔵省が反対したため、政府内での公式な合意を経ずに提出されたものであった[15]。だが、外務省が第三次日韓会談が決裂した直後の早い段階から、久保田発言の撤回可能性を示唆していた点は興味深い。ところが、韓国政府は、「日本の釈明案は全体的に曖昧な表現であり、なお請求権の相互放棄は受け入れない」[16]と回答し、日本側の声明案を拒否した。

一九五三年一二月、外務省は再度久保田発言の撤回可能性を示唆し、会談再開を要望する書簡を韓国側に送った。だが、韓国側はこれも受け入れなかった[17]。久保田の発言は、日本の朝鮮統治時代に蓄積された在韓日本財産を肯定し、対韓請求権の主張を自明のものとしていた。そのため、韓国政府としては、韓国の対日請求権を制約する可能性のある「相互放棄」案を基にした、日本の声明案には同意できなかったのである。

その後も、外務省と駐日韓国代表部の間では、文書を通じて久保田発言をめぐる反論と釈明を相互に手交しながら、両政府の主張の調整が進められた。最終的に韓国政府は駐韓米国大使館を通して、「日本は命令三三号による在韓日本財産の処分を認め、対韓請求権の主張を撤回するとともに、久保田発言を明確に打消す」という内容を外務省側に提示した[18]。韓国政府は、改めて会談再開の条件として、久保田発言と日本の対韓請求権主張の同時撤回を求めたのである。

この点について、先行研究では、韓国政府の究極的な目的は、歴史認識の反省の象徴とされる久保田発言の撤回ではなく、日本の対韓請求権の主張撤回にあったという指摘もある。すなわち、請求権問題において韓国の最も重要な目的は、日本の対韓請求権の主張撤回を達成することであり、韓国はこうした対日交渉戦略の一環として、久保田発言と日本の歴史認識を問題視し会談を決裂させたという主張である[19]。日本の対韓請求権の撤回は、韓国が会談初期から一貫して主張していたことから、この指摘には説得力がある。その当否はひとまず置くが、韓国政府が、久保田発言と対韓請求権の主張をひとつのパッケージとして撤回することを求め、結果的に請求権問題に関して、交渉上有利な立場を確保しようとしたことは確かである。

しかし、両国の態度は平行線をたどり、東京とソウルの米国大使館を中心に展開された米国政府の仲介は進展が見られなかった。業を煮やしたダレス国務長官は、ワシントンに舞台を移し、日韓両国の駐米大使との協議に乗り出した。一九五四年一月から、ワシントンに駐在する井口貞夫大使と梁裕燦大使は、それぞれの草案や要求を示しながら、国務省を挟んで調整を進めた。そして両大使間では、「久保田代表の非公式かつ即席の発言が誤解を生んだことは遺憾である。それは日本政府の正式な見解を反映するものでなく撤回する」という表現で、久保田発言を撤回することが合意された[20]。

従来の議論では、史料的な制約もあり当時の新聞報道を中心に分析した結果、第三次日韓会談決裂後日韓両国の間では相互非難や感情的対立が続き、日本政府内でも久保田発言に対する批判や問題意識がなかったとする[21]。こうした側面があったことは否めないが、激しい世論戦とは裏腹に、外務省が日韓会談再開のために米国および韓国側と地道に接触を続けていたことは注目すべきである。このように、外務省が第三次日韓会談の決裂直後から米国の公式な仲介を要請し、その支援を受けて駐日韓国代表部との間で非公式討議を進めていた事実は、この時期に関する従来の議論に見直しを迫るものである。

◆米国仲介の低迷

しかし、米国の公式仲介はまもなく行き詰まる。一九五四年一月のワシントンでの討議の際に、日本政府側の要求で「日本は平和条約を遵守する」という内容が声明案に盛り込まれた。日本側の狙いは、対日講和条約第四条(a)項を日本政府は放棄していない、という立場を確保することであった。日本側の意図を察知した韓国側は、この文言は対日講和条約第四条(b)項を認めたことを意味するとした上で、日本が対韓請求権の主張を明確に撤回するよう求め続けた。ワシントンでも日韓間の法律論争が再現され、両国の主張の距離が縮まることはなかった[22]。

国務省は交渉の糸口をつかむために、日本側に久保田発言に対する明確な姿勢を示すことを求めた。「久保田の発言は日本政府の見解ではなく個人的な見解であり、日韓両国間の誤解を生んだこのような即座的で軽率な表現は議事録から削除し、再び論議として取りあげてはいけない」という内容の仲介案を、外務省に示したのである[23]。

米国案を検討した外務省は、久保田発言の取り消しを考慮する用意はあるが、将来的に日韓交渉で日本が不利となる可能性があるため、現段階では同案に沿った見解を表明できないと伝えた。また、現在の国内状況では久保田発言の撤回表明についても抵抗が強く政府での調整が困難、との感触を示している[24]。

調整が難航するなかで、韓国の李承晩大統領は、日本の態度や米国の仲介に問題があると不満を露わにした。当初米国の仲介に期待していた李は、米国の果たしている役割が自らの意図と異なっていると考えたのである。李は、「米国政府は侵略者であった日本を優先している」と露骨な非難を展開した上、「外交官たる久保田の発言を個人的見解とした米国案では不十分」であると主張した。そして、日本政府が久保田の発言を公式に撤回するのみならず、久保田を罷免することを要求した[25]。結局、国務省による介入もこれ以上は進展せず、日韓間の非公式調整は停滞したままとなった。

一九五四年七月、韓米会談のために李大統領が訪米した。国務省は李が対日強硬態度を強めていることを懸念し、韓米協定および米国の対韓援助を手段に日韓関係を促進させようとした。そして、新しい韓米協定に、韓国と日本との関係改善を義務づける条項を追加し、その承認を迫った。だが、李は米国の圧力を最後まで拒否して、日本に対する従来の要求を曲げなかった[26]。

こうしたなか、外務省は国務省が調停を断念することを憂慮していた。国務省は「現在話合いが行われていないのみであり、日韓会談再開のため今後も努力を惜しまない」と述べ、米国が仲介役を放棄したことではないと外務省に伝えた[27]。また、国務省は、「日本政府では反日政策を強める李政権が過度の対日請求権を要求することへの懸念が強い」という外務省に、「日韓間の間隔は大きくない」と伝えて日本側の懸念を払拭しようとした[28]。

ただし国務省は、日韓関係の現状が極東の安定に望ましくない点を強調した上で、日韓間でこのような状況が続くようであれば、日本が望んでいる請求権の「相互放棄」すら約束できないと述べた[29]。さらに、韓国側は会談の再開にはまだ条件が整っていないと認識しているので、日本側が韓国側の要求をもっと検討する必要があると説いた。国務省は、日本政府が久保田の発言と対韓請求権主張の同時撤回を表明すれば、その他の問題については日本側の希望に合わせて話をまとめるよう努力すると説得した[30]。

ところが、李大統領は韓米会談後も国務省に、日本は韓国を再支配する意図を持っており、米国はそのような日本を暗黙のうちに支援し、韓国を見捨てると述べていた。国務省は李の態度を「敵対的で融通の利かない」ものと批判し、韓国側の説得が極めて困難であるという感触を持つようになっていった[31]。国務省は、李大統領を含む一部韓国政治家の対日感情の背景には、日本帝国主義の復活に対する恐怖心があり、李政権の下では日韓問題の解決は極めて悲観的という認識を強めた。そして国務省は、日韓会談再開に向けた公式な仲介を中止し、日韓関係をしばらく静観する方針へと回帰したのであった[32]。

日本政府内で日韓会談再開のための外務省の仲裁が限界を露呈したことに加え、李大統領の訪米以降は韓米関係も悪化する一方で、国務省の調整は失敗に終わったのである。

◆吉田政権と外務省の対韓認識のずれ

日本国内では韓国が提示している会談再開の条件が知られるようになり、これに政府がいかに対応するか関心が高まっていた。これに対応すべく、岡崎勝男外相は一九五四年五月一二日、外国人記者会見を開いた。岡崎外相は、久保田発言の撤回が会談再開の前提であると述べたが、対韓請求権の主張撤回については言及しなかった。翌日、駐日代表部の柳泰夏参事官は中川融アジア局長を訪問し、この記者会見の内容に対する日本政府の真意について尋ねた[33]。

中川アジア局長は、すでに米国駐在の日韓両大使によって合意があった久保田発言については、その経緯を考慮して撤回するとしたが、請求権については、現在の日本政府と世論の対韓認識の下では、韓国の要求する撤回表明を受け入れ難いと述べた[34]。

前述のように、米国の仲介を通じて出された日本側の声明案は、外務省の主導によるもので、日本政府内の合意や政権トップの裁可を得たものではなかった。そのため、中川は政府内の見解を収斂させるべく、まず「相互放棄」案のみならず久保田発言の撤回にも反対する大蔵省側と討議を行った。中川は、すでに韓国や米国との間で合意された久保田発言の撤回表明を今から変更することは困難であり、請求権問題については「相互放棄」以上に積極的な対韓交渉案が必要であるとして、撤回要求の受け入れを大蔵省に打診したのである[35]。

中川は、請求権の「相互放棄」案には、日本の対韓請求権の主張を認めるという含みがあり、「相互放棄」を表明しても対韓請求権を実際には諦めたことにならない、というのが日本側の方針であると強調した。ただし、韓国側も日本の「相互放棄」案で含意するところを知っているため韓国としてはこの案を承認することは難しいと述べた。日韓間の主張が歩み寄らず、米国政府が介入疲れの状態になれば、「相互放棄」を含む日本の従来の案さえ維持できない可能性が出てくると、中川は指摘した[36]。

これに対し大蔵省は、日本が対韓請求権主張撤回を表明することについて重ねて反対を示したが、やむを得ない場合は請求権を「相互放棄」にして、久保田発言の中で適当ではない表現を撤回することに同意するとした。ただし、あくまでも大蔵省の基本的立場は、対韓請求権主張の貫徹であるとし、外務省が日韓交渉を不利にするようなこれ以上の譲歩を行なわないよう要請した[37]。中川アジア局長と大蔵省との話合いは、久保田発言の撤回を既成事実とし、消極的ながら大蔵省側に「相互放棄」案の有効性を再確認させるかたちで終了した。だが大蔵省側を説得して対韓交渉を進めようとする外務省のアプローチは、事実上失敗に終わった。

また当時、日韓関係の改善にあたって、もうひとつの障害となっていたのが、韓国問題に冷淡な態度を示す吉田茂首相その人であった。吉田の対外政策は欧米諸国との連携を重視するものであり、東アジア外交政策における最大の関心は中国問題であった[38]。それゆえ、韓国問題が政権にとって重要な位置を占めることはなく、吉田もまた日韓会談に積極的な関心を示さなかった。久保田発言に起因する日韓関係の悪化に対しても特段の配慮を示さなかったのである。

一方、この時期北東アジアにおける国際情勢は急変していた。スターリンの後継者となったフルシチョフ(Nikita Khrushchev)は、共産陣営と民主陣営の平和共存路線を唱えた。朝鮮問題・インドシナ問題を話し合うため一九五四年四月二六日に開催されたジュネーブ会議でも、南北分断の現状維持を朝鮮半島の現実的な和平策とする共存路線が掲げられた。これは、中ソ両国が朝鮮半島での平和共存を打ち出したことを背景としており、両国の政策転換によって北朝鮮の対外政策の変化も必然となった[39]。

外務省は、ジュネーブ会議の結果、米国以外の西側諸国は朝鮮問題から手を引くことになると予想した。このような情勢変化は、北朝鮮の国際的地位が従来に比べ高まる契機となる反面、韓国には不利に働き、日韓交渉において日本を利すると判断した。すなわち、韓国は国際社会における北朝鮮との競争を優位に運ぶため、日本に対抗的な政策を見直すと、外務省は展望したのである[40]。

事実、ジュネーブ会議後の韓国国内では、李大統領の政治的基盤に揺らぎが見え、野党勢力が拡大していた。情勢に危機感を抱き、日韓関係の改善を急ごうとした李大統領は、吉田首相の訪韓と自身との会談を密かに申し入れた。この韓国政府の試みは、吉田首相が応じなかったことで失敗するが、韓国は日本との関係回復を持続的に望んでいた[41]。外務省は韓国側の要求に一定の理解を持っていた。そして、ジュネーブ会議以降の情勢変化を機に、政府内の反対を押し切ってでも請求権問題の解決を急ぐべきだと主張した[42]。

しかし、吉田首相は対韓交渉を進めようとする態度を見せなかったばかりか、ダレス国務長官に対しては、日韓問題は時間が経てば解決できると述べ、冷却期間が必要であるとの見解を示していた[43]。吉田首相の認識は、外務省の会談再開に向けた努力を無力化するものであった。

2　鳩山政権下の日韓関係のねじれ

◆対韓融和と非公式討議の進展

一九五四年一二月一〇日、吉田政権に代わって鳩山一郎政権が成立した。鳩山首相は、吉田政権の対外政策を「対米従属」と批判し、米国からの「自主独立」外交を掲げて、共産圏との関係改善を重視した[44]。当時、鳩山政権の外交について、米国のみならず自由主義諸国は、対米「自主」を唱えながらも、その本質は政治的・経済的・軍事的脆弱性を利用して米国に譲歩を迫るものと見ていた。しかし、この時日本国内では、「対等な日米関係」を求める国民の願望を背景にした反米ナショナリズムが高潮しており、対米「自主」外交を掲げて登場した鳩山首相は、「鳩山ブーム」と呼ばれる人気と期待を集めていた[45]。

鳩山は、対米「自主」外交に加えて、吉田政権の韓国政策を批判し、行き詰まった日韓関係の改善を訴えた。必要であれば従来の日本の主張を撤回する用意があると述べた鳩山は、李大統領に日韓首脳会談を提案するなど、積極的な対韓融和策を示した。こうした鳩山政権に対する韓国の期待感は一気に高まった[46]。日韓関係に緊張緩和の兆しが現れるなか、中川アジア局長と駐日韓国代表部の柳泰夏参事官の間で、会談再開に向けての非公式接触が行われた[47]。中川と柳は、一九五四年春に井口駐米日本大使と梁裕燦駐米韓国大使との間で合意した「久保田発言撤回、平和条約の遵守」案を踏まえて、今後の討議を進めることにしていた[48]。

この時、外務省で中川は個人的見解と断った上で、今後の日韓会談において日本は従来の主張を見直すべきであると主張している。日韓会談が未だ再開できない直接の原因は、請求権問題をめぐる法理論的な解釈の相違に集約されており、日本政府は従来の法解釈を改めることが適当である。さらに外相談話などを通じて在韓日本財産に対する命令三三号の措置を承認する必要がある、というのである。また、第一次日韓会談における日本の法的主張は「相殺」案に基づいていたが、今日この主張には韓国政府のみならず米国政府も納得しない。したがって、従来の法理論を展開しても日本の真意が疑われるばかりであり、すでに処分済である在韓日本財産が返還される見通しも全くない、と中川は主張した[49]。

中川の一連の発言は、それまで外務省アジア局が示していた見解よりも踏み込んだ内容である。また、先に大蔵省に対し、中川自身が外務省の見解として「相互放棄論には対韓請求権の主張が含意されている」と述べたこととも相反する。そしてその後、日本政府の法的立場が、中川の発言通りに変更されることはなかった。それでも、鳩山政権による韓国への融和的態度の下、外務省内でこうした発言が出るほど日韓会談の妥結を積極的に模索していたことは間違いない。

一九五五年一月からは、中川と柳による実務者レベル協議と並行して、谷正之外務省顧問と金溶植駐日韓国代表部公使の間で、会談再開のためのハイレベル協議も開始された。谷・金会談では、「絶対極秘裡に非公式」な討議を前提に、かなり踏み込んだ議論が行われている[50]。

金溶植公使は、まず日韓米三国の共同宣言による「日韓不可侵協定」の締結と、日本の対韓請求権の主張放棄を要求した。その上で、韓国の対日請求権は「レスティチューション［Restitution、返還］の問題として日本が当然返すべきものであり、ギヴ・アンド・ティクの形にすることはできない」と強調した。金公使は、韓国の対日請求権の正当性を強調した上、「相互放棄」という結果になることを警戒したのである[51]。

これに対し谷顧問は、韓国側の態度いかんではあるが日本側には請求権を放棄する考えがあり、韓国にある種の「返還」を行なう用意があると述べた。その上で講和条約第四条と命令三三号に関する韓国の法的論理を承認する可能性があるとした。ただし、谷は、韓国側の要求が適当であればという条件を付け、韓国の厖大な請求権要求が日本の財政負担になるとし、韓国側がこれに配慮することを求めた[52]。

こうした谷顧問の発言からは、従来からの外務省の対韓交渉戦略を見て取ることができる。谷の発言は「相互放棄＋α」案を間接的に表現したものである。特に「韓国側の態度いかん」という前提条件を付けることで、韓国の対日請求権を制限しようとする意図があった。また、谷が韓国の法的論理を承認する可能性を示唆したのも、従来の日本の法的論理を放棄する意味ではなかった[53]。韓国の対日請求権の減額を前提とするのであれば、日本も厳格な法的論理を交渉に持ち込まない、という戦略的駆け引きと解釈するのが妥当であろう。

この谷・金会談の内容には、日韓双方の政府から厳しい目が向けられていた。外務省は、「相互放棄＋α」

案をめぐって韓国側の不興を買ったばかりか、政府内からも韓国に譲歩的であるという批判を受け、苦しい立場におかれていた。そのため、谷は、日本の請求権放棄の代償として韓国の譲歩も必要とする、という条件を強調していた[54]。これは、実質的には「相互放棄」とした上で、特定のものに関しては韓国へ支払いを行う、という従来の外務省案を示唆したものであった。谷は日韓両政府に向けて、日本が対韓請求権の主張を撤回しても、そのことは日本による一方的な請求権放棄を意味しないというメッセージを発していたのである。

この会談で注目すべき点は、金公使が韓国の対日請求権の対象を恩給、俸給、日銀券などに限定すると述べ、従来の要求からその範囲を大幅に縮小したことである[55]。同じ時期、外務省内では「相互放棄＋α」の「＋α」該当部分について議論が進められていた。それは、①郵便貯金、振替貯金、簡易生命保険および年金、②在韓日本支店銀行預金、③私営保険責任準備金、④在韓日本商社、公団その他の対日債権、などであった[56]。

これらが記された外交文書では一部が黒塗りされており、これらの項目以外にどのような項目が設定されていたのか判然としない。さらに、この構想をめぐって外務省が大蔵省といかなる折衝を行なったかについても不明な点が多い[57]。ただし、本書の後半で示すように、一九六〇年代に入って請求権交渉の争点が金額をめぐる議論へ移ると、外務省は韓国に対し「政治的」な金額を支払うことを主張する。一方、大蔵省は、外務省とは対照的に、右の四項目について具体的な金額の算定を求め、書類を以て証明可能な債権を中心に韓国へ返還する姿勢を明らかにしている。このことから、この時期に構想された「＋α」に関する細部項目は、大蔵省を中心に設定されたという推察は可能である。

いずれにせよ、日本の支払いに関する部分の具体的な項目について、金公使の発言と日本政府内の議論は一致していた。この構想が日韓会談の初期段階から韓国側へ伝達され、水面下で、ある程度の意見交換がなされていた可能性も否定できない。

以上に見るように、非公式討議である谷・金会談では、日本の対韓請求権の主張撤回が韓国側へ示された。それは国会や政府内での合意を得たものではなく、なおかつ、韓国に対し融和的な鳩山政権下だからこそ可能な提案であったことは明らかである。ただし、日本政府内に「相互放棄＋α」案に代わる政策案がなかったことも事実で、同案が政府内で実際の対韓政策に収斂されていった可能性を示している。

◆鳩山政権の対北朝鮮接近と外務省の憂慮

一九五四年末から一九五五年にかけて、共産陣営のソ連と中国は日本に対して平和共存を提案するなど、対日平和攻勢の幕を開けた。鳩山政権は、こうした情勢変化の最中である一九五四年一二月に成立していた。一九五五年に入ると、鳩山政権の対共産圏外交は、共産圏側の動きに呼応する形で本格的に始動することになる。先に動いたのは中国とソ連であった。両国は対日共同宣言を発表し、対日関係の正常化を希望した。特に中国は、日本国内で高まっていた日中貿易への関心と相まって、中国大陸の残留日本人の引揚問題といった人道問題の協議を推進しようとした。鳩山首相は、こうした中国の平和攻勢も受けて、就任早々、共産主義国との国交回復を視野に入れた方針を打ち出すことになる[58]。

また広く知られているように、鳩山政権はソ連との国交回復交渉を積極的に推進した。米国はソ連の全面的な対日接近と日ソ関係回復による日米関係への影響を憂慮しつつも、日本国内の反米ナショナリズムに直面し、日ソ交渉への過剰な介入を差し控えなければならなかった[59]。外務省も、対米「自主」外交を掲げながらソ連と急速に接近する鳩山の外交姿勢が、先々日本の孤立を招くことを懸念していた[60]。

中国とソ連の対日接近は、北朝鮮の対日姿勢にも影響した。戦後、北朝鮮の敵対的な対日認識は、李承晩政権の反日感情をはるかに上回るものであった。北朝鮮は、日本を潜在的な帝国主義的侵略国家と規定し、露骨な警戒を表した。しかも、日韓会談が開始されると、韓国と日本の結びつきを強く懸念し、両国への敵対的姿勢を強めていた[61]。

すでに触れたように、一九五四年のジュネーブ会議の結果北朝鮮の国際的地位が上昇する一方、日韓会談の決裂によって日韓関係は悪化していた。北朝鮮は、こうした情勢変動に乗じ、従来の対日政策を大幅に変更し、対日平和攻勢を展開することとした。具体的には日本国内での朝鮮総連の活動を促進すると同時に、貿易と人道問題を利用する中国の対日接近政策を踏襲して、鳩山政権と接触したのである[62]。

日本国内で、北朝鮮の対日接近に積極的に呼応したのは、社会主義国家との交易の中心となっていた日本国際貿易促進協会であった。同会は、国内での対中貿易への関心の高まりを背景に、北朝鮮貿易を含む対共産圏貿易を拡大しようとしていた[63]。また、戦前現在の北朝鮮地域に居住し戦後そのまま取り残された日本人たちの引揚問題を、日朝交流の最優先課題とした[64]鳩山政権にとっても、北朝鮮と接触すべき理由があった。

ところが、鳩山政権と北朝鮮の接近により、日韓関係は新たな局面を迎えることになる。一九五五年二月、谷・金会談が進むかたわらで、鳩山政権が日本業者に北朝鮮とのバーター取引を許可したという説が流された[65]。二月二五日には、北朝鮮の南日《ナム・イル》外相が特別声明を発表し、日朝交流に言及した。北朝鮮は、日朝貿易および残留日本人の引揚問題を日本国民に訴えることで、対日接近を加速し始めたのである[66]。

駐日韓国代表部の柳参事官はさっそく中川アジア局長に真相を尋ねた。これに対し中川は、制限内であれば日本と共産圏との通商それ自体問題はないとして、鳩山政権の対共産圏外交について韓国の理解を求めた。とはいえ、韓国が反共の最前線で北朝鮮と対峙している時に、日本が韓国との関係回復を唱えながら裏で北朝鮮と通商することは韓国との信頼を損なうことであると明言し、日朝貿易説を一蹴した[67]。

しかし、同年三月二四日の衆議院本会議において、鳩山首相が「日ソ国交正常化を目的とした交渉」、「北鮮との間に近く何等かの話合ができるかも知れぬ」と述べ、ソ連および北朝鮮との接触を認めた。のみならず、対韓請求権に関する国会答弁に際し、在韓財産に関する請求権を放棄した旨を述べたことはないと言い、谷・金会談で合意された対韓請求権の主張放棄を全面的に否定した[68]。鳩山首相の国会答弁の直後には、「鳩山政権がすでに北朝鮮と貿易協定を密かに結び、貿易関係の開始直前まで至った」という情報が韓国側に伝わった。鳩山政権に対する期待が高かっただけに、韓国政府は大きな衝撃を受けた[69]。

外務省は、韓国側に、共産国家との関係回復を第一課題とした鳩山政権の対外政策に異存はないと述べた。ただし、韓国との関係を犠牲にしてまで、北朝鮮との関係を推し進めることには疑問があるとし、「外務省は日朝関係については政治的見地より反対」であることを表明していた[70]。鳩山内閣で副総理兼外相に就任した重光葵も、韓国との国交打開に悪影響がある限り、日本は北朝鮮との交渉を考えていないと語った[71]。しかし、韓国政府は鳩山政権に対する不信を払拭できず、谷・金会談が一九五五年三月二六日に七回目の討議を最後に決裂すると、日韓関係はまたしても冷え込むことになった。

このような韓国問題に対する外務省と鳩山政権の異なるアプローチについて、同年二月の『朝日新聞』のコラムは、「重光率いる外務省が鳩山の朝鮮半島問題への対応を素人外交官と揶揄」[72]していると述べた。米国務省も朝鮮半島政策をめぐる鳩山と外務省の間の亀裂に注目した。また、パーソンズ(J. Graham Parsons)駐日米大使館公使は、鳩山と外務省の外交方針の不一致が韓国側の対日不信を招き、来るべき日韓交渉を紛糾させる可能性を指摘した[73]。

ここで注意すべきは、第一章でも述べたように、外務省が、将来における北朝鮮との国交回復や請求権交渉の可能性を念頭におき、朝鮮半島の管轄権についても、韓国の主権は三八度線以南に限定すべきと考えていたことである[74]。換言すれば、鳩山政権の対北朝鮮政策は、外務省の根本方針と対立するものではなかった。ただし、朝鮮半島問題全般をとらえ、韓国との関係回復を優先する外務省は、この時期の鳩山政権の対北朝鮮接近に否定的であったといえよう。

◆日朝関係の進展と日韓関係の冷却化

外務省は鳩山政権の方針とは一線を引き、非公式チャンネルを通じた韓国との接触を地道に続けていた。その際、外務省は請求権放棄についてはしばらく触れず、文化財返還問題について協議することを提案する。そして、とりあえず日本が韓国へ返還可能なものから非公式討議で取り決めていくことを韓国側に建議するなど[75]、政治的な対立をはらむ討議を避け、韓国側との実務協議を続けようとしたのである。

しかし、柳参事官は駐日米大使館側に、朝鮮半島政策における鳩山と外務省の認識が乖離し、鳩山が自らの人脈を通じて外務省の頭越しに北朝鮮との復交を行う可能性について懸念を示した[76]。そして、一九五五年六月には、日本と北朝鮮が漁業協定を結んでおり、その協定への署名者も具体的に示されているとの情報があると述べた。これに関して駐日米大使館が外務省側に真偽を問い合わせたところ、中川アジア局長はさっそくこれを否定したが、日本政府に対する韓国側の不信はより強まった。

こうした韓国の疑念に油を注ぐように、鳩山首相は、朝鮮半島における「二つの朝鮮」を認め、韓国と北朝鮮への等距離外交を唱えた。鳩山は、韓国の反発や外務省の懸念にもかかわらず、韓国を刺激する発言を続け、対韓関係より対北朝鮮関係を優先するような態度を見せた[77]。

柳参事官は、中川アジア局長を訪問し、「外務省の言うことは信用できるが他の関係者は信用できない」[78]と怒りを示した。また、吉田内閣は反韓国であるがゆえに発言はむしろ一貫していたと述べ、鳩山政権の一貫性に欠けた対韓姿勢と北朝鮮接近政策に憤慨し、韓国政府として会談再開は当分難しいとした。柳は、李承晩大統領が、日韓間の非公式討議において述べられた内容を国会で鳩山が覆したことを強く批判しており、日韓間非公式討議の成果にも疑問を呈していると述べた。その上で、李大統領が、久保田発言と対韓請求権主張の撤回のみならず、日朝貿易協定の放棄も会談再開の要件として加えた点を伝えた[79]。

韓国国内でも、日韓会談の元代表であった兪鎮午は、「鳩山は空っぽなゼスチュアさえ自ら否定し、請求権問題と漁業問題を取り替えようとする」という強い論調で日本を批判した。兪は、「過去の不法な韓日合併から受けた損害を賠償要求すれば韓国は二、三十億ドルのおつりがもらえる」と説き、請求権問題に関する現在までの議論を原点に戻すことを主張した。外務省は、知日派と評価していた兪の発言から、韓国世論の対日感情が吉田政権の時に比べてさらに悪化していると判断した[80]。

米国政府も、日韓関係を悪化させる鳩山政権に懸念を示した。国務省は外務省に「日本と北朝鮮との国交正常化交渉など面白くないニュースの出所は、日韓関係の一層の悪化を図り自由陣営内にひびを入れようとする共産側の策動であろう」と伝え、日本と北朝鮮の接近に歯止めをかけようとした[81]。パーソンズ公使は、日朝関係正常化に法的障害はないとしたが、北朝鮮は国連によって朝鮮戦争における侵略国と定義され、自由主義諸国は平壌政権を承認していないなどとの理由を挙げ、北朝鮮と日本の接近を延期すべきだと警告した[82]。

外務省は米国に、鳩山政府が米国の反発を意識して韓国との関係に配慮し、実際に北朝鮮との貿易には踏み切れないでいると述べた[83]。中川アジア局長も韓国側の疑念を解くため、柳参事官に、昨今の事態が韓国には誤解を与えているが、実際に日本は北朝鮮と何等関係を結ばないと強調した。中川は、鳩山政権は日韓関係に悪影響のある北朝鮮との関係は一切絶ったと語った上、日韓会談再開に向けた非公式討議を継続することが望ましいと伝えた[84]。

ところが、日本国内では北朝鮮への関心が高まりつつあり、両国の接近は様々なチャネルを通して進められていた。一九五五年九月六日には、朴光澈《パク・クァンチョル》朝鮮高等学校校長を代表とする「祖国訪問団」が香港経由で北朝鮮を訪問した[85]。同年一〇月一八日には、一人を除く全員が社会党所属の衆議院議員で構成された

「日本国会議員訪朝団」が平壌を訪問した[86]。

特に、議員訪朝団は、二〇日の帰国にあたっての記者会見で、「日朝両国間の関係正常化に関連した諸問題の具体的な解決方法を議論することができ、満足する」と発表した。その「具体的な解決方法」は、後に国会質疑で一部が明らかになった。それは、北朝鮮政権は韓国が設定した李ラインを否定し、また竹島の日本領有を認め、日本との関係回復を積極的に望んでいるというものであった。日本との漁業問題は非常にデリケートな事案であったが、北朝鮮はこの問題についても大幅な譲歩を明言している。こうした北朝鮮側の態度には、日韓会談を牽制する思惑があった[87]。

北朝鮮と日本の接近は、在日韓国・朝鮮人の社会における北朝鮮の優位を促進したのみならず、李承晩政権の地位を低下させることにもつながった。

韓国を本国とする在日韓国人は、終戦直後の一九四六年一〇月に「在日本朝鮮居留民団(以下、民団)」を結成し、自らの権益のための運動を展開していた[88]。一方、これに対抗していた北朝鮮志向の在日朝鮮人は、いくつかの派閥・諸団体に割れていたが、北朝鮮による対日平和攻勢を契機に、一九五五年五月二五日、「在日本朝鮮人総連合会(以下、朝鮮総連)」を正式に発足させた。在日韓国・朝鮮人社会における朝鮮総連の活動や訪朝団の活躍は、日本政府が北朝鮮を祖国とする在日朝鮮人たちの政治活動を許容したことを意味した。朝鮮総連の内部には、様々な意図や背景をもった政治勢力が存在し、政治的暗闘が展開されたが、金日成《キム・イルソン》政権は、朝鮮総連を通じて在日朝鮮人への支援を積極的に展開した[89]。これとは対照的に、韓国の李承晩政権は在日韓国人にあまり関心を示さず、財政面や本国の関心度から劣勢に立たされていた民団の活動は、さらに低調なものとなっていく[90]。日本国内における北朝鮮系の勢力拡大を媒介とした北朝鮮と日本のさらなる接近は、韓国側を緊張させるのに十分なものであった。

◆漁業問題の拡大

前述のように、李承晩政権は一九五二年一月一八日に李ラインを宣布し、同年九月から李ラインを侵犯する日本漁船の拿捕を開始した。また、同年一〇月には、拿捕した日本漁民を韓国国内法に基づいて処罰することを決定した。李ライン内で拿捕された日本漁船の乗組員は、韓国国内法により半年ないし一年の刑が課せられ、釜山の刑務所に入れられていた。しかし一九五四年に入ると、韓国政府は李ライン内での拿捕を継続するだけでなく、刑期を終えた釜山の日本人漁民を釈放せず、そのまま抑留を続けた[91]。

一九五五年、日韓間の漁業問題は、李ライン内での操業権ばかりか、日本人漁師の釈放問題という新しい懸案に発展していた。日本政府内では、海上保安庁や水産庁などが、韓国への武力行使という強硬政策に言及した。さらに、韓国政府が拿捕した日本漁船を公売しようとしているという情報をリークするなどして、世論への働きかけを試みた。中川アジア局長は、同問題は時間がかかっても外交交渉により解決することが最も妥当だと述べていた。だが、統合幕僚会議議長の林敬三など自衛隊の首脳部も、李ライン問題を含む日韓間漁業問題を解決するためには武力が必要であるとし、李ライン内での武力行使を支持した[92]。

これに対抗するように、韓国政府も一九五五年一一月一七日、李ラインを侵犯する日本漁船を撃沈するという声明を発表し[93]、日韓の反目は最高潮に至った。李ライン問題と釜山に抑留されている日本人漁師の釈放問題は、日韓両国内でも大きな政治問題となっていた。同年一二月、韓国では、米国の対韓援助資金で日本商品を購入しないこと[94]、韓国政府は手段を問わずもっと強硬に対応すべきこと[95]、などが高唱された。同じ時期、日本国内でも漁業問題をめぐる反韓デモが起こり、国内新聞のトップに李ラインと関連する日本の武力行使が取り上げられた[96]。

日韓の対立は、武力衝突の寸前までエスカレートしていたが、一九五五年一二月一〇日に、鳩山首相が李ライン問題の解決に武力を行使しないことを言明することで、最悪の事態は回避された。この際、日本と米国は、李ライン問題と日韓両国の抑留者問題を連動して解決することに、意見が一致していた。鳩山政権は、李ラインを含むすべての懸案に対する討議の再開を提案した上、漁業問題の解決の突破口として、人道上の理由を挙げ、韓国政府に対し釜山に抑留されている日本人漁師(以下、抑留日本人)の釈放を要求する。そして、抑留日本人の釈放を促進するため、大村収容所に収容されている韓国人問題を政治的に考慮すると述べた[97]。

これに対して、韓国政府は次の二点を求めた。第一は、抑留日本人を釈放する代わりに、大村韓国人を韓国へ強制送還することなく、日本国内へ釈放する。第二は、漁業問題や抑留日本人の釈放問題のみを扱う会談ではなく、日韓会談を全面再開する、というものである[98]。そして、一九五六年春、重光外相と金溶植公使との間では、大村韓国人と抑留日本人を相互釈放することで原則的了解が成立した。だが、細部についての合意は得られず、抑留日本人の釈放問題は容易に解決に向かわなかった[99]。

ところで、日本国内では、大村韓国人と抑留日本人の相互釈放問題が大きな争点となっていた。とりわけ、大村韓国人を仮釈放し、日本に滞在させる問題について、日本政府内では見解が割れていた。これについて外務省は、韓国の要求を受け入れた相互釈放を前向きに検討するとした。そして、相互釈放問題は、久保田発言の撤回や請求権問題と関連付けて解決することが、日韓問題の打開のため最も現実的な方策だと主張していた。外務省は、日本が大村韓国人の強制送還に固執すれば、韓国政府は絶対に同意しないと説いた[100]。

しかし、これには法務省入国管理局(以下、入管)が反対する。入管は、大村韓国人と抑留日本人は性質を異にしていると指摘した上、「不法滞在者である大村韓国人を国内へ仮釈放すれば日本国内の治安に悪影響があ」り、大村韓国人を日本国内で釈放することには絶対反対であると主張した。入管は、大村収容所にいるすべての韓国人を韓国へ強制送還し、それと同時に釜山の抑留日本人を釈放すべきと主張した[101]。

実際に、大村収容所では放火未遂、逃走、傷害、暴行、自殺などが頻発しており[102]、そのためかねて法務省は治安上の不安を理由に、大村韓国人の国内釈放に反対してきた[103]。また当時、在日韓国・朝鮮人の多くは日本人の五倍近く高い割合で生活保護を受けていて、これは日本の福祉にとって過大な負担と認識されていた。こうしたことから、日本国内では在日韓国・朝鮮人を日本から退去させることを支持する声が高かった[104]。

相互釈放問題をめぐる日本政府内の意見調整が行き詰まるなか、外務省は韓国政府との接触を続けた。しかし、韓国政府は、鳩山政権を圧迫するため、李ライン内に立ち入った日本漁船の取り締まりと拿捕をさらに強化していた[105]。韓国側の強硬措置が続くと、日本国内では政府の対応を批判する世論が増々激しくなり、入管も大村韓国人のすべてを日本から強制退去させることを主張し続けた[106]。

対韓交渉をめぐる外務省のイニシアティブが揺らぎを見せるこの時期、外務省が主導する日韓間の非公式討議のみならず、日本政府内の議論も空転していた。次節では、このような状況下で、日韓交渉が新たな展開を迎える過程を検討する。

3　会談停滞のなかでの新たな展開

◆韓国の対日請求額の輪郭

韓国の李承晩政権は、「米国務省内には韓国を犠牲にして日本を援助しようする一派があり、これが日韓関係に対する米国の調停を妨げている」と非難しながらも、日韓会談再開の条件を整えるための日韓米三国間の非公式討議に応じていた[107]。また、日韓会談への米国政府の公式仲介は停止されたが、日本と韓国の当局のみならず米国の世論も、米国政府が日韓問題への仲介を継続することを支持していた。この際、米国世論は、李承晩大統領の本音は交渉を再開することであり、現在の状況は日本側に有利であると見ていた〔108〕。

アリソン駐日大使は水面下での日韓米三国間交渉を采配した。まず、重光外相と谷顧問に、請求権問題と切り離して漁業問題を優先的に解決しようとする日本側の意図は不適切である、という従来の国務省の方針を再度確認した。その上で、日本と韓国両国に「請求権を睨み《マ》合《マ》わせて〔照らし合わせて〕放棄する、李ライン内への日本の出漁船数を調整する、漁船侵犯に対する取り締まりは日韓双方あるいは米国海軍が行う」といった仲介案を提示していた〔109〕。しかし外務省側は、米国の仲介案は、韓国にとって請求権の部分的な「相殺」を意味し、日本にとっては李ライン内での制約を認めることになると指摘し、この米国の仲介案では良い結果にならないと述べている〔110〕。

韓国政府は、駐韓米国大使館から駐日米国大使館を通じて、「漁業問題を請求権問題と連動させ、日本が李ライン内での安全操業権を確保する代償として、対韓請求権を放棄することはどうか」という案を示した。韓国は、請求権問題の解決のため漁業問題で譲歩するという意向を示唆しながら、日本側の決断を迫ったのである〔111〕。その上で韓国側は、対日請求権の具体的な金額を、米国を通じて日本側へ示した。アリソンは、「韓国政府の対日請求額は八億ないし一〇億ドルに及ぶと聞いている」〔112〕と、外務省側へ伝えてきたのである。

この金額がどのような経緯で算出され日本側に伝わったかについては不明な点が多い。だが、米国側としては、韓国の対日請求権に関する具体的な数字を日本に示すことで、日本が今後の対韓戦略を立てる参考とし、なおかつ対韓請求権問題をめぐる日本側の負担を低減させる狙いがあったと考えられる。すなわち、韓国の対日請求権が当初予想された金額より低い額であったので、日本が対韓請求権を放棄し、韓国の対日請求権のみが交渉の対象になっても、その金額は日本が恐れるほどにはならない、ということを示唆したのである。

一方、韓国外交文書には、「八億ないし一〇億ドル」という金額の出所について、日比交渉との関連が示されている。すなわち、一九五六年五月、フィリピンの対日戦争賠償交渉が総額八億ドルで合意された。この報を受けていた李承晩大統領は、フィリピンの賠償問題が妥結された今こそが、韓国の対日賠償請求問題を解決する機会であると考えたという。そして、李大統領は全くの個人的な見解として、韓国政府が日本政府にせめて八億ドルは要求すべきであると、駐日韓国代表部へ伝えたという記録がある。韓国側はこうした見解を、駐日米国大使館を通じて外務省側に伝えたと推察できる[113]。

韓国の対日請求権の具体的金額が示された時期については、日韓双方の史料では少しずれが見られる。韓国外交文書によれば、李大統領が駐日韓国代表部へ八億ドルを伝えた時期は、一九五六年五月八日とされている[114]。一方、日本外交文書では、駐日米国大使館を通じて「八億ないし一〇億ドル」が外務省へ伝えられた時期は、重光、谷、アリソン大使の三者会談のあった一九五六年三月頃となっている[115]。

ただし、注目すべき点は、「八億ないし一〇億ドル」という韓国側の具体的な対日請求額が、李政権時代に韓国から提起され、米国側を通じて外務省へ伝わっていたことは確かである。このことが、その後の外務省内の韓国政策に影響を与えたことは推察できる[116]。また、興味深いことに、この金額は、一九六五年に経済協力方式によって請求権問題が妥結される際の総額八億ドルに近い金額である。この時期に示された「八億ないし一〇億ドル」という金額が、一九六五年の経済協力資金と関連している可能性も否定できない。

◆「五二年覚書」の再解釈と「五七年覚書」

第三次日韓会談が決裂した直後から、米国政府は日韓会談の仲介に乗り出したが、交渉仲介は結実しなかった。これについて外務省は、朝鮮戦争後、韓米関係が微妙になっているため、米国政府が韓国を強く説得することに限界があると分析していた。外務省は、米国は内心では日本の立場を合理的かつ公正なものと認めながらも、韓国の「自棄的な行動」を憂慮し、韓国を刺激するような仲介を控えていると見ていた。一方、韓国の対日態度について、外務省は、韓国政府が日本との関係回復より対米関係を重視している点を指摘した。そして、韓国政府の最大の狙いは、米国からより多くの援助を引き出すことであり、米国の対韓譲歩を引き出すため日本を意識的に利用していると分析した[117]。

以上の現状分析を踏まえて、外務省は、日本に有利となる米国の協調を確保するための戦略を模索した。そして、日本が先に米国の仲介案を受け入れ会談打開の糸口をつかむ代わりに、一九五二年四月二九日付の米国の見解すなわち「五二年覚書」の再解釈を、国務省に求めることとした[118]。

先にも触れたとおり、「五二年覚書」は、韓国政府の要請を受けた米国務省が一九五二年四月に、命令三三号による在韓日本財産の処分の効力と、対日講和条約第四条と命令三三号の効力の関係について、見解を示したものである。外務省は、韓国政府の要請で出された同文書が、請求権問題に関する韓国側の法的論理を支持する解釈になっていると認識していた。事実、第三次日韓会談で韓国が日本の対韓請求権の主張撤回を求める上で、この「五二年覚書」に拠るところは大きかった。再開される会議でも韓国との法律論争が予想されたため、外務省は、これに備えるべく、日本が先手を打って、日本に有利な法解釈を確保する必要があると考えたのである[119]。

「五二年覚書」の再解釈要求は、重光外相からアリソン駐日大使に依頼された。そして、米国側の回答は、「五二年覚書」を詳述したものとして、一九五五年一一月五日に「日韓間の財産請求権解決に関する対日平和条約第四条の解釈に関する米国の見解の表明表」[120]として、駐日米国大使館を通じ外務省アジア局に手交され、後に「五七年覚書」と呼ばれるようになる(以下、五七年覚書)[121]。

国務省は、一九五五年一一月に覚書を出した以後も、対日講和条約第四条と命令三三号の関係に関する法解釈の内容を少しずつ修正しながら、日本側に何回も提示し、一九五七年一二月付の「平和条約第四条に対する米国の見解」[122]に至る。その過程で正式に日付が入れられるのは一九五六年一月一八日の文書であり[123]、韓国政府に伝達されるのは一九五六年九月二九日である[124]。すなわち、「五七年覚書」は、一九五七年に日韓会談の再開交渉が妥結され、同年一二月三一日付で最終合意案が作成される際に盛り込まれた日付を使った、象徴的な表現である。加えて、一九五五年から一九五七年まで何回かにかけて内容の修正はあったが、国務省の基本的な見解には変更がないので、先行研究でもこれらを一括りにして表現している[125]。

外務省は、「五七年覚書」が「五二年覚書」を踏襲した上で、命令三三号により処分された在韓日本財産に対する日本の権利を否定していないと判断した。その上でより専門的な見解を求めるため、日韓会談の開始前から対韓請求権の主張に論理的基礎を提供してきた山下教授も加わった国際法学者たちに同文書の解釈についての分析を依頼した[126]。国際法の専門家たちの立論は様々であったが、「五七年覚書」がおおむね日本の対韓請求権の消滅を言及した「五二年覚書」の見解を再確認しているとしつつも、本質的には「五二年覚書」より日本側に有利であるという点で一致していた。

この中での山下の見解を要約すれば次の通りである。

- この文書は、一九五二年四月二九日付の米国見解の再録である。すなわち、国務省見解は、日本の対韓請求権が消滅したか否かを明らかにしていない。また、日本が韓国に補償を要求することも禁じていない。
- 米国務省解釈は、「相殺」を認めている。日本側の請求権が韓国側の請求権を上まわる場合、日本側がその差額を請求できることを認めているとは受けとれないけれども、かような場合に、韓国に対し「相殺」を主張し、事実上請求権の「相互放棄」と同じ結果になる。[127]

一九五〇年前後にまとめられた「山下報告書」における法的見解が、ここでも再確認されていることが判る。

専門家たちの見解に基づき、外務省は「日本の在韓財産に対する請求権は(b)項により無くなったが、(a)項にいう日韓間請求権処理のための特別取極において、在韓日本財産処分の事実が勘案できるという解釈であり、一般に請求権の相互放棄的な考え方を示唆しているものである」という結論を導いた[128]。外務省は、韓国の対日請求権に関する講和条約の規定が充分な法律的根拠を欠いていたため、今回の国務省覚書は、韓国の対日請求権が在韓日本財産の帰属によりある程度満たされたことを明確にしたと解した。そして、在韓日本財産の処分に関する効力を日韓間の特別取極に委ねるという国務省覚書は、日本の「相互放棄」案を支持している所以であると判断した[129]。

ただし外務省は当分の間、同文書の公表を控えるよう国務省に要請する。まず同文書が「五二年覚書」より日本に有利な解釈となっているため、韓国政府がこの解釈を受諾するかという問題があったのである。その一方で、一九五二年と今回、二度にわたって出された国務省覚書がともに、日本の法的主張を補うには不完全であることも事実であったため外務省としても、「五七年覚書」もまた「五二年覚書」と同じく、韓国側の主張を完全に崩すものにはなり得ないことを認めざるを得なかった[130]。

外務省は、この国務省覚書によって再び韓国との法律論争に巻き込まれることを懸念し、法律論争をなるべく避け、対韓請求権の主張撤回が実質的な「相互放棄」につながるまでは、韓国側を刺激しないよう念を入れたのである。さらに、日本が対韓請求権の主張を撤回することで引き起こされるであろう、国内補償問題との関連にも注意を払っていた。引揚者の国内補償問題に関する国内の基準が決定されるまで、国務省覚書を公表するにはしばらくの時間が必要であると計算していたのである[131]。

ここで見るように、日韓会談が停滞するなか、外務省は日本に有利となる米国の法的見解を確保することに目を向けた。外務省は長期戦略を視野に入れ、「相互放棄」案を支持する国務省の法的見解を確保し、いつかは再開される韓国との交渉に備えていた。

◆李政権の対日交渉力の低下

韓国では、一九五六年五月一五日の大統領・副大統領選挙の結果、与党自由党の李承晩は大統領として三選を成し遂げたものの、副大統領には野党民主党の張勉《チャン・ミョン》が当選した。大統領中心制における副大統領は、大統領から一定の権限を委任されない限り政治力を発揮しにくい立場ではあったが、大統領職の継承権を持っているため、野党出身の副大統領は、八一歳になる高齢の大統領と与党にとって厄介な存在だった[132]。

この時期、李政権は対日交渉が進展しないことについて国民の批判を受けていたが、野党民主党は李政権の対日政策を強く批判していた。「過去は水に流すべきで外交に感情は禁物である」、「韓国の当面する重要問題は反日・反共よりもむしろ国内不安と貧困を除くこと」であるなどと主張して、李政権の対日交渉態度を非難していた。外務省は、韓国国内では野党の対日観に共感しこれ以上対日関係を決裂状況にすべきでないとする認識が高まりつつあると分析した[133]。

外務省は、国民からの人気が高く当選後高い支持を得ていた、張副大統領の当選の背景には、李政権下の経済低迷に対する韓国国民の不満があると分析した。このような国内政治状況により李大統領の政治力が低下するとともに、しだいに李政権の対日政策は転換を図らざるを得なくなり、経済改善の糸口を日韓関係の打開に求めると予想された[134]。

それでも、李政権は国内における張副大統領の勢力を意識しつつも、従来の対日要求を堅持した。外務省と駐日韓国代表部間の非公式討議の際、金公使は李大統領の意向を入れ、「日本は過去の日韓会談における財産権に対する主張を全部撤回し白紙に返す」ことを要求し、改めて久保田発言と対韓請求権の主張の全面撤回を迫った[135]。

外務省は、久保田発言の撤回については、日韓会談が再開する場合には事前にこれを撤回する声明を出す用意があるとしたが、対韓請求権の主張撤回については、日本がこれまでの非を認める結果となり、従来の法律解釈との整合性とも関わるとして、「軽々に放棄声明を出す訳には行かない」と述べた。ただし、外務省は、憲法第二九条による国内補償問題を生じる恐れはあるが、「米国見解を今後の交渉の基礎とし会談において日本政府は対韓請求権を主張しない」とした。だが、それに際しても「韓国の対日請求権の加減も必要」であるとすることで、実質的な「相互放棄」を主張した[136]。

外務省の主張は、「日本の対韓請求権の主張撤回は日本の一方的な請求権放棄ではなく、その代償として韓国の譲歩も必要」とした、一九五五年二月の谷・金会談での谷発言を踏まえた上で、日本側が自らの有利と見なした「五七年覚書」の法的見解を念頭に置いた発言であった。一方、韓国の李政権は、国内経済の再建という課題のゆえ対日政策で行き詰っていたが、日本の明確な対韓請求権の放棄要求は諦めることができなかった。こうした韓国の主張と、実質的な「相互放棄」を主張する日本との間隔は、これ以上縮まらなかった。

◆岸の積極姿勢

韓国では野党の張勉が副大統領として登場し、停滞していた日韓関係に新しい風を吹きこんだが、日韓間の討議自体はあまり進展することなく足踏み状態を続けていた。こうしたなか、一九五六年一二月二三日、日ソ国交正常化を花道に鳩山首相が退陣する。その後に成立した石橋湛山政権において岸信介が外相として入閣したが、一九五七年二月、石橋首相が政権発足からわずか二カ月足らずで病に倒れると、岸は外相を兼任したまま後任の首相に就任した。

岸は、韓国政策の変更を示唆し、韓国との関係回復へ積極的に乗り出そうとした[137]。このことは、岸が、「国際連合中心」、「自由主義諸国との協調」、「アジアの一員としての立場の堅持」からなる「外交三原則」を掲げたことと無縁ではない[138]。「アジアの一員」という外交原則を掲げた岸政権[139]にとって、近隣の韓国との関係回復は重要な外交的課題であったのである。しかも、釜山に抑留されていた日本人漁師の釈放問題が、日本国内において重要な政治課題となっていたことも、岸の積極的な対韓姿勢の背景となった。その抑留日本人漁師の中には、岸の政治的基盤である山口県出身者が多かったが、この点も岸の決定に作用したことは否めない。かつて吉田茂首相は、内務官僚出身で台湾総督府での勤務経験を持つ石井光次郎に台湾問題を、韓国と地理的に近い山口県出身の岸に韓国問題を担当する役割分担を求めたことがあった。この際、岸は韓国に対して抱く親近感を語るなど、日韓関係に強い関心を持っていたという[140]。これに関しては、岸が朝鮮半島から来た渡来人の末裔であると主張している言説もある[141]。こうした岸の対韓認識によって、この時期、日本政府内に「親韓派」が本格的に形成されはじめる[142]。

こうした経緯もあり、岸首相は政権発足直後から日韓関係の回復を唱え、早速対話を推し進めた。岸政権は、まず抑留日本人漁師と大村韓国人の相互釈放を目指して交渉に入った。岸は、首相に就任直後、韓国代表部の金公使との面談に当たり、「日韓両国が依然として国交未回復にある現状は残念である。従来の経緯に拘束せず日韓関係を打開したい」と述べ、抑留者の相互釈放問題を人道問題として国交打開に先立って解決することを希望した[143]。

韓国政府は、岸の対韓関係改善の姿勢が、鳩山政権初期と同様に一時的な政治パフォーマンスに終わるのではないかと疑っていた。だが、岸は李大統領に親書を送付し、関係改善の意思を示した。李大統領も、岸の積極的な姿勢に一応の期待をかけた[144]。両国で起こった国内情勢の変化を契機に、停滞を続けた日韓関係に打開の兆しが見え、日韓間の討議は急速に進展することになった。

一方、鳩山政権から石橋政権への移行期である一九五六年秋から、矢次一夫が日韓間の「非正式接触者」として登場し活躍したことも、岸政権期における日韓関係改善過程を分析する上で注目に値する。先行研究でも言及されるように、矢次は岸が商工省の局長であった戦前期から親密な関係であり、岸政権が成立すると日韓関係の重要なルートになっていた。矢次は、この相互釈放問題の解決のための裏交渉を、李大統領からの信頼が厚かった柳と行い、その結果を外務省に伝えていた[145]。矢次が日韓のバックドアをつなぐことにより、両国の接触が維持されたとともに、岸と外務省の意思疎通に何らかの役割を果したことは推測できる。

4 岸政権下の対韓請求権の主張撤回

◆岸と外務省の認識の接近

外務省アジア局は、鳩山政権期から、引揚者の国内補償問題の解決を積極的に提唱していた。一九五五年一二月、アジア局が作成した報告書「対韓請求権問題の処理について」には、「請求権の相互放棄にせよ国民の財産の放棄を条約上正式に認めるときは、ひとり在韓財産のみならず広く在外財産の所有者に対する補償の全般的問題に波及を来す」との一文が見いだせる。アジア局は、請求権問題と引揚者の国内補償問題との関連性を訴えた上で、韓国との請求権問題を解決するには、まず在外財産処理に関する解決を促進すべきだと主張したのである[146]。

ただし、アジア局は外国の先例を挙げ、引揚者への補償は大蔵省が懸念するような莫大な財政支出を伴う問題にはならない、とも説いていた。国際法上の先例となるヴェルサイユ条約とイタリア講和条約のいずれにおいても、引揚者に対する国内補償の義務は規定されているものの全額補償が行われた例はなく、長期公債などへの名目的な補償に留まったことを説明し[147]、財政悪化に対する大蔵省の憂慮を払拭しようとした。

アジア局は、政治的負担の大きさを勘案しても、国内補償問題をこれ以上放置することはできず[148]、さらに、この問題が解決すれば、日本の従来の法的解釈を変更して在韓日本財産の喪失を認めることも可能である、とまで述べた[149]。アジア局の主張は外務省内でも広く認知されることとなり、外務省は、在外財産問題についてある程度の解決方針を決した時期が、日韓間の「相互放棄」を提案する段階になると考えるに至った[150]。

こうした外務省の認識が、以前から韓国に関心を寄せていた岸へ伝わっていたことは、日韓問題に取り組んだ岸の考え方が外務省の従来の方針と近似していることからも、推察される。すなわち、請求権問題を先決せねば他の懸案は解決できず、抑留者問題を解決するためにはまず請求権問題の解決を模索せねばならない、という外務省の認識を岸は共有していた。そして、請求権問題解決の核心は、日本が対韓請求権の主張を撤回することであり、それまでに引揚者への国内補償問題に関する解決法案を整備する必要がある、という点もまた岸はよく理解していた[151]。

こうして岸首相は、対韓請求権主張撤回の意思を固めることとなる。岸は就任直後に「引揚者給付金支給法案」を提出し、一九五七年三月の国会で正式に成立させた[152]。これは対韓請求権主張撤回後の国内状況に備えた地ならしであった。

先行研究では[153]、岸の積極的な対韓関与と政策決断が、政治家としての力量を示すものとして論じられることが多い。確かに、岸の融和的な対韓認識が日本の対韓請求権の主張撤回を可能にしたことは、評価すべきであろう。しかし、日韓請求権問題に対する外務省と岸の考え方は近接しており、岸の採った韓国政策の内容は、外務省の見解に基づくところが多かった。岸が対韓請求権の主張撤回に踏み切る際に政策的・戦略的方針を提供したのは外務省であり、言い換えれば、対韓請求権の主張撤回という岸政権の政策転換の要因を、従来述べられてきたように岸首相「個人の政治的力量」に帰すべきではない。さらに、請求権問題以外にも、漁業問題や抑留者の相互釈放問題などが大きな争点となっていた政治状況こそが、岸の決断を後押ししたことも確かであろう。

◆合意議事録案をめぐる駆け引き

韓国政府が日韓会談再開の意思を示し、日本国内で引揚者の補償に関する法律が整備されると、会談の再開に向けた本格的な討議が始まった。同じ時期、岸首相の訪米が決まり、それは一九五七年六月一六日からと予定された。「日米新時代」を掲げての訪米は、鳩山政権時代に緊張した日米関係の改善を目的としていた。

鳩山政権も日ソ国交正常化交渉の期間中、日米関係の悪化を避ける努力を続けたが、緊張状態は解消されなかった。また、日ソ国交回復が領土問題での日本の譲歩によって達成されたことに米国は批判的であった[154]。米国は、鳩山の政治指導力の不足や集団安全保障体制への理解不足を指摘し、鳩山政権の外交姿勢に不信を募らせると共に、その後継に強力な保守政権の出現を望んでいた[155]。それだけに、岸が鳩山政権下で停滞した日韓会談を再開させ、米国に自らの政治力を誇示することで、今後の日米交渉を有利に進めたいと考えたとしても不思議ではない。そのためにも岸は、訪米前に日韓会談再開の目途をつける必要があった。

一九五七年五月以降、非公式ながら予備会談の性格を帯びた討議が行われた。注目すべき点は、前政権と異なり、岸首相自身が韓国側との非公式会議に直接出席し、日韓の諸懸案の妥結に意欲を見せたことである。金溶植公使に代わって韓国代表部の代表となった金裕澤《キム・ユテク》大使は、岸内閣でなければ日韓問題の解決は困難であると述べ、岸の積極的な対韓態度の下で諸懸案が解決されることを期待した[156]。

請求権問題について、岸首相がまず金大使にその解決方針を提示した。それは以下の三点に要約できる。まず、日本が対韓請求権の主張を放棄するのと同時に、「相互放棄」と明言しないまでも、韓国側も対日請求権のありかたについて検討する。次に、日本は朝鮮半島から持ち出された文化財を返還し、戦時徴兵者などに対する未払い給料その他を支払う。そして、米国の解釈を期《マ》て《マ》として［米国の解釈に則り］、日本は従来の主張を放棄する、というものである。ただし、米国の解釈によれば、日本の対韓請求権は否定されてはいるが、韓国の対日請求権もまた明確なものではない[157]、とする留保条件がついた。

岸の提言は、従来から外務省が主張してきた「相互放棄＋α」そのものであり、日韓間の請求権を実質的に「相互放棄」し、個人請求などに限って支払いを認める内容であった。また、「五七年覚書」を念頭に置いた発言である。

その後、会談再開のための合意議事録に関する具体的な討議は、主に駐日韓国代表部と外務省との間で行われた。だが、この過程で、日韓双方で熾烈な駆け引きが展開される。

まず、大野勝巳外務事務次官と金大使の討議では、日本人漁師の釈放対象者をめぐって「刑期を了した」という表現が、そして請求権問題をめぐっては「相互放棄」と「米国の解釈を期として」という字句が問題となった。金大使は、釈放対象者を「刑期を了した」人に限定するとしたが、大野次官は、「刑期を了した」という表現は越境を犯罪と認め、ひいては李ラインを承認することにつながるため反対であると述べ、すべての日本人抑留者を刑期と関係なく釈放するよう求めた[158]。

一方、国務省の「五七年覚書」をめぐっては、請求権問題に関する米国の見解を尊重するとしながらも、日韓両国とも依然として異なる法的解釈を維持していた。金大使は、岸首相が「相互放棄ではない」ことを明確に了解した上で、この覚書を受け入れることにしたと主張した。そして、「米国の解釈を期として」という字句を削除し、「米国解釈は相互放棄を意味しない、且つ韓国との請求権問題に誠意をもって討議する」という字句を挿入することを求めた[159]。

これについても、大野次官は、韓国が米国解釈のうち自国に有利な部分を約束させようとしていると批判し、「米国解釈を期として」という字句の挿入を主張した。その上で、「米国の解釈は日本の対韓請求権の消滅を明言しているが、韓国の請求権についてもぼかしている」と述べた[160]。

さらに大野は、この問題をめぐる、大蔵省を始めとする国内官庁の意見調整の困難さを挙げ、日本が対韓請求権を完全に撤回することに躊躇を示した。この点について国内合意を欠いたまま無理に全面会談に持込めば、大蔵省の反発を招くことは明らかであった。大野は、大蔵省や国内世論の反対を説得できねば韓国にとっても不利益となることを指摘し、日本の立場に配慮を求めると同時に、会談において大蔵省の反対が度を越した場合は、大局的見地から大蔵省に翻意を求めるとも述べた。請求権委員会には大蔵省からも委員が出席する予定だったからである。いずれにせよ、予備会談の段階から日本が譲歩した印象を与えることは望ましくないと大野は主張した[161]。

しかし、金大使は、日本の対韓請求権の放棄は確実でなければならないと明言した。そして、合意議事録に、韓国の請求権について「誠意を以て討議する」という字句を挿入し、韓国の請求権のみを討議対象とすることを要求した。また李ラインの撤廃要求に対しては、韓国側が「李ライン問題を好意的に考慮」するという表現を盛り込むことを主張した[162]。

日本側は、岸首相の訪米前に日韓会談の再開問題に目処を付けるべく、韓国側の主張を相当程度受け入れる。まず、李ラインは承認しないが、韓国側の主張通り「刑期を了して」という字句の挿入に同意した。また、国務省の「五七年覚書」を期として対韓請求権の主張を撤回するが、それは「相互放棄を意味しない」ということにも同意した。そして、日本は韓国の請求権について「誠意を以て討議する」ことを、議事録に挿入することも約した。日韓予備会談は、岸訪米の直前である六月一四日まで続いた。その結果、日韓両側は、大村韓国人と抑留日本人の相互釈放、久保田発言の撤回、日本の対韓請求権主張の放棄、文化財の返還に合意し、これに関する議事録の暫定案が作成された[163]。

◆日本での国内論争の収束

日韓の非公式会議と並行して、日本政府内でも関連省庁による会議が行なわれていた。次官級となった同会議の議論の焦点は、主として請求権の「相互放棄」問題に向けられた。なかでも大蔵省と外務省との間には、依然として軋轢が残っていた。大蔵省からは森永貞一郎大蔵事務次官と正示啓次郎理財局長が主に発言し、外務省では、大野外務事務次官と中川アジア局長が主に説明にあたった[164]。

まず、日韓の間で合意議事録の暫定案が決定された直後の一九五七年六月一五日の討議から見ていきたい。

正示理財局長は、合意議事録の内容は、日本だけが請求権を放棄し韓国の要求のみを認める結果となると指摘した。これは実質的な日本の譲歩であり、請求権問題に関するその他の発言をほとんど無意味にすると批判した。大蔵省は、同議事録の内容が今後の日韓会談に尾を引くことになり、さらに他国との対外交渉にも波及する恐れがあることに懸念を示した[165]。

これに対し、中川アジア局長は、韓国のようなケースは他の国にはないと断言して日韓交渉の特殊性を強調した。そして、「五七年覚書」に示されている米国の法的見解については、日韓間の請求権の完全な「相殺」を意味するものではなく、「韓国の請求権をゼロにはしない」という趣旨を明確にしていると説いた[166]。これは、米国側も「相互放棄＋α」案を支持している、という意味である。

外務省は、日韓双方の請求権を「相殺」する場合でも「相殺の対象となしえざる韓国側の正当な請求権を満足せしめること」とし、いかなる場合にも韓国との請求権問題解決においては韓国に対する支払いを伴うことをかねて明言していた[167]。また、日韓合意文書では表明しなかったが、政府内での議論でも、韓国への支払いに対するある程度の妥協の余地が認識されていると強調してきた。外務省は、もし韓国側の請求権要求が莫大であれば、「五七年覚書」を援用して実際上対処できるが、分断国家である韓国の事情を考慮し、韓国の請求権の要求が合理的であれば支払いをなす必要があると主張する。このような外務省の認識が、今回の大蔵省との討議においても明確に示された[168]。

加えて、中川アジア局長は、「相殺」とは双方の請求権の個々の内容を厳密に計算した上での処理であり、「相互放棄」とは双方の請求権の個々の内容を検討せず、双方が一度に請求権を棄てることを意味すると述べ、「相殺」と「相互放棄」の違いを明確にした。その上で大蔵省の主張する「相殺」方式が、現実的に適切な解決方法ではないと断じたのである[169]。

ただし、中川アジア局長は、日韓間の請求権の「相互放棄」の表明自体はあまり重要ではないと述べた。すなわち、実際の正式会談では日本政府は実質的に「相互放棄」に近い提案を行なう予定であり、韓国側との論争は予想しているが、結局どの程度まで韓国の要求金額を落とせるかが焦点であるとして、日本の一方的な譲歩にはならないことを約束した[170]。

大蔵省と並び請求権放棄に批判的であった法務省は、合意議事録の内容の解釈について、日本の請求権がなくなるのであれば、韓国の請求権もゼロになりうると解して良いのか質すなど、日韓間の合意議事録が、実際の請求権交渉において如何に解釈されるかに関心を示した。しかし、この討議では、「法律の解釈は一《マ》つ《マ》あって二つないが、外交交渉としては二つの解釈があって有利な方の解釈を採用して交渉をやったという説明もできる」と述べるなど、外務省の主張に理解を示した[171]。

なお、外務省内では条約局が、対韓請求権を撤回した結果生じうる若干の法律的問題を指摘していた。それは朝鮮半島の分断が固定化された状況で、公債務の継承をどう扱うべきかという問題であった。条約局は、日本の旧占領地域であった朝鮮半島が、事実上韓国と北朝鮮という二つの国家に分離された上、国連および米国の原則に従い日本が韓国のみを国家として承認する場合、問題が複雑になると見た。すなわち、日本政府が対韓請求権の主張を撤回した場合、私人間の債務・債権については、既得権の尊重という観点からその存続が一般に認められているため問題ないが、公債務の継承は問題になると条約局は考えた[172]。

こうした条約局の発言は、植民地支配の適法性をめぐる議論を想起させるものであった。条約局は、旧大《マ》日《マ》本帝国の領域の一部が分離され、そこに新独立国としての韓国が誕生したが、ここには国際法上でいう国家の部分的継承の問題が起っていると述べていたのである[173]。

しかし、条約局は、同問題に関しては学説も別れ、国家間の実行もそれぞれ異なっており、さらに韓国による公債務の継承は、日韓の特殊なケースによりその処理は相当困難であるとした上で、地方の公債務については韓国が継承すべきと言った。条約局は、「相互放棄」を既成事実とした上で、あえて言えば地方公債は韓国に承継されると結論付けた。これは実現不可能な話であるが、今後法律的な問題が生じる可能性があるため、条約局としては法的論理だけは明確にしておこうという立場であるとし、合意議事録そのものへの問題提起は行なわなかった[174]。

大蔵省側は、対韓請求権を放棄しても、これを日本側の発言ではなく韓国側の発言とすること、すなわち、日本が自ら放棄したような印象を残さないことを要求した。特に、森永次官は、もし日本の主張とするのであれば、せめて「直ちに相互放棄にしない」という趣旨を追記することを求めた[175]。

これに対して大野次官は、韓国と日本どちらも今から字句を変更することは難しいと返答する。外務省側は、日本がこれ以上有利な環境を望めば、米国と韓国を逆なでする結果につながると、大蔵省側に忠告した。

そして、正式会談が開催されても、会談が再び決裂するようなことになれば、国内に与える反響は甚大であるとした。大蔵省側は「韓国の請求権を値切ることは理論上可能」であるとした上で、外務省側の説明に一応の納得を示した[176]。

外務省は大蔵省を説得するにあたって、政治家の独走を牽制する旨の発言もした。これ以上政府内の意見調整が遅れれば、政治的解決を目指す政治家によって更なる対韓譲歩が決断される恐れがあると指摘し、日本政府内で早急に意見を調整すべきであると述べたのである。大蔵省は外務省に完全に同意したわけではなかったが、正式会談の際に請求額の交渉余地を残すとして、ついに対韓請求権の主張撤回に同意した[177]。対韓請求権の主張撤回をめぐる日本政府内の論争は、ひとまず収束するのである。

この過程で、外務省は、大蔵省を中心とする政府内の強硬論に、以下の点を一貫して強調している。第一は、対韓請求権の主張撤回は実質的な「相互放棄」を含意している。すなわち、対韓請求権の主張撤回を日本の一方的な放棄とせず、韓国の譲歩をも前提とした実質的な「相互放棄」とする。第二は、日本の一方的な対韓請求権の主張放棄であれ日韓間の「相互放棄」であれ、問題は、韓国の請求額を「零にせずいくらまで落とす」[178]のかである。要するに、韓国への請求権支払いは避けられない、といったものである。

◆合意議事録への調印

韓国側は、一九五七年六月一五日に合意議事録の暫定案が出された後もこれに納得しなかった。「五七年覚書」は請求権の「相互放棄」を意味せず、韓国の請求権のみが存在する、という趣旨の明確な文言を挿入することにこだわり続けたのである。李承晩大統領の指示を受けた駐日韓国代表部は、「米国解釈は日本の対韓請求権の主張撤回のみの基礎となり、日本の在韓日本人財産の放棄は韓国の請求権とは全く関係がない」という一文の追加など、さらに数箇所の字句修正を要求してきた[179]。

金大使は、李大統領が「米国の見解を前提として日本が誠意を以て討議するとしても、この字句のみでは日本の支払が百円ということで片付けられる恐れがある」と述べたことが、この追加を要求する理由であることを日本側に伝えた。韓国側はより明確な表明を得ようとしたのである[180]。

外務省は、韓国側の主張は理解するものの、「相互放棄を意味するものではない」程度の表現で充分だと反論したが、韓国側は「米国の見解は相互放棄を意味せず、韓国側の請求権のみが存在する」と主張し続けた。字句の再修正を執拗に要求する李承晩の姿勢により、最終合意議事録の作成をめぐる日韓討議は、岸首相と外務省の予想通りにはまとまらなかった[181]。

大蔵省はこのような韓国側の字句再修正の要請に反発したが、外務省は韓国側が重要視するのは字句修正そのものではなく請求額であると強調した。外務省は、「米国の見解は実は良い時にこれが来たという感じであり、これは日本にとって有利である」と論じ、韓国政府が字句修正に固執するのは、米国の見解によって不利な拘束を受けないためであると説いた。すなわち、韓国が最も心配しているのは、日本が全面会談で米国見解を以て強硬な法的見解を主張することで、韓国の請求額が減少することであり、それゆえ韓国側は将来の禍根を除くために字句修正を要求しているのだ、というのが外務省の説明であった[182]。外務省は、「韓国にとっての対日交渉は外交の相当部分を占めるが、日本にとって対韓交渉は外交の何パーセントかの問題」であると述べて、韓国への譲歩の必要性を訴えた[183]。

しかし、日本政府内では、「岸政権がアジア外交を急ぐあまり、米国の見解は相互放棄を意味しないとまで譲歩して韓国と交渉しており、外務省の運営にも限界があるのではないか」との懸念が絶えなかった。このような政府内からの懸念を意識した外務省は、日本外交の全般を考慮してこれ以上の妥協は行なわず、合意議事録の字句の再修正を求める李大統領の要求は、断固として拒否すると返答した[184]。

特に、一九五七年七月一〇日に新たに外相に就任した藤山愛一郎は、これ以上の妥協を固く拒否した。藤山外相は、「韓国が米国見解によって不利な拘束をうけないように、米国見解を骨抜きにしようとする」と批判して、韓国の要求に反対した[185]。藤山は、後述する在日朝鮮人の北朝鮮帰国事業を積極的に承認した人物であり、韓国から対韓強硬論者と見なされていた。これについて高崎宗司は、この時期、藤山外相の対韓認識が強硬だったことに加え、自民党内での岸の発言力が未だ脆弱だったため、岸の試みた日本の一方的な対韓譲歩は成し遂げられなかった、と論じている[186]。

外務省は韓国側に、日本政府内で対韓交渉の進め方に厳しい視線が注がれていると述べて、李の字句修正の要求を受け入れなかった。だが韓国もまた、「五七年覚書」の解釈を韓国側に有利に導こうとして、米国の説得に乗り出した。しかし、米国政府はこれを受け入れず、現在の合意議事録の内容で会談再開に合意するよう勧告した。この際、外務省は、韓国政府の働きにより米国解釈がまた変更されるのではないかと、懸念したようである。国務省は外務省に対し「財産請求権問題に関する米国の見解に韓国が同意することに、李大統領がいかなる決断を下したかは不明だが、ある程度の進展は見た」との感触を伝え、「五七年覚書」の再度の解釈変更はないことを言明した[187]。

李大統領の目論見は、外務省の反対と米国政府の固い態度に阻まれ失敗した。その後、岸の訪米直前の六月一四日に日韓間で合意された内容を基礎として、会談再開に関する日韓合意文書が作成された。日韓合意文書には、相互釈放問題[188]をはじめ諸懸案に対する取極が盛り込まれた。このうち、久保田発言と対韓請求権主張に関する合意要旨は以下の通りである。

- 日本国政府は、一九五三年一〇月一五日に久保田貫一郎日本側首席代表が行い、韓国側代表が抗議した発言を撤回する。
- 一九五七年一二月三一日付の「日韓請求権の解決に関する日本国との平和条約第四条の解釈につい

てのアメリカ合衆国の見解の表明」を基礎として、一九五二年三月六日に日本国と大韓民国との間の会議において日本側代表が行った在韓財産に対する請求権主張をここに撤回する。

- その結果、日本と韓国との間の全面会談は、東京で一九五八年三月一日に再開される。[189]

日韓両国が合意した文書は、韓国が会談再開の条件としていた久保田発言および対韓請求権主張の撤回と、岸政権の課題の一つであった相互釈放問題の解決を前提に会談を再開するというものであった。そして、一九五三年一〇月以来中断されていた日韓間の公式会談を、一九五八年三月一日から東京で再開することが合意された。この合意文書の内容については、この後も討議と修正が重ねられ、閣議決定を経て一九五七年一二月三一日付で最終案が作成され、調印された[190]。

これによって、日本政府の対韓請求権の主張は公式に撤回され、第四次となる日韓会談が再開されることになった。一方の韓国政府は、合意文書に「米国解釈は日本の対韓請求権の主張撤回のみの基礎となり、日本の在韓日本人財産の放棄は韓国の請求権とは全く関係がない」という字句を、希望する形で盛り込むことができなかった。それは「相互放棄」を支持した「五七年覚書」の内容を、韓国政府が実質的に受け入れたことを意味していた。

註

1——李東俊、前掲論文、二〇一一年。
2——張博珍、前掲書、二〇一四年、四六五~四八六頁。
3——当時、日韓の間では、韓国釜山に抑留されている日本人漁師と長崎県大村市所在の大村収容所にいる在日韓国人を相互釈放する問題が争点となっていた。だが、日韓両側は、日韓会談を自国に有利な結果に帰結するための交渉の材料として相互釈放問題を利用した。日本外務省や世論は、これを「人質外交」と呼び韓国を非難した。相互釈放問題については本章の二節を参照。

4――太田、前掲書、二〇一五年、高崎、前掲書、一九九六年、吉澤、前掲書、二〇一五年、李元徳、前掲書、一九九六年。

5――太田、同上、高崎、同上、吉澤、同上、李元徳、同上。

6――日本外交における非正式接触者の活躍については、『国際政治』第七五号「日本外交の非正式チャンネル」(一九八三年)に、諸事例研究が掲載されている。なかでも、西原正は、「非正式接触者」について定義している。まず「接触」とは、国家間の関係に関する国家間のコミュニケーションが、外交官や他の立役者などの個人の間で行われる場合をさし、すべての接触が交渉を伴うものではないが、国家間の活動を一括して「接触」と呼ぶとする。その上で、西原は、接触者の資格が政府の公式派遣であるかどうか、接触事実を公表するか否かにより、①「公式-公表」型接触者、②「公式-非公表」型接触者、③「非公式-非公表」型接触者、④「非公式-公表」型接触者の四つのタイプに分け、①を正式接触者と、②~④に関わるものを非正式接触者としている。西原正「日本外交と非正式接触者」『国際政治』第七五号、一九八三年、一~一一頁。なお、西原の定義によれば、岸政権期に対韓交渉の裏舞台で活躍した矢次一夫は③「非公式-非公表」型の接触者である。

7――矢次一夫『わが浪人外交を語る』東洋経新報社、一九七三年、山本剛士「日韓関係と矢次一夫」『国際政治』第七五号、一九八三年、一一四~一二九頁。

8――本章は、拙稿(金恩貞「日韓会談中断期、対韓請求権主張撤回をめぐる日本政府の政策決定過程――初期対韓政策の変容と連続、1953~57年――」『神戸法学雑誌』第六四巻第三・四号、二〇一五年、一~四七頁)の議論を修正加筆したものである。同論文は、会談第二次中断期を独立した分析対象として設定し、日韓間の請求権問題をめぐる日本政府内の政治過程について実証的に解明している。本章は、前後の文脈を考慮しつつ、同論文では論じきれなかった部分を補充し、議論をさらに深めている。

9――李鍾元、前掲論文、一九九四年a、一七一~一七二頁。

10――池井優『駐日アメリカ大使』文藝春秋、二〇〇一年、二九~三八頁。

11――李鍾元、前掲論文、一九九四年a、一七一~一七二頁。

12――亜五課「朝鮮問題（対朝鮮政策）六、米国の斡旋とわが方の平和政策」一九五六年二月二一日、外務省文書、二〇〇六‐五八八‐六七。

13――アジア局第五課「日韓会談の経緯　七、会談再開に関する米国のあっ旋」一九五五年一月三一日、外務省文書、二〇〇五‐五八八‐四八一。

14――亜二課「日韓関係」一九五四年一月一一日、外務省文書、二〇〇六‐五八八‐一〇六四。

15――亜二課「日韓の請求権相互放棄」一九五三年一一月一〇日、外務省文書、二〇〇六‐五八八‐六五八。

16――政務課「2. 한일회담 재개를위한 전제사항［日韓会談再開のための前提事項］1953.12」韓国外交文書、九五、前掲。

17――政務課、韓国外交文書、同上。

18――政務課、韓国外交文書、同上。これは、一九五三年一二月三〇日付の英文文書として、外務省と韓国代表部金溶植公使との間の交換文の形式となっている。

19――張博珍、前掲書、二〇〇九年、三〇〇～三〇六頁。

20――アジア局第五課「日韓会談の経緯　八、井口・梁両大使の話合い」一九五五年一月三一日、外務省文書、二〇〇六‐五八八‐四八一。

21――久保田発言の波紋をめぐる日韓間の非難合戦や日本国内の反応については以下を参照。高崎、前掲書、一九九六年、五五～六三頁、李元徳、前掲書、一九九六年、七六～七七頁。

22――アジア局第五課「日韓会談の経緯　八、井口・梁両大使の話合い」外務省文書、前掲。

23――亜二課「久保田発言に関する件」一九五四年一月二二日、外務省文書、二〇〇六‐五八八‐一六七五。

24――亜二課「久保田発言に関する件」一九五四年二月一日、外務省文書、二〇〇六‐五八八‐一六七五。

25――亜五課「韓国李大統領の反日的言明について」一九五四年六月二九日、外務省文書、二〇〇六‐五八八‐一〇六七。

26――「電信写　最近の韓国情勢に関する件」一九五四年九月三〇日、外務省文書、二〇〇六‐五八八‐一六七五。

27――「電信写　日韓会談再開に対する米国の調停失敗説に関する件」一九五四年七月一三日、外務省文書、二〇〇六‐五八八‐一六七五。

28――「電信写　李大統領の訪米に関する件」一九五四年七月三〇日、外務省文書、二〇〇六‐五八八‐一六七五。

29――「電信写　日韓関係についてヴァンフリート及びハル大将との会談の件」一九五四年七月三〇日、外務省文書、二〇〇六-五八八-一六七五。
30――Rpt info Seoul, 1954.8.2, RG84, Japan, Tokyo Embassy, Classified General Records, 1954, 320, Box.13, NA.
31――ROK-Japaness Relations, 1954.9.28, RG84, Tokyo Embassy, Classified General Records, 1954, 320, Box.13, NA.
32――「電信写　最近の韓国情勢に関する件」外務省文書、前掲。
33――アジア局「日韓会談再開に関する大臣記者会見」一九五四年、外務省文書、二〇〇六-五八八-一〇六五。
34――中川「日韓問題に関し柳参事官と会談の件」一九五四年五月一三日、外務省文書、二〇〇六-五八八-一七〇六。
35――中川「日韓問題に関する大蔵省意見」一九五四年六月九日、外務省文書、二〇〇六-五八八-六五九。
36――中川、外務省文書、同上。
37――中川、外務省文書、同上。
38――井上、前掲書、二〇一〇年、一七～二〇頁。井上によると、吉田は対中国戦略においても西側陣営との統一された姿勢を模索した。そして、中国代表権問題をめぐって吉田と外務省事務当局との間では齟齬が生じたが、吉田首相は明確な米政府の意向に沿った中国の不承認の姿勢を提示した。
39――朴正鎮『日朝冷戦構造の誕生1945-1965――封印された外交史――』平凡社、二〇一二年、六九頁。
40――亜五課「対韓関係当面の対処方針（案）」一九五四年一二月二〇日、外務省文書、二〇〇六-五八八-一〇七〇。
41――亜五課「李大統領による吉田首相訪韓招請工作説について」一九五四年一〇月八日、外務省文書、二〇〇六-五八八-一〇六九。
42――亜五課「対韓関係当面の対処方針（案）」外務省文書、前掲。
43――張博珍、前掲書、二〇〇九年、三〇七頁。
44――田中孝彦『日ソ国交回復の史的研究―戦後日ソ関係の起点：一九四五～一九五六』有斐閣、一九九三年、三一五～三一九頁。
45――池田直隆「アメリカの見た鳩山内閣の「自主」外交」『国際政治』第一二九号、二〇〇二年、一七八頁。
46――中川局長「日韓関係の打開について」一九五五年一月二一日、外務省文書、九〇五六-五八八-一二四八。
47――西原の定義を借りれば、中川外務省アジア局長と駐日韓国代表部の柳泰夏参事官との間の接触は、両者とも公式の外交官でありながら討議内容を公表しにくい状況だったことから、「公式-非公表」型の非正式接触者ともいえよう。西原、前掲論文、一～一一頁。

48——中川局長「日韓関係の打開について」外務省文書、前掲。

49——中川局長、外務省文書、同上。

50——アジア局第五課「日韓会談の経緯（その二）一、谷大使・金公使会談」一九五五年一〇月一五日、外務省文書、二〇〇六－五八八－四八二。

51——「請求権問題処理要領案」一九五五年二月二四日、外務省文書、九五〇六－五八八－六六〇。

52——外務省文書、同上。

53——外務省文書、同上。

54——外務省文書、同上。

55——外務省文書、同上。

56——「日韓会談議題の問題点」外務省文書、二〇〇六－五八八－六八、二三～二五枚目。

57——外務省文書、同上。

58——井上、前掲書、二〇一〇年、一〇八～一一一頁。

59——田中、前掲書、一九九三年、三一五～三一九頁。

60——池田、前掲論文、二〇〇二年、一七八頁。

61——朴正鎮、前掲書、二〇一二年、二五～三五頁。

62——朴正鎮、同上、一八四～一八五頁。

63——朴正鎮、同上。

64——北朝鮮に取り残された日本人を引き揚げる問題は、日本赤十字と朝鮮赤十字の間で協議が進められた。同問題は、一九五六年二月二七日に日本と北朝鮮両赤十字社間で「平壌協定」が結ばれ、同年四月に北朝鮮残留日本人三六人が日本へ帰国することで、一段落する。吉澤、前掲書、二〇一五年、九〇頁。

65——中川記「北鮮とのバーター取引説に関し柳参事官申入の件」一九五五年二月一七日、外務省文書、二〇〇六－五八八－一六七〇。

66——朴正鎮、前掲書、二〇一二年、一八四～一八五頁。

67——中川記「北鮮とのバーター取引説に関し柳参事官申入の件」外務省文書、前掲。

68――「第二十二回国会　衆議院会議録第五号」一九五五年三月二四日『国会会議録検索システム』(二〇一七年八月三一日検索)。
69――アジア局第五課「日韓会談の経緯(その二)　二、韓国政府の対日態度の悪化」一九五五年一〇月一五日、外務省文書、二〇〇六-五八八-四八二。
70――中川記「北鮮とのバーター取引説に関し柳参事官申入の件」外務省文書、前掲。
71――アジア局第五課「日韓会談の経緯(その二)　二、韓国政府の対日態度の悪化」外務省文書、前掲。
72――『朝日新聞』一九五五年二月二六日。
73――池田、前掲論文、二〇〇二年、一七八頁。
74――第一章四節を参照のこと。
75――アジア局第五課「日韓会談の経緯(その二)　二、韓国政府の対日態度の悪化」外務省文書、前掲。
76――池田、前掲論文、二〇〇二年、一七八〜一七九頁。
77――アジア五「日韓関係に関する一米人の内話の件」一九五五年六月二一日、外務省文書、二〇〇六-五八八-一六七六。
78――中川記「日韓問題に関する柳参事官の内話」一九五五年四月一一日、外務省文書、二〇〇六-五八八-一六七〇。
79――中川記、外務省文書、同上。
80――亜五課「日韓会談韓国側元代表の言論に関する件」一九五五年五月一二日、外務省文書、二〇〇六-五八八-一二五八。
81――アジア五「日韓関係に関する一米人の内話の件」外務省文書、前掲。
82――池田、前掲論文、二〇〇二年、一七八頁。
83――アジア五「日韓関係に関する一米人の内話の件」外務省文書、前掲。
84――中川記「柳参事官と会談の件」一九五五年七月七日、外務省文書、二〇〇六-五八八-一六七〇。
85――朴正鎮、前掲書、二〇一二年、一六九〜一七一頁。
86――朴正鎮、同上、一八九〜一九三頁。一九五五年は日本国内で左右に分裂していた日本社会党が統一されたタイミングで、社会党は日朝関係を主導する立場にはなかった。一九六〇年代まで北朝鮮と最も接近していたのは日本共産党であり、社会党が表に出てくるのは一九七〇年代以降である。

87——朴正鎮、同上。

88——崔永鎬「終戦直後の在日朝鮮人・韓国人社会における『本国』指向性と第一次日韓会談」李鍾元の他、前掲書Ⅱ、二〇一一年、二四六頁。

89——朴正鎮、前掲書、二〇一二年、一五九〜一七一頁。

90——崔永鎬、前掲論文、二〇一一年、二五一〜二五三頁。

91——경무대 아주과［景武臺亜州課］「1956 년도［一九五六年度］」韓国外交文書、九九『제4 차한일회담 예비교섭［第四次日韓会談予備交渉］, 1956-58 (V.1 경무대와 주일대표부간의 교환공문［景武臺と駐日代表部間の交換公文］, 1956-57)』。

92——朴鎮希、前掲書、二〇〇八年、二二〇〜二二七頁。

93——『東亜日報』一九五五年、一一月一八日。

94——『東亜日報』一九五五年、一二月三日、同七日、同一七日。

95——『東亜日報』一九五五年、一二月四日。

96——朴鎮希、前掲書、二〇〇八年、二二〇〜二二七頁。

97——朴鎮希、同上、二二七〜二三一頁。

98——「日韓問題に関する外務省の見解」外務省文書、前掲。

99——山本、前掲論文、一九八三年、一一五頁。

100——アジア局第五課「日韓会談の経緯（その二）　四、国交調整問題の停頓」一九五五年一〇月一五日、外務省文書、二〇〇六－五八八－四八二。

101——アジア局第五課、外務省文書、同上。

102——吉澤、前掲書、二〇一五年、六五〜六九頁。

103——板垣局長「大村収容所内の北鮮帰国希望者に関する柳公使、板垣アジア局長会談要旨」一九五八年七月七日、外務省文書、二〇〇六－五八八－三一五。

104——李元徳、前掲書、一九九六年、一一一〜一一二頁

105——「日韓問題に関する外務省の見解」一九五八年二月二八日、外務省文書、二〇〇六－五八八－一五三四。

106——自民党外交調査会「日韓交渉に関する要領（案）」一九五六年四月一六日、外務省文書、二〇〇六－五八八－

一二八一。

107 ――井口貞夫「日韓関係に関する新聞記事」一九五五年一二月一四日、外務省文書、二〇〇六-五八八-一六七六。

108 ――「電信写　タイムズの日韓関係社説に関する件」一九五五年一二月一二日、外務省文書、二〇〇六-五八八-一六七六。

109 ――「日韓問題に関する日米韓の折衝（谷　重光　アリソン会談）」一九五六年三月、外務省文書、二〇〇六-五八八-一四七一。

110 ――「電信写　日韓問題の件」一九五五年一二月一二日、外務省文書、二〇〇六-五八八-一六七六。

111 ――INFO: EMBASSY Seoul, 1956.4.6, RG84, Japan, Tokyo Embassy, Classified General Records, 1956, 320, Box.41, NA.

112 ――「日韓問題に関する日米韓の折衝（谷　重光　アリソン会談）」外務省文書、前掲、八枚目。

113 ――경무대아주과［景武臺亜州課］「To Minister Yong Shik Kim/From the President［李承晩大統領が金溶植公使に送った電文］, 1956.5.8」韓国外交文書、九九『제4차 한일회담 예비교섭［第四次韓日会談予備交渉］, 1956-58 (V.1 경무대와 주일대표부간의 교환공문［景武臺と駐日代表部間の交換公文］, 1956-57)』、フレーム番号一五二四～一五二五頁。この外交文書は、李承晩大統領が駐日韓国代表部に送った指針をまとめているものであるが、ほとんど英文となっている。

114 ――景武臺亜州課、韓国外交文書、同上。

115 ――「日韓問題に関する日米韓の折衝（谷　重光　アリソン会談）」外務省文書、前掲。この時期の「八億ないし一〇億ドル」という金額が言及されている日本外務省文書は、管見の限り、この史料の他には見当たらない。

116 ――李鍾元は、一九六一年第六次会談の際の伊関アジア局長により出された「無償三億、有償二億、民間借款一億」という「伊関試案」が、対韓経済協力資金「八億ドル」の出発点となっていると論じている。李鍾元、前掲論文、二〇〇九年a、一三三頁。しかし、本書では、八億ドルという金額が韓国李承晩政権から出されたことを明らかにしている。

117 ――亜五課「朝鮮問題（対朝鮮政策）　六、米国の斡旋とわが方の平和政策」一九五六年二月二一日、外務省文書、二〇〇六-五八八-六七。

118 ――亜五課、外務省文書、同上。

119 ――亜五課、外務省文書、同上。

120――「Draft Statement of U.S. Position on Interpretation of Article 4 of the Japanese Peace Treaty with Respect to Korean-Japanese Claims Settlement」外務省文書、二〇〇六‐五八八‐一四七一、「(改訂仮訳)日韓請求権解決に関し対日平和条約第四条の解釈に関するアメリカ合衆国政府の立場の表明案」外務省文書、二〇〇六‐五八八‐一四七一。

121――先行研究では、この「五七年覚書」が日本に提示された時期に関しての議論が様々ある。とりわけ、新史料を駆使した研究者の中で、李東俊(前掲論文、二〇一一年、六四頁)は、この文書に正式に日付が入れられる一九五六年一月一八日を、米国が日本に提示した起点とする。張博珍(前掲書、二〇一四年、四七五頁)は、一九五五年一一月頃と推測している。なお、筆者が確認したところ、一九五五年一一月五日という日付が入っている文書は管見のところ見当たらない。だが、一九五五年一一月五日、駐日米国大使館を通じて外務省アジア局へ「日韓間の財産請求権解決に関する対日平和条約第四条の解釈に関する米国の見解の表明表」という覚書が手交されたことは、以下の文書に記されている。「日韓問題に関する日米韓の折衝(谷　重光　アリソン会談)」外務省文書、前掲、「五、全面会談決裂後の日韓関係」一九五五年、外務省文書、二〇〇六‐五八八‐一二六一を参照。

122――外務省アジア局第一課「日韓会談における双方の主張及び問題点の附属資料」一九五八年一月二〇日、外務省文書、二〇〇六‐五八八‐六九。特に、八八〜九五枚目には、一九五七年一二月三一日付の英文「Embassy of the United States of America, Tokyo, December 31, 1957.」およびその和訳文「アメリカ合衆国大使館千九百五十七年十二月三十一日」が載っている。

123――「Draft Statement of U.S. Position on Interpretation of Article 4 of the Japanese Peace Treaty with Respect to Korean-Japanese Claims Settlement」一九五六年一月一八日(一九五七年三月二〇日作成)、外務省文書、二〇〇六‐五八八‐一五九二、「(仮訳)日韓請求権の解決に関する日本国との平和条約第四条の解釈についてのアメリカ合衆国の見解の表明」外務省文書、二〇〇六‐五八八‐一五九二。

124――張博珍、前掲書、二〇一四年、四八〇頁。

125――張博珍は「五七年覚書」とするが(前掲書、二〇〇九年、三一六頁)、李東俊は「五二年覚書」を「米国解釈Ⅰ」と、「五七年覚書」を「米国解釈Ⅱ」とし、一九五〇年代の日韓会談における米国の仲介について論じている(前掲論文、二〇一一年)。

126――田岡良一「一九五二年四月二十九日付韓国大使宛の米国務省の通牒およびこれに付加されたる米国務省の注釈に対する考察」日付不明、外務省文書、二〇〇六‐五八八‐一五九三、山下康雄「平和条約第四条の解釈―表明案に対するcomment ―」日付不明、外務省文書、二〇〇六‐五八八‐一五九三、江川英文、高野雄一「サンフランシスコ平和条約第四条b項について」日付不明、外務省文書、二〇〇六‐五八八‐一五九三。

127 ――山下、外務省文書、同上。

128 ――「五、全面会談決裂後の日韓関係」外務省文書、前掲。

129 ――アジア局第一課「日韓会談の経緯（その三）日韓問題に関する日米間の折衝」一九五六年八月五日、外務省文書、二〇〇六‐五八八‐四八四。

130 ――「日韓問題に関する日米韓の折衝（谷　重光　アリソン会談）」外務省文書、前掲。

131 ――アジア局「日韓関係打開方策について」一九五六年一月一〇日、外務省文書、二〇〇六‐五八八‐一二六五。

132 ――朴天郁［著］・李潤玉［訳］『韓国近・現代史』夏雨、二〇一七年、二三六頁。

133 ――「対日接近を予想せしめる諸因」外務省文書、二〇〇六‐五八八‐六八七。

134 ――外務省文書、同上。

135 ――アジア局第一課「日韓会談の経緯（その三）日韓問題に関する日米間の折衝」一九五六年八月五日、外務省文書、二〇〇六‐五八八‐四八四。

136 ――「日韓問題について」一九五六年九月二七日、外務省文書、二〇〇六‐五八八‐一二九〇。

137 ――吉澤、前掲書、二〇一五年、七五～七六頁。

138 ――保城、前掲書、二〇〇八年、一二二～一二六頁。

139 ――岸政権期のアジア外交については、波多野の他、二〇〇七年、五二～七九頁を参照。

140 ――岸信介、矢次一夫、伊藤隆『岸信介の回想』文藝春秋、一九八一年、二～九頁。

141 ――李政権の下で対日外交の実務を担当していた金東祚によれば、金が会談再開のために岸と接触していた時に、岸が自分に対し「私は山口県出身だが、山口は昔から朝鮮半島と頻繁に交流していた地域であり、この地域の人には韓国人の血が流れています。私にも韓国人の血が流れていると判断される次第ですね」と述べたという。김동조［金東祚］『회상 30년 한일회담［回想三〇年韓日会談］』中央日報社、一九八六年、九二頁、同、『냉전시대의 우리외교［冷戦時代のわが外交］』文化日報社、二〇〇〇年、二〇四頁。

142 ――池田慎太郎「自民党の『親韓派』と『親台派』――岸信介・石井光次郎・船田中を中心に――」李鍾元他、前掲書Ⅰ、二〇一一年、一四九～一五〇頁。池田は、「親韓派」の源流は、朝鮮総督府にあるという。池田によれば、元朝鮮総督府の官僚出身らは、戦後日本へ帰還後中央日韓協会、友邦協会、朝鮮協会、朝鮮問題研究会など様々な団体を組織した。これらの団体は、朝鮮からの引揚者の財産補償要求や旧朝鮮における成果を宣伝するために多方面で活躍する。一方、これらの団体の上にある「帽子になるような団体」として、一九五二年六月に日韓親和会が生まれる。日韓親和会の初代会長には元台湾総督府総務長官の下村宏が就任するが、その後は「コリアン・ロビィ」として活躍していた自民党外交調査会会長の船田中が受ける。船田は、自民党代議士である末弟・藤枝泉介とともに、在日韓国人の辛格浩(シン・ギョクホ)が経営するロッテ製菓の顧問役も兼任していた。なお、次弟の享二は戦前京城帝国大学(現、ソウル大学)の教授であり、その関係で朴正熙や金鍾泌とも親交を持ち、韓国の有力者との個人的な関係を深めていた。

143——「岸大臣金公使会談の件」一九五七年一月一〇日、外務省文書、二〇〇六-五八八-六八二。

144——金東祚、前掲書、一九九三年、一一三～一一七頁。

145——山本、前掲論文、一九八三年、一一五～一一八頁。

146——アジア局長「対韓請求権問題の処理について」一九五五年一二月八日、外務省文書、二〇〇六-五八八-一六七四。

147——アジア局長、外務省文書、同上。

148——アジア局長、外務省文書、同上。

149——アジア局「日韓関係打開方策について」外務省文書、前掲。

150——「日韓会談議題の問題点　沢田大使説明資料　(二)財産請求権問題」一九五六年五月、外務省文書、二〇〇六-五八八-一二八七。

151——「岸大臣金公使会談の件」外務省文書、前掲。

152——高崎、前掲書、一九九六年、七七～七八頁。

153——高崎、同上、七七～八〇頁、吉澤、前掲書、二〇一五年、七五～八一頁、李元徳、前掲書、一九九六年、九〇～九九頁。なかでも、李元徳は、外務省が対韓強硬姿勢の下で岸首相の対韓請求権の主張撤回に反対したが、岸が外務省の反対を押し切って対韓請求権の主張撤回に踏み切ったとする。だが、こうした李元徳の見方には修正の必要があろう。

154——田中、前掲書、一九九三年、三一五～三一九頁。

155——池田、前掲論文、二〇〇二年、一八〇〜一八二頁。
156——「岸首相、金大使会談の件」一九五七年五月二〇日、外務省文書、二〇〇六-五八八-六八四。
157——「岸首相、金韓国大使会談要領」一九五七年六月七日、外務省文書、二〇〇六-五八八-六八四。
158——「大野次官・金裕沢大使と面談の件」一九五七年六月八日、外務省文書、二〇〇六-五八八-六八六。
159——外務省文書、同上。
160——外務省文書、同上。
161——外務省文書、同上。
162——「石井副首相と金大使、柳公使会談要旨」一九五七年六月一〇日、外務省文書、二〇〇六-五八八-六八五。
163——「岸首相、金大使会談要領」一九五七年六月一一日、外務省文書、二〇〇六-五八八-六八四。
164——「日韓交渉に関する関係各省次官会議議事要旨」一九五七年六月一五日、外務省文書、九五〇六-五八八-一五一九。
165——外務省文書、同上。
166——外務省文書、同上。
167——アジア局長「対韓請求権問題の処理について」外務省文書、前掲。
168——「(日韓交渉)一月六日次官会議における次官説明要旨」一九五八年、外務省文書、二〇〇六-五八八-一五三一。
169——「日韓交渉に関する関係各省次官会議議事要旨」一九五七年七月一日、外務省文書、九五〇六-五八八-一五一九
170——「日韓交渉に関する関係各省次官会議議事要旨」一九五七年六月一五日、外務省文書、前掲。
171——外務省文書、同上。
172——条三「国家の部分的承継における公債務の問題―日韓問題について」一九五七年七月二三日、外務省文書、二〇〇六-五八八-一五九四。
173——条三、外務省文書、同上。
174——条三、外務省文書、同上。
175——「日韓交渉に関する関係各省次官会議議事要旨」一九五七年七月一日、外務省文書、前掲。
176——外務省文書、同上。

177――ア一課「日韓交渉に関する関係各省次官会議議事要旨」一九五七年九月六日、外務省文書、二〇〇六-五八八-一五二三。

178――「日韓交渉に関する関係各省次官会議議事要旨」一九五七年六月一五日、外務省文書、前掲。

179――「韓国側再修正案に対する応対要領案」一九五七年六月二五日、外務省文書、二〇〇六-五八八-一五二一。

180――アジア一課「首相訪米後の日韓交渉の経緯」一九五七年九月四日、外務省文書、二〇〇六-五八八-一五二二。

181――「(日韓交渉)一月六日次官会議における次官説明要旨」一九五八年、外務省文書、二〇〇六-五八八-一五三一。

182――「日韓交渉に関する関係各省次官会議議事要旨」一九五七年七月一日、外務省文書、前掲。

183――ア一課「日韓交渉に関する関係各省次官会議議事要旨」一九五七年九月六日、外務省文書、前掲。

184――ア一課、外務省文書、同上。

185――「(日韓交渉)一月六日次官会議における次官説明要旨」外務省文書、前掲。

186――高崎、前掲書、一九九六年、七七~八〇頁。

187――「電信写　米国の対韓国財産請求権問題に関する件」一九五七年一一月一四日、外務省文書、二〇〇六-五八八-一四八〇。

188――「(仮訳)日本国において収容されている韓人及び韓国において収容されている日本人漁夫に対する措置に関する日本国政府と大韓民国政府との間の了解覚書」外務省文書、二〇〇六-五八八-六九。

189――「共同発表」外務省文書、二〇〇六-五八八-六九。日韓間合意案は英文で作成されており、外務省文書には英文と日本語の仮訳が載っているが、ここには日本語の仮訳内容を記載している。なお、以下の韓国外交文書にも同合意案の英文と韓国語の訳文が載っている。경무대 아주과[景武臺亜州課]「1957.12.29」韓国外交文書、一〇〇『제4차한일회담[第四次日韓会談予備交渉]、1956-58(V.2 1957)』。

190――「在韓抑留日本人漁夫と在日収容韓人等の措置及び日韓間全面会談再開に関する日韓両国政府間取極並びに本件取極実施のためにとるべき措置についての閣議請議の件」一九五七年一二月三〇日、外務省文書、二〇〇六-五八八-一五二七、「日韓関係調整に関する日本政府の見解」外務省文書、二〇〇六-五八八-一五二九。

第4章 経済主義の台頭
——初期対韓政策の連続と変容 一九五八〜六一年

日韓会談の初期、日本による対韓請求権の主張は、会談が決裂を繰り返す要因となった。しかし、第四次、第五次日韓会談の時期になると、それまでとは交渉の様相が変化し、過渡期的な性格を帯び始める。依然、両国の間には請求権問題をめぐって異なる思惑が交錯していたものの、経済概念による請求権問題の解決という妥結の方向性が定まっていくのである。第六次日韓会談における経済協力方式をめぐる交渉を理解する上で、この時期は重要な前史をなしている。

第四次、第五次日韓会談の時期に焦点を当てた近年の先行研究[1]の中で、注目すべきは張博珍と李鍾元の研究である。張は、韓国政府内の動向に分析の焦点を当て、請求権問題に関する韓国政府の内在的論理の変容と連続性を考察するのみならず、日本政府内の思惑と戦略についても検討している。そして、この時期の日本の交渉戦略は韓国の過剰な要求を拒絶するための防御的なものとして論じている。一方、李は、日本政府内の動向と日韓米三国間の政策調整の過程を再検討している。両氏は豊富な新史料を駆使して、この時期の様々な政治動向の解明に一定の成果をあげている。しかし、それでもなお、日本政府内の動向については解明が不十分であると指摘せざるを得ない。

本章では、この時期、請求権問題をめぐる日本の従来の構想がいかなる部分で貫徹されたのか、または変容を余儀なくされたのかを明らかにする。特に、対韓請求権の主張撤回に含意された実質的な「相互放棄」という外務省の戦略が、この時期、如何に展開されたのか検証しつつ、これと連動する日韓交渉の変容過程を検討する。

1 日本政府の会談開始準備

日本が対韓請求権の主張を撤回したことで、日韓両国は一九五八年三月から第四次日韓会談を開催することに合意した。韓国政府は、以後の会談での請求権交渉の進展を期待していたが、前章で述べたように、日本は本質的な意味で従来の対韓政策を転換したわけではなかった。日本政府内には、対韓請求権の主張撤回が従来の「相互放棄＋α」案を含意した表面的な放棄表明に過ぎないという認識が強くあり、「相互放棄」を示唆する「五七年覚書」を基本に、「韓国が命令三三号により在韓日本財産を引取ったことで、韓国の対日請求権がどの程度まで消滅または充足されたかを検討する」としていた[2]。

日本政府は、過去の日韓会談で韓国が提出した『対日八項目』のうち、日本が支払いを容認し得るものは、被徴用者の未払金など韓国人に対する日本政府の債務に限る、という基本方針を決定した。加えて、個人請求権として支払う範囲を厳格な法律的根拠に基づいて定めた上、それ以外の要素については政治的解決にゆだねることとした。請求権の支払いを個人請求権に限定する考え方は、以前から存在していたものであるが、このとき政府の対韓交渉方針として具体化したのである[3]。

さらに日本政府は『対日八項目』を基に、個人債権を中心とする韓国の対日請求額を約一八〇億円と推定していた[4]。管見の限りの外交文書では、この一八〇億円という数字がどのような経緯で算出されたか判然としない。しかし、第四次日韓会談を控えた日本政府が、韓国が対日請求権として主張していた四八〇億円[5]よりも、はるかに低い一八〇億円を設定していたことは注目すべきである。

この金額は、当時の円ドル固定為替である「一ドル＝三六〇円」で換算すると五〇〇〇万ドル、韓国が主張している一九四五年戦後直後の為替レートである「一ドル＝一五円」で換算すると一二億ドルに相当する。ただし、一八〇億円という金額を算定したのは日本政府内であることから、日本政府が個人請求権として「一二億ドル」ではなく「五〇〇〇万ドル」を想定していたと推察できる。後述するが、この「五〇〇〇万ドル」は、日本政府内の最強硬派である大蔵省が韓国へ支払う請求額として主張していた金額である。

朝鮮半島における韓国の管轄権問題をめぐる大蔵省と外務省の見解が異なっていたことは第一章で紹介した。大蔵省が、日韓間請求権の「相殺」を狙って韓国を朝鮮半島全地域における唯一の合法政府にすべきと主張する一方、外務省には、将来的な北朝鮮との交渉を念頭に置き、実際に北朝鮮にも政府が存在することを認めるという主張が存在していた。

こうしたなか日本赤十字社(以下、日赤)は、一九五四年一月、北朝鮮に対し在日朝鮮人の北朝鮮への帰国[6]を提案する。その一年後、北朝鮮政府が肯定的な意向を表明すると、日本全国で北朝鮮への帰国を希望する在日朝鮮人の数は約四一〇名にのぼった[7]。日本国内では親北朝鮮系の団体が、在日朝鮮人の北朝鮮への帰国を促進させるため帰国運動を展開していた[8]。

多くの在日朝鮮人が北朝鮮への帰国を決心したのは、「社会主義の祖国」という幻想ゆえであった。厳しい日本での生活水準を向上させる機会を求める彼らが帰国を決断するに当たって、北朝鮮が展開した「地上の楽園」という宣伝は少なからぬ影響力を持った。当然のことながら、朝鮮半島における唯一合法政府を主張する韓国政府は、在日朝鮮人の北朝鮮への帰国が韓国の正当性を脅かすとして、北朝鮮帰国事業に強く反対する。にもかかわらず、日本政府はこの北朝鮮帰国事業を積極的に推進しようとしていた[9]。

一九五六年二月、日赤代表団は在日朝鮮人の北朝鮮帰国問題を討議するため、北朝鮮の首都である平壌で北朝鮮側と会談を行う。「人道主義」を掲げて在日朝鮮人の北朝鮮帰国を奨励していた日本政府だが、平壌会談の際には「在日朝鮮人の生活安定を達成する最善の方法は、福祉に依拠している在日朝鮮人社会の六分の一を消滅させること」と述べるなど、生活の不安定な在日朝鮮人を北朝鮮へ送り込むことで、国内の福祉費用を軽減させる意図を隠そうとしなかった[10]。

すなわち、在日朝鮮人の北朝鮮帰国事業について北朝鮮政権と単独で討議するためにも、日本政府には北朝鮮と韓国を実質的に異なる政権として扱う必要があった。外務省は、韓国との交渉中または国会答弁など日本国内では、韓国を唯一合法政府として認めたかのように対応するが、実質的には北朝鮮と韓国を別の政権として見なす方向へと進んだ。その後、従来から大蔵省が主張してきた、韓国の唯一合法政府論や請求権「相殺」問題は、日本政府内の議論の中心から遠ざかっていく。大蔵省と外務省の間で長らく戦わされてきた論争の一つが解決されたともいえよう。そして、日本政府内では、韓国の実際の政治権力が北朝鮮には及ばない、という認識が広まっていった[11]。

すなわち第四次日韓会談を控えた日本政府内では、対韓請求権の放棄に当たって、必ず韓国側にも対日請求権を放棄させるという従来の方針が再確認された。その上で、韓国の『対日八項目』に基づいて、個人請求権を中心とする請求額や今後の具体的な交渉戦略を設定していった。さらに日本政府は、在日朝鮮人の北朝鮮帰国事業を強力に推進する方針を明らかにしたが、これは新たな日韓対立の火種となり得た。

2　北朝鮮帰国問題のインパクト

◆大村韓国人の北朝鮮帰国要求

第四次日韓会談を控えた両国は、公式の予備交渉に入った。しかし、意見の乖離は未だ大きかった。韓国政府は、日本がまず対韓請求権の主張を公式に撤回した上で、日本は韓国の請求権について「誠意をもって討議」することを求めた。そして、米国務省の「五七年覚書」の趣旨は請求権の「相互放棄」を意味するものではない、という内容を日本側が受け入れた上で請求権交渉を進めることを主張した。これに対し日本政府は、大村韓国人と抑留日本人の相互釈放問題が先決されれば、本会談を開いて請求権交渉に入るとした[12]。

岸政権は、相互釈放問題を先決しようとする強い意思を示し、韓国との妥協を拒否した。結果的に相互釈放問題に関する日韓間討議が先に開始された。日本政府は一九五七年一二月三一日付の合意議事録の履行を先取りするかたちで、一九五八年一月、大村韓国人の日本国内釈放を開始した。そして、これと時を同じくして、抑留日本人九五二名のうち、韓国が約束した「刑期満了者」約八五〇名を釈放するよう韓国に求めた[13]。

だが、大村韓国人のうち、日本国内へ釈放せず韓国へ強制退去とする対象をめぐって日韓両政府は対立した。日本政府は、大村韓国人のうち約四六〇名のみを日本国内での仮釈放の対象とし、残りの大部分を韓国政府が引き取ることを要求するが[14]、韓国政府は、戦後日本へ不法入国した韓国人のみを引き取ることとし、それ以外の人は戦前から日本に滞在した経緯を考慮してすべて日本国内で釈放すべきと主張した[15]。

こうしたなか、抑留者の相互釈放問題は新たな局面を迎えることとなる。大村収容所は、一九五六年から世間では「大村朝鮮人収容所」として知られるほど、韓国への強制退去を待つ人たちを収容することが主な目的であった。強制退去の対象者には、日本で犯罪を起こして強制退去を待つ人は少なく、その大部分は済州道の四・三事件[16]や朝鮮戦争から逃れて、あるいは日本の親族に会うため、密入国して逮捕された人だった。問題は、彼らの中に、自分は韓国ではなく北朝鮮に帰属すると考える人が多かったのである[17]。

一九五八年一月四日、北朝鮮の南日外相は、相互釈放をめぐる日韓合意や日韓会談の再開は、全朝鮮人の利益を考慮しない一方的な進行であり不当であると非難し、北朝鮮は大村収容者を受け入れる用意があると発表する[18]。この声明に接した大村韓国人の一部は、韓国への送還を拒否し、北朝鮮へ帰国することを申し出た[19]。すでに、日本国内に居住している在日朝鮮人のうち約一万七〇〇〇人が北朝鮮への帰国を希望する署名を行ったが、在日朝鮮人社会で高揚していた北朝鮮帰国運動は、大村韓国人にまで広がった[20]。

これは、日本政府にしてみれば、韓国政府から送還を拒否された大村韓国人の懸案を解決する格好の機会であったが、日本国内での釈放を求めていた韓国政府にとっては虚を突かれたような展開となる。大村韓国人を日本国内で釈放すれば、彼らは北朝鮮を「祖国」として志向し、北朝鮮へ帰国してしまう事態となるのである。

日本政府は、国際赤十字社の見解や国連人権宣言などを根拠に、個人の居住移転の自由を尊重するとし、大村韓国人の北朝鮮への帰国を推進する方針をとった。しかし、韓国政府は日本の方針に反発し、大村収容者の中で北朝鮮への帰国を希望していた約九三〇名を韓国に引渡すことを要求した[21]。

韓国側の反発を受けた日本政府は、北朝鮮への帰国を希望する大村韓国人を当面送還しないとしたが、同時に韓国に引渡すことも留保した。日本政府は、彼らを引続き大村収容所に収容し、その意思の変化を待って韓国側へ引渡すと説明した。しかし韓国側は、彼らを無条件に韓国へ送還することを求め、釜山の日本人漁師の釈放を中止した。そのため、刑期が終了して釈放対象となるはずだった日本人漁師のうち、半数が釜山へ残留させられる事態に陥った[22]。

会談に対する日韓の期待が当初から食い違っていたことに加え、大村韓国人の北朝鮮帰国問題という新たな問題が絡み、第四次日韓会談は開始予定日であった一九五八年三月一日が過ぎても開催が見送られていた。藤山外相は金裕澤駐日大使に会い、北朝鮮行きを希望する者を説得し、その意を断念させるまで、彼らを大村収容所に留めることを再確認した。他方、日本が条件を満たした大村韓国人の国内釈放を完了したように、韓国も抑留日本人の釈放を早期に完了するよう催促した。藤山は、日本はすでに全面会談に備えて首席代表の選任を済ませているが、全面会談は相互釈放問題がすべて片付いてから始まると明言する[23]。

金大使は、北朝鮮への帰国を希望する大村韓国人を日本に残留させることには同意した。だが、韓国内には、三月一日に開始予定であった会談を日本側が延ばしたことへの批判が強いと述べ、まず全面会談を開いて、それと並行して相互釈放のための連絡会議を行うべきと主張した。金大使は、日本が久保田発言と対韓請求権の主張を撤回すると約束したにもかかわらず、それがまだ行われていない状況では、日本人漁師を全員釈放することは難しいと述べた[24]。日本人漁師を先に釈放してしまうと交渉力が弱まると考えていた韓国政府が、対韓請求権に対する日本の放棄表明なしに、自国に都合の良い交渉カードを手放すことは考えられなかった。

藤山外相は、相互釈放問題について米国側の仲介を打診した。折しも、ロバートソン（Walter S. Robertson）極東担当国務次官補が、台北での極東大使会議に出席した後、ソウルを経て東京で一泊する予定となっていた。藤山は、ロバートソンがソウルに寄る際、日本人漁師の早期帰国のため、韓国政府を説得することを要請した。だが、ロバートソンは外務省に対し、日本側は日本人漁師の釈放にこだわらず、あくまで会談を再開した上でこの問題を解決することだ、韓国政府の要求を聞き入れて全面会談を開始しなければ、日本人漁師の釈放は難しい、と助言した[25]。

日本側は米国の助言を受け入れた。漂流していた第四次日韓会談は、開催予定日を一カ月半すぎた一九五八年四月一五日、ひとまず開始された。しかし、会談は同床異夢であった。日本政府は、請求権問題や対韓請求権の主張撤回についてほぼ取り上げることなく、釜山にいる刑期を満了した日本人漁師の釈放問題のみに議論を絞った[26]。

◆北朝鮮帰国問題をめぐる外務省の強硬姿勢

北朝鮮への帰国を希望していた大村韓国人の中で、その後、意思をひるがえした者はわずか一人であった。しかも、一九五八年六月二〇日、北朝鮮への帰国希望者のうち二名がハンガーストライキを起こし、同二六日からは多くの収容者がこれに同調した。彼らは医師の治療を拒否し、即時釈放と北朝鮮への帰国実施を要求した[27]。

日本政府は人道上の理由から、大村韓国人のうち病人や婦女子を含め三年以上収容されていた二五名を、国内で仮釈放することを決定した。韓国政府は、日本政府が韓国への帰国を拒否し北朝鮮への帰国を希望している大村韓国人を国内仮釈放に踏み切ったのは、結局これらの人々を北朝鮮へ帰国させるための前段階の措置であると批判し、日本政府が韓国との約束に違反したと異議を申し立てた[28]。

同時期、大村韓国人の北朝鮮帰国問題に油を注ぐように、北朝鮮は、在日朝鮮人の北朝鮮帰国に向けた広範な政治宣伝を展開した。一九五八年七月八日には、南日外相が、大村収容者を北朝鮮へ帰国させず仮釈放することや抑留することは、国際法上人道に反するとの声明を発表する[29]。外務省は、大村韓国人の北朝鮮送還問題を、日本人漁師の釈放問題と切り離して解決しようとした。だが、これを把握した韓国政府は、北朝鮮への帰国希望者を韓国へ強制送還するか、それらのなかから韓国への帰国に意思を変更する者が出るまで、日本政府が北朝鮮への送還を自制するかを求めた[30]。

同年九月一六日に、北朝鮮側は、「日本からの朝鮮人帰国者を受け入れる用意がある」と再度確認し、一二月三〇日には「帰国朝鮮人の運送を引き受ける」と発表するなど、在日朝鮮人の北朝鮮への帰国推進に積極的な意欲を見せた[31]。日本の国内事情と北朝鮮政権の積極的な帰国奨励と政治宣伝が相まって、在日朝鮮人の帰国要求も高まっていた[32]。

こうした展開は韓国側をさらに刺激し、第四次日韓会談は一時中断という事態にまで追い込まれた。一九五八年一〇月一日に日韓両国は、仮釈放した人々を当分の間、日本国内に留めおくという線で妥協が図られ討議を再開する。そして、日本政府は、相互釈放問題、北朝鮮帰国問題、漁業問題といった懸案を一気に解決することを試みた。だが、日本側が提示した漁業協定案などを韓国側は次々と拒否し、会談は一二月に冬期休会に入った[33]。

岸首相は、政策の優先順位を、日韓会談の妥結から北朝鮮帰国事業へと変えざるを得なくなった[34]。外務省も、北朝鮮帰国問題を日韓会談の議題とせずに独自に解決するとして、韓国側を説得する方針を固めた。藤山外相は「北朝鮮帰国事業」の先頭に立ち、同問題をめぐっては韓国側との妥協を拒否し強力に推し進めた。会談休会中の一九五九年一月三日、藤山外相は、在日韓国・朝鮮人の北朝鮮への帰国をめぐる具体的な調査を、日赤を通じて実施すると発表する[35]。

韓国政府は駐日代表部を通じて、北朝鮮帰国問題に対する日本の方針変更を求めた。駐日代表部の崔徳新《チエ・トクシン》参事官は板垣修アジア局長に対して「北朝鮮への帰国を希望する人の九〇パーセントの本籍は韓国にある」と指摘し、それゆえ日本政府が本問題を人道問題として対処しようとすることは誤りであり、彼らを北朝鮮へ送ることは大きな政治問題になると警告した。崔は、日本国内で活発になっていた北朝鮮帰国運動に、韓国政府が非常に神経質となっていると伝えた。その上で韓国内では、日本で北朝鮮帰国問題が実施されれば日韓会談を継続すべきでない、という強硬論も相当あると語っている[36]。

これを受けた板垣アジア局長は、在日韓国・朝鮮人の北朝鮮帰国問題は、個人の自由意思に重点を置いていると返答した。板垣は、同帰国問題の解決が、かえって日韓交渉の恒久的な解決に資すると説き、日本政府は方針転換を行なわないと断言した。その上で北朝鮮帰国問題によって韓国政府が交渉を決裂させることのないよう釘を刺している[37]。藤山外相も柳泰夏駐日公使に、「帰国問題は人道問題であり居住地選択の自由という国際通念に基づくもの」であると強調した。そして、在日韓国・朝鮮人が自由意思で帰国することを日本が法的に阻止する根拠はなく、韓国政府が北朝鮮帰国問題と分離して日韓会談を再開すべきだと主張した[38]。

北朝鮮帰国問題をめぐって対立が繰り返される中、一九五九年二月一三日、日本政府は北朝鮮帰国事業の実施に関する閣僚了解を行なった。その直後、日本と北朝鮮は、ジュネーブで両国の赤十字社が直接に協議を行なうことに合意した。さらに、日本政府は、北朝鮮帰国問題について、赤十字国際委員会の調停を確保するための申し入れを行なった[39]。

一九五九年三月、第四次日韓会談の日本側首席代表である沢田廉三外務省顧問は、状況を韓国へ通告している。沢田は、もし国際赤十字社が同問題への仲介を断っても、日本は同問題を人道問題として独自に推進することを断念しないと述べた。そして、日本政府が、ジュネーブにおける北朝鮮との協議を放棄してまで、日韓会談を再開することは考えられないと明言する[40]。

これまで述べてきたように、外務省が韓国側および日本国内に発表した北朝鮮帰国事業の目的は「人道問題」であった。しかし、北朝鮮帰国事業を推進する日本政府の強硬な態度の背後には、在日韓国・朝鮮人への厳しい視線があった。外務省が「在日韓国・朝鮮人の犯罪率の高さと生活保護受給世帯の多さ、漁業問題および相互釈放問題をめぐる韓国との合意困難」を理由に、同問題を推し進めていた事実は、ひとつの証左と言えよう[41]。いずれにせよ、北朝鮮帰国問題を日韓会談と関連付けない、とする日本政府の意思には断固たるものがあった。

◆米国の暗黙の了解

在日韓国・朝鮮人の北朝鮮への帰国問題をめぐって日韓間の駆け引きが続くなか、米国は同問題について日本の方針に理解を示す。

マッカーサー（Douglas MacArthur II）駐日米国大使は、日本の決定は人道主義的な次元で行われている、という日本の主張に同調した[42]。マッカーサーは韓国政府に対し、大村韓国人の一部を仮釈放する日本政府の決定は確固たるものであると伝えた。むしろ、韓国がこの人道的問題を実現しないのであれば、韓国が世界の自由陣営から批判を浴びることになると述べて、日本の立場を支持した[43]。

その上で、マッカーサーは外務省に、「駐韓米国大使館からの情報によれば、韓国は日韓会談を決裂させる意図がなく、北送問題についても容認する方針が有りそう」[44]との感触を伝えている。この情報が韓国政府のどのレベルから出されたものかは定かでない。ただし、マッカーサーは、日本政府が韓国の反発を押し切って北朝鮮帰国問題を進めても、これを問題視しないという態度を明らかにした。

他方、ダウリング（Walter C. Dowling）駐韓米国大使はマッカーサー駐日大使に、韓国政府が北朝鮮帰国問題のため会談に応じないことは賢明ではないが、同問題に対する韓国の立場が非合理的であるとは考えないと述べた。その上、韓国政府と事前協議せず、日本政府が一方的に大村収容者の仮釈放の計画を発表したことで、同問題の解決をより困難にしていると指摘した[45]。ただし、ダウリングの発言は日本政府の政策そのものに対する批判ではなく、日本がこれ以上韓国を刺激しないよう、交渉戦術面で考慮すべきであるという点を強調している[46]。駐日米国大使館と駐韓米国大使館との間には、北朝鮮帰国問題をめぐって微妙な見解の差は存在していたが、双方とも日本側の決定を批判的には見ていなかったことが判る。

一九五八年九月一二日に藤山外相と外務省官僚一行が訪米し、ダレス国務長官と会談を行なった。徹底した反共主義者として知られるダレス長官も、岸政権の中国政策には懸念を強めていたが[47]、自由主義国家である日本が共産主義国家である北朝鮮へ在日朝鮮人を帰国させることについては、全面的批判や反対を留保していた。藤山はダレスに、自由諸国の一員として米国と協力し、共産主義に対抗することを約束した。その上で在日韓国・朝鮮人の北朝鮮帰国問題は、米国の側面協力を得たことで良い方向に向かっていくと述べ、改めて米国の支持を訴えた。ダレスは、日本政府による在日韓国・朝鮮人の北朝鮮帰国事業に反対しないことで、同問題を事実上了解した[48]。

その後、ダウリング駐韓大使とマッカーサー駐日大使は、北朝鮮帰国問題を、国連や国際社会に周知するとともに、李ラインおよび抑留日本人漁師の釈放問題と連動させて解決することを構想し、これを日韓両政府に積極的に勧告するとした。しかし、国務省は両大使の構想を制止し、その理由として以下の点を挙げている。第一に、日韓間の論争を国連に提出すべきではない。第二に、日韓会談は全議題に基づいて再開されねばならない。第三に、自由諸国が日本の北朝鮮帰国事業に集中することは負担である。第四に、李ライン問題は日韓関係のみならず、一九六〇年に開催される海洋法会議の結果により解決すべきである、というものである[49]。

これについて朴鎮希《パク・チンヒ》は、国務省は日本の北朝鮮帰国事業が、共産陣営にとって都合の良い宣伝になることを憂慮したという。さらに、米国が日本占領期に行った在日朝鮮人に対する差別政策が明らかとなり、人道主義の観点から国際的問題になると懸念したからだとしている[50]。

一九五九年五月、日韓間の紛争解決のため訪韓していたパーソンズ極東担当国務次官補は、この問題で韓国のためにできることはないと語って、米国が仲介を行なわない方針を伝えた[51]。パーソンズは、訪韓後の五月七日には日本を訪れて藤山外相と会談している。このときパーソンズは藤山に、日韓関係を悪化させようとする北朝鮮の典型的な戦術に巻き込まれず、この問題をなるべく早期に妥結するよう勧告し、日韓会談の再開を促した[52]。この際にも、国務省は日韓会談の再開を促すのみで、北朝鮮帰国問題に対する直接な批判を避けている。

冷戦の厳しい状況下にもかかわらず、国務省が共産陣営と自由陣営間の恣意的な人の移動を承認したことには疑問が残る。テッサ・モーリス－スズキは、以下のエピソードを紹介し、在日朝鮮人に対する米国と日本の偏見と厳しい視線を指摘している。当時の駐日オーストラリア大使は、マッカーサーが「米国大使館が日本の世論を調査したところ、ほとんどの人が一致して朝鮮人を追い出すことに積極的」であると述べた上で、マッカーサー自身も「日本に残っている朝鮮人は程度が低く、多くの共産主義者および犯罪者が含まれて」いるため日本人をあまり批判できないと語ったことに対し、「在日朝鮮人は日本社会で二流国民として扱っているのでないか」と疑問を呈していたという[53]。

いずれにせよ、日本が米国の暗黙の了解のもとで北朝鮮帰国事業を推進したことは事実である。モーリス－スズキは、日本がこのような事業を一国で遂行する能力はなかったとし、米国が日本の北朝鮮帰国事業における「沈黙のパートナー」だったと厳しく批判している[54]。

◆韓国の限界

韓国政府は、この時期、岸内閣が志向していた「二つの中国」論が、朝鮮半島においても南北両政権を承認する「二つの朝鮮」政策につながるのではないかと懸念を強めていた。そのため、北朝鮮帰国問題において、米国の支援を得ることができなかったにもかかわらず、対日攻勢を強めた。韓国は、「自由世界から共産世界に民間人を帰国させるのは日本が初めてである」と喧伝し、日本の反共姿勢のあり方を追及した。日本政府は、韓国が日韓会談と中共問題を結びつけることを回避しつつ、帰国問題については韓国にも責任があるとして、既定方針の変更は行わないという姿勢を崩さなかった[55]。

一九五九年六月には、ジュネーブで行われていた日本と北朝鮮との在日朝鮮人帰国交渉が妥結に向かっていた。すると、韓国は六月一五日に対日通商断絶を発表し、対日貿易を即日停止するなどの強硬措置をとった。また、李ライン内の監視を強化し、韓国に抑留されている日本人漁師を今後釈放しないことに加えて、在日朝鮮人の北朝鮮帰国を強力に阻止することを高唱した[56]。

韓国側の反対にもかかわらず、一九五九年六月二四日に、日朝赤十字間で帰国協定の仮調印が行われ、北朝鮮帰国問題に国際赤十字社が介入することも確定した。米国は、現実を受け止めて直ちに対日通商と日韓会談を再開すべきであると、韓国を説得した[57]。

北朝鮮帰国問題を牽制するために取れる韓国の選択肢は限られており、日本との通商断絶は韓国にとっても不毛な選択であった。米国の援助の他、日本との貿易に多くを依存していた韓国経済は、わずか一カ月間、日本と通商を断絶しただけで大きな経済的打撃を受けていた。切迫した経済状況への国民の不満も高まり、韓国政府は駐日韓国大使に昇格した柳を通じて、七月三〇日、日韓貿易断絶という強硬策を撤回する。そして、抑留日本人漁師と大村韓国人の相互釈放について交渉するため会談を再開すると発表した[58]。

一九五九年八月一二日、沢田外務省顧問と許政《ホ・ジョン》元韓国国務総理代理が両側の首席代表となり、日韓会談が公式に再開された。韓国側の関心は北朝鮮帰国問題の阻止に集中したが、八月一三日にコルカタで、日朝赤十字間に在日朝鮮人の帰国協定が正式調印された。また、在日韓国・朝鮮人を北朝鮮へ送還するための第一船の出港も決定された[59]。沢田は、国際赤十字社の斡旋を得て、第一船の出港が一一月初旬に決定したことを韓国側に通告し、その上で、北朝鮮帰国事業は事実上開始されたので、日韓会談では日本人抑留漁師の釈放問題を解決すべきであると述べた[60]。

韓国側は、日本の北朝鮮帰国事業を阻止できないと判断し、これを外交上の失敗と考えた。そして、会談を無条件に再開する代わりに、韓国へ帰国する人に対する日本政府の補償金支払いを要求した[61]。韓国政府は、帰国者が持ち帰る資産や現金に上限を設けないように要請し、北朝鮮帰国者よりも韓国帰国者に支給される補償金を優遇する条項を含んだ、韓国帰還暫定措置に関する共同声明案を日本側に提示した[62]。沢田は、この補償金問題が、日本国内に知られないよう秘密裏に進めることを条件に、韓国側との討議に応じることにした[63]。

言い換えれば、韓国政府の補償金支払い要求は、在日韓国・朝鮮人の北朝鮮帰国を事実上認めることを意味した。韓国は、帰国問題に固執するあまり日韓会談を決裂に追い込むより、実利を追求した方が現実的であると判断したのである。韓国政府の態度変化について外務省は、予備会談の時期から日韓会談に深く関与してきた兪鎮午が、「北朝鮮帰国事業が事実上始まっており、これを阻止することは不可能」と、李大統領を説得した結果であるという情報を入手していた[64]。

こうして、日本政府による在日韓国・朝鮮人の北朝鮮帰国事業は本格的な開始をみた。予定より約一カ月遅れの一九五九年一二月一四日、北朝鮮行きの第一船が新潟港から出発した[65]。

在日韓国・朝鮮人の北朝鮮帰国問題において、日本政府は日韓交渉やイデオロギー対立と一線を画し、韓国に譲歩することもなく、これを推進した。厳しい冷戦の時代、朝鮮半島はまさにその最前線であった。こうしたなかで、在日韓国・朝鮮人の多くが、韓国が主敵と見なしている北朝鮮への帰国を希望したのである。これは韓国にとって明らかな劣勢を意味した。

また、日本が在日韓国・朝鮮人を北朝鮮へ送還する動きは、冷戦戦略の観点から考えると、本来、米国が神経を尖らせるはずの事案であった。しかし、北朝鮮帰国問題に対する米国の態度は驚くほど傍観的であった。第四次日韓会談における韓国の当面の課題は、請求権問題より、大村韓国人および在日朝鮮人・韓国人の北朝鮮帰国を阻止することとなったが、こうした米国の態度が、この時期の日韓交渉における韓国の交渉力を低下させたことは確かであった。

3 日韓経済協力に関する議論の出発

◆先国交、後経済協力

北朝鮮帰国問題が一段落した後も、日本側の関心は漁業問題と日本人漁師の釈放問題に集中していた。沢田首席代表は、日本人漁師の釈放条件の一つとして韓国産の米を買い取る「アメの政策」を示すが、日本国内では、韓国が相互釈放問題をめぐって「人質外交」を展開し、「人と米が取引される」と世論の怒りが沸騰した。韓国側は日本国内の反応に不快感を表したが、沢田は「韓国が実際に人質外交を行っているのではないと言うならば、抑留者の釈放を速やかに実行すべき」だと反駁した上、日本人漁師釈放を実現する代価として韓国米を購入することは結果的に悪くないと述べた[66]。第四次日韓会談では、北朝鮮帰国問題、漁業問題、相互釈放問題をめぐる議論に終始し、請求権交渉はほぼ進展しなかった。

第四次日韓会談における請求権委員会は一九五八年五月に開かれた。同会談では日本の対韓請求権の主張撤回が約束されていたが、当初、一般請求権問題は文化財委員会で討議されることとなった。外務省は、日本人漁師の釈放と引換えに、一〇六点からなる旧朝鮮文化財を韓国に返還することを提案していたが[67]、これを討議するため、文化財委員会は計一二回開かれた。しかし、文化財以外の一般請求権問題については討議がなかった。一九五八年一二月一日にようやく一般請求権委員会が設置されるが、僅か三回のみの討議が開かれたにすぎなかった[68]。一九六〇年五月に第四次日韓会談が決裂するまで、請求権問題に関する日韓間の公式的な討議は皆無に近かった。

第四次日韓会談で請求権問題に言及されたのは、沢田首席代表と柳大使、アジア局と駐日韓国代表部の間で交わされた、非公式の話し合いのみであった。柳は、個人的な意見と断った上で、一般請求権の問題は「細かいことを書き出すのはきりがないので、適当なところで政治的解決を図りたい」と述べた[69]。

付言すると、この「政治的解決」という言葉は、以前から日本にも韓国にも存在していた非公式な見解である。第二章で見たように、第一次日韓会談において、日本が対韓請求権を公式に主張した時、韓国は「請求権問題を法的というより政治的に解決したい」と述べていた。日韓間の法律論争で第一次日韓会談が停滞している際には、外務省が「交渉の次第によっては請求権問題を政治的に経済協力問題などで落す」という見解を、政府内で披露していた。

非公式の場で度々「政治的解決」という言葉が用いられていた事実は注目に値する。ただし、外務省の示す「政治的解決」は、請求権問題を経済問題として解決することを示唆していたが、韓国側の言う「政治的解決」には具体的な構想が欠如していた。第四次日韓会談が進行しているこの時期も、柳が上記の「政治的解決」を口にしたが、韓国政府内に「政治的解決＝経済協力」という考え方は、まだ見られなかった。

一方、一九五九年六月に外務省アジア局長に着任した伊関佑二郎は、日本と韓国の間で抱えている諸問題を、請求権問題と連動して解決すべきであると主張する。伊関は、前任者たちと比べても積極的に日韓会談に取り組んだ。伊関が日韓会談に積極的だった背景として李鍾元が興味深い事実を発掘している。伊関は、第二次大戦中、長らく中国勤務であったが、そのうち一九四〇年から四五年まで、植民地朝鮮出身の韓通淑《ハン・トンスク》が部下としていた。この韓との縁が伊関の朝鮮観に影響を与えた、という推測は可能であろう。日本の敗戦後、韓国の官僚となった韓は、日韓会談の韓国代表団に加えられており、この時期、伊関と接触したものと思われる[70]。

日本政府内では、韓国との請求権問題が将来の北朝鮮との交渉や引揚者国内補償問題に影響する懸念が依然として指摘されていた。さらに、日韓請求権交渉は楽観的なものではなく、長期化する恐れがあるとの声もあった。しかし、伊関率いるアジア局は、一九五七年一二月の合意議事録に基づいて、日本が対韓請求権の主張を撤回することが問題解決の第一歩であり、釜山抑留者の釈放と大村韓国人の強制退去を実現するためにも、日本が譲歩を行なう必要があると唱えた[71]。

日本政府の「閣議了解案」では、請求権問題のなかで、韓国の経済や社会福祉に寄与するという名目で経済援助を与えるが、これは国交正常化後に持ち越すとし、「先国交、後経済協力」を基本方針として決定した[72]。しかし、この問題が日韓間で具体的に討議される前に会談は再び中止となる。一九六〇年四月一九日、韓国で学生革命が発生したのである。

◆日韓間経済協力の浮上

韓国では、一九六〇年三月一五日、大統領・副大統領を選出する選挙が行われた。この選挙の過程で、劣勢にあった李承晩大統領陣営は再び政権を獲得するため、有権者名簿の操作、投票函のすり替え、投票計算操作などの不正や、野党人員に対しては威嚇と暴力も辞さない選挙干渉を行ない、選挙操作は悪質かつ露骨を極めた。李が政権延命のために犯した不正選挙に端を発し、学生を中心とする国民のデモが起こると、それはまたたくまに全国へと拡大した。これが、同年四月一九日の学生革命(通常「四・一九革命」と称される)の契機となった。四・一九革命により、同年五月三日に李大統領は退陣し、許政外相率いる暫定政権が成立する[73]。

李政権の崩壊後、国務省はマッカーサー駐日大使を通じ、岸政権に対して日韓間の諸懸案を早期に解決するよう努力を求めるとともに、日本が積極的に韓国の経済再建を援助することを求めた。また、岸首相が、韓国側と直接交渉を行うことや、韓国の政権交代を歓迎する友好的なゼスチャーを示すことなどを奨励した[74]。
しかし同じ頃、日本国内も日米安全保障条約の改定をめぐる政治的混乱に見舞われていた。一九六〇年七月一九日、岸は退陣を余儀なくされ、池田勇人が政権の座に就き、第一次池田内閣が発足した。池田は、安保闘争に象徴される対決的政治手法のイメージを払拭し、所得倍増計画として知られる経済発展を優先する政策を選んだ。また、安保改定の過程で混乱した対米関係を立て直し、自由主義諸国との良好な関係を維持することを外交課題とした[75]。米国政府は新たに発足した池田政権にも日韓関係の促進を求めた。池田政権もまた、対米関係を意識して日韓関係を解決する方向へ向かったのである[76]。

一方、韓国では、一九六〇年の四・一九革命の後成立した許政過渡政府の下で、同年六月一五日に憲法改正を通じて大統領制から内閣責任制へと体制が転換された。韓国における内閣責任制は、一九六一年五月一六日に起こった軍事クーデターを契機に政権が変わるまで、約九カ月間続く。一九六〇年八月一二日、新しい選挙によって尹潽善《ユン・ボソン》新大統領が誕生した。大統領に当選した尹潽善は、同一七日に張勉を国務総理に指名し、ここに張勉内閣が成立する。大統領の順序で見れば尹潽善は第四代大統領になるが、内閣責任制における大統領は象徴的な存在にすぎず、事実上、政権を掌握した人物は国務総理である張勉であった[77]。

前述したように、張勉は以前から日韓国交正常化を望んでおり、積極的に日本に接近していた。張勉は「日韓経済協調論」を打ち出すなど、とりわけ日本との経済関係の改善に熱心であった。張勉が唱える「日韓経済協調論」の特徴は、アジア反共同盟構築のための関係改善を強調した上、米国の対韓援助削減に備えて日本が韓国経済の発展に寄与することを期待するものであった[78]。

張政権は、鄭一亨《チョン・イルチョン》新外相を通して韓国の新外交方針を発表し、その中で対日関係改善に言及した。池田首相は、尹大統領と張総理の就任に祝電を送り、第一次池田内閣で外相に就任した小坂善太郎の訪韓を推進した[79]。小坂外相の訪韓については、自民党内の一部議員や社会党の批判を除くと、おおむね日本国内では好意的に受け止められた。韓国でも、北朝鮮帰国問題や漁業問題に関する日本の態度への批判や、日本の経済浸透への憂慮は存在した。しかしその一方で、小坂の訪韓を契機に張政権の下で日韓の和解が開始される、という評価も多く見られた[80]。

外務省は、小坂の訪韓中に予定された記者会見で、韓国メディアからどのような質問が出るかを予想し、想定問答を準備した。真っ先に予想されたのは、戦前期日本の朝鮮統治に対する謝罪要求であった。その場合、外務省は「日本は韓国に対し一時優越感を抱いていたが、敗戦後これを除去し民主主義国家として再出発した」という発言に留め、直接的な謝罪を避けることとした[81]。

また、対韓経済協力については、日本が韓国の経済再建に寄与することを強調しつつ好意的に考慮していくこととした。すでに張勉政権は、韓国の経済再建のために必要な資金として、在日韓国人の資本を活用したい意向を伝えてきていた。日本政府は従来、在日韓国人の財産を日本から持ち出すことに否定的であったが、外務省はこれを受け入れる方針を固めた[82]。

このように日本の戦略は、対韓交渉においては請求権という言葉を避け、経済問題として取り上げるというものであった。これは、以前からの外務省の対韓交渉戦略を踏襲したものであった。

さらに外務省は、伊関アジア局長を含むアジア局のスタッフ七名と、民間経済人から構成される「日韓経済協力懇談会」を発足させた[83]。同懇談会の第一回会合では、米国の対韓援助が効果をあげていないことが指摘され、日韓間の経済協力の成果に疑問が投げられた。これに対しアジア局は、韓国経済が抱えている基本的な問題や現状を把握する必要があるが、まず農業を中心とする経済協力を行えば、その成果は得られると述べた。また、日韓間の貿易不均衡を是正するために、韓国の対日輸出の種目を再調整することも必要だとした[84]。

同懇談会は、日韓間経済協力の方法に関しては、まだ韓国側との具体的な議論は行なわず、日本国内の議論を収斂する段階であるとの認識を示したが、このようなかたちで民間商社の関係者や政府関係者が、今後の韓国進出に備えた実務的議論を開始した点で大きな意義があった。同懇談会は、請求権問題を経済協力によって解決するための布石の役割を果たした。

◆経済協力構想の始動

一九六〇年九月六日、小坂外相は日本の閣僚として戦後初めて韓国を公式に訪問した。一行は九月八日に韓国の鄭一亨外相と会談を行い、翌日には尹大統領、張総理との会談を行った。この会談で小坂は、日韓相互の経済繁栄と国民生活の安定を掲げ、共産主義に対抗するため、日本が韓国に経済協力を行う用意があることを伝えた[85]。

韓国側も、李政権時代とは打って変わった柔軟な態度で日本側と接した。まず尹大統領は、「百済の時代には日韓関係は極めて友好的だった。今後も日韓関係を百済時代のような友好的なものにしたい」と述べ、これまでの姿勢転換を強調した。張総理は「韓国の国民感情は過去を全く忘れていない」が、将来の日韓間の親善関係のために、過去にこだわらず前向きに考えていきたいとした。小坂は韓国の新政府に対し、公式に経済協力を提案し、韓国側もこれを歓迎した。この訪韓を契機に、一九六〇年一〇月二五日から第五次日韓会談が開かれることとなった。これによって、日本政府内でも、経済協力方式をめぐる具体的な方策が議論されることになる[86]。

一九六〇年一〇月一二日、会談再開を控えた日本政府内では、関係する各省庁の実務官僚が集まって協議が行われた。

大蔵省の見解は、吉田信邦大蔵省理財局次長を通して示された。吉田は、引揚者への国内補償問題を考慮すべきとしたが、「相殺」論にはこだわらなかった。そして、韓国の対日請求権より日本の対韓請求権の方が多いが、韓国が対日請求権を放棄するのであれば、日本側も実質的に「相互放棄」を決するとした。その一方、吉田は韓国の対日請求権の範囲に大きく制限を加えようとした。すなわち、被徴用者、旧朝鮮人官僚などに対する未払い賃金、恩給、債権など、個人請求権に関する項目のみを請求権とし、そのほかの要求は認めないというのである[87]。

一九日の会合で吉田は、経済協力を行うならば日本輸出入銀行（以下、輸銀）を中心に実施すべきであり、また韓国側の返済能力を把握するとともに、韓国へ提供する日本の資金に対し米国の保証を確保することが重要であるとも述べた。「韓国の返済能力が期待できないのであれば、通常の経済協力は初めから成立しないので、a・i・d《ママ》方式を採る必要」[88]があるからであった。吉田は、「明示的に約束できず密約でもいい」ので、韓国が未払恩給といったもの以外一切の請求権を放棄するのであれば「相当のa・i・d」を考える余地があるが、「韓国がa・i・dをもらいながら一般請求権を依然要求する態度をとる」ことは認めないと主張した[89]。

一連の吉田の発言だけを手がかりに、大蔵省の全体構想を理解することはやや難しいので、以下では、経済協力に関する用語をまとめ、この当時、大蔵省が想定していた対韓経済協力の本質を考察してみたい。

近年では、開発途上国に対する経済発展支援を経済協力と呼ぶことが多いが、第二次世界大戦後においては、米国を中心とするブレトンウッズ体制の下、戦後世界経済の拡大安定と均衡を目指すものであった。経済協力は大きく政府ベースと民間ベースに分けられるが、いわゆる政府開発援助（Official Development Assistance：ODA）は政府ベースの経済協力に含まれる。日本のODAのうち、「無償資金協力」とは返済義務のない資金提供であり、「有償資金協力」とは長期・低利のゆるやかな条件で融資する円借款の形態である[90]。国際的には「援助＝ODA」という認識が定着しているが、ODAとして国際社会で認定されるためには、第一に、資金の流れの「出し手」が政府あるいは政府機関であること。第二に、目的が途上国の経済開発や福祉の向上であること。第三に、途上国にとって一定の程度以上に有利な条件で資金が流れることが条件となる[91]。

つまり、この時期、吉田理財局次長の対韓経済協力構想の前提となっていたのは、「輸銀を出し手として、韓国の経済開発や福祉の向上を目的とする資金を、ａ・ｉｄ［援助、ＯＤＡ］」として韓国へ提供することであった。

これは、通常のＯＤＡ概念に基づいた経済協力であり、請求権の概念ではない。個人請求権に関する項目のみを請求権として認めるという吉田の発言は、戦前「日本人であった朝鮮人」に対して国家責任をとることを意味しており、これは日本の旧朝鮮支配の正当化を前提としている[92]。その上、吉田は、韓国が個人請求権以外の請求権を放棄するか、または両国の請求権を明確に「相互放棄」すれば、相当額のａ・ｉｄ［援助］すなわち経済協力資金を提供すると述べている[93]。すなわち吉田は、請求権の名目を金員で取引することを示唆していた。

一方、西原直廉大蔵省理財局長は、韓国の新政権の対日態度に関する情報を外務省に求めた。西原は、韓国の新政府とどこまで腹を割った話が出来るのか、李政権時代よりも前進した考えを示しても良いのかが問題であると発言した。西原は、アジア局の「先国交、後経済協力」案には同意しつつも、同局が交渉の妥結を急ぐことを警戒していた。とりわけ、請求権問題の決着がつかないまま漠然と「国交が樹立したから何か経済援助をする」と考えることには問題があると考えられた。大蔵省は、政府内で請求権と経済協力に関する方針を具体的に固めた上で交渉を進めるべき、と外務省の動きに釘を刺した[94]。

大蔵省の主張にアジア局は、初めから請求権の議論を全く行なわないわけにはいかないので、請求権委員会を開いて議論すると述べ、未払給与や徴用労務者給与などに関する事務的な協議は進めるものの、請求権問題は最終的には「政治的に解決されるだろう」という見通しを示した。また、「この際に命令三三号に関する議論は避けた方が良い」ので、法的主張を棚上げにして従来陥ってきた日韓の法律論争を回避すべきだと主張した[95]。

ただし、アジア局は、韓国との国交正常化の際には、対日賠償を放棄させた「台湾方式」を検討するとした。台湾の国府は、日華平和条約締結の際に対日賠償を放棄することと引換えに、日本に対しては、台湾の最恵国待遇と、国府の主権の適用範囲を中国大陸にまで認める字句を挿入することを求めた。日本は、実際に国府の主権範囲を中国大陸まで適用することは認めていなかったが、国府が日本からの譲歩を引き出すため対日賠償を放棄したことを、日本政府では「台湾方式」と称していた[96]。

言うなればアジア局も、韓国との交渉の際に請求権の名目と金員を取引する可能性を示唆したのである。アジア局は、従来の「相互放棄」方針は未だに捨てていないと強調した上で、経済協力は実質的に「相互放棄」を導くための「誘い水」であると語った。これに加えて、日本がフィリピン、ビルマ（現ミャンマー）など東南アジアで行われている「経済援助方式」を考慮し、韓国に対しては「技術援助やある程度のグラント」の提供も検討していると語った[97]。

こうした発言からは、「相互放棄＋α」を志向してきた従来の外務省の交渉戦略との連続性を見て取ることができる。一方、この時期、大蔵省と外務省との意見折衝で、経済協力方式の具体的方策として、①純粋な請求権、②無償の経済援助、③有償の経済協力という三つの方式が浮上してきたことは、注目に値する。ここに請求権問題を経済協力方式で処理するという、日本政府の具体的な政策枠組みの萌芽を見て取ることが出来る。

日韓経済協力方式の起源を考察する際に参照すべきは、この時期、日本が東南アジア諸国との間で次々と締結していた賠償協定である。これらの協定は、純賠償と借款を組み合わせた形式であった[98]。日本とビルマは一九五五年四月に賠償協定を締結したが、一九六三年に経済協力方式の部分を改めて追加し、妥結する。結果的に両国の賠償交渉は「賠償、経済協力」の形式で解決される[99]。また、日本とフィリピンとの間で一九五六年七月に締結された日比賠償協定は、純賠償五億五〇〇〇万ドル、民間ベースによる長期借款二億五〇〇〇万ドル、合計八億ドルとされていた。これも厳密に言えば「賠償、経済協力」の形式である[100]。日本政府は、東南アジア諸国と締結していた賠償協定方式を、韓国にも適用しようとしたのである。

4 日韓経済協力をめぐる憂慮と期待

◆張勉政権の過度な期待

一九六〇年一〇月二五日、第五次日韓会談が開始された。日本側の首席代表は第四次日韓会談に引き続き沢田廉三外務省顧問が務め、韓国側の首席代表には予備会談の時期から交渉に深く関与してきた兪鎮午高麗大学総長が任命された。日本では同年一二月の総選挙を経て第二次池田内閣が発足するが、日韓会談が日本の選挙へ及ぼす影響を配慮し、第五次会談は日本の総選挙が終わるまでは非公式とされた。

請求権問題に関しては、文化財と一般請求権の交渉を分離し、一般請求権委員会を別に設置して討議することにした。一般請求権委員会は、一九六〇年一一月一〇日の会談を皮切りに、一九六一年五月一〇日まで計一三回行われた。同委員会のため日本側は、大蔵省の西原理財局長を主査、吉田理財局次長を副主査とする代表団を構成した。韓国側は、金融専門家の劉彰順《ユ・チャンスン》韓国銀行副総裁を主査、李相徳《リ・サントク》韓国銀行国庫部長を主査代理に任命した[101]。

この委員会の構成からも双方の戦略が見て取れる。韓国政府は、請求権委員会の交渉代表として、主査、主査代理とも金融専門家を派遣した。これは経済協力方式による問題の妥結を前提に、支払い方法などの実務的な討議を行うための人選であった。一方、日本政府は、韓国が提出した『対日八項目』のうち、個人への支払い対象のみを請求権として認める方針としたが、そのため中心となったのは大蔵官僚であった。彼らは厳格な法律的根拠に基づいて証明を求め、韓国の対日請求権の範囲を制限しようとしていた。

こうした大蔵省の姿勢は交渉の場でいかんなく示された。一般請求権委員会で、『対日八項目』をめぐる詳細な討議が行われた。韓国側が提出した『対日八項目』は、李政権下で作成された『対日賠償要求調書』の内容を踏襲したものである。同調書は、一九四九年から調査が開始されたもので一九五四年に正式に発行された。ここでの請求項目は、朝鮮銀行券や日銀券、在日韓国財産などをめぐる日韓間債権債務処理、被徴用者など戦争被害者に対する補償などが中心であった。しかし朝鮮戦争の混乱などによって、調書の真偽を証明するための材料の多くが失われていた。ゆえに『対日八項目』は、内容を精査するに足る証拠を十分に揃えられなかった[102]。それでも大蔵省側は徹底的に、韓国側が主張する請求権の内容を証明する資料の提出を要求し、そのなかには朝鮮戦争によって焼失し、提示が不可能な書類さえ含まれていた[103]。

大蔵省との討議を通じて、韓国代表団は実務協議の困難さを痛感した。ところが、韓国側は日本に積極的に対案を提示しようとせず、経済協力に対する日本側の意見を打診する態度に終始した。韓国代表団のなかからは、韓国代表の無能を嘲る声も上がり、「日本の従来の対韓交渉戦略に韓国がうまうまと乗せられた」、あるいは「政権が変わっても日韓会談に当たる事務局の基本的な姿勢は旧態依然である」といった批判が湧き上がった[104]。

また日本は、李ラインを撤廃すれば、技術指導を行い漁業発展に協力すると韓国側に伝えていた。両国の漁業協定のなかに、別途経済協力による缶詰工場建設、冷凍魚輸入の項目を入れることとするなど、李ライン撤廃に伴う経済的利益を示唆していたが、韓国代表団はこれらの提案を否定しなかった[105]。

張勉政権は、日本の経済援助や技術援助構想の背後には、韓国を経済的に再支配する野望があると警戒を示しながらも、韓国経済の窮乏状態の打開を目指していた。そのため日本からの早急な経済協力を期待していたのである。同政権は、個人請求権の受給者調査には労力がかかる上、不公平が生じる可能性もあるとして、請求権の項目に関する細かな査定を回避しようとした。しかも、韓国の深刻な電力不足問題を日本が解決してくれれば「請求権問題はすべてたちまち解消する」と述べるなど、当面の国内の経済的困窮の打開を優先しようとする姿勢が明白であった[106]。

張政権は、過去の政権が主張した対日請求権の論理からも大きく逸脱しつつあった。対日請求権の正当性を、植民地支配への賠償ではなく「反共論理」に求めはじめたのである。韓国代表団は、韓国が共産主義防衛の第一線にあるからこそ、日本は平穏に経済繁栄を謳歌できるのであり、この点だけでも日本は韓国に大きな借りがあると主張し、日本からの経済協力を積極的に求めたが、大蔵省は、省内には経済協力無用論が強いとして冷淡な反応であった[107]。

その後も、大蔵省は韓国の対日請求に対する準備不足や論拠の弱さを追及し続けた。韓国側は大蔵省に適切に対応することができず、ついにはこの討議を早く終了させて、「請求権問題を経済協力に結び付けて政治的に妥結したい」とする本音を明かした[108]。

日本代表団のなかでも、外務省が、事務レベルの折衝で詰め切れない案件は、政治のトップレベルでまとめる形にして、請求権問題の政治的解決を図らざるを得ないと主張していたことは何度か紹介したとおりである。外務省は、請求権の細目規定の煩雑さや貨幣価値の変動のため、事務レベルの作業には大変な困難を伴うと指摘した。そして、大蔵省の交渉態度は会談妥結を目指しているものとはいえず、行き過ぎであると憂慮した[109]。

それでも、一般請求権委員会では債権債務の処理や韓国の賠償請求権の有無をめぐって消耗戦のような攻防が繰り返された。結果的に講和条約第四条、命令三三号、米国見解といった従来の法的論理も蒸し返されることになり、会談は空転した[110]。

　このように張勉政権は、李承晩政権時代の「反日」を基調とした対日政策から、「経済論理」や「反共論理」を重視する方向へと転換していった。過去問題には言及せず、経済協力による請求権問題の解決を目指したのである。

　また、張政権が交渉を急いだ理由は、国内政治基盤の脆弱性に求めることも出来よう。張政権は、四・一九学生革命によって倒された李承晩政権に代わって誕生したが、革命による政権交代を成功させた国民の誇りは強く、小学生たちまでデモを起こすほど、あらゆる主張を政府に求めたが、張勉政権は溢れる国民の要求に強く対処することが出来なかった。さらに、与党民主党では、戦前から政治家だった尹潽善大統領などの旧派と、張勉のように戦後政治に身を置いた新派の二派閥が激しく対立していた。張勉自身は国民的人気があったものの選挙の洗礼を受けることなく、党内では対立関係にあった尹潽善大統領の指名によって国務総理に就任したため、政権基盤に脆弱性を抱えていたのである。ついに、尹潽善率いる旧派が新民党という名で民主党を離党し野党に転じ、張勉が属する与党民主党は過半数を獲得できなかった。経済的な困窮に加えてこのような政治不安が続くと、国民の不満と失望は高まった[111]。張勉にとって、早期に交渉を妥結に導き、日本から経済協力を引き出すことは、経済的な苦境に喘ぐ国民の民意に応えることになると同時に、自らの政治基盤の強化に資すると考えられたのである。

　しかしながら、こうした張政権の姿勢は日本に有利な交渉環境を提供することとなった。日韓会談は韓国側の思惑とは異なる展開をたどり、韓国政府は対日請求の根拠を詳細に求める大蔵省に対応できず、交渉の主導権を日本側に握られてしまったのである。

◆韓国内の認識

張政権の、いわゆる「日韓経済協調論」は、韓国国会で批判にさらされた。野党側は日韓国交正常化の推進には同意していたが、張政権の「日韓経済協調論」には反対していた。過去の植民地支配の清算がなされないまま国交正常化を推進しようとする張政権の対日「譲歩」が批判の対象となった。野党側は、経済協調の推進によって、韓国が再び日本へ「経済的隷属状態に組み込まれる」危険性を指摘した[112]。

しかし、韓国の経済界では、日韓経済協力に対する関心が日増しに高まっていた。既に両国の商社間での経済交流は開始されており、韓国市場には多くの日本商品が流れ込んでいた。関係者の間で日本との経済協力に向けた期待が高まるにつれ、それをめぐる議論も活発化していた。韓国代表団の兪代表は、会談の場でも日本の経済協力に対する経済界の高い関心を否定しなかった。だが、同時に韓国国内において日本の経済的再支配に対する懸念も強まっていることを日本側に伝え、経済協力の性急な進展に警戒を示した[113]。

韓国の新聞も、張政権の対日交渉に大きな関心を寄せつつ、日韓間の「経済協調論」に対する評価は割れていた。

韓国の主要日刊紙の一つである『東亜日報』は、日韓間の経済協力を支持する論陣を張った。一九二〇年一月に「民族の表現機関」を標榜して創刊された同紙は、日本の朝鮮統治を批判し、民族啓蒙運動としてハングル使用を奨励するなど「抗日」的文化運動を展開した。そのため、新聞本紙と系列の雑誌は、朝鮮総督府により停刊や廃刊命令を受けるなど、日本への抵抗を代弁する韓国の主要紙であった。

その『東亜日報』は、韓国の経済的繁栄は日本との経済協調を土台にすべきと説き、日本の経済協力によって韓国の経済安定と安全保障の確立を期待するとした。他方、「日本は韓国が日本の民主独立を守る前線防共陣地であることを正しく理解すべき」とし、日韓経済協力と「反共論理」を不可分の関係として強調した。同紙は「日韓双方が互いにこのような認識をもつことに成功すれば、今までの対立を調整する新しい方式を発見することは困難ではない」として、張政権が推進する日韓経済協力を肯定的に評価した[114]。

ただし『東亜日報』は、日韓経済協力が日本による韓国経済支配の契機となることへの警戒感も隠さない。また請求権問題が犠牲にされることへの疑念を表し、請求権問題と経済協力を別個の問題と考えるべきとした。同紙は、日本が対韓請求権の放棄と対韓経済協力の対価として、韓国の対日請求権の放棄を求めるようであれば、韓国人の反日感情の緩和や日韓経済提携の促進、ひいては国交回復は望み得ないと論じて、経済協力によって韓国の請求権が放棄されることに強い警戒感を示した[115]。

また同紙は、一九六〇年一二月一一日付の記事で「日本側が韓国の対日財産請求権の放棄を前提に、約六億ドルの資本援助と技術援助を韓国へ提供し、米国側も韓国がこれを受諾することを要請した」と報道した[116]。さらに同月一三日には「日本が韓国に対し、在日韓国財産を放棄することを条件として六億ドルの援助を提議した」との報道を行っている。これらを踏まえて同紙は、六億ドルという韓国の対日請求額は、日本の防共のための投資としてあまりにも少額であり、たとえ韓国の対日要求額が一〇億ドルを下らないとしても非合理的な見解ではないと主張した[117]。

日本はフィリピンに対する賠償額として八億ドルを支払っているが、日本の防共基地の役割を果たしている韓国の価値は、フィリピンとは比べものにならない。そして、一〇億ドルという金額で、返還財産類、贈与、長期クレジット、短期クレジットといった支払枠を協議して決定すべきであると『東亜日報』は主張したのである[118]。

これらの記事に表れる数字が、一九五六年に韓国政府が外務省に示した「六億ドルから一〇億ドル」という賠償請求額と合致している点は興味深い。また、一〇億ドルの支払枠として提示された、返還財産類、贈与、長期クレジット、短期クレジットが、日本政府内で語られていた「純粋な請求権、無償の経済援助、有償の経済協力」と近似している点も注目に値する。つまりこのことは、遅くとも一九五〇年代の末までには、請求権の金額や支払枠をめぐって、ある程度の認識共有が日韓双方でなされていたことを含意している。この時期、日韓間の会談代表団の討議は表面上、停滞していたことから、外務省と駐日韓国代表部が水面下で接触していた可能性は十分考えられる。

いずれにせよ、『東亜日報』の論調は、日韓間の経済協力に大きな期待をかけた上、内容面で韓国がより多くの利益を引き出すことを目指していた。

これとは対照的に『韓国日報』は、日本の経済援助に過度な期待をかける韓国政府の態度と、そこから得られる成果に疑問を投げかけた。とりわけ、請求権に関する日韓間の認識の隔たりは依然大きいにもかかわらず、張政権が経済第一主義の下で請求権問題を押し進めていることには疑問があるとした。また、同紙は張政権の対日交渉力や国内の政治的対応にも疑問を呈している。すなわち、国民や与野党の間で経済協力に関してある程度の認識が形成されてきているが、「本交渉を強力に推する能力が現政権にあるか」というのである。日本がすでに明らかにしている「先国交、後経済協力」問題や、経済協力を経済援助とするのか借款とするのかという問題、請求権の名目をめぐる問題において、張政権の対日外交には混乱が生じているのではないか、というのが『韓国日報』の指摘であった[119]。

さらに『朝鮮日報』も、冷戦と産業化の観点から日本との国交正常化の必要性は認めたが[120]、日韓間の経済協力が表面化すると、これを警戒する論説を掲載している[121]。同紙は、「韓国の経済が日本に隷属される事態を阻止し、原則と順序を無視してまで対日親善を急ぐ張政権を牽制しよう」とした韓国国会での議論を支持し、植民地支配の清算の後に国交正常化をすることを主張した[122]。同紙もまた、経済的問題を好転させるため、請求権問題を経済協力にすり替えて解決することは、民族的な過誤を犯すことだと批判した[123]。

以上のように、一九六〇年代、図らずも両国で起こった政権交代を契機に、日韓交渉は新たな転機を迎え、請求権問題は経済協力との関連で討議されるようになった。韓国内でも、経済協力を通じた日韓関係の回復という大きな方向性については、合意が形成されていた。しかし、韓国政府は日本の経済協力が韓国経済のカンフル剤となることを期待したが、韓国内の世論は期待と憂慮を同時に示した。主要日刊紙の動向を見るように、日韓間の経済協力と請求権問題の解決をめぐっては、期待と不安が交錯したものだったのである。これに加えて、いたずらに日本からの経済協力を急ぐ張政権の対日交渉力の脆弱性や、国内政治情勢の不安を指摘し、同交渉の進展に疑問を呈している。

◆対韓経済協力をめぐる日本政府内の異見

大蔵省の見解

請求権問題を経済協力として解決することは日本政府の望むところであったが、その実施方法をめぐっては大蔵省と外務省の見解が分かれていた。

韓国の日刊紙『東亜日報』が一九六〇年一二月一三日付の記事で、日本の対韓経済協力の資金を六億ドルと報道すると、すぐさま大蔵省は外務省に『東亜日報』の報道の真意を問いただした。大蔵省は、六億ドルという具体的な数字が出たことに加え、その金額が想定外であったことから、「六億ドルの半額であってもお付き合いできない」と反対の姿勢を露わにした[124]。

大蔵省は、請求権として支払いできるのは、旧朝鮮人官僚や被徴用・徴兵者に対する未払賃金のみであり、しかも受取人の消息について不明な点が多いため、韓国への支払額は少額にとどまるとしていた。会談そのものには反対しないが、性急に交渉を進展させる必要はなく、経済協力として議論を進める段階でもないと断じていた大蔵省は、請求権問題についていくら議論を続けても、日本が譲れないことを韓国にはっきりと認識させる必要があると考えていた[125]。

さらに大蔵省は、韓国側の交渉態度についても批判している。日本が久保田発言を撤回した趣旨は、「おれも言わないからお前も無茶を言うなということ」であったにもかかわらず、韓国は以前と全く変わらぬ態度を続けていると非難した。今後、日韓の間で再び法律論争が起こる場合や、久保田発言のような論争が再発する可能性も排除できず、同種の問題が再発した場合は、国際司法裁判所に提訴することも考慮している、と大蔵省は主張した[126]。

大蔵省は、外務省の対韓交渉姿勢にも警戒を示し、韓国に請求権金額に対する「wishful thinking」[127]を与えないよう釘を刺した。米国の解釈は「相殺」的な意味を含んでおり、韓国に過度な期待を与えず、思い切った譲歩に踏み込むことのないよう外務省の自制を求めた。韓国の政情から見て交渉が妥結するかどうかは疑問であり、ゆえに韓国側に請求額の具体的な数字を急いで示す必要はない。韓国政情を冷静に見極めながら韓国側の期待を抑制していくべきである、と大蔵省は考えていた[128]。

とはいえ、大蔵省も日韓会談を破綻させることを望んでいたわけではない。彼らもまた、個人請求権の受給者が、現在韓国または北朝鮮いずれに居住しているか調べることは、手続き上の困難さがあることを認めていた。そして、自らの強硬姿勢のために日韓会談が決裂する事態になることは望まず、最終的には外務省の構想する政治的解決が不可避であることは認めていた。だが大蔵省は、韓国が主張している請求額の大部分を支払うつもりはないと明言し、この点を韓国側に明確に伝えるよう外務省に迫ったのである[129]。

外務省の見解

外務省は、最近の協議の経緯は吉田理財局次長が充分承知しているにもかかわらず、大蔵省が過剰な慎重論をとっていると反論した。そして、対韓経済協力の大枠は、従来の基本方針から何ら変わっていないとして、強硬な態度を改めるよう大蔵省を説得した[130]。

『東亜日報』で報道された「六億ドル」という数字は、韓国側が今後の交渉のため単純に提示したもので、あまり意味がない[131]。そして、漁業問題に進展が見られない限り、請求権問題も前に進めないとして、韓国に対する一方的な譲歩はないと述べた。その上で、今後の課題は、米国の示した見解を基礎に、韓国といかにまとめるかという方法論的な議論になると指摘した。外務省は、大蔵省が懸念した法律論争や久保田発言の再発可能性を否定し、「どんなことを言っても韓国と喧嘩はしないと約束ができている」と述べ、今度こそ韓国との会談をまとめると断言した[132]。

また、日韓会談の再開に合意した一九五七年一二月三一日付の合意議事録で、「米国解釈は財産請求権の相互放棄を意味しない」という旨が記されたことで、韓国側は日本の対韓請求権の主張のみが撤回されたと解釈しているが、外務省の解釈としては、米国解釈が「相互放棄」の可能性を排除しておらず、ゆえに「米国解釈は相殺論である」という大蔵省の主張は、もはや非現実的であるのみならず、韓国側の態度を硬化させ、会談を壊すだけであると説いた。韓国側が正式な賠償を要求せず、「賠償的性質」を有する旨の発言をしているのは、韓国自らが法的根拠の脆弱さを認めたものであり、「相殺」論にこだわらなくても、韓国との交渉の結果は大蔵省の心配する事態にはならないというのが外務省側の意見であった[133]。

一九六〇年一〇月から条約局長に着任した中川融は、これについて次のように補足している。中川は、一九五七年一二月三一日の合意議事録において、単に「米国の解釈による」としておけばよかったが、最終段階で岸首相の裁断によって「相互放棄を意味するものでない」という一項が入ったと説明した。そのため、米国の解釈が「相殺」を意味するかは不明確になり、完全に「相殺」とは言い切れない性質になっていると述べた。中川は、「米国の解釈は相殺を意味する」という大蔵省の主張を、事実上、否定したのである[134]。

これに加えて中川は、米国の解釈や命令三三号を議論に踏み込むことは、最終調整の時期まで留保することが賢明であるとして、法律論を棚上げにして会談を進める方針を再確認した。今回の会談で日韓両代表団は韓国側の『対日八項目』のうち五つの項目について、合理性と非合理性に関する論議を行なっているが、最終的には請求権問題を政治的に解決することが無難であると中川は結論付けた[135]。

伊関アジア局長は、韓国国内でも日本の法律論に対する見解が割れており、韓国側の主張が簡単に成立しないことは先方も理解していると付け加えた。そして、日本が故意に請求権の討議を避けると、むしろ韓国側を刺激する恐れがあると語った。伊関は、「紆余曲折はあっても会談は決裂に至らず、継続し、そのうちにまとまる」と、会談妥結に向けた意思を示した。ただ、伊関も、自由諸国の団結や「反共論理」といった大局論による「思いきった対韓譲歩」は、行なわないことを約束した。伊関は、請求権問題を漁業問題と関連付けるなど、国内の世論を納得させる方向で解決したいとして、「請求額を少額とする大蔵省側の考え方に沿って」韓国側を説得すると述べた[136]。

ただし注意すべきは、「請求額を少額とする大蔵省側の考え方に沿って」とする伊関の発言には、請求権名目としての金額は少額とするが経済協力資金によって韓国側の満足できる金額にする、という思惑が隠されている点である。後述するが、この後の請求権問題をめぐる日韓間討議には、伊関アジア局長が深く関わるが、その過程で請求権の名目より総額に重点をおいた日韓間の駆け引きが展開されるのである。

興味深いことに、この時期、外務省内で条約局とアジア局の見解が相当程度一致している。韓国問題をめぐって、かつてのような両局間の意見の相違は見られない。中川条約局長は、一九五三年から一九五七年までアジア局長を務めていた経験があり、アジア局として柔軟な対韓姿勢を示していた。その後、条約局長に就任した中川が、伊関率いるアジア局に協力的であった背景には、こうしたアジア局の状況をよく理解していたからと思われる。

日本政府内の意見折衝

対韓経済協力および請求権問題に関する大蔵省と外務省の間の溝は、未だ完全には埋められていなかったが、その後も意見調整を重ね、両省の意見は以下のようにまとめられた。

第一に、対韓請求権を撤回するが、これを韓国の対日請求権の査定の際に考慮し、実質的な「相互放棄」とする。第二に、韓国の対日請求権について、査定の結果、根拠の無いものは支払いを拒否する[137]。第三に、韓国が講和条約第四条（b）項を根拠として、日本の対韓請求権の放棄を主張してきた場合は、日本は一九五七年の米国見解を基礎に対応する[138]。その際、講和条約において韓国の対日賠償請求の法的根拠はなく[139]、韓国との賠償問題に類似した請求権も、講和条約上は存在しないことを明確にした上で韓国と交渉する[140]。

この段階でも、日本政府は従来の法的見解を放棄するのではなく、韓国との法律論争をなるべく避けつつ、実質的な請求権の「相互放棄」を目指すという当初の方針が再確認されたのである。

ここでは韓国との経済協力問題をめぐる日本政府内の動向を、大蔵省と外務省の意見調整過程に焦点を当てて検討した。日韓会談当初から、請求権委員会に出席している日本側の代表は、政府官僚を中心に構成されていた。なかでも、大蔵官僚と外務官僚が議論を主導した。その意味でも、請求権問題をめぐる大蔵外務両省間の意見収斂は、日本政府内での意見統一の最終過程であった。

5　請求権交渉の新しい展開

◆自民党議員団の訪韓

日本政府内で対韓経済協力をめぐる議論が進められるなか、日韓会談の妥結に向けた気運も高まった。一九六一年四月二〇日、自民党の政務調査会外交部会では、石井光次郎を座長として、岸信介、佐藤栄作、藤山愛一郎などをメンバーとする日韓問題懇談会が設置された。懇談会では、日韓会談の推進を目指す観点から国会議員団を韓国へ派遣することを検討した[141]。

台湾総督府での勤務経験を持ち、台湾と縁が深い石井は「親台派」の代表格として知られている。戦前の商工官僚であり革新官僚として満州で辣腕をふるった岸は、「親台派」であるだけでなく、山口県出身者としての韓国に対する特別な思いや首相引退後日韓協力委員会の会長をつとめたことから、「親韓派」の代表格として韓国政府から期待されていた。この日韓問題懇談会の主要な構成員は自民党の「親台派」によって固められていたが、彼らは日韓台による反共的紐帯を目指すとして、日韓国交回復に関心を示していた[142]。

同じ頃、駐日米国大使館の関係者[143]が前田利一アジア局北東アジア課長を訪ね、日韓交渉の状況について、「韓国の張勉政府は、日本からの経済援助を早急に必要としているため、経済協力の進み具合によっては請求権問題の完全棚上げも考えている」と伝えている。そして、まず国交を回復した上で、日本が限定した形で韓国に経済協力を行うという日本の方針を支持した。アジア局は、こうした米国大使館側の見解が日本の立場のみに配慮したものであり、韓国の思惑を正確に伝えたものなのか疑問だとは考えつつも、経済協力方式により請求権問題の解決が可能である、という点については確信を持った[144]。

日韓問題懇談会は、一九六一年五月六日から一二日まで自民党議員八名からなる訪韓議員団をソウルに派遣したが、外務省からは伊関アジア局長が同行した。伊関は主に、請求権及び経済協力に関する具体的な討議の際に、政治判断が必要とされない実務的項目について説明を担当した。訪韓議員団は出発前、この訪韓では、日韓間の経済協力は国交締結後に行う予定であり、日本は韓国に対する経済的再支配を意図していないこと[145]、請求権問題の解決において日本の一方的な譲歩はなく、対価として漁業問題を解決する必要があること、などを明言するとしていた[146]。

ただし、このような訪韓議員団の見解は、すでに外務省を通じて韓国側に伝わっていた。「先国交、後経済協力」方針については、一九六〇年四月、伊関局長によって駐日韓国代表部に伝えられている[147]。また、一九六一年二月に外務省側は韓国代表団に対し、請求権交渉の際に請求権の名目を排除しないが請求権問題に関しては政治的折衝が重要であること、経済協力の方式は政府間無償援助と民間資本提携に分けることを伝えている。その上で、外務省は、日本国内では韓国側が漁業問題を議論せず請求権問題のみを議論の対象にするならば日韓会談は進みにくい、という意見が強いことを強調した[148]。

つまり、自民党内に日韓問題懇談会が設置され、国会議員がこの問題に本格的に介入する以前に、韓国との経済協力交渉のための外務省による地慣らしが行われていたのである。

◆経済協力方式の枠組みの設定

この時期から、史料には対韓経済協力資金に関する用語が本格的に登場するが、日本外交文書のみならず先行研究においても、無償供与、無償経済援助、無償経済協力、無償借款、有償供与、有償経済援助、有償経済協力、有償借款、長期低利借款などの言葉が乱立し、概念と用語が統一されていない。経済協力について前述の用語解説を踏まえるならば、無償供与、無償経済援助、無償経済協力、無償借款などは、返済義務のない「無償資金協力」を意味する。一方、有償援助、有償経済協力、有償借款、長期低利借款などは、日本輸出入銀行を通じた「有償資金協力」、すなわち円借款を意味する。本書では、引用の場合を除いて「無償経済協力」と「有償経済協力」に、用語を統一する。

訪韓議員団に同行した伊関アジア局長は、金溶植韓国外務次官との会談で、請求権問題について次の解決案を提示した。第一案は、明確な個人債務は請求権として解決し、一般的請求権は無償経済協力として取り扱う。第二案は、個人債務に関する請求権を設定せずすべてを無償経済協力とするか、政府借款と輸銀を通した民間レベルの借款を分けて取り扱う。すなわち、どちらも「国家間の請求権」としての名目を事実上排除する案である。これに対し金次官は、日韓両国間の諸懸案のうち一部を棚上げする議論を排し、あくまで全面解決を目指すことを強調しつつ、伊関の提案に同意した。その上で金次官は、日本が無償経済協力としてどの程度の金額を考えているのかを質したが、これについて伊関は政治的折衝によって決定すべきものとした[149]。

日韓経済協力に対する議論はここで本格的な軌道に乗ったが、韓国側がもっとも関心を示したのは、請求権および無償経済協力の金額と、有償経済協力の条件であった。訪韓議員団は、経済協力については韓国の経済復興計画を検討して決定するが、韓国が必要とする部分を「経済協力ないし経済援助として提供する」ことを考えていると答えた。だが、韓国側が知りたがった請求権の金額については、ハイレベルの政治折衝によって決定されるものだとして確答を避けた[150]。

伊関アジア局長は帰国後、省内向けの報告書を作成するにあたって、個人的な所見と断った上で次のような見解を示した。すなわち、「韓国の一般民衆は、日本と手を握る以外に生きる途はないという気持ちになっている。議員団と話合った韓国の高官は、過去のことに多少のしこりはあったが、親日的すぎると韓国内で批判を受けるほど、内心過去はどうでもいいという気持ちで日本との経済協力を望んでいる」[151]。

その上で、伊関は「今後のヤマは結局日本側がいくら払うか肚を決める」ことにかかっているとして、以後の日韓交渉では、請求権の名目より請求権の金額をめぐる議論が中心になると予想した[152]。そして、日韓間の請求権および経済協力問題に関する具体的な解決方法として、以下のような構想を示している。

- 無償経済協力を年間五〇〇〇万ドルずつ五年間、計二億五〇〇〇万ドルを支払い、請求権に基づく債務を五〇〇〇万ドルとして、合計三億ドルを支払う。
- 無償の期間に合わせて、有償経済協力の名目で年間五〇〇〇万ドルの資金枠を用意する。

・上記の案を合わせて年一億ドルを提示する。[153]

これは「個人債務を中心とした請求権五〇〇〇万ドル、無償経済協力二億五〇〇〇万ドル、有償経済協力二億五〇〇〇万ドル」を合計することで総額五～六億ドルに達する内容である。

この総額について、伊関は「米国の対韓援助の一年分が二億数千万ドルなので、日本の対韓援助がこれに足りないようではみっともなくて提案しにくい」と説明した。また伊関は、「韓国側が非公式に五億ドルはもらいたいと述べた」として、韓国側の希望額を考慮したことを示唆している。その上で伊関は、請求権交渉から出発しても、結果的に日本が韓国経済に貢献できるようなものとして考えることができれば良いとし、日本が一段高い立場から韓国経済の崩壊を防ぐために面倒を見る必要があると述べた[154]。

◆「伊関試案」と外務省の初期韓国政策の連続性

李鍾元は、この経済協力方式構想について伊関アジア局長のイニシアティヴの下、経済協力方式に関する具体的な金額が構想されたとしている。李はこれを「伊関試案」と称し、外務官僚である伊関が、対韓政策の形成過程において多大な活躍を見せたと再評価した。その上、第六次日韓会談における「大平・金合意」の原型が、この時期、韓国の張政権と日本の池田政権の下で形成されたと論じている[155]。しかし、これまで述べてきたとおり、伊関が示した総額や三つの方式、金額の割り振りは、以前から外務省内で議論されていたものであった。

すなわち、総額については、李承晩政権の発言力が衰退し、張勉が登場してきた一九六〇年の水面下討議に際して示された金額の範囲である。また「請求権、無償経済協力、有償借款」といった三つの方式は、一九六一年三月に大蔵省と外務省の話し合いにより構想された「少額の請求権、政府間無償援助、民間資本提携」案を原点としている。日本がすでに東南アジア諸国と締結している賠償協定の形式も、この三つの方式の先例となっている。

さらに、金額の割り振りのなかで、請求権五〇〇〇万ドルの起源は、第四次日韓会談中の一九五八年後半までに遡ることができる。この時、日本政府内では、個人債権を中心とした韓国の対日請求額として約一八〇億円[156]を想定していた。これを当時の円ドル為替レートである「一ドル＝三六〇円」として換算すれば、五〇〇〇万ドルとなる。無償と有償については、総額の範囲から「請求権五〇〇〇万ドル」を除いた金額を等分した政治的な勘定であるといえよう。

したがって、「伊関試案」は、すでに外務省内に積み上げられてきた様々な試案をベースに伊関がまとめたと見るのが適切だと考えられる。

一方で、伊関は請求権の名目や金額については、外務・大蔵両省の事務当局で意見をまとめるとした。ただし、韓国がその資金を何に使用するかについて、日本は関与すべきではないと述べている。また、伊関は「韓国がこの金額全部を請求権として受け止めても良いし、国内においてもそう説明して構わない」として、この方式によって請求権問題が免責されれば、それでよいと語った[157]。

帰国した伊関が政府内で述べたこの発言が、自民党訪韓議員団との合意なしに為されたものとは考えにくい。常識的に考えて、請求権の支払い方式や総額に関する「伊関試案」が、訪韓団メンバーを中心に自民党内でもある程度共有されていたと見るのが自然だろう。

韓国の対日姿勢が緩和されるなか、交渉の当初から穏健路線を唱えていた外務省の発言力が日本政府内において高まっていくのは当然のことであった。日韓交渉をめぐる外務省の発言力の増大は、アジア局長としての伊関が、大蔵省や自民党議員との折衝において、十分な力量を発揮する環境を整えたといえよう。

ところが、状況は再び急変する。訪韓議員団と伊関が帰国した四日後の一九六一年五月一六日、韓国で朴正煕率いる軍事クーデターが起こったのである[158]。日韓会談は中断され、同年九月に予定された本会談についても先行きが不透明となった。第五次日韓会談はそのまま終了となり、日韓経済協力方式に関する具体的な交渉も停滞することになった。

◆日韓請求権交渉における過渡期的意味

岸政権の下で進められた第四次日韓会談は、日本側が対韓請求権の主張撤回方針に踏み切った点で評価されるが、実際には会談再開後も請求権交渉にはほぼ進展が見られなかった。

第五次日韓会談では、張勉政権が国内情勢のため日本からの経済協力を望んだ結果、請求権問題については、従来の議論を棚上げした形で前進することになった。この日韓会談は、両国の請求権問題解決に向けた考えが一致したという点で画期的であった。また日本政府内で経済協力方式の枠組みが形成されたことも、この時期の大きな変化であった。

しかし、第四次と第五次の日韓会談における日本政府内の議論を分析すると、従来からの外務省の対韓交渉戦略が一貫して継承されていたことが分かる。外務省の対韓戦略の連続性については以下のように要約できよう。

第一に、韓国が法的論理を持ち出さない限り、日本も交渉の進展のために法的論理を棚上げにする。しかし、このことは従来の法的論理の放棄を意味しない。韓国の法的論理を持ち出した際に対抗するための備えとする。

第二に、日韓会談第二次中断期において韓国側と合意した対韓請求権の主張撤回は、張政権の登場によって、交渉の場に登場しなくなった。さらに、張政権は請求権の名目よりも金額を重視し、請求権問題を経済協力方式として処理しようとした。その点で、当初から外務省が目指した日韓間請求権の「相互放棄」が実質的に実現する見通しが立った。

第三に、韓国への支払いは認めるが、請求権名目ではない経済協力によってこれを行うという外務省の構想が具体化した。従来の「相互放棄＋α」案において、韓国への支払いを認める「＋α」部分が、大蔵省と外務省の意見調整の結果「純請求権、無償経済協力、有償借款」方式で枠付けられた。

次章で論じるように、第六次日韓会談を主導した朴正煕政権は、経済協力方式によって請求権問題を実質的に妥結させることになる。その意味で、日韓両国が経済協力方式に歩み寄りを示した第五次日韓会談は、その後の会談の展開を考える上で重要な前史として位置付けることができよう。

註

1——張博珍、前掲書、二〇一四年、한상일［韓相一］「제5차 한일회담과 청구권문제［第五次韓日会談請求権問題］」国民大学日本学研究所編、前掲書2、二〇一〇年、一六三〜一八七頁、李鍾元、前掲論文、二〇〇九年a。

2——アジア一課「第四次日韓会談処理方針案」一九五八年二月一四日、外務省文書、二〇〇六-五八八-一五三三。

3——「財産権問題に関する基本方針案」一九五八年三月三一日、外務省文書、九五〇六-五八八-一五九八。

4——ア北「日韓会談の問題点」一九五八年一〇月一六日、外務省文書、二〇〇六-五八八-七二。

5——亜二「財産、請求権処理に関する件」一九五一年一二月一〇日、外務省文書、二〇〇六-五八八-五三六。

6——韓国ではこの問題を「北送」問題とし、日本では北朝鮮「帰還」事業、北朝鮮「帰国」事業などと称している。本書では、原文書や文献を引用する場合は原文の表現を用い、それ以外の場合は北朝鮮への「帰国」に用語を統一する。

7——朴正鎮「第5章　国際関係から見た帰国事業——赤十字国際委員会の参加問題を中心に」高崎宗司、朴正鎮［編］『帰国運動とは何だったのか：封印された日朝関係史』平凡社、二〇〇五年、一四七〜一五一頁。

8——在日朝鮮人の北朝鮮帰国運動に協力した、「朝鮮総連」、「日朝協会」、「在日朝鮮人帰国協力会」など諸団体の設立経緯および活躍については、李尚珍「日朝協会の性格と役割」高崎の他、同上、二三五〜二六七頁を参照されたい。

9——菊池嘉晃「帰国運動・帰国事業と帰国者の「悲劇」」坂中英徳、韓錫圭、菊池嘉晃［共著］『北朝鮮帰国者問題の歴史と課題』新幹社、二〇〇九年、二三六〜二八一頁。

10——テッサ・モーリス-スズキ［著］・田代泰子［訳］『北朝鮮へのエクソダス：「帰国事業」の影をたどる』朝日新聞社、二〇〇七年、一三四頁。同平壌会談が開催される経緯や会談の展開については、同書の8「平壌会談」を参照。

11——「財産権問題に関する基本方針案」外務省文書、前掲。

12——경무대아주과［景武臺亜州課］「韓日予備会談終結のための調印に関する件」韓国外交文書、一〇一『제4차 한일회담 예비교섭［第四次韓日会談予備交渉］, 1956-58 (V.3 1958.1-4)』。

13——外相「日韓交渉妥結に関する件」一九五八年一月一〇日、外務省文書、二〇〇六-五八八-一五三二。

14——外相「日韓交渉妥結後の経緯に関する件」一九五八年三月二〇日、外務省文書、二〇〇六-五八八-一四八八。

15——吉澤、前掲書、二〇一五年、一〇三〜一〇四頁。

16——戦後南朝鮮では、大韓民国単独政府樹立のための総選挙を控え、これが朝鮮半島の分断を固定化するという理由から同選挙に反対するデモが全国各地で起こった。済州道では、一九四八年四月三日を起点として、反対デモが急速に展開されたが、軍隊と警察が過剰に鎮圧し、罪のない民間人が「共産主義者」とのレッテルを貼られ、二〜三万人が犠牲となったとされる。朴天郁、前掲書、二〇一七年、二二八頁。

17——モーリス-スズキ、前掲書、二〇〇七年、一五四〜一五六頁。大村韓国人の数は、一九五四年末には一三〇〇人に達していたが、一九五五年に日本政府は二三二人の仮釈放を実施した。その後も収容者は増加し法務省は横浜入国者収容所分室を開設したが、大村は最大規模の収容所であった。大村と横浜を合わせた韓国人収容人数は一九五六年一二月には一六五五人、一九五七年一二月には一七三六人に膨れ上がった（吉澤、前掲書、二〇一五年、六六頁）。

18——朴正鎮、前掲書、二〇一二年、二二六頁。

19——外相「日韓交渉妥結後の経緯に関する件」外務省文書、前掲。

20——在日朝鮮人が北朝鮮への集団的帰国を決議する過程については、朴正鎮の著書（前掲書、二〇一二年、二二三〇〜二四〇頁）を参照。

21——吉澤、前掲書、二〇一五年、九〇〜九五頁。

22——外相「日韓交渉妥結後の経緯に関する件」外務省文書、前掲。

23――三宅記「三月十三日藤山大臣と金大使会談要領」一九五八年三月一八日、外務省文書、二〇〇六－五八八－三一四。
24――三宅記、外務省文書、同上。
25――アジア局「ロバートソン国務次官補に対する要望事項」一九五八年三月一五日、外務省文書、二〇〇六－五八八－一四八五。
26――参議院外務委員会調査室「日韓基本条約及び諸協定等に関する参考資料（六）第四次会談」一九六五年一〇月、外務省文書、二〇〇六－五八八－一六四七。
27――板垣局長「大村収容所内の北鮮帰国希望者に関する柳大使、板垣アジア局長会談要旨」一九五八年七月七日、外務省文書、二〇〇六－五八八－三一五。
28――ア北「日韓交渉の経緯とその問題点」一九五八年一一月一〇日、外務省文書、二〇〇六－五八八－一五四三。
29――朴正鎮、前掲書、二〇一二年、二三〇頁。
30――板垣局長「大村収容所内の北鮮帰国希望者に関する柳大使、板垣アジア局長会談要旨」外務省文書、前掲。
31――李元徳、前掲書、一九九六年、一〇六頁。
32――外務省アジア局「板垣局長・崔参事官会談要旨」一九五九年一月二一日、外務省文書、二〇〇六－五八八－三二五。
33――外務省アジア局、外務省文書、同上。
34――岸他、前掲書、一九八一年、二二四頁。
35――外務省アジア局「板垣局長・崔参事官会談要旨」外務省文書、前掲。
36――外務省アジア局、外務省文書、同上。
37――アジア局「板垣局長・崔参事官会談要旨」一九五九年一月三〇日、外務省文書、二〇〇六－五八八－三二五。
38――アジア局「藤山外相・柳公使会談要旨」一九五九年二月七日、外務省文書、二〇〇六－五八八－三二七、「藤山外相・柳公使会談要旨」一九五九年二月一二日、二〇〇六－五八八－三二七。
39――北東アジア課「沢田・柳会談録」一九五九年三月一一日、外務省文書、二〇〇六－五八八－三二二、「沢田・柳会談要旨」一九五九年四月一六日、外務省文書、二〇〇六－五八八－三二二。
40――北東アジア課「沢田・柳会談録」外務省文書、同上、「沢田・柳会談要旨」外務省文書、同上。

41——菊池嘉晃『北朝鮮帰国事業：「壮大な拉致」か「追放」か』中公新書、二〇〇九年、一〇二〜一〇七頁。

42——MacArthur to Department of State, 1958.7.9, RG84, Japan-Tokyo Embassy, Classified General Records, 1958 July-Dec, 320, Box42, NA.

43——MacArthur to Department of State, 1958.7.9, RG84, Korea-Seoul Embassy, Classified General Records, 1958, 320.1, Box20 (Old Box.1), NA.

44——［無題］一九五八年七月一七日、外務省文書、二〇〇六-五八八-一四八三。

45——MacArthur to Department of State, 1958.8.22, RG84, Korea-Seoul Embassy, Classified General Records, 1958, 320.1, Box20 (Old Box.1), NA.

46——MacArthur to Department of State, 1958.8.22, RG84, Japan-Tokyo Embassy, Classified General Records, 1958, 320, Box42, NA.

47——「九月十二日藤山大臣、ダレス国務長官会談録」一九五八年九月一二日、外務省文書、二〇〇六-五八八-一四八四。藤山外相はダレス長官に対し、日本は国府と外交関係を続けることを優先していると強調した上、中国問題に対する岸首相の基本姿勢は、政経分離の路線であると説明した。その上で藤山は、日本と中国が経済的、文化的な接触を進めることによって、政治的に解決し難い問題を解決することを原則としていると述べた。

48——外務省文書、同上。

49——Secretary of State to Seoul AmEmb, Tokyo AmEmb, 1959. 3. 19, RG84, Korea-Seoul Embassy, Classified General Records, 1956-1963, 320.1, Box27 (Old Box.8). NA.

50——朴鎮希、前掲書、二〇〇八年、二二〇〜二二七頁

51——Memorandum of Conversation, 1959.5.5, RG84, Korea-Seoul Embassy, Classified General Records, 1959, 320.1, Box27 (Old Box.8). NA.

52——MacArthur to Department of State, 1959.5.8, RG84, Korea-Seoul Embassy, Classified General Records, 1959, 320.1, Box27 (Old Box.8). NA.

53——モーリス-スズキ、前掲書、二〇〇七年、二六二頁。

54——モーリス-スズキ、同上、二五七頁。

55——「沢田・柳・兪・李会談記録」一九六〇年二月二三日、外務省文書、二〇〇六-五八八-三三五。

56——参議院外務委員会調査室「日韓基本条約及び諸協定等に関する参考資料(六)第四次会談」一九六五年一〇月、外務省文書、二〇〇六‐五八八‐一六四七。

57——アジア局「第四次日韓全面会談再開本会議　第一回会合」一九五九年八月一八日、外務省文書、二〇〇六‐五八八‐一一。

58——アジア局、外務省文書、同上。

59——吉澤、前掲書、二〇一五年、九四頁。

60——北東アジア課「澤田首席代表と柳大使との会談要旨」一九五九年九月一八日、外務省文書、二〇〇六‐五八八‐三三二、「沢田・柳会談記録」一九五九年一一月五日、外務省文書、二〇〇六‐五八八‐三三二。

61——北東アジア課、外務省文書、同上、「沢田・柳会談記録」外務省文書、同上。

62——「山田次官・柳大使会談に関する件」一九五九年一一月一〇日、外務省文書、二〇〇六‐五八八‐三三四。

63——北東アジア課「沢田・許会談録」一九五九年九月二五日、外務省文書、二〇〇六‐五八八‐三三三二、「沢田・許会談に関する件」一九五九年一〇月一六日、外務省文書、二〇〇六‐五八八‐三三二。

64——北東アジア課「日韓会談関係情報」一九五九年八月一七日、外務省文書、二〇〇六‐五八八‐二八五、「許政代表内話の件」一九五九年八月二一日、外務省文書、二〇〇六‐五八八‐二八五、「韓国代表団動静に関する件」一九五九年一〇月一五日〜一一月二七日、外務省文書、二〇〇六‐五八八‐二八五。

65——北東アジア課「日韓全面会談の両国代表の顔合せ経緯」一九六〇年一月三〇日、外務省文書、二〇〇六‐五八八‐五二。

66——「沢田・柳・兪・李会談記録」一九六〇年二月二三日、外務省文書、二〇〇六‐五八八‐三三五。

67——板垣局長「大村収容所内の北鮮帰国希望者に関する柳公使、板垣アジア局長会談要旨」外務省文書、前掲。

68——北東アジア課「第四次日韓全面会談の経緯」一九五九年七月三〇日、外務省文書、二〇〇六‐五八八‐七四。

69——外務省顧問室「第三十次沢田・柳会談要旨」一九五九年一月一二日、外務省文書、二〇〇六‐五八八‐三三二。

70——李鍾元、前掲論文、二〇〇九年、二四頁と注47、48を参照。

71——外務省アジア局北東アジア課「日韓会談の経緯及び問題点」一九六〇年四月五日、外務省文書、二〇〇六‐五八八‐七六。

72——アジア局「日韓全面会談に関する基本方針(案)(閣僚了解案)」一九六〇年四月一六日、外務省文書、二〇〇六

-五八八-一四〇三。
73——韓国の一九六〇年三・一五不正選挙と四・一九革命の展開、その後の新政権成立については、朴天郁、前掲書、二〇一七年、二三七〜二三九頁を参照のこと。
74——北東アジア課「小坂外相の訪韓に関する件（首相への説明資料）」一九六〇年八月二五日、外務省文書、二〇〇六-五八八-五〇七。
75——吉次公介『池田政権期の日本外交と冷戦』岩波書店、二〇〇九年、一三〜一五頁。
76——北東アジア課「小坂外相の訪韓に関する件（首相への説明資料）」外務省文書、前掲。
77——朴天郁、前掲書、二〇一七年、二三七〜二三九頁。
78——太田、前掲書、二〇一五年、一三五〜一三八頁。
79——北東アジア課「小坂外相の訪韓に関する件（首相への説明資料）」外務省文書、前掲。
80——情報文化局報道課「小坂外相の訪韓に関する韓国紙の論評について」一九六〇年九月一〇日、外務省文書、二〇〇六-五八八-七七一。
81——「小坂大臣ステートメント等（京城到着時）」一九六〇年八月二五日、外務省文書、二〇〇六-五八八-五〇八。
82——アジア局「小坂大臣のソウルにおける記者会見想定問答」一九六〇年九月三日、外務省文書、二〇〇六-五八八-五〇九。
83——北東アジア課「日韓経済協力懇談会第一回会合記録」一九六〇年七月六日、外務省文書、二〇〇六-五八八-一六〇一。同史料において、民間商社の参加者の名簿は黒塗りされているため、その面々は判然としない。
84——北東アジア課、外務省文書、同上。
85——北東アジア課「小坂大臣訪韓の際の尹大統領、張国務首相との会談中注目すべき諸点（局長の口述されたもの）」一九六〇年九月九日、外務省文書、二〇〇六-五八八-五一二。
86——北東アジア課、外務省文書、同上。
87——北東アジア課「第五次日韓会談に対する日本側基本方針決定のための第一回各省代表打合会議概要」一九六〇年九月一二日、外務省文書、九五〇六-五八八-一四〇八。
88——北東アジア課「第五次日韓会談に臨む日本側態度決定のための第二回各省代表打合会議概要」一九六〇年九月一九日、外務省文書、九五〇六-五八八-一四〇八。

89 ——北東アジア課、外務省文書、同上。

90 ——ODAの定義については、財務省のHPを参照。http://www.mof.go.jp/international_policy/economic_assistance/oda/oda.html。

91 ——下村恭民、辻一人、稲田十一、深川由起子［著］『国際協力：その新しい潮流』有斐閣選書二〇一三年、一〇～一三頁。

92 ——張博珍、前掲書、二〇〇九年、三五一頁。

93 ——北東アジア課「第五次日韓会談に臨む日本側態度決定のための第三回各省代表打合会議概要」一九六〇年一〇月一四日、外務省文書、九五〇六－五八八－一四〇八。

94 ——北東アジア課、外務省文書、同上。

95 ——北東アジア課、外務省文書、同上。

96 ——井上、前掲書、二〇一〇年、四九～五二頁。

97 ——北東アジア課「日韓会談準備のための省内打合会に関する件」一九六〇年一〇月六日、外務省文書、九五〇六－五八八－一四〇八。

98 ——日本の戦後賠償に関する概要は、以下を参照した。永野慎一郎、近藤正臣『日本の戦後賠償——アジア経済協力の出発』勁草書房、一九九九年。

99 ——永野他、同上、八四～八五頁。

100 ——永野他、同上、六九頁。

101 ——아주과［亜州課］「1-1. 제1차［第1次］, 1960.11.10」韓国外交文書、七一八『제5차 한일회담 예비회담, 일반청구권 소위원회 회의록［第五次韓日会談、一般請求権小委員会会議録］, 1-13차［一～一三次］, 1960-61』。

102 ——張博珍、前掲書、二〇一四年、五三一頁。なお、同書の五一五～五三一頁に、第五次日韓会談の際に韓国側が日本に提出した『対日八項目』の内訳に対する、詳細な分析と考察がある。

103 ——北東アジア課「［不明］日韓会談に対する見方に関する件」一九六〇年一一月二八日、外務省文書、二〇〇六－五八八－三五〇。

104 ——北東アジア課、外務省文書、同上。

105 ——北東アジア課「日韓会談首席代表非公式会談記録」一九六〇年一二月一五日、外務省文書、二〇〇六－五八八－

三四八。
106——北東アジア課「沢田・宇山・兪・蘼非公式会談記録」一九六〇年一二月二六日、外務省文書、二〇〇六‐五八八‐三四八。
107——北東アジア課「請求権問題に関する非公式会談要旨」一九六〇年一二月二七日、外務省文書、二〇〇六‐五八八‐九六。
108——亜州課「1-8. 제6차 [第6次], 1961.3.15」韓国外交文書、七一八、前掲。
109——北東アジア課「第五次日韓全面会談予備会談の一般請求権小委員会第三回会合」一九六〇年一二月一〇日、外務省文書、二〇〇六‐五八八‐八五。
110——亜州課「1-9. 제7차 [第7次], 1961.3.22」韓国外交文書、七一八、前掲。
111——朴天郁、前掲書、二〇一七年、二三九頁。
112——太田、前掲書、二〇一五年、一四五〜一四七頁。
113——北東アジア課「首席代表非公式会談記録」一九六一年一月二七日、外務省文書、二〇〇六‐五八八‐三五三。
114——『東亜日報』一九六〇年一〇月二六日。
115——『東亜日報』同上。
116——『東亜日報』一九六〇年一二月一一日、夕刊。
117——『東亜日報』一九六〇年一二月一三日。
118——『東亜日報』同上。
119——『韓国日報』一九六一年一月一四日。
120——『朝鮮日報』一九六〇年一二月一〇日、夕刊。
121——『朝鮮日報』一九六一年一月一三日、夕刊。
122——『朝鮮日報』一九六一年二月七日、夕刊。
123——『朝鮮日報』一九六一年五月一五日、夕刊。
124——北東アジア課「一般請求権問題に関する件」一九六〇年一二月一三日、外務省文書、二〇〇六‐五八八‐九六。
125——北東アジア課「日韓会談日本側代表団の打合せ会議概要」一九六一年一月二五日、外務省文書、九五〇六‐五八八‐一四一一。

126——北東アジア課「日韓会談日本側代表の打合せ会議概要」一九六一年二月八日、外務省文書、九五〇六-五八八-一四一一。

127——北東アジア課「日韓会談日本側代表団の打合せ会議概要」一九六一年一月二五日、外務省文書、前掲。

128——北東アジア課「日韓会談日本側代表の打合せ会議概要」一九六一年二月八日、外務省文書、前掲。

129——北東アジア課、外務省文書、同上。

130——北東アジア課「日韓会談日本側代表団の打合せ会議概要」一九六一年一月二五日、外務省文書、前掲。

131——北東アジア課「一般請求権問題に関する件」外務省文書、前掲。

132——北東アジア課「日韓会談日本側代表の打合せ会議概要」一九六一年一月三一日、外務省文書、九五〇六-五八八-一四一一。

133——北東アジア課「請求権に関する一般的問題点」一九六一年二月六日、外務省文書、二〇〇六-五八八-一三四九、北東アジア課「請求権問題に関する大蔵省との打合会」(第一回〜五回)、一九六一年二月七日〜三月一三日、外務省文書、二〇〇六-五八八-一三五〇。

134——北東アジア課「日韓会談日本側代表の打合せ会議概要」一九六一年二月八日、外務省文書、前掲。

135——北東アジア課、外務省文書、同上。

136——北東アジア課、外務省文書、同上。

137——外務省アジア局北東アジア課「日韓会談の経緯(昭和二六年一〇月予備会談の開始より昭和三六年五月第五次会談の中止まで)」一九六一年九月四日、外務省文書、二〇〇六-五八八-七七。

138——北東アジア課「第五次日韓全面会談予備会談の一般請求権小委員会七回会合」一九六一年三月二二日、外務省文書、二〇〇六-五八八-八九。

139——北東アジア課「第五次日韓全面会談予備会談の一般請求権小委員会九回会合」一九六一年四月六日、外務省文書、二〇〇五-五八八-九一。

140——北東アジア課「第五次日韓全面会談予備会談の一般請求権小委員会一〇回会合」一九六一年四月一三日、外務省文書、二〇〇五-五八八-九二。

141——「自民党政務調査会外交調査会日韓問題懇談会メンバー」一九六一年四月二六日、外務省文書、二〇〇六-五八八-五一四。

142――池田慎太郎によれば、日本政府内で「親台派」と「親韓派」が形成された過程や活躍の実態、そして日本国内におけるイメージは対照的な部分が多いが、「親台派」と「親韓派」の接点は矢次一夫により確立されたという。池田、前掲論文、二〇一一年、一四七～一七六頁。一方、矢次一夫は日韓国交正常化以後「日韓協力委員会」を舞台に日韓問題に本格的に活躍しながら、日台関係にも着手している。山本、前掲論文、一九八三年、一一八～一二二頁。

143――日本外交文書には、一九五〇年代の初期日韓会談の時期から韓国の情勢や米国務省の本音を、内話として外務省に伝えていた書記官がよく登場しているが、ほとんどの名前に黒塗りされている。韓国内に大使館性格の日本代表部がまだ設置されていない状況で、韓国の国内情勢や駐韓米国大使館側の思惑を把握するにあたって、米大使館の職員からの話は、外務省にとって貴重な情報源であったに違いない。

144――北東アジア課「日韓問題に関する在京米大使館員の内話の件」一九六一年五月一日、外務省文書、二〇〇六-五八八-一七九二。

145――北東アジア課「自民党議員団の訪韓の際の想定問答(案)」一九六一年四月二七日、外務省文書、二〇〇六-五八八-五一四。

146――参議院外務委員会調査室「日韓基本条約及び諸協定等に関する参考資料　二、交渉の経緯(七)第五次会談」一九六五年一〇月、外務省文書、二〇〇六-五八八-一六四七。

147――北東アジア課「伊関・柳会談要旨」一九六〇年四月五日、外務省文書、前掲。

148――北東アジア課「首席代表非公式会談記録」一九六一年二月七日、外務省文書、二〇〇六-五八八-三五三。

149――「伊関局長・金溶植次官会談要旨」一九六一年五月九日、外務省文書、九五〇六-五八八-五一七。

150――北東アジア課「自民党議員団及び伊関局長の訪韓　三六年(五月六日～一二日)関係　会談記録」外務省文書、九五〇六-五八八-五一七。

151――「(付)伊関局長の所見、考え方および指示事項(五月一五日)」外務省文書、九五〇六-五八八-五一七。

152――外務省文書、同上。

153――外務省文書、同上。

154――外務省文書、同上。

155――李鍾元、前掲論文、二〇〇九年a、二五～三〇頁。

156――アジア局北東アジア課「日韓会談の問題点」外務省文書、前掲。

157――「(付)伊関局長の所見、考え方および指示事項(五月一五日)」外務省文書、前掲。

158――韓国内では、朴正熙に対する評価によって、同事件に対する表現が分かれている。「軍事革命」、「五・一六革命」という表現は肯定的な意味として使われており、「軍事政変」、「軍事クーデター」には中立的あるいはやや否定的な認識が込まれている。本書では、「クーデター」に用語を統一する。ただし、引用文の場合は原文に従うことにする。

第5章

経済協力方式での決着
――事務的折衝と政治的妥協の狭間　一九六一～六二年

第六次日韓会談は、池田勇人政権と朴正熙政権[1]との間で、一九六一年一〇月から一九六四年四月まで約二年半にわたって進められた。請求権交渉は同会談期に大きく進展し、ほぼ決着を見ることになったが、その過程においては、請求権の名目や金額、そして経済協力方式をめぐって熾烈な駆け引きが展開された。

この時期における顕著な特徴としては、日韓両国が会談代表団を通じた協議と並行して、請求権問題を政治的に妥結すべく、ハイレベルの政治会談が積極的に進められたことが挙げられる。よく知られているように、両国の政権首脳である池田と朴との会談（以下、池田・朴会談）、小坂善太郎外相と崔徳新外相による外相級会談（以下、小坂・崔外相会談）、大平正芳外相と金鍾泌ＫＣＩＡ部長との間の会談（以下、大平・金会談）などが、こうした政治会談に当たる。しかし、とりわけ注目されるのは、一九六二年一一月の大平・金会談である。この会談によって、請求権問題を総額六億ドルの経済協力方式によって解決することが決定されたのは周知の通りである。それゆえ、大平・金会談は、請求権問題をめぐる日韓間の政治決着を象徴づけるものとして語られている。

第六次日韓会談に関する研究は、一九五〇年代のそれに比して豊富である。特に経済協力方式によって、請求権問題が妥結に至る政治過程については詳細な分析が存在する。この過程で、一九五七年対韓請求権の主張撤回に踏み切った岸信介首相の政治的判断とともに、この一九六二年の大平・金会談で劇的なシーンを演出した大平外相の政治力を積極的に評価したり、朴政権の親日的な態度によって会談が妥結したと論じられている。そして、第六次日韓会談では、朴政権が対日請求権の名目を放棄し、日本は経済協力を口実に過去への謝罪を回避できた、と説明されている[2]。

一方、経済協力方式による妥結を導いた構造的要因として、先行研究では以下のように要約される。すなわち、韓国は経済開発のために早急な資金導入を必要としており[3]、高度経済成長を迎えていた日本は、輸出市場確保と安全保障の両面から韓国との関係正常化を必要としていた[4]。米国政府は、中国との対立激化によって東アジア国際情勢が緊迫化するなか、共に同盟国たる日韓両国の関係正常化を迫っていた[5]。このような諸要因が交錯した結果、日韓両国の歴史清算の機会は失われたまま国交正常化に至った、というのが従来の議論である。これらの先行研究の主たる対象は、経済協力方式をめぐって妥結に至るまでの日韓両国の駆け引きや、米国介入の実態に偏りがちであり、やはり日本政府内の動向についての議論は乏しいと言わざるを得ない。

本章では、先行研究を土台にしつつ、これまで議論が不十分であった請求権問題が経済協力方式として決着する政治過程を再検討する。対象時期は、韓国の軍事クーデター直後の一九六一年夏頃から始まった日韓予備接触から、一九六二年一一月に「大平・金合意」が出るまでの約一年あまりの第六次日韓会談の前半期とする。日本政府内の省庁間関係のバランスの変化を分析の主軸としながら、日韓米三国間の政治的接触、日韓間の実務的折衝、米国と外務省の政策的連動を検証することによって、経済協力方式の政策が如何にして決着されることになったかが明らかになろう。

1 会談再開の準備

◆国際情勢と米国の対外戦略の変化

一九五〇年代半ば以降、東西冷戦は直接的な軍事対決から政治・経済的競争へと性格を転換し、大きな変革期を迎えた。アジアにおいては、朝鮮戦争以後もベトナム戦争などの「熱戦」が展開されたが、その一方で社会主義と民主主義という体制の優越性をめぐる経済競争が、新しい焦点として登場していた。

一九六〇年代に入り、米国政府は、米ソ間の軍備競争に偏した対外政策の限界を認めた。そして、アジア、中南米、中東など第三世界の低開発地域に対する経済援助を通じた体制の安定化を目指し、経済援助の総額を一九五〇年代に比べて増加させた。ただし、経済収支が悪化を続ける米国のみで、経済援助による第三世界の体制維持は困難であった。しかもこの時期、米国の対外経済援助の多くは中南米に投入され、米国政府は、東アジアに対する経済援助の削減に伴う、同地域の不安定化を懸念せざるを得なくなった[6]。米国の対東アジア援助は相対的に低下し、対韓援助額も一九五七年以降急速に減少していた。こうした傾向は、一九六一年一月二〇日にケネディ(John F. Kennedy)政権が成立してからも続いた[7]。

こうした状況のなか、米国は東アジア地域における日本の政治・経済的役割の拡大に期待を寄せた。とりわけ、米国の対韓援助政策の文脈において、日韓関係の改善は一段と重要性を増していた。日本の技術と韓国の低賃金労働を結合させることができれば、日韓間の経済的相互依存関係は強化され、東アジアにおける自由主義陣営の結束も強まる。それは結果的に、アジア地域における米国の安全保障コストを日本に分担させることにつながる[8]。米国政府は、朝鮮半島とその周辺地域の安定という観点から、日韓国交正常化の早急な実現を検討するようになっていた[9]。

◆朴政権の積極的な対日接近

韓国では一九六一年五月一六日に起こった軍事クーデターによって、張勉政権が崩壊し、その直後、張都暎《チャン・ド・ヨン》中将を議長とする軍事革命委員会が権力を掌握した。同委員会は、同一九日に国家再建最高会議と改称し、六月六日国家再建非常措置法を公布した。だが、軍事政権の実質的な権力者は、革命の真の指導者と目された朴正煕少将であった[10]。

ケネディ政権は、クーデター直後、これを否認する声明を出す。しかし、反乱の成功を確実なものとするため、米国政府の支持を獲得することを重視したクーデター勢力は「革命公約」を発表した。その内容を要約すれば、①反共態勢を強化する、②国連憲章を遵守して国際協約を忠実に履行し、自由陣営との紐帯を強固にする、③国内の腐敗と旧悪を一掃する、④韓国の自主経済再建に総力を傾注する、⑤統一を目指して共産主義と対決できる実力の培養に全力集中する、⑥これらの課題が成就されれば、政権を委譲し、本然の任務に復帰する、というものであった。とりわけ①と②、そして民政への移管を公約する⑥は米国の懸念を払拭するための条件であり、公約は米国がクーデター勢力を承認しやすくする効果を持った[11]。その後、ケネディ政権は、韓国の軍事政権を承認して対韓援助の継続を約束する[12]。

七月三日に張都暎議長が失脚し、クーデターの指導者であった朴正煕が国家再建最高会議の副議長から議長へと就任した。朴は、軍事政権に対する国際的な支持を取り付けるため、諸外国へ使節団を派遣する。なかでも日本に対しては、外務省を通じ、日韓会談を早期に再開する希望と共に、崔徳新を団長とする親善使節団を派遣する旨の親書を池田首相に送付した。第五次日韓会談の内容をそのまま引き継ぐ形で、九月二〇日前後に東京で日韓会談を開催したいという具体的な計画を打診したのである[13]。

朴政権が日韓会談の早期妥結に意欲を見せた背景には以下の事情があった。第一に、米国政府による対韓援助が削減されるなかで、米国援助に依存する経済構造からの脱却を図り、韓国経済の新たな道を模索する必要があった[14]。第二に、朴政権は破綻した国内経済の再建を優先課題に掲げ、軍事政権の正統性を確立しようとした。そのため経済発展のために要する資金を、日本の経済援助によって調達しようとした。朴は、日本の経済的浸透が、韓国経済の自立を妨げる危険性を懸念していたが、当面の経済危機を克服するために日本からの経済援助は不可欠であると見ていた[15]。

先行研究では、朴政権の対日接近の背景を、主に朴正熙自身の親日的経歴と、経済資金の確保を急ぐ軍事政権の政策課題に求める傾向が強い[16]。朴は、韓国併合後の朝鮮半島に生まれた。朝鮮名は朴正熙だが、植民地時代に教育を受けるため高木正雄という日本名を名乗り、満州国の陸軍軍官学校に志願入隊する。卒業後は成績優秀者が選抜される日本の陸軍士官学校への留学生となり、第五七期生として、日本式の士官教育を受ける。大戦中、満州国軍第八団(連隊)副官として八路軍や対日参戦したソ連軍との戦闘に加わり、内モンゴル自治区で終戦を迎えた。こうした朴の経歴は、韓国では彼を親日派として批判する材料となっている。

しかし、すでに検討したように、経済危機の突破口を日本に求め、破綻した経済を再建するという政治的課題は、張勉政権以来のスローガンであった。朴が統治期間中、経済開発五カ年計画を強力に推進し、「漢《ハン》江《ガン》の奇跡」と称される経済発展を成し遂げたことは、彼の最大の業績として評されている。だが実際、この経済開発五カ年計画は張勉政権によって立案されたものである[17]。さらに、経済再建に必要な資金と技術を日本から導入する構想が浮上したのも張政権下である。すなわち、日本との経済協力を重視して対日接近を進めた朴政権の対日政策は、張勉政権の対日政策を継承したものであったとみるべきである[18]。

米国のバーガー(Samuel D. Berger)駐韓大使は、軍事政権が前政権の経済政策を継承して経済発展を進める意思を持っていると評価し、韓国の経済開発計画に米国も協力すべきであると主張した[19]。バーガー大使の提言を受け、ラスク(David Dean Rusk)国務長官も、朴政権を支持する国務省の声明を出した[20]。

韓国軍事政権の対日接近に対し、日本政府は日韓会談再開の申し入れにも即座には応じず、慎重な姿勢を取った。日本政府はクーデター後の韓国国内の成り行きを静観しつつ、軍事政権への承認を検討する構えであった[21]。

米国務省は日本政府に、軍事クーデターへの慎重な態度は理解できるが、軍事政権の承認問題とは関係なく、日韓交渉を継続するよう勧告した。一九六一年六月二〇日から二三日まで、池田首相がケネディ大統領と首脳会談を行なうべくワシントンを訪問した際にも、米国側は日韓会談再開に向けて日本がイニシアティブをとるよう促した[22]。ケネディ大統領も池田首相に、「米国政府は、韓国政権がすみやかに合憲政府に戻り、日韓関係の打開に努めるよう圧力を加えている」とした上で、日本政府が韓国との関係回復に努力することを求めた[23]。これに対して、池田首相も、新しい韓国政権が日本の経済協力を希望するのであれば、日本は韓国の経済発展を支援する用意があると返答している[24]。

◆朴政権に対する外務省の認識

朴政権の強い希望に加えて、米国政府の勧告もあったことから、日本政府は会談の再開を検討した。伊関アジア局長は、クーデター直後の韓国情勢を楽観的に見ており、軍事政権との会談再開を肯定的に捉えていた。伊関は、張勉政権下の政治家は、その力量に問題がある上に腐敗していたと批判し、韓国世論は軍事政権を支持しているとの判断を示している[25]。

しかし、クーデターによって突然中断された日韓会談を再開するためには、韓国政情について情報が必要であった。外務省は、韓国の国内情勢を判断するため、一九六一年八月七日から韓国事情に詳しい前田北東アジア課長を同国へ派遣し、国内動向を視察させた。前田は、一九二一年に現在の韓国仁川で生まれ、朝鮮総督府付属京城中学校と京城帝国大学法学部を卒業した。日本の敗戦後、朝鮮半島から引き揚げた引揚者でもある前田は、後に駐ソウル在外事務所の参事官として勤務し、一九八一年から一九八四年には駐韓日本大使を務めた。韓国と縁浅からぬ経歴から、前田は外務省内の代表的なコリアンスクールとして知られていた[26]。

訪韓した前田は、韓国の国家再建最高会議の幹部や、外務部関係者、民間有力者、駐韓米国大使館関係者などと意見交換を行い、朴軍事政権に対する世論の動向を探った。韓国側も前田訪韓と軌を一にして、朴正熙議長が八月一二日、「一九六三年三月に憲法を制定し、同年五月総選挙を経て夏には民政移管をする」という公式声明を発表していた。李昌熙《リ・チャンヒ》韓国外務部特別補佐官は、日韓会談の続行と妥結への強い希望を前田に伝えた。李補佐官は、張勉政権下で日韓会談がかなり進展したにもかかわらず、張勉政権の弱腰のために批准できなかったと述べ、軍事政権の強い推進力があれば、日韓会談を妥結できるとした。さらに軍事政権の意向として、日韓会談を妥結し、かつ合意結果を国民に承認してもらう自信があると強調した[27]。

バーガー駐韓大使は前田に、軍事政権が約束した民政移管が二年後であることに不満は残るものの、ラスク国務長官が既に朴政権の支持を表明したことを伝えた。そして、韓国の軍事政権の安定を待つのではなく、まず日韓会談を行うことで、軍事政権を安定させることも良い方策であると示唆した。日本が韓国と国交正常化すれば、それだけ軍事政権を安定させ、民政移管にもつながると説いたのである[28]。

帰国した前田は、出張報告書において、韓国の経済状況が悪化しており、経済界や役人などのエリート層は、韓国経済改善のために日本との協力が必要であることを認識していると総括した。だが同時に、軍事政権の不安定性も指摘し、日韓会談の再開には慎重を期したいとしている。前田は、この点について、韓国駐在の日本人記者の間で、軍事政権の将来に対する悲観論があることを挙げた。そして、日本政府が日韓会談を開始する場合、日本国内では、政府が韓国の軍事政権を側面から支援したという批判にさらされる危険性があることも指摘した[29]。

また、前田は「一九六〇年四月の学生革命においても、今度の軍事革命においても、韓国の学生、学者、インテリなどは真剣に振舞ったが、一般国民は無関心である。韓国はどんな政権になっても一長一短があるが、米国が韓国を捨てるようなことはないという前提の上に、あぐらをかいている感じがする」と個人的な感想を記している。その上で、軍事政権になっても、このような旧態依然とした態度のままでは根本的な改善は期待できないと結論づけた[30]。

こうした前田の見解には、朴軍事政権への不信と、日本政府が軍事政権との間で交渉を妥結することへの懸念が強く染みこんでおり、韓国内の民衆意識を的確に伝えているとは言い難い。先述したように、一九六〇年四月一九日の学生革命の結果、新たに誕生した張勉政権は、日本からの経済協力の必要性を強く打ち出していた。政権の日韓経済協調論に対し、確かに韓国世論は期待と憂慮の交錯した反応を見せはしたが、概して日本の経済協力には高い関心を示していたのである。

伊関アジア局長は、日韓会談再開に関する打合せの席上、前田の出張報告内容を参考にしつつも会談妥結の必要性を強調している。政府が軍事政権との交渉に消極的態度をとらざるを得ないことは理解できるが、もはや軍事政権を否定することはできないと述べている。さらに伊関は、米国が対韓支援の負担を日本に分担させる目論みから積極的に会談開始を求めている点を指摘した。米国にしても国内世論を意識すれば軍事政権を正面から支持することは難しいが、韓国を支援する意思の存在は明確であり、その意味では日米関係への配慮も必要であった。その上で伊関は、「長期的に見て韓国がファッショ化ないし共産化する危険があり、韓国が共産化すれば日本外交にも影響を与える」と述べるなど、「反共論理」も援用した[31]。

軍事政権の最大の関心は経済再建の資金を日本から調達することであり、そのため韓国は請求権問題の解決を優先している。軍事政権が日韓会談に熱意をもっていることは確かであり、政府は早急に朴政権との会談を再開し、交渉を妥結すべきであると伊関は主張した。この積極的な説得により、日本政府は朴政権との会談再開を決定することとなった[32]。この時期、韓国側が「日本側の実質的な首席代表である伊関氏」と述べて、代表団の頭越しに「もう一つの韓日会談を行っている」[33]と見るほど、伊関アジア局長は日本政府内で発言力を高めていた。

その一方で伊関は、韓国側の出方がわからないまま、下手に請求権を経済協力にすりかえようとすると、会談が決裂する可能性もあり、請求権と経済協力は分けて討議を進めることが望ましいと考えていた。伊関は、「一〇月末か一一月初めまで事務的交渉を行えば韓国側の思惑を探れる」と見通した上、それまでに日本側の方針を固めておく必要があると述べた[34]。

このように外務省は、朴政権が交渉を急いでいることは看破していたが、軍事政権との会談再開に対する慎重論もあった。しかし、結局は伊関に代表される推進派の見解が優勢となり、日本政府は軍事政権との会談再開に合意したのである。

◆軍事政権の期待

一九六一年八月二日から外務省アジア局と駐日韓国代表部の間で、日韓会談再開に向けた予備交渉が開始された。交渉を主導したのは、伊関アジア局長と、朴軍事政権が駐日韓国代表部の新任公使に任命した李東《リ・トン》煥《ファン》であった。李公使は冒頭、在日朝鮮人の北朝鮮帰国問題を俎上に乗せ、同問題が韓国の反共努力に水を差すものとして抗議した。朴軍事政権は「反共論理」を掲げて日本政府の北朝鮮帰国事業を留保させようとしたのである。しかし、伊関局長は、日本は北朝鮮帰国事業と日韓会談を別の問題として解決する方針であることを改めて強調する[35]。

北朝鮮帰国事業を日韓会談とリンケージさせようとする韓国政府の試みは挫折し、日韓会談再開をめぐる討議がようやく始まる。両者はまず、九月二〇日頃から東京で第六次日韓会談を開催し、前回会談の討議内容を引き継ぐことで合意した[36]。そして九月上旬に、自民党の日韓問題懇談会の招待によって金裕澤経済企画院長が来日し、池田首相をはじめ、小坂外相、自民党と財界の首脳部と協議することが定められた。また、一〇月には朴正熙議長自身が訪日して、池田との間で首脳会談を行うことが合意された[37]。

請求権交渉について伊関は、事務レベル協議を一〇月から一一月中旬まで行い、一二月頃に最終解決を図り、請求権の金額に関しては、従来通り事務折衝によって数字を示すが、最終的には政治的に決着されるとした[38]。李公使も伊関の提案に同意した上で、請求権問題の政治決着のために韓国は「大物を起用したく許政元首相を考えているので、日本側の首席代表にも「政界の大物」を任命してもらいたいと要望する[39]。

また、この予備交渉と並行して、九月一日に金裕澤経済企画院長が小坂外相を訪問した。伊関アジア局長と李公使が陪席するなかで、金経済企画院長と小坂外相は極秘会談を行った。金は、政治折衝によって両国の諸懸案を一挙に解決したいという希望を示し、請求権問題に関しては「韓国の対日八項目を全部統計すれば一〇億ドルをもらうべきだが、最低限度として八億ドルは日本から払ってもらわねばならない」と述べて、日本側の意向を打診した[40]。

これに対し伊関は、「八億ドルという数字はいかにも法外であり請求権としては余りにも多い金額」であると述べた。そして、日本側が請求権の対象とするのは、戦前の軍人、軍属に対する未払い賃金や恩給に限定しており、日本側の計算によれば、それは極めて少額になると語った。伊関は「五七年覚書」における米国の解釈は、韓国の対日請求権と在韓日本財産との「相殺の思想に立脚したもの」であり、「相殺」という観点に立てば日本は韓国に支払うものがないと述べ、韓国側に金額の調整を求めた[41]。

前章で検討したように、第五次日韓会談の際、外務省内では「個人債務を中心とした請求権五〇〇〇万ドル、無償経済協力二億五〇〇〇万ドル、有償経済協力二億五〇〇〇万ドル」で、総額五〜六億ドルという金額が想定されていた。これは伊関自身が関与し、自民党内の日韓会談推進派議員にも共有されている金額である。したがって、八億ドルという金額は、外務省として調整不可能な額ではなかったはずである。しかし、伊関は「米国の解釈は相殺を意味している」として、請求権の範囲を極度に制限しようとした。伊関の発言は、これまでの態度に比べて一見矛盾するように見える。しかし、請求権の総額について未だ大蔵省との合意が存在しない状況で、伊関が独断で韓国側と約束することはできなかった。むろん、交渉戦略上からも議論の起点となる金額をなるべく抑制したい考慮はあったと思われる。

張勉政権期から韓国国内では対日請求権に関して「六〜一〇億ドル」という数字が語られていたが、この「八億ドル」の算定根拠については、韓国側史料にも日本側史料にも記録が残されていない。ただし、金院長は「日本の対フィリピン賠償金額八億ドルを参考にして李公使より出された金額」だと述べている。興味深いことに、同会談の討議において、韓国側は請求権の名目より金額を重視していることを露骨なまでに強調した。金経済企画院長は、「八億ドルが必ずしも請求権への支払いに限る必要は無い。とにかく無償であるならばどのような名目でも差し支えない」とまで語っている[42]。これについて九月五日、米国のバーガー駐韓大使は外務省に、八億ドルは韓国側の「交渉の出発点」であり、ここから相当に減額し得ると伝えた[43]。

いずれにせよ、韓国側は請求権金額をめぐる日韓交渉の起点として八億ドルを提示したのである。米国側から情報提供を受けた小坂外相は、その後の討議で金に対し、「日本は韓国の経済開発五カ年計画に協力する観点から物を考え、請求権と経済協力との二本立てで問題を解決したい」と述べた。また、日本が認め得る請求権は極めて少額であり、経済協力の方式としては無償と有償の双方を考えていることを伝えた[44]。

金経済企画院長は、韓国の経済開発五カ年計画に必要な資金は、米国やドイツまた日本の民間資本から調達し、追加分は日本から受け取る請求権を充当する予定であると述べた。そして、請求権という名目を残して、日本が請求権と経済協力に分割して提案した「請求権、無償経済協力、通常経済協力」の方式に歩み寄りを見せたのである[45]。これについて、駐韓米国大使館関係者は、経済開発五カ年計画との関連で請求権問題の目途を早急につけたい朴が、日本の述べた「経済協力」の意味を的確に把握していないと指摘している[46]。

さらに、バーガー駐韓大使は外務省に対し、請求権問題をめぐる韓国の関心の所在は金額にあると述べ、韓国側の立場を次のように伝えている。第一に、韓国側は、従来の請求権と、無償援助を含む経済協力を別個に交渉すると述べているが、実際には金額さえ満足すれば無償経済協力の名目でもかまわないという姿勢である。第二に、韓国側は、最終的な妥結金額が八億ドルよりも遥かに少なくならざるを得ないことを認識している。第三に、韓国側は、日本が東南アジアで行っているタイド・ローン［tied loan、ひも付き融資］について警戒している。バーガー大使は以上の韓国側の思惑を日本側に説明し、日本が八億ドルという金額に惑わされ、会談を停滞させることのないように注意を喚起した[47]。

以上に見るように、第六次日韓会談の開始を控えて、韓国は請求権の総額に多大な関心を示し、金額次第では、請求権の名目にこだわらないことを示唆した。また、バーガー大使の言質からも、日韓経済協力に対する朴軍事政権の期待が高く、その解決のために当初韓国政府の対日交渉戦略から大幅に譲歩していることが判る。

2 経済協力をめぐる思惑の交差

◆請求権問題の政治化の回避

第六次日韓会談は当初、一九六一年九月二〇日の開始を予定していたが、韓国に帰国していた李公使の日本への帰任が遅れたため、一〇月二〇日開始にずれ込んだ。李公使の帰任が遅れた理由は、日本側の首席代表の人選に対する韓国側の不満であった。韓国政府は、対韓交渉の積極論者として評価していた岸元首相、もしくは自民党の日韓問題懇談会の座長である石井光次郎を、日本側の首席代表として期待していた。そして、岸や石井に見合う韓国側の首席代表として、過去に内閣首班と大統領権限代行の経験を持つ許政を内定していた。韓国は両国の大物政治家による非公式な政治的折衝に期待をかけていたのである[48]。

ところが、池田首相は韓国政府の希望に反して、山口県出身の関西財界人である杉道助日本貿易振興会理事長を、日本側首席代表に任命した。財界からの人選について池田首相は、「政界人を起用することは国内の政治情勢が微妙である」とし、「首席代表は関西財界から起用するのが妥当」と小坂に語っていた[49]。こうした池田の決定には、次のような思惑があった。

そもそも、経済主義を掲げて登場した池田内閣は、日韓会談についても、政治的観点より経済的観点から捉える傾向が強かった。経済成長を通じて自由主義陣営の先進国クラブ入りし、国内の安定と国際的地位の向上を両立させることを目論んでいた池田は「経済外交」に重点を置いていた[50]。それだけに、多額の経済協力を要する日韓国交正常化に消極的で、日韓国交正常化は池田政権の対外政策の優先順位において、さほど高い位置づけを与えられなかったのである。

また、池田首相は、自身が大蔵官僚出身であったこともあり、厳格な事実認定が求められる請求権問題を慎重に進めようとした。こうしたなかで、池田政権は政界人を起用すれば政治的問題を引き起こすおそれがあるという懸念を強めた[51]。このとき自民党内の一部には、早々に「韓国に対する慰謝料たる無償供与を行い、日本が後押しをしなければ軍事政権が倒れ、釜山に赤旗が翻るようになる」という意見さえ出ていた。

だが池田は、性急な態度は韓国側のペースに巻き込まれるもとであり、こうした構想への「国民感情の反発は軽視できないし、国民の税金を合理的に使用するという立場では従えるものではない」と述べ、党内の早期妥結論を抑えていた。その上、会談で早期妥結を目指すには体制の準備が整っておらず、日韓双方の見解の相違も大きいため、そもそも調整を急ぐことに無理があるというのである[52]。

池田が「国内の政治情勢が微妙」と述べたことでもわかるように、この人事には自民党内の派閥力学も影響していた。池田は、安保改定で岸政権が退陣したことを受け、岸・佐藤派の支持を得て政権を獲得したが、その後は自民党内で岸と池田は政治的に対立するようになっていた。そのため池田には、日韓会談の妥結という外交上の果実を岸の手に渡したくないという政治的思惑があった、という見方もある[53]。池田が首席代表に杉を選んだのも、日韓会談への岸や石井といった大物政治家の関与を徹底して排除し、政治の介入による日韓交渉の急進展を避けようとする方策であった。

ただし、杉の任命には韓国に対する池田なりの配慮もあった。戦後、東京財界が韓国との関係回復に消極的であったことに比べると、地理的にも大陸に近い関西財界は、朝鮮半島への関心が高かった。このことは地理的・歴史的な結びつきのみならず、在日韓国人が多く居住している地域的事情とも無縁ではなかろう。関西財界は、戦後も大阪と神戸の朝鮮貿易を窓口に、国交のない韓国と関係を持っていた。だからこそ池田は、関西財界の中心人物であり、政界にも人脈の広い杉を、日韓会談の首席代表に任命したのである[54]。

池田首相は、財界人の杉道助を首席代表に任命することで、大物政治家による干渉の可能性を薄め、経済的側面から交渉にアプローチしている印象を国内に与えようとしていた。これを受けて、韓国政府側も、杉首席代表に見合った人物として、経済通の裵義煥《ペ・ギファン》元韓国銀行総裁を首席代表として任命してきた。しかし、韓国側の提案を好意的に受け入れない池田の態度は、岸元首相の対韓認識とは対照的であり、韓国問題に積極的ではないという印象を与えてしまう。

◆軍事政権の楽観

一九六一年一〇月二〇日、第六次日韓会談が開始された。日韓両国は事務折衝と並行して政治折衝を進めることにも合意した。事務折衝は従来と同様、分科委員会方式をとり、請求権問題は一般請求権小委員会で両国の主査を中心に協議が行なわれた[55]。

政治折衝の第一歩として、一九六一年一〇月二五日、軍事政権内で朴正熙に次ぐ実力者である金鍾泌ＫＣＩＡ部長が訪日し、大平正芳内閣官房長官と伊関アジア局長の陪席のもと[56]、池田首相と面会した。この会談は、韓国側の日韓会談首席代表である裵義煥には報告されておらず、ＫＣＩＡを通じて極秘裏に進められた。そのため、後に経緯を聞いた裵代表は本国政府への不快感を示したという[57]。

金鍾泌の目的は、日本から朴正熙議長の訪日招請を引き出し、日韓首脳会談を実現するというものであった。金は、「今後韓国は経済文化などあらゆる面で、どの国よりも日本と緊密に提携したい」と述べ、「過去のことには一切拘泥せず」日韓会談を妥結すべきとして、会談妥結への強い意欲を示した。そして、金は、日本側からも非公式に池田首相の代理を訪韓させることを打診した[58]。

その結果、金は池田から朴議長の訪日招請を引き出すことに成功する。だが、池田と朴の日韓会談への期待には温度差があった。一九六一年一一月二日、杉は金の特使派遣に対応して、朴議長を日本に招待する旨の池田首相親書を携えて訪韓した。朴政権は日韓会談の早期妥結を期待し杉を歓迎したが、訪韓した杉は請求権問題や会談妥結などの討議には応じなかった[59]。

それでも、朴政権は池田との会談に対する期待を示し、これまでの歴史論争や法律論争を繰りかえしてきた韓国の頑固な態度とは打って変わり、宥和的な対日姿勢を示した。そして、池田との会談に備えて、同年一一月六日には、釜山に抑留されていた日本人漁師八〇人の釈放と、拿捕された日本漁船五隻の返還とともに、今後は漁船の拿捕を自制すると発表する[60]。

一一月一二日、池田と朴の会談が行われた。渡米途上の一一月一一日に日本を訪問した朴議長は、翌日、池田首相と会談している。

まず池田首相は、戦前の朝鮮人に関する個人請求権を日本人と同等に取扱う原則を示した。しかし、日本が支払う請求権だけでは韓国の経済復興に不十分であると述べ、請求権として支払う金額が少額になる点を示唆した。その上で池田は、無償経済協力を行なうよりも、長期低利による有償資金協力を考慮していることを伝えた。また個人請求権については、請求権委員会における事務的検討を通じて法律的根拠が確定したものを支払うとした。さらに池田は、「五七年覚書」に基づき請求権問題を解決するが、この際には命令三三号の効力発生時期や韓国政府の管轄権に関わる地域的範囲を考慮すべきとして、従来の日本側の法的論理を説明した[61]。

こうした池田の発言は、本来であれば韓国側の強い反発を買ったものであった。しかし、朴は池田との会談を楽観するあまり、池田の発言に問題提起をしなかった。朴は、池田の主張には異議を差し挟まず、個人請求権を法律上根拠のあるものに限って認めることに同意し、「韓国の威信の問題があるので無償経済協力は望まない、長期低利の経済協力で結構」であると答えた。しかも、経済協力資金は請求権ではなく、別の名義でも良いと譲歩を示した。その上で、朴は、日本から支払う金額の大枠を決めて欲しいと求め、支払い方法については消費財ではなく資本財を希望するとし、経済協力の具体的な構想を積極的に提示した[62]。

池田・朴会談後も日本政府内では依然慎重論が強かったが、朴は池田との会談結果に「大変満足だ」と述べた。いずれにせよ、韓国は、池田・朴会談で請求権の解決方式などの原則が決まったとして、残る問題は政治折衝で決着しようと考えていた[63]。

◆池田と外務省の温度差

池田首相は朴議長との会談後、伊関アジア局長に「この会談は九九パーセント成功だ」と語り、会談がほぼ日本側の思惑通りに進んだと述べた。池田は、個人請求権を恩給のような事項に限定し、請求権として支払う額は少額にとどまること、請求権の項目が明確になるまで時間を要するのでこれらを経済協力で補うことに、朴が同意したと理解した。池田にとって残る課題は、個人請求権の法的根拠や、戦後日本のインフレなどに関連する問題を検討することであった[64]。

しかし、池田は朴との会談結果を過大評価していた。池田・朴会談後に行なわれた記者会見で、朴正熙議長は、池田に回答した内容とは異なる発言を行なった。すなわち、韓国が主張するのは戦争賠償要求ではなく、確固たる法的根拠に基づいた財産請求権であると強調した上で、請求権と経済協力を分離して交渉すると述べたのである[65]。韓国側は、水面下では経済協力を重視する立場を示唆しながらも、公式には請求権の貫徹を唱えざるを得ない立場であった。その後、韓国政府は、「朴議長が自ら請求権の名目を断念したわけではなく、請求権の名目に固執しないとした朴の意図は、名目にこだわりすぎず本問題を柔軟に解決したい意思の現れ」であったと釈明している[66]。

韓国政府は、日本社会党が朴政権との日韓交渉妥結に批判的であることに加え、日本政府と自民党内の意見が統一されていないため、日本国内の調整に池田が苦心していることを把握していた。池田首相がラスク国務長官に日本の国内事情を強調し、「あまりにも無理に韓国との妥協を推進した場合、再び政治的な台風を巻き起こす可能性がある」と述べて、朴議長が来日する日まで日本で韓国が満足できるような提案を作ることは難しいと語ったことが、韓国政府にも伝わっていた[67]。

いずれにせよ、請求権や経済協力問題をめぐる朴と池田の思惑には隔たりがあった。池田・朴会談での様相を見る限り、池田首相は請求権問題について原則的な発言に終始し、日韓会談の早期妥結を望んでいたとは思われない。経済協力を急ぐあまり、朴は日本に足元を見られたと言わざるを得ない[68]。

このとき日本では、自民党の吉田元首相、岸元首相、石井などの大物政治家たちが日韓会談の早期妥結を積極的に主張する一方、池田の側近らのなかには、まだ慎重論があると報じられていた[69]。政府与党内部に、日韓問題に関する積極と慎重の両論が存在するなかで、最終的に池田首相自身がどのような決断を下すのか注目を集めつつあった[70]。池田首相はメディアに、請求権交渉の際、在韓日本資産が没収されたことを考慮し、請求権は法律的根拠のあるものに限って個人請求権を中心に支払い、その他は韓国への経済的進出という観点から経済援助を行なうと発言した[71]。

しかし外務省は、請求権交渉が池田首相の思惑通りには進まないと分析していた。朴議長が日本側の解釈を受け入れたのは、個人請求権をめぐる認識不足のまま首脳会談に臨んだためであり、会談を「九九パーセント成功」とした池田の判断は誤りだというのである。そして、そもそも朴議長は何が法的根拠になるかを理解しないまま、法的根拠に基づいた韓国の請求額が、ある程度満足できる額になると誤認していたようだと総括した[72]。

また、外務省は、朴が無償援助を明確に断念したとする池田首相の認識にも疑問を呈した。朴が無償援助ではなく有償借款に同意したのは、会談妥結に対する楽観的展望の下、請求権の法的根拠が証明され、満足のいく金額が得られると誤認したため、それ以外の不足分を長期低利有償借款による経済協力の形にしても構わないと考えているようだと分析していた[73]。

外務省は、朴が語ったのは、経済協力としての無償援助を受けない意味であり、広義の請求権としての無償援助には依然期待をかけていると考えた。したがって、「請求権といわないで何か適当な名義で結構である」という朴議長の発言を、日本が「請求権という名目をきっぱりと放棄した」と解釈すべきではないとしたのである[74]。

日韓問題を議題として取り上げた外務省内の外交政策企画委員会は、池田と朴の会談について、両首脳が自分に都合のいい解釈をしたまま、具体的な成果なしに終わったと酷評している。その上で、経済協力の資金を得るために北朝鮮に関する請求権までを主張する朴議長が、「個人の懐に入る」ことになる個人ベースでの請求権支払いに同意するわけがないと外務省は結論づけた。そうなれば、池田の述べた地域的範囲の考慮についても、朝鮮半島における韓国の管轄権は三八度線以南に限定すべきであった[75]。

◆日本政府内の論争

日韓経済協力に対する韓国軍事政権の期待と積極的な対日接近の結果、請求権問題の焦点は、総額の確定と支払い方式に収斂されていくことになる。この時期、韓国側の要求する対日請求額は、五億ドルから一二億ドルまでと非常に幅に開きがあった。たとえば、裵義煥首席代表は七億ドルから一二億ドルを示し、金裕澤経済企画院長は八億ドルを主張していた。また、一九六一年九月には、金院長を通じて、韓国政府の対日請求額が八億ドルから五億ドルの線になったという情報がアジア局に伝えられている。外務省は、韓国側の提示額に大きな幅はあるが、これは韓国の対日交渉の出発線であるので、交渉のなかで下がり得る数字と考えていた[76]。

外務省は、こうした現状を認識し、請求権問題にも柔軟に対処するよう、大蔵省に対応の変化を促した。大蔵省は、請求権と経済協力によって支払いを行い、個人請求権については個人に直接支払うと主張したが、外務省もその主張を否定していた訳ではなかった。しかし、朝鮮戦争により根拠資料が多く失われている韓国において、個人への直接支払いは、多くの場合、事実上困難であった。それゆえ外務省は、請求権については個々の金額を詰めることなく、韓国の要求総額のなかから、日本が支払い得る金額を算定すべきだと主張するとともに、韓国の経済開発五カ年計画を支援するための経済協力や、その他の名目で支払うことも一つの策であると付言した[77]。

これに加えて外務省は、池田首相が、ビルマの賠償額について当初事務的な討議で一億ドルを決定したが、その後ビルマの経済再建のために二億ドルに増額したことを例に挙げ、韓国への支払い総額に対する池田首相の考え方が変化する可能性を示唆し、対韓賠償に厳しい姿勢を崩さない大蔵省の姿勢の軟化に期待をかけた[78]。

外務省は、池田・朴会談以降、請求権並びに経済協力方式について、大蔵省との査定作業を本格的に開始した。そこでは、韓国への借款の規模や年間提供額、有償借款の場合の金利や返済方法など、経済協力に関する技術的な問題が幅広く議論された。両省の協議の結果、軍人、軍属、被徴用者への見舞金および恩給などを、個人請求権項目とし、これを純請求権として支払うことで見解の一致を見た[79]。

これに加えて、個人請求権については、個人ではなく韓国政府に一括支給することとし、個人への支払いは韓国側の責任に帰することとした。そして、韓国側が個人請求権を政府資金として運用することに日本政府は関知しないことでも同意が得られた。さらに、朴政権の請求権問題に対する理解が十分でないことから、会談第二次中断期に日本が約束した対韓請求権の主張撤回については、会談中に表明せず、事実上棚上げを図ることとも合意された[80]。

残された争点は請求権の金額であった。だが、外務大蔵両省間の数字の隔たりは未だ大きかった。前述したように、日本政府内では『対日八項目』を基礎とした個人債権を中心とする韓国の対日請求金額を約一八〇億円と推定し、五〇〇〇万ドルと換算していた。これは韓国側が期待している金額と大きな隔たりがあるのみならず、日本政府内でも外務省は妥結の見込みはないと考えていた[81]。

外務省内では、最低で四億ドル、最高で五億ないし六億ドルという線を想定していた。まず合計三億ドルを日本側の提示する請求額交渉の出発点とし、請求権を含めた無償経済協力として一億五〇〇〇万ドル、有償経済協力として一億五〇〇〇万ドルを上積みの基本枠とした。そして、ここから折衝の過程で、請求権を含めた無償経済協力を二億ドル、円借款である有償経済協力を二億ドル程度にまで引き上げ、最終的に韓国には四億ドルを支払う、と考えていた[82]。

これに加えて外務省は、請求権金額について政治折衝を行う段階が来たとして、岸元首相を韓国に招請しそこで請求権の総額を決めたいとする韓国側の要請を受け入れた[83]。外務省は池田首相に対して、韓国側の希望する形で政治折衝を進めることを提案し、岸元首相を韓国へ派遣して請求権問題の解決の大筋を決めるべきであると提言した[84]。

ところが外務省とは対照的に、大蔵省が純請求権として支払い可能とした額は一〇〇〇万ドルであった。大蔵省は、戦時中の軍人軍属に対する手当を、日本国籍を喪失した朝鮮人を対象に、いかに現行法の枠内で措置するかも問題であると主張した[85]。さらに言えば、池田首相の考える請求権の金額も外務省と大きくかけ離れていた。池田は、無償援助を否定した上で、純請求権は最大五〇〇〇万ドルまでとの見解を示し、思い切った対韓譲歩に踏みきる可能性が強い岸の韓国派遣にも反対し続けた[86]。このように、個人請求権に限っても、日韓両国、さらには日本政府内にも査定金額に大きな懸隔が存在していたのである。

注目すべきは、政治決着を避けて積み上げ型の交渉を重視する点で、池田の考えが大蔵省のそれと一致していたことであろう。大蔵官僚として戦後事務次官まで歴任し、その後、吉田学校の優等生として政界の中枢に上り詰めた池田は、財政問題に精通しているという自負もあった[87]。そのため、財政や数字に関する細かい議論を後回しにして、政治決断で思い切った金額を提示することに抵抗を感じたことは想像に難くない。

外務省は、大蔵省や池田首相の提示額は非現実的であり、とりわけ大蔵省の主張が再び不毛な法律論争を引き起こすことを懸念していた[88]。そして、韓国側の主張が五億ドルまで下がったことや、日韓両国の様々な要因を考慮し、池田首相から三億ドルの裁可を得た上で、韓国との政治折衝に入るべきだと考えていた[89]。

また、外務省は、韓国が請求権という名目よりも総額を重視していることから、今後政治折衝では総額をめぐる議論が中心になると指摘した上、それゆえ、法的根拠に基づいた純請求権の日本側提示額があまりにも小さければ、政治折衝の成果は期待できないと主張した[90]。外務省は、池田首相と大蔵省が提示するような少額では「誰が政治折衝をやることを引受けるか」と不満を鳴らし、恩給などの個人請求権に加え、無償援助も請求権と見なして、請求権の金額を韓国側の希望する線まで歩み寄るべきだと、主張した[91]。

◆米国の調整額

こうしたなか、米国政府は、ライシャワー(Edwin O. Reischauer)駐日米国大使と、バーガー駐韓米国大使を通じて日韓両国の仲介を進めていた。両大使は、日韓両国が折衝可能な請求額を提示するよう水面下で交渉に関与していた[92]。

ライシャワー大使は、池田首相に対して、日本から請求権に関する具体的提案がなければ、米国としても韓国を説得することは難しいと述べ、韓国の対日請求額といわれる八億ないし一二億ドルを、五億ドル以下にするよう強く働きかけるかわり、日本政府にもこの線で妥結することを求めた。このときライシャワーは、バーガー駐韓大使が韓国政府との間で五億ドル以下を請求額の落としどころとなるよう調整していると伝えている。ライシャワーは、この請求権総額に日本が同意する際には、その中の一部だけでも請求権の支払いとして認めるよう勧告した。ただし、請求権問題を漁業問題と関連づけて解決できるように努めると語った[93]。

日韓会談の初期から、韓国問題をめぐる日本政府内の論争について米国政府は、外務省の政策と戦略に理解を示し、大蔵省の対韓強硬態度には批判的であった。また、この時期に米国側が示した五億ドルという金額は、かねて外務省が想定していた金額に近い。すなわち米国が韓国政府と日本政府に提示した「請求権総額五億ドル」案は、外務省の試算を現実的と判断し、これに沿った調整額であった。

ライシャワーが池田を説得する際に強調したのは、「日本の対韓援助は、米国の対韓援助の肩代わりではなく重要な追加となり、韓国経済発展のための決定的要因となり得る」という点であった。ライシャワーは、「日本の対韓援助により米国の対韓援助の形態を変えていくことはあるが、米国が対韓援助の規模を縮小するようになることはない」と説き、米国が対韓援助の負担を日本に転嫁しようとする、という日本政府の懸念を払拭しようとした[94]。

一方、バーガー駐韓大使は、朴政権との会談を重ねつつ、駐日米大使館を通じて韓国側の立場を日本側に伝えていた。バーガーは、日本政府内で議論がまとまらないことが、韓国には時間稼ぎに映っていると指摘した。そして、韓国側の熱意が冷めて会談中断となれば、日本漁船の拿捕などを再開する可能性もあると述べ、交渉促進を促した[95]。バーガーは、日本に対して対韓経済協力の重要性を次のように訴えている。

- 韓国問題は米国の安全保障にとり重要であるが、それ以上に日本の国家利益にも重要なはずであり、韓国経済にとって日本の援助は不可欠なものである。ドイツ、イタリアのように、自国の安全保障に直接関係ない国でさえ韓国に援助を行っているのに、何故日本は乗り出そうとしないのか。
- 現在韓国には、米国、ドイツ、イタリア、英国の資本が漸次進出している。時間経過により日本の進出のおくれをとることが懸念される。
- 朴政権は対日折衝に弾力的であり、また現在韓国国会内に反対勢力がいない点は、日本側に極めて有利である。[96]

バーガー大使は、将来的な日本の対韓経済進出と安全保障の両面から、韓国との経済協力に利点が多いことを強調している。これは対韓経済協力をめぐって、当面の経済的損得のみを計算し、消極的な対韓交渉に終始する池田首相と大蔵省に対する圧力でもあった。

3　駆け引きの本格化

◆池田と金鍾泌の論争

日韓両国とも、請求権問題を経済協力方式によって解決する点に異論はなかった。しかし、金額や解決方式をめぐる討議は停滞していたため、政治折衝を通じて膠着状況を打開する動きが表面化してくる。一九六二年二月一九日、金鍾泌が再び訪日し、池田首相との会談を行った。この会談で請求権の金額、政治会談の進め方、政治会談にあたる人選をめぐり議論が交わされた[97]。

金鍾泌は、約一カ月間の討議で会談を妥結させ、五月中には協定を調印することを望んでいた。しかし、日本側で枠も何も決まっていないのでは発言のしようがないと、請求権総額を先に提示することを求めた。金は、韓国として「腹は決まっている」が、それを伝える相手が誰であるかは問題であり、なお日本が会談をまとめるのであれば、金額の枠を先に出す必要があると語った[98]。

一方の池田は、事実関係に基づいて請求権を決定する方針を繰り返した。総額を決めたいなら、まず韓国側が希望金額を提示すべきであり、池田・朴会談で同意されたように、請求権を法的根拠のあるものから項目毎に決定していくべきであると反論した[99]。

金は池田の主張に対し、日本が東南アジア各国に賠償を払った時もいちいち［法的根拠に基づいて金額を］計算したわけではなかったように、韓国との請求権問題も政治的な側面から解決すべきであると述べた。また、現在の国際情勢下では国家間協調が重要であるが、それゆえ米国が莫大な金額を各国に使っているように、今後アジアでは日本が米国と同じような立場になると述べた上、日本は些末なことにこだわらず、長い目で大所高所から韓国の将来を考慮すべきだと主張した。そして、政治折衝の形式と方法についてはこだわらないが、韓国国民に日本の誠意を見せる必要があり、今回の政治会談においてこそ、岸が訪韓してソウルで協議することを強く要請した[100]。

池田は、杉代表は財界では最高位にあり、政界にも大きな影響力を持つ人物だと反論した。そして政治会談において、いきなり大物政治家が出かけて話がまとまらない事態になれば、むしろ後が続かなくなる恐れがあると述べた。結局、池田は岸特使の派遣要請を拒否し、小坂外相を政治会談の代表としたのである[101]。

金は小坂外相の内定を受け入れる代わりに、ソウルで政治会談を開催することを貫徹させようとした。韓国内で交渉妥結に向けた気運を高めるためには、日本の要人が韓国を訪問することが肝要だと主張したのである。しかしこれに対しても、池田は、国会会期の都合上、小坂のソウル訪問も当面難しいとして、韓国側の特使が訪日して小坂と政治会談を行う形式にするとした。結局、金は、岸とソウルで政治会談を行う提案に失敗し、池田の提案を受け入れることになる[102]。

かくして、日韓両国による第一次政治会談は、次のような条件で行われることになった。①一九六二年三月一〇日から政治折衝を始める、②この政治折衝は現在の両首席代表以外の者で行う、③この折衝では請求権金額の枠を提示するとともに、その他の問題も取りあげる、④場所は東京とする、⑤会談を五月末までに妥結させるよう努力する[103]。

ここで見たように、若手であり、軍人出身の金は、池田に対してかなり突っ込んだ議論を行なった。だが、池田は韓国の希望する政治折衝の形を次々と拒否した。ここからも請求権問題の早期妥結に躊躇していた池田の姿勢をうかがうことができよう。

◆外相会談の失敗

一九六二年三月一二日から小坂外相と崔徳新外相は、東京で五回にわたる公式な外相級政治会談を行なった。

崔外相は、実務者間で解決できない問題を、外相会談によって政治的に解決する意気込みを語った[104]。ところが小坂外相は、従来の日本側の主張を繰り返すのみであった。小坂は、韓国の対日請求権は在韓日本財産の取得によって消滅または充足したとし、実質的な請求権の「相互放棄」を主張する。そして、請求権の名目で支払えるものは少額になるとの日本側の公的立場から一歩も譲らない構えだった[105]。小坂は、請求権の金額など政治的決断を要する問題では発言を控え、漁業問題や文化財、船舶問題、竹島領有権問題などの諸懸案に関する原則的な立場を述べるにとどまった[106]。

両国外相は、非公式にはそれぞれの想定している請求額を示していた。しかし、韓国側が純粋な請求権のみでも七億ドルを要求したのに対し、日本側は純粋な請求権としての支払額七〇〇〇万ドルと借款二億ドルを主張した。両国の認識の差が顕在化したことで、会談妥協の可能性のないことが明らかになった[107]。

ハイレベルでの政治的折衝の試みであった日韓外相会談は、事実上成果なしに終わった。同年七月に参議院選挙を控えた池田政権が、日韓会談の進展を急いでいなかったことも、外相会談失敗の一因であった。池田は可能な限り、日韓会談を政局化したくなかったのである。しかし、こうした姿勢は、会談妥結に消極的な池田政権という韓国側のイメージを増幅させることになり、会談全体の空気を冷却させる結果となった[108]。

もっとも、このような帰結は、池田と金鍾泌の討議の段階から、ある程度予想はされていた。池田自身が、請求権問題の政治的決断による妥結を避けようとしていた状況で、小坂の発言が制約されることは当然であった。

◆事務的討議の行き詰まり

外相会談と並行して、代表団を中心に事務的討議も進められていた。一般請求権小委員会では、韓国側が提出した『対日八項目』をめぐって、請求権の具体的内容に関する協議が行なわれた。同委員会での討議は原則的に第五次日韓会談の内容を踏襲していた。

同委員会における日本側代表団は、吉川新一郎大蔵省理財局長を主査、吉岡英一理財局次長と外務省のト部敏男アジア局参事官を副主査として、大蔵省理財局の各課長レベルが補査として参加した[109]。大蔵省側は、『対日八項目』に対する日本の立場について次のように説明している。

① 地金及び地銀は、合法的な手続きによって搬出したものであり返還の法的根拠がない。
② 旧朝鮮総督府に対する債務は各細目別に対照して法律関係と事実関係が明確であるものについてのみ弁済する。
③ 振替または送金された金員に関してはその一部を討議する。
④ 法人の在日財産に対しては返還する法的根拠はないが、清算の結果、残余財産の分配分としてまだ分配されていない分として保管または信託中の財産の中から韓国人株主の持分権は認める。
⑤ 国債、公債、銀行券、徴用者の未収金、補償金などに対しては、一部返還に応じることのできないものがある。

⑥　個人債権の個別的行使に関しては、日韓会談において対韓債務の一切を解決しなければならない。[110]

大蔵省の交渉態度は相も変わらぬものであり、すべての請求権について明白な証拠を要求し、その立証責任は請求側［韓国］にあるとした。当然、その後の同委員会では、法的論理や事実関係をめぐって応酬が繰り返されることになった[111]。

この一般請求権委員会での討議の傍ら、請求権の総額をめぐって首席代表間の話合いも行われた。杉代表は、対日請求権の放棄を露骨に求めただけでなく、日本が払える純請求権の総額は最大七〇〇〇万ドル程度であり、これに「＋α」として経済協力資金を拠出すると述べた[112]。小坂外相と杉代表が主張する純請求権七〇〇〇万ドルの具体的根拠は不明であるが、大蔵省の一〇〇〇万ドル、池田首相の五〇〇〇万ドル、外務省の最低一億ドルと、日本政府内でも見解が分れる状況で、とりあえず提示した折衷案であった可能性が高い。

これに対し、韓国側の裵代表は「韓国は対日請求権を放棄しないし、請求権の総額は七億ドル以下には譲歩しない」と応じた。日本側の七〇〇〇万ドルと、韓国側の七億ドルという主張の開きのみならず、韓国の対日請求権の放棄をめぐっても対立は明白であった[113]。

この間、米国政府は、日本政府の交渉方針がまとまっていないことが、会談が空転する理由と見ていた[114]。ライシャワー駐日大使は小坂外相に、日本が七〇〇〇万ドルという数字に固執して韓国の態度の変化を求めるならば、会談は永久に進展しないだろうと注意を促した。そして両国の提示額はあまりに隔たりが大きく、「結論から言えば、日本はあと数億ドルを出さねばならない」と付け加えた[115]。

自身も歴史研究者であり、東アジアの歴史に精通していたライシャワーは、同請求権問題の根には、三六年間の日本の朝鮮統治に由来する、韓国の国民感情があると考えていた。韓国人が過敏に反応することを理解し、この問題を単なる法律や経済の話として扱うべきではない。解決のためには「請求権でも無償援助でもかまわないし、日本が資金をもう少し拠出すべきである」とライシャワーは忠告した[116]。

ライシャワーの言葉に、小坂は「日本にも感情の問題があり、李承晩時代の反日政策のため、日本人は未だに韓国人に対して好感を持っていない」と応じた。そして、日本が在韓日本財産を放棄した事実を考慮すれば韓国の請求権金額も少なくせざるを得ない、と従来からの議論を繰り返した。小坂は、日本としても少額の請求権を補うため、長期低利の経済協力という考え方が生まれたのだと反論し、無償経済協力の増額にも難色を示した[117]。

◆「広義の請求権」論

外相会談の失敗により、外務省は『対日八項目』を法理論的に検討するやりかたに見切りをつけ、政治的解決を念頭に交渉することが望ましいと確信する。そして、韓国側に対し、請求権の純弁済に固執するならば、法律関係と事実関係を厳格に突き詰めなければならないだけでなく、朝鮮半島における韓国の管轄権を三八度線以南に限定しなければならないと通告した[118]。

外務省は、第五次日韓会談の際に外務省と大蔵省で構想され、池田・朴会談の際にも示された、請求権、無償経済協力、有償経済協力という三本立て方式を韓国代表団に提示した。ただし、これが外見上は請求権、無償経済協力、有償経済協力という基本的構成であるが、実際には「広義の請求権と経済協力」の二本立てだと説明した。個人請求権を中心とする純請求権が少額に留まるために、「請求権の名目を無償経済協力に統合し、無償経済協力を経済協力の一方法ではなく請求権の変形として扱い、これを広義の請求権に含める」というのが外務省の論理であった[119]。

韓国側は、請求権を立証する資料が大分焼失しており、その証明が不十分なため無償経済協力を導入するが、少額であっても請求権という名目を維持したいと述べた[120]。そして、純弁済額と無償経済協力の二つの名目を請求権解決の範囲のなかに入れ、この二つの名目の金額をそれぞれ区分せず、総額のみを表示する方法で解決すると逆提案する[121]。

ここで注意すべきは、「広義の請求権」という用語が、日韓双方にそれぞれ異なる解釈の余地を残していることであった。韓国側では、「広義の請求権」という言葉は、請求権の名目と金額というふたつの要求を充たしているように受け止められた。しかし外務省が考えている「広義の請求権」は、請求権という名目を実質的に排除した無償経済協力を意味した。

外務省は、「韓国政府が広義の請求権を、請求権と扱うか無償経済協力と扱うのか不明であり、日本の意図を正確に把握しているか不安」もあったが、韓国側は金額さえ満足すれば請求権の名目を放棄するだろうと判断していた[122]。そして、請求権の金額は韓国側が到底受諾できないほど少なくなるので、有償と無償の経済協力の形式により金額を相当な程度まで引き上げ、その代わり「韓国側が対日請求権を抛棄する」ように提議した[123]。

外務省は政府内で、「広義の請求権」という表現が実際には請求権名目を消滅させるものであり、韓国が対日請求権を撤回する代わりに日本が無償と有償の経済協力を提供することになると説明した。これは、従来の「相互放棄＋α」案に他ならない。外務省の「広義の請求権」論の主張には、「相互放棄＋α」案が含意されているのである。その上で、大蔵省を意識して、請求権金額は日本国民や国会を考慮して決定し、多く見積もっても一億ドル前後であると述べている。しかし、韓国側の希望する請求権金額は認められないが不足分は経済協力の形で補わなければならないし、ともかく無償経済協力の金額については、政治的に考慮する以外に方法はないと説く[124]。

「広義の請求権」をめぐる外務省内の議論は、日本政府内では意見調整さえ行なわれていなかった。それでも米国政府は、「広義の請求権」という概念を導入し、政治的折衝によって金額を決定するという外務省の手法を合理的と評価した[125]。

4 外務省内における請求権問題大綱の決定

◆大平外相のイニシアティブ

一九六二年七月一日の参議院選挙の後、同一四日に行なわれた自民党総裁選で池田首相が再選され、第三次池田内閣が発足した。この内閣改造で外相に就任したのは大平正芳であった。大平は、一九三六年四月大蔵省に入省した後、終戦まもない一九四五年八月には東久邇宮稔彦内閣で大蔵大臣秘書官に抜擢された。大蔵官僚時代に親交を深めた大平を、政界に導いたのは池田である[126]。大平は自ら池田内閣での外相就任を望んでおり、日本国内では、この人事によって池田外交における重要な懸案が推進されると期待が高まった[127]。

池田は、一九六一年一一月に金鍾泌が訪日した際、朴正熙の代理格である金のカウンターパートとして、当時内閣官房長官であった大平を指名していたが[128]、大平の外相就任を契機に、日本国内ではとりわけ大平外相がいかに対韓交渉を展開するかに高い関心が寄せられた[129]。大平外相は、韓国のために日本が犠牲になることはないとしつつも、「お隣付き合いとして、付き合える範囲で気持ちよくやっていく」と述べ、日韓関係の改善に意欲を示した。そして、請求権問題について国内世論を刺激しないよう用心深く対応しつつ、第二次政治会談を開催する方針をとった[130]。

大平は、外相就任早々日韓問題に積極的に取り組み、伊関アジア局長とその後任に内定していた後宮、そして韓国問題の第一人者である前田北東アジア課長と綿密に打ち合わせを行った。大平の女婿であった森田一の回顧によれば、大平外相と外務省との関係は良好で、信頼関係は厚かったという[131]。

大平外相は日韓会談妥結への決意を固めるが、その際に重要なターニングポイントとなったのが、一九六二年七月二四日の外務省幹部会議であった。この日、外務省では、第二次政治会談を念頭に、日韓会談の進め方に関する具体的な討議が行われた。この会議には、大平外相、杉首席代表のほか、武内龍次外務事務次官、中川条約局長、伊関アジア局長、前田北東アジア課長などの関係者が一堂に会した[132]。

まず大平は、日韓会談をめぐる米国の認識や対韓援助による負担について訊ねた。これについて米国大使館や国務省側と頻繁に接触していた伊関アジア局長は、米国が日韓会談の早期妥結を望んでいることを強調し、「米国政府は日韓経済協力を米国の対韓援助の肩代わりにしようとする」と日本政府は懸念しているが、実のところ米国にはそのような認識がなく、むしろ日韓関係が正常化すれば米国の対韓援助もしやすくなることを期待している、と説明した。ただし、日本の対韓経済協力資金について、米国は「けち過ぎる」と指摘しているので、日本はまず米国が納得できる金額を提示しなければ、米国に韓国を説得してもらうことは望みがたいと付言する。伊関は、韓国と国交を結ぶことは、対米関係という観点からも日本にとって重要である点を強調している[133]。

杉代表は、池田首相に日韓会談早期妥結の意思があるのか否かを大平外相に質した。交渉の首席代表として暗礁に乗り上げていた杉は、「首相も外相も、今度こそ本当に妥結させようという気持ちを持っていただきたい」と、日韓会談の妥結を政府首脳に強く申し入れた。大平外相は「池田首相の対韓態度は何か距離があるという感じ」だと述べ、池田が消極的であることを認めた。しかし、日本として会談をこれ以上延ばす事情はなくなったとも明言した[134]。

この幹部会議では、経済協力の具体的な方策について外務省の報告が続いた。外務省は大平新任外相に対し、従来の外務省の政策案に基づいた経済協力の具体的な方策を提示していった。外務省は、日韓会談をこれ以上引き延ばすことなく八月中に再開し、九月中には政治折衝をまとめて、年末までには漁業問題やその他の懸案を仕上げるべきであると述べた[135]。

大平は、「もうこれ以上日韓会談を延ばすことはない。早急に首相と相談して腹を決める」と述べて、会談妥結に向けた強い意思を示した[136]。外相が外務省の対韓方針に全面的な承諾を与えた意味は大きかった。前田北東アジア課長は「それまで外務省内の一つの試案として、果たしてこれが実現されるかについて自信がなかったものが、新大臣にすっきり受け入れられた。外務省案が、はっきりした日本側の方針として画されたという感じで、この日の会議は非常に大事であった」[137]と述べている。

また、この外務省幹部会議について、伊関アジア局長も「この頃、日韓問題に対する池田さんの態度は、国内の渋い世論を意識したり、外務省と大蔵省のはさみうちにあったりして、随分迷っている気がした。だが、大平さんになってから、大平さんに話しておけば首相まで行かなくてもよかった。それまでは、私が首相のところへたびたび行って、いろんな話をしたけれど、大平さんになってからはその点大臣限りでよろしいということで、非常に楽になった」[138]と述懐している。

これらの証言は、大平外相の裁断が停滞していた日韓会談の転換点となったことを裏付けている。池田首相との意思疎通が良好であり、政治的手腕に優れた大平の外相就任は、日韓会談の大きな推進力になったのである。

◆「大平・金合意」の原型

一九六二年七月二四日の外務省幹部会議では、『日韓会談の今後の進め方に関する基本方針(案)』と『日韓会談における請求権問題交渉の今後の進め方について』という二つの文書が配布された[139]。これらの文書には、今まで外務省内で議論されていた政策案が網羅的に示されていた。

まず、外務省は、一九五〇年代の初期日韓会談の時期に形成されていた「請求権問題に関する法的論理を放棄せず棚上げとする、対韓請求権の主張を撤回しつつも実質的に相互放棄とする、朝鮮半島における韓国の管轄権を三八度線以南に限定し一般請求権の対象を在韓日本財産のみとする」という、省としての基本方針を述べた。その上、「請求権、無償経済協力、有償経済協力」を基本とする経済協力方式を示す[140]。

大平は、「なぜ請求権ではなく無償援助の必要があるのか、国内補償問題を惹起しないのか」など、請求権に対する技術的問題を訊ねた。この問題について、伊関アジア局長は、事実関係が明確に立証されたものに限って純請求権とするが、請求権ではいくら甘く審査しても一億ドルしかできないため、無償援助という概念を導入したと説明した[141]。また、「事実関係と法律関係の立証が困難なものについても日本に支払いの責任がある」とする韓国の主張をも考慮しなければならないと語った。こうした見地から、「請求権という名称を避けて無償経済協力または贈与という形」により請求権問題を解決すると、伊関は重ねて説明している[142]。

これに加えて、伊関は、韓国政府は個人請求権を関係する個人に渡す代わりに、政府へ一括資金として提供することを望んでいると伝えた。日本の立場からすると、請求権の支払いである以上これが確実に個人の手に渡ることを要請すべきだが、個人請求権をまずは経済発展や社会福祉等の目的に使用しようとする、韓国側の思惑を考慮せざるを得ないと述べた。実務的に見ても、日本より支払いを受けた韓国政府が、個々の該当者に実際に支払うという保証はなく、日本が個人請求権に対する責任を取らない方法が望ましいと考えられた[143]。

伊関に続いて、中川条約局長が、法律的問題と関連付けて説明を加えた。中川は、支払いの名目が請求権であるならば、交渉の対象となる地域を韓国だけに規定する必要があること、しかしながら韓国がこれに反発し、朝鮮半島における韓国の管轄権問題まで話が飛躍する可能性があることを指摘した。こうした点を考慮すると、名目を無償経済協力とすれば地域のことを問題にする必要が無い、と中川は説明した。その一方、「韓国の要求を在韓日本財産により削った」という米国見解との関係上、国内補償問題が起こるおそれはあり得る、と中川は注意を喚起している[144]。

この席では、日韓請求権問題をめぐる国会対策、大蔵省との決着、今後の対韓交渉戦略などについても幅広い議論が行われた。

国会においては、日韓国交正常化に伴う日本の経済的利益や、日韓友好関係の確立という大局的意義などを強調し、具体的には「韓国は良い市場であり、日本から売るものはいくらでもある」ということで説得する方針を示した[145]。また、外務省内で想定している請求権および経済協力資金は、交渉当初に比べ韓国の要求額がかなり下がっていること、東南アジア諸国への賠償支払いの事例と米国の対韓援助の実績などを考慮しても、合理的な金額であることを説明するとした[146]。

日本政府内で鋭く対立してきた大蔵省の主張と、どのように折り合いを付けるかも外務省には大きな課題となっていた。そもそも、日本が対韓請求権を放棄したことで、どの程度まで韓国の対日請求権が「相殺」されたかを合理的に査定することは不可能である。その前提に立つと、仮に「相殺」方式であっても、引揚者の国家補償を提起される恐れは未だに残されていると見るべきであり、また、大蔵省が固執する事実関係の証明は、請求権問題の解決を複雑にするだけで生産的ではない、というのが外務省の考え方であった[147]。

他方、韓国に対しては、名目にこだわらないことにより、相当額の供与を受け得る実益を強調していく方針が確認された。すなわち、韓国が対日請求権という名目を放棄する代わりに、日本は相当額の経済協力を行う、という立場を貫くことになったのである。ただし、韓国が、国内向けに請求権の解決としてこれだけの金額を日本に認めさせた、と説明しても差し支えないことにした[148]。

この外務省幹部会議に諮られた今後の対韓交渉戦略のなかで最も注目すべき点は、韓国へ支払う請求額に関する構想である。

外務省は、「韓国側は公式な態度は別にして本音では必ずしも名称に固執していない」ので、今後日本が請求権という名目に制約される必要はないとの見解に立った。ただし、韓国が対日請求権を実質的に放棄した場合には、それに応じて一定額の無償経済協力を供与すべきであり、請求額との差額は長期低利の有償経済協力を導入し補完する考えであった。最終的には請求権という名称を用いず、無償経済協力と長期低利の有償経済協力を組み合わせた支払い形式を提案し、交換公文の文末には「全ての請求権は完全にかつ最終的に解決されることを確認する」または「日韓間に存在する一切の問題が解決されることを確認する」という字句を挿入することを検討するとした[149]。

加えて外務省は、韓国側は請求権と無償経済協力を合わせた総額に関心があるが、この際、韓国に提示する金額は「無償二億ドル、有償二億ドル」とし、交渉戦略上結局は支払額の増額は必要になると述べた[150]。そして、韓国の「五〜六億ドル」案と外務省の「二＋二、合計四億ドル」案を、政治会談を通じた調整により決定することを建議する[151]。

外務省が提示するこの方式が、後述する大平・金会談で合意される「無償経済協力、有償経済協力、商業借款」形式と内容が似ている点は注目に値する。また、請求額の最終決定は政治折衝に任せるとしながらも、その範囲は合計四億から六億ドルと枠付けられており、これも「大平・金合意」の金額に近しい。

◆請求権総額をめぐる水面下の交渉

大平外相は、外務省案を基礎に、請求権および経済協力問題に関する池田首相の決断を求めた。大平は、これからの会談では、今までの交渉の継続ではなく、高い次元に立って請求権問題を解決する必要があると説いた。その上で、請求権を含む無償経済協力と長期借款による有償経済協力方式で、合計三億ドルを韓国へ供与するという交渉案を提示し、池田の了解を求めたのである[152]。

池田首相は「日本人が韓国に残した財産だけでも、日本の韓国に対する債務の一部を相殺できるのに、大きな譲歩をする」と不満を表したが、現金支給ではなく役務や物質供与であることを条件に、請求権総額として三億ドルを裁可した[153]。大平は、外務省内で検討されていた四億から六億ドルより少ない、三億ドルで裁可を得たが、ここには池田に対する大平なりの戦略的態度が看取される。大平と外務省は、まずは池田が納得できる金額で韓国との交渉をスタートさせ、その後の経過次第で外務省が適当と考える金額まで上積みすることを想定していたと推察されるのである。

いずれにせよ、これまで大蔵省が一〇〇〇万ドル、池田自身が五〇〇〇万ドルを主張していたことを考えると、三億ドルという金額が裁可されたことは大きな転換であった。池田から裁可が出ると、杉代表はすぐに政治会談の準備に着手した。そして一九六二年八月二一日、第二次政治会談に向けた日韓予備折衝が開かれた。この予備折衝には、杉と裵両主席代表、伊関アジア局長と崔英澤《チエ・ヨンテク》駐日代表部参事官が出席した。一般請求権小委員会で主査と副査を担当していた大蔵官僚は、この折衝には出席していない。この段階で、請求権問題に関する日本側の交渉主体は、ようやく外務省アジア局に一元化されたのである[154]。

この予備折衝での最大の争点は請求権の総額であった。杉代表は、合計三億ドルの枠内で、無償経済協力一億五〇〇〇万ドル、有償経済協力一億五〇〇〇万ドルを限度とする案を韓国側に提示した。この案について杉は、請求権の名目を離れた「つかみ金」方式によって解決し、無償経済協力が実質的には請求権を意味すると説明した[155]。

これに対し韓国側の裵代表は、「つかみ金」方式によって、請求権問題を政治的に解決させることには同意した。だが、日本側が提案した借款による経済協力については、「借金の取立てにきて借金をして帰る」ことになると揶揄して難色を示した[156]。また、僅か一億五〇〇〇万ドルで、請求権の名目を放棄することに韓国人は納得しないとも述べている。裵代表は、何らかの形で請求権という名義を残し、請求権と無償援助を分割した上で、増額も必要であると主張した[157]。

伊関は、請求権とした場合は明確な証拠が必要とされるが、韓国が請求権を主張すれば法的根拠の弱さのため数千万ドルに留まるので、「つかみ金」方式による三億ドルを経済協力資金として供与するのだと説明した。その上、請求権の名目を排除した上で日本が経済協力を行うのだが、この結果として日韓間の請求権問題は一切解決されることになると述べた。ただし、韓国政府が自国内向けに、日本から受け取る金額を如何に説明するかは自由であり、それを請求権と解することは構わないとした[158]。

また、伊関は、金額面で国内的に大蔵省と外務省との算定が大きく開いていると述べ、総額三億ドルの枠内であれば無償経済協力をある程度増やすことは可能だが、これ以上の増額は難しいとした。伊関は、日本国内では無償経済協力を請求権の偽装と認識し、経済協力の一方式と説明しても納得を得ることが難しいと語った[159]。

この予備折衝の内容について裵代表から報告を受けた韓国政府は、駐日米大使館を通じて「請求権三億ドル、無償供与三億ドル、総額六億ドル」という金額を提示した上で、「請求権の総額を弾力的に捉えて六億ドル以下に下げる用意がある」と通達してきた。ただし、韓国政府は、無償経済協力を請求権の一方式としてとらえ、請求権と無償経済協力を合わせた金額が実質的に請求権に当たると解釈した。そして、請求権の意味を含んだ無償経済協力資金に関する合意が成立すれば、次に有償経済協力の協議に入ると考え、請求権および経済協力資金に関する増額を期待した[160]。

日本側は、有償経済協力を通じて韓国の経済開発五カ年計画に協力することは可能であるとしたが、資金総額の増額については回答を避けた[161]。韓国政府は、請求権増額のため様々なアプローチを試みる。朴政権は、請求権概念を含意する無償経済協力を最低三億ドルとするよう代表団に訓令する一方で、対韓交渉を後押ししていた岸信介元首相に接触し、無償三億ドルを含めた総額五億から六億ドルで調整できるかを打診する。これに対して岸は、池田首相に会談を妥結するよう勧めているが、請求額の増額については池田が一貫して消極的であると回答している[162]。

その後、朴政権は米国政府を通じて、無償経済協力資金を三億ドルから増額するなら、韓国は総額要求を五億ドルまで下げると日本に伝達した。さらに、現金での支払いを渋る池田首相の意に沿い、日本経済の負担とならないよう、対韓援助を現金ではなく資本財と役務で受け取るとした[163]。裵代表は外務省に「李政権時代には二〇億から二五億ドルと言われた請求額が、現在は五億ドルまで下がったが、今後これ以上は下がらない」と伝えた。韓国は、無償経済協力三億ドルを含めた総額五億ドルでの妥結を示唆したのである。それでも伊関は、日本側が提示可能な総額はあくまで三億ドルだと主張した[164]。

以上に見るように、遅くとも一九六二年九月までには、韓国側の要求額は五億ドルにまで下げられていた。一方の日本側は、予備折衝で池田首相から裁可された三億ドルのラインに固執したが、外務省内では既に四億から六億ドルという着地点が想定されており、大平外相もこれを了解していた。日韓両代表団による事務レベル折衝では金額をめぐっての討議にこれ以上の進展はなく、いよいよ政治会談による決断の時が近づいていた。

5　経済協力方式の妥結

◆「大平・金合意」までの道程
外務省訪韓団と会談妥結への意志

第二次政治会談に先立ち、一九六二年九月二八日から外務官僚の一団が訪韓した。この訪韓団を率いたのは、一〇月三〇日に伊関の後任としてアジア局長に着任予定であった後宮である。一行の目的は、将来の対韓経済協力を踏まえて韓国の経済状況を視察することにあった[165]。

訪韓団は帰国後、韓国の状況に関する出張報告を提出した。同報告は、まず経済協力を切望する韓国側の事情を概観しつつ、朴政権が対外的地位の向上と対内的繁栄によって北朝鮮を吸収統一することを目指し、日韓会談妥結と経済開発五カ年計画の達成を、そのための重要なステップとして位置付けていると解説している[166]。

また、諸外国からの韓国への経済協力が不十分であることにも言及し、まず、米国と英国による対韓技術援助が、成果をあげていないと指摘している。それは、米国や英国へ留学した韓国人青年の八五%が、技術を習得してからそのまま永住し、韓国の経済建設に役立っていないためであった。一方、米国とドイツからの対韓借款は成果をあげているが、韓国は両国との借款条件に満足しておらず、それよりも良い条件で、日本からの資金導入を行おうとしていると、日韓交渉の背景を報告した[167]。

後宮は個人的な所見として、国交正常化がこれ以上遅れると、韓国に対する日本の影響力が諸外国に比べて一層薄くなると警鐘を鳴らした。その根拠として後宮は、韓国のエリート層のなかで三〇歳以上の中堅世代は日本の教育を受けているが、それ以下の世代は欧米に留学した人が多いため、相対的に韓国への諸外国の影響力が増大していることを挙げた。後宮一行の報告は、「現在も韓国内では日本が特別の外国として扱われているが、韓国民の対日感情はよくなっている」として、国交正常化の時期が近づいていると締めくくられた[168]。

同訪韓団はこうした分析を踏まえ、韓国が経済開発五カ年計画の主要プロジェクトを推進するための体制を整えている点を評価し、韓国との国交回復と経済協力の必要性を説いた[169]。

一方の韓国政府も、今後の政治会談で交渉を妥結したいと考えていた。特に朴議長は、過去にこだわらず、国民の非難を覚悟しても日韓会談を妥結するという考えを示していた[170]。そのため、日本の援助額から、韓国の焦げ付き債務四五七三万ドルを返済するなどの新提案も提示した[171]。こうした韓国側の姿勢を前に、池田首相は大平外相に「国内問題のプラス面マイナス面から見ても、妥結しないことのマイナスの方が大きい、対米関係を十分考慮する要がある、対共産圏外交推進のためにも先ず対韓関係を処理するべき」[172]であると語り、請求権問題を妥結させる方向へ舵を切ったのである。

第一回大平・金会談（六二・一〇・二〇）

第二次政治会談の韓国側特使には金鍾泌が内定していた。金は渡米前の一九六二年一〇月二〇日に来日し、池田首相または大平外相と会談を行うことを申し入れた[173]。韓国政府は、できるだけ金が日本政府内の最高決定者である池田首相と会談して、請求権の金額問題に決着をつけることを望んでいた。伊関アジア局長もまた、池田と金の協議で請求額が決定されると見ていた。しかし、金の交渉相手は大平外相となった[174]。以前から金のカウンターパートとして大平を指名していた池田は[175]、今回の政治会談でも大平外相を適任者と見ていたのである。

外務省は、大平と金鍾泌の会談を控えて交渉要領案を作成した。そのなかで請求権および経済協力問題については、以下のような交渉要領案が用意された。

- 無償金額：二億五〇〇〇万ドル

（韓国の焦付債権四五七三万ドルは無償とは別の問題として支払ってもらう）

支払方法：日本の資本財および役務の供与

支払期間：二五〇〇万ドルずつ一〇年間均等払い

（年二五〇〇万ドルは現在日本が支払っている賠償において年額最高のフィリピンと同額）

- 長期低利借款：無償の増額につながるので慎重に対応
- 調印から批准までの段取り：本年度中調印、明年一月中完了[176]

この案では、韓国への無償経済協力額が二億五〇〇〇万ドルまで伸びていたが、池田首相から裁可を得た金額を越えない範囲で、しかも請求権という項目は消えている。この頃、米国政府は外務省に対して、無償三億ドル以下では韓国政府は満足しないことを再三強調し、今回の政治会談で韓国の希望に近い金額を提示するよう忠告していた。米国政府は、朴正熙政権が李承晩政権とは異なり、日韓会談の妥結に積極的であるので、韓国政府が国民に対して説明できる金額は必要だと説明したのである[177]。大平はこれを腹案として金との会談に臨んだ。

一〇月二〇日に訪日した金鍾泌は、大平外相との間で二度にわたる政治会談を行った。第一回会談は、一〇月二〇日午後に外務省本省の大臣応接室で約二時間半かけて行われた。

会談の冒頭で金鍾泌は、会談に対する日本側の考え方を訊ねた。これについて大平は、「過去の歴史等に基づいて細かく請求権の内容を議論しても意味がない」とした上で、「韓国の独立に対する祝［い］金及び旧宗主国が新独立国に対する経済自立のために協力という意味で提供する」ものであると述べた[178]。

続いて大平は、米国側より韓国政府が無償三億ドルを望むと聞いているが、無償として払えるのは三億ドル以下であり、その代わりに長期低利の借款を融通し全体の数字を大きくするとした。その理由として、フィリピンに支払う賠償額が年間二五〇〇万ドルであるため、これを上回る支払いは、他国からの賠償再検討を要求される危険性があるとした。さらに、韓国への無償支払いについて、日本の国民感情が好意的ではない上に、日本政府が可能な年間支払い額も考慮する必要があるとした[179]。

金は、フィリピンと韓国の立場は根本的に異なると反論しつつも、請求権項目の消滅には言及しなかった。金の関心は請求権の総額に向けられていた。金は、無償三億ドルの上に経済協力基金を活用して、できるだけ六億ドルの数字に近づけたいと述べた。その上、この金額は「韓国の当初要求から大幅な減額であり、この金額を決定するまで非常に苦労した」と述べ、日本の提示金額には同意できないとした[180]。

一〇月二〇日の大平・金会談においては、これ以上の具体的な討議は進展しなかった。ただし、この会談の後伊関アジア局長は、無償は最終的に三億ドルにし、有償部分を活用してできるだけ六億ドルに近づけ、これを韓国側に口頭で約束することを提案している。伊関は、日韓それぞれの国内発表においては、日本からコミットを得たという国内発表が必要な韓国側の事情に配慮し、韓国は請求権として受け取ると説明して、日本では「祝い金」として説明できるような方法を考慮すべきとコメントしている[181]。

池田・金会談（六二・一〇・二二）

大平外相との会談を踏まえた金は、いよいよ政治決着に持ち込むべく、一〇月二二日、首相官邸で池田と面会した。金は池田に対して、大平外相が提示した金額は「五〇億ドルの輸出国たる日本として少額過ぎる」として増額を求めた。また経済協力についても政府間の長期低利借款を希望した[182]。

しかし、池田は法的論理の議論を持ち出し、在韓日本財産が全て没収されたとする命令三三号は、国際的な先例もない非条理なものであると述べた。そして、法的根拠のあるものに限れば、韓国へ支払う金額はどんなに甘く査定しても一億五〇〇〇万ドルが精々であると断じた。それでも、このような過去の論理には触れずに、独立のお祝いとして援助を出すのだから、韓国は日本の提示する条件を受け入れるべきだと、池田は述べた[183]。

数字に強い池田は、このとき様々な統計を根拠に金を説得した。たとえば、日本の輸入状況やその他の債務を差し引くと、日本の貿易額は三億から四億ドルに過ぎないことを挙げて支払いの増額を拒絶し、さらに、借款方式に難色を示す金を「独立祝い金として借款を与えた国際的な先例はあるが、無償援助を与えた例はア[ル]ジェリア以外にはない」と突き放し、「借金をして国を富ました上でその借金を返済する時の喜びを知るべき」であると諭して、政府間借款よりも日本輸出入銀行の融資を通じて借款を提供すると述べた[184]。

このように池田の姿勢は依然厳しかった。池田と大平は共に請求権名目での支払いを否定し、韓国に対する「独立祝い金」と表現した。一連の発言からは、久保田発言以来の日本側の植民地支配に対する歴史認識がにじみ出ているように見ることもできよう。しかし、これに対して、金は反論しなかった。金は既に何度も繰り返されてきた不毛な論争を避け、まずは総額に目途をつけることを目指していたのである。結局、金は池田との会談から具体的成果をあげられないまま、訪米の帰途に再び訪日することを約して、一〇月二二日夜、米国に向った。

第二回大平・金会談（六二・一一・一二）

米国に到着した金は、ラスク国務長官との会談で、改めて日韓問題への協力を要請した。金は請求権金額に関して、大平との第一回会談で示された日本側の提示額は不十分であるとし、総額六億ドルが必要であると主張した。ただし、韓国国民がこの六億ドルが賠償的性格を持っていると認識しているのは明らかであるが、韓国政府は「賠償」という表現にはこだわらないとした[185]。金の考えは駐日米国大使館を通じて外務省にも伝えられた。米国政府は、韓国の主張する六億ドルの意味を日本が十分理解するように申し添えている[186]。

訪米を終えた金は一一月一〇日に再度来日した。このとき池田はヨーロッパ諸国歴訪に出立し日本を不在にしており、そのため大平が単独で金との折衝にあたることになった。後宮アジア局長は金に対し、大平外相が会談を妥結させ、首相の承認を得る自信を持っていると伝えている。金は、大平外相が決定権を持った上で会談へ臨むことを期待していた[187]。

一一月一二日に開かれた大平・金会談は実に三時間半に及んだ。そしてこの会談で、ついに請求権問題の最終的な妥結が図られることになる。会談の冒頭、無償の総額について、大平は二億五〇〇〇万ドル、金は三億五〇〇〇万ドルを提示した。双方の開きは一億ドルであった。しかし、両者は三億ドルという金額を落としどころに折り合いを付け、事後的に池田首相と朴議長を説得することに合意した。そして次の内容に合意して覚書を交換した[188]。

① 無償供与三億ドル、年間三〇〇〇万ドルずつ一〇年間支払い
② 有償借款二億ドル、一〇年間供与、利率三・五パーセント、七年据置その後一三年間で返済
③ 民間借款一億ドル以上。

これが、いわゆる無償経済協力三億ドル、有償経済協力二億ドル、民間借款一億ドル以上を骨子とする「大平・金メモ」である[図5-1、5-2を参照]。「大平・金合意」によって、日韓間の請求権問題は経済協力

図5-1「大平・金メモ」――大平外相が作成した日本側のメモ

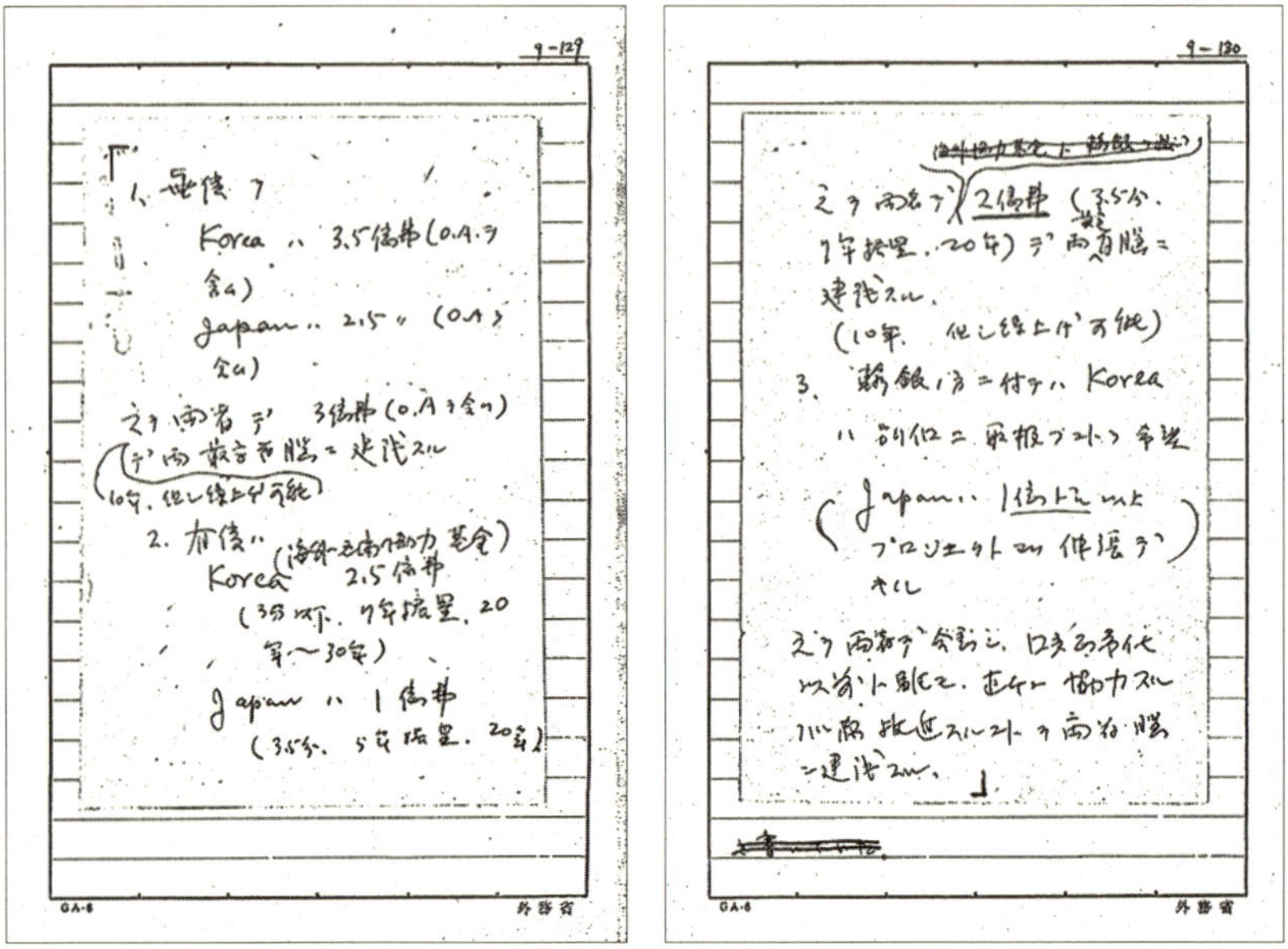

1. 無償ハ
Korea ハ 3.5億弗 (0.Aヲ含ム)
Japan ハ 2.5 〃 (0.Aヲ含ム)
之ヲ両者デ 3億弗 (0.Aヲ含ム) デ両首脳ニ建議スル
10年、但し繰上げ可能
2. 有償ハ (海外経済協力基金)
Korea 2.5億弗 (3分以下、7年据置、20年～30年)
Japan ハ 1億弗 (3.5分、5年据置、20年)

之ヲ両者デ 2億弗 (3.5分、7年据置、20年) デ両首脳ニ建議スル。
(10年、但し繰上げ可能)
3. 輸銀ノ方ニ付テハ Korea ハ別個ニ取扱フコトヲ希望
(Japan ハ 1億ドル以上 プロジェクトニ依リ伸ビ得ル)
之ヲ両者デ合意シ、国交正常化以前ニ於テモ速カニ協力スル様両者推進スルコトヲ両首脳ニ建議スル。

出典：日本外交文書［189］

方式による妥結がはかられ、長きに及んだ日韓間の請求権交渉は一つの区切りを迎えたのである。

ところで、第四章で述べた経済協力の条件からすると、「無償供与三億ドル」と「有償借款二億ドル」は、日本の政府機関を通じて韓国に有利な条件で資金が流れる経済協力であるが、「民間借款一億ドル以上」は典型的な商業ベースの借款である。しかし、商業ベースの「民間借款」については両国の認識が十分に詰められておらず、このことは後日争点となる。

経済協力方式をめぐる議論が「大平・金合意」で決着するまで、日韓両国の主張は請求額や解決方式をめぐって変化と調整を繰り返した。双方の主張の変化をまとめると表5－1のようになる。

最終的に、韓国側は請求権という名目を落とすことと引き換えに、総額六億ドルで合意を取り付けた。金額面では韓国が日本

図5-2「大平・金メモ」——金鍾泌が作成した韓国側のメモ

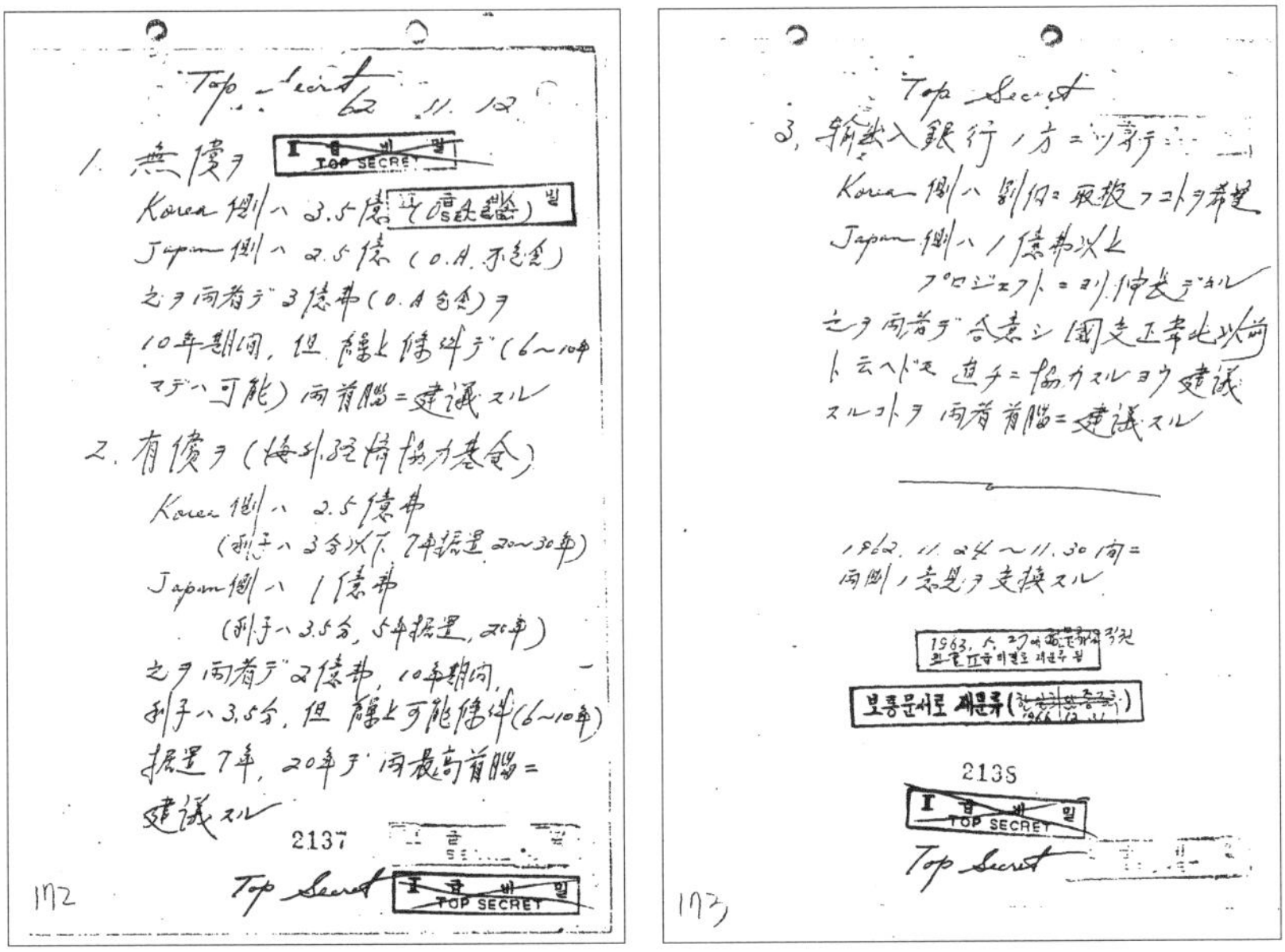

出典：韓国外交文書［190］

からの譲歩を引き出し、名を捨てて実を取る形になったといえよう。逆に日本側は、金額面の譲歩と引き換えに請求権の名目を使わないという合意を取り付けた。これは一九五〇年代初期の外務省の対韓交渉案であった法理論の棚上げと「相互放棄＋α」案によく似た方法である。韓国の対日請求権を放棄させ、実質的な相互放棄に落とし込んだ上で、経済協力を実施するという一九五〇年代以来の外務省の方針は、「大平・金合意」の形成に至るまで一貫していたのである。

日韓会談の開始直後から、日本の朝鮮植民地支配に対する日韓間認識の本質的な違いとそれをめぐる両国の論争は、会談の進展を阻む主な要因であった。「大平・金合意」の成立過程においてさえ、歴史認識の対立は全く排除されたわけではない。しかし大平・金会談では、過去や歴史問題をめぐる論争が慎重に避けられ、経済的利益や

表5-1 日韓両国の主張の変化過程(1961.5.16〜1962.11.12)(金額単位：億米ドル)

韓国側主張の変化		日本側主張の変化	
名目	総額	名目	総額
請求権のみ ※財産請求権問題と経済協力問題は別個の性格	8〜12	法律的根拠のある個人債務を中心とした純請求権＋α	0.1〜0.7
請求権＆請求権に近い無償援助	6	広義の請求権＆経済協力	3
無償援助＆有償経済協力(3＋3)	6	無償援助＆有償借款(1.5＋1.5)	3
請求権名目の放棄 無償援助＆有償借款＆民間借款(3＋2＋1)	6	請求権名目の放棄 無償援助＆有償借款＆民間借款(3＋2＋1)	6

出典：筆者作成

冷戦における協力関係に重点がおかれた。大平外相と金鍾泌KCIA部長が、請求権問題を従来のような歴史論争に飛び火させることなく、「経済論理」による解決に積極的に取り組んだことから、歴史問題は日韓交渉を制約する決定的な要因とはならずに済んだのである。

◆日本政府の反応

一方、大平と金が合意した六億ドルという数字は、その内訳はともかく、池田首相や大蔵省にとっては予想外であった。

外務省は、「大平・金合意」は請求権の「相互放棄」を実現したものであると強調した上、同合意内容を既成事実として大蔵省側へ伝えた。大蔵省は「無償供与もさることながら長期低利の有償援助にしろ、同合意は一般会計の負担となる」として、大平と金の合意内容に不満を表明した。また韓国に多額の長期低利借款を与えることは、経済協力を実質的な賠償協定と規定している他のアジア諸国に、同種の要求を喚起する恐れがあると指摘した。だが大蔵省は、韓国が多大の経済的利益を得るのであるから一切の請求権を放棄するのは当然であるので、韓国に請求権名目が完全に消滅したことを確約させるべきと述べ、大平外相の決定を事実上受け入れた[191]。

最大の難関は、池田首相の同意を得ることであった。外務省では、

「大平・金合意」の内容が、一〇月の会談時点から大きく変化しており、さらに池田首相の不在中に決定されたことから、その成り行きを懸念していた。果たして外務省の憂慮した通り、一一月二五日にヨーロッパ諸国訪問から帰国した池田首相は、大平の合意に了解を与えようとしなかった[192]。池田は、支払い条件、円資金の調達、焦げ付き債権の取扱いなどについての再検討を指示し、承認を留保したのである[193]。

池田が「大平・金合意」を留保した情報は韓国政府にももたらされた。外務省は、韓国側に、池田首相は原則同意しているが、国内情勢を考慮して戦略的に決定を留保しており、臨時国会で日韓問題が政局化することを避けるのが主な理由であると釈明した。そして、臨時国会閉会後に日本側の最終案を決定し、一二月初旬には池田首相の裁断を得るだろうという見通しを伝えている[194]。後宮アジア局長も、不安を抱く韓国側に対して、「大平外相は、池田首相、前尾繁三郎幹事長、黒金《くろがね》泰美内閣官房長官と同様の大蔵省出身者であり、池田が大平・金合意を承認することに自信を持っている」と伝えている[195]。

一方、森田一は、六億ドルという金額が大平の独断に近いものであり、大平はこの点について池田と一切相談しなかったと回想する。大平はアジア外交を重視する立場から日韓問題を捉えており、彼なりの外交的判断に基づいて金鍾泌と合意したのであるから、その結果に関して「池田が怒ったってちっとも怖くない」と自信を持っていたという[196]。

大平の下した大胆な決断は、交渉相手であった金鍾泌への高い評価と無縁ではなかったであろう。後日大平は、金の印象を次のように語っている。

三七〜八歳の若さで日本語がすばらしく上手であり頭のきれる人だが、その上に一番大事な勇気をもっていた。私にとって対韓交渉は外務省のたくさんある仕事の一つであり、時々お相手をしている程度であったのだが、韓国にとって対日交渉は韓国政府の命運をかけた大きなissueであったと思う。だからこの問題の取り組み方が、こちらが一〇分の一だとすれば、彼は一〇分の九位のウェイトを持っていたと思う。それに当時韓国国内では、学生たちが日韓会談への反対に気負い立っていたし、下手なことをすると政治生命のみならず、生理的生命にまでかかわったと思う。そういう火中の栗を拾うようなきわどい立場にあって、金鍾泌氏の態度は従容として立派だった。邪念を去って相手の立場、自分の国の立場を考え、公正で常識的な解決を模索している態度が私には受け取れた。[197]

自分より一回りも年下の若き金鍾泌の勇気に、大平も感化されるところがあったのかもしれない。

しかしながら、実際には池田の説得に大平はかなり苦心したようである。このことは黒田瑞夫北東アジア課長や安川壮官房総務参事官といった当時の外務省関係者の証言からも明らかである。池田は、大平が韓国に「甘い態度をとった」として、妥結額にも激怒していた。それでも大平は、「この金額はむしろ安いもんであり、もっと先に行けばもっと余計になるので、このあたりで手を打つ」と反論したという[198]。

池田首相に対する説得工作には、大平だけでなく大野伴睦自民党副総裁などの党内の重鎮も加わった。かつて岸政権時代に「非正式接触者」として日韓を取り結んだ矢次は、池田内閣においては影響力を行使できなくなっていた。矢次は日本の政界に広く人脈をもち池田とも親交があったが、池田は岸につながる矢次を意図的に排除していたのである。その矢次に代わって、大野副総裁が韓国との裏交渉にあたっていた。元来、大野は日韓交渉に慎重な立場であったが、韓国側が働きかけた結果、大平・金会談後の一九六二年一二月に訪韓し、金鍾泌と会談した後は、日韓国交正常化積極論者に転じていた。その大野が、大平とともに池田を説得したのである[199]。

最終的に池田が「大平・金合意」に承認を与えたのは一二月である。大平は「首相は、よくやったなんてほめてくれず、終始不機嫌で最終的には渋々ＯＫしてくれた」と述懐している。伊関前アジア局長は、「大平外相が首相の了解なしにあの数字を出したことは大胆であったが、これによってようやく日韓間の請求権問題に対する腹を決めた」と高く評価している[200]。

池田は、政治的に微妙な問題を含む「大平・金合意」の内容をしばらく公にしなかった。長らく停滞していた請求権交渉がいかなる内容で妥結されたかについては、日韓両国で波紋を呼ぶことは明らかだった。大平も国会では、韓国側がメモをとったかもしれないが、自身と金との間に合意文書やメモランダムを交換した覚えがないと答弁して、公には「大平・金合意」に関するメモの存在を否定している[201]。

日本政府内でもこの「大平・金合意」に対するメモの存在を知るものは限られていた。伊関前アジア局長さえ、一九六二年一二月に大野自民党副総裁の訪韓に同行した際、韓国側からその内容を知らされたという。大平は「大平・金合意」メモの原本を当面は手元に置き、後に北東アジア課に保管したが、それまでに外務省の何名かには見せたと回顧している[202]。

◆残された課題

大平と金の間で合意された内容は、『請求権問題の解決方法に関する大平外相の金鐘泌部長あて書簡』としてまとめられた。この内容を要約すれば以下のようである[203]。

① 無償経済協力：総額を三億ドルとし、毎年三〇〇〇万ドルずつ一〇年間にわたり生産物および役務により供与する。
② 対韓債権(四五七三万ドル)の償還：韓国側はこの金額を三年間に均等償還する。
③ 有償経済協力(政府の関与する部分)：総額二億ドルの長期低利借款を一〇年間にわたり供与する。
④ 純粋の民間借款：民間ベースによる適当なプロジェクトを対象とし、金額、条件等はすべて民間の

話し合いの結果に委ねる。

同書簡は、一二月一八日に開催された予備交渉第一九回会合において、杉代表より裵代表に渡された。だがこの書簡の内容には、「大平・金合意」内容とは若干のずれがあった。この書簡には、対韓焦げ付き債権の三年以内返済という義務条項が加えられており、「大平・金合意」の第三項目である民間借款の最低線の一億ドルの数字は見られない。

だが、韓国政府は、自国内において「無償三億ドル、有償二億ドルの他、民間信用供与一億ドル以上、総計六億ドル」で請求権問題に合意したと発表した。池田首相は記者会見で、「無償三億ドル、有償二億ドル、相当多額の通常の民間の信用供与、焦付き債権四五七三万ドル返済」という条件で対韓経済協力を行うと対照的な発表をした。池田は、日本側が発表している総額五億ドルと韓国側の発表金額には差があるが、韓国側のそれは宣伝であり、本来の請求権は五億ドルであると言明する。民間借款の部分を請求権交渉の対象額から排除し、日本が韓国へ支払う総額は五億ドルであると強弁したのである[204]。

このような「大平・金合意」に対する日韓両国の異なる発表は、合意内容をめぐる対立を予期させるものであった。そもそも、焦げ付き債権の処理、有償借款の条件など、経済協力における技術的な面での細かな議論も必要であった。たとえば、金鍾泌は、商業ベースの民間借款を、日本輸出入銀行ではなく、年利三・五パーセントの長期低利であった海外経済協力基金(Overseas Economic Cooperation Fund: OECF)から行うことを要請した。しかし、大蔵省は、海外協力基金から借款可能であるのは、経済協力の名目で支払われる借款に限定されるとしていた[205]。

さらに請求権の名目をめぐる対立も残されていた。「大平・金合意」の後、代表団の会合において、日本側は経済協力のための無償供与を行い、その結果として請求権が「完全かつ最終的に解決された」という立場をとった。だが、この請求権問題解決の字句解釈をめぐって日韓間の新たな対立が勃発する[206]。日本政府は、対日条約第四条(a)項を請求権の明確な法的根拠とする旨を、協定文に規定することを主張した。しかし、韓国政府は「第二次大戦の終結によって発生した両国間の請求権問題」という表現を主張した[207]。

以上を見ると、要するに「大平・金合意」は、請求権問題を経済協力方式によって解決する大きな方向性を確定させた。だが、そのことは請求権問題の完全な妥結を意味したわけではなく、交渉が進展するにつれて様々な課題が新たに浮上してきたのである。

◆外務省の存在感

「大平・金合意」は、大平と金鍾泌の力量によって実現した政治的結託の産物と見るべきだろうか。それとも、地道に積み重ねられてきた様々な日韓交渉が結実した成果と見るべきだろうか。結論から述べれば、本書が採る立場は後者であり、「大平・金合意」の内容は、それまでの両国の折衝、両政府内の意見調整、さらに米国の仲介交渉の蓄積によって形成されたものであった。

池田政権は、当初は張勉政権、続いて朴正熙政権を相手に日韓会談を行った。しかし池田の対韓認識は厳しく、財政的規律を重視する大蔵省と共に一貫して交渉の妥結に消極的であった。その後、外相に就任した大平は、外務省案を支持し、最終的に「大平・金合意」を実現する。初期日韓会談以来の請求権交渉の過程で、大平の登場と彼の政治的決断が重要な転換点となったことは事実である。

ただ、同時に「大平・金合意」の内容がそれまでの外務省案の延長線上にあった点には留意すべきであろう。第六次日韓会談から、日韓両国の政治的折衝が積極的に展開される一方、代表団による正式交渉は事実上形骸化していた。こうしたなか、外務省は、政治決着での交渉妥結に逸る韓国側の動きを抑制しつつ、政策調整を続けて合意可能な経済協力方式へと導いた。その意味で、同妥結に対する韓国側の歴史的評価が低いことは別の議論として[208]、日本にとっては交渉過程における外務省の果たした役割は大きかった。

「大平・金合意」が成立した後、韓国政府内では、日韓交渉を担当した両国の外務官僚の経歴や専門性を比較した興味深い報告書がまとめられている。

たとえば、伊関佑二郎はオランダ大使に内定し、一九六二年一一月にアジア局長を離任したが、彼はその後も大野訪韓に同行するなど日韓合意の政治過程に関与し続けた[209]。中川融は、一九五三年から一九五七年までアジア局長として第三次日韓会談に参加した経験があり、第五次と第六次日韓会談では、条約局長として日韓交渉に加わった。伊関の後任である後宮虎郎アジア局長も、条約局、管理局経済課長、アジア局第二課長を歴任し、第一次日韓会談から交渉に関与していた[210]。

韓国政府は、日本代表団が、日韓問題に関する経験豊富な外交官によって構成されている点を評価した。第六次日韓会談の首席代表であった杉道助は、韓国側にとっては「八〇歳の老人で全然外交交渉の経験がない名目上の首席代表」に過ぎず、実質的には経験に富んだ外務官僚が日韓交渉を動かしていると見ていた。これに対し、韓国代表の多くが、日韓交渉はおろか外交経験さえ持たない人士で構成されていたことが問題視された[211]。

交渉の途中、日本側は韓国側に対し、外交の非正式チャンネルがあまりに多いと苦言を呈していた。日本側は、韓国の交渉相手を「Too Many Lines」や「Too Many spare holder《ママ》」と評しており、交渉ラインそのものはもちろん、交渉に干渉する人間があまりに多いため、誰と接触すれば良いのか判らなかったのである。そのため日本側は、常任委員会を構成して日韓両方とも固定メンバーで討議ができるよう提案したほどであった[212]。

韓国側は報告書のなかで、政治折衝や水面下交渉は「秘密なので世論の圧力を排除して本音を語り合い、大胆な妥協が可能になる長所」を持つ一方、「事務的に無責任になり易い、外部の好奇心を誘引し不必要な誤解を招来する短所」もあると指摘している。そして、「設立間もなく伝統の浅い韓国外務部」は政権首脳や政治家の影響を受けやすいのに比べて、「伝統のある日本外務省」は政治家などには説得されないとして、日本外務省と外務官僚の力量を評価していた。むしろ、日本では裏交渉を行う側が「外務省の手足になり」、外務省の方針が彼らを通じて韓国政府に伝わる、と韓国政府は考えていた[213]。韓国政府は日本外務省の専門性を高く評価し、請求権問題が妥結していく過程で、外務省の果たす役割の大きさを看取していたのである。

註

1——朴正煕が軍事クーデターの後国家再建最高会議議長となった一九六一年七月三日から、一九六三年一二月一七日に大統領選挙を経て第三共和国が正式に出発するまで、韓国の政治体制は軍事政権下にある。朴の通称については、朴が国家再建最高会議議長だった軍事政権の時期には朴議長と、大統領だった時期は朴大統領とする。一方、朴が政権のトップだった、軍事政権時代と第三共和国時代両時期を合わせて、朴政権とする。ただし、引用する場合や軍事政権と第三共和国を区分する必要のある場合は、朴軍事政権を用いる。

2——太田、前掲書、二〇一五年、高崎、前掲書、一九九六年、山本、前掲書、一九七八年、吉澤、前掲書、二〇一五年、李元徳、前掲書、一九九六年。

3——木宮、前掲論文、一九九四年、一九九五年。木宮は、一九六〇年代韓国の朴政権は、当時の国際環境の下で冷戦利用型の経済開発を推進し、さらに、「反共論理」と「経済論理」を日韓関係に結びつけ、日韓関係の改善を積極的に模索したと論じている。

4——金斗昇、前掲書、二〇〇八年。金は、日韓会談に対する池田政権の政策的特徴を、従来の「経済論理」に加えて、安全保障の側面から論じている。

5——米国の対外戦略と連動する日韓会談の展開について論じた代表的な研究としては、木宮と李鍾元の論文がある。

特に、李鍾元の一連の研究では、日韓問題に対する米国介入の実態が解明されている。なかでも、新史料に基づいて書かれた最近の論文(二〇〇九年a、b、二〇一〇年、二〇一一年)では、第五次・第六次日韓会談における日韓間交渉の連続性に注目しつつ、この際の米国仲裁の実態を再検証している。そして、日韓会談における米国の影響を強調した従来の認識を修正している。李は、日米関係においては、米国の圧力と日本の抵抗という政治過程を詳細に解明した上で、日韓問題に介入していた米国の力の限界を実証的に描いた。

6――李鍾元、前掲論文、一九九四年b、二七五～二八三頁。

7――李庭植[著]・小此木政夫、吉田博司[訳]『戦後日韓関係史』中央公論社、一九八九年、六四～六五頁。

8――木宮正史「一九六〇年代韓国における冷戦外交の三類型――日韓国交正常化、ベトナム派兵、ASPAC――」小此木政夫、文正仁[編]『市場・国家・国際体制』慶應義塾大学出版会、二〇〇一年、九八～九九頁。

9――Orient prett representative informs us that he has filed story to Korea, 1961. 2.22, RG84, Korea, Seoul Embassy, Classified General Records, 1953-1963, UD2846 (NND948813), 320 International Political Relations 1961, Box.42 (Old Box 23), NA.

10――韓国の軍事クーデターの背景、朴政権による第三共和国の成立過程については、木宮正史『国際政治のなかの韓国現代史』出川出版社、二〇一二年、五二～五七頁を参照されたい。

11――木宮、同上、五三～五四頁。

12――CINAPAC FOR POLAD, 1961.7.12, RG84, Korea, Seoul Embassy, Classified General Records, 1953-1963, UD2846 (NND948813), 320 US-ROK 1961, Box.42 (Old Box 23), NA.

13――条約局「日韓予備会談再開の場合に生ずべき法律的問題について」一九六一年五月三一日、外務省文書、二〇〇六-五八八-一四一五。

14――木宮、前掲論文、一九九四年、二九～三一頁。

15――金斗昇、前掲書、二〇〇八年、一〇四～一〇七頁。

16――張博珍(前掲書、二〇〇九年、三九一～三九二頁)は、韓国には朴正熙に対する情緒的評価に立つ論者が多く、朴に対する評価に両面性があると指摘している。すなわち、朴を独裁者としてひたすら批判するか、その反対に経済発展という結果のみで朴を称賛するかに両分されていると、張は指摘している。

17――朴天郁、前掲書、二〇一七年、二四一頁。

18——これに関して、張博珍（前掲書、二〇〇九年）は、日韓会談全期間における韓国政府の内在的論理と、対日政策の連続性を解明している。

19——Following is verbatim text communique supplied by Kim, 1961.7.26, RG84, Korea, Seoul Embassy, Classified General Records, 1953-1963, UD2846 (NND948813), 320 US-ROK 1961, Box.42 (Old Box 23), NA.

20——동북아주과［東北亜州課］「朴外務部次官とバーガー大使との会談録、一九六一年七月二九日」韓国外交文書、七六四『한일회담에 대한 미국의 입장［韓日会談に対する米国の立場］、1961-65』。

21——条約局「日韓予備会談再開の場合に生ずべき法律的問題について」外務省文書、前掲。

22——李鍾元、前掲論文、二〇〇九年a、一一〜一二頁。

23——外務審議官「池田首相・ケネディ大統領第三次会談」一九六一年六月二九日、外務省文書、二〇〇六－五八八－一七九二。一方、この池田・ケネディ会談における日韓問題へのアプローチに関しては、以下を参照。李鍾元、前掲論文、二〇〇九年a、七〜一六頁、金斗昇、前掲書、二〇〇八年、八七〜九〇頁。

24——Following is summary of Japanese Prime Minister Ikeda's visit to Washington, June 20-23, 1961. 6.30, RG84, Korea, Seoul Embassy, Classified General Records, 1953-1963, UD2846 (NND948813), 320 US-Japan 1961, Box.42 (Old Box 23), NA.

25——北東アジア課「韓国情勢に関する件」一九六一年六月二四日、外務省文書、二〇〇六－五八八－三五五。

26——東北亜州課「朴外務部次官とバーガー大使との会談録、一九六一年七月二九日」韓国外交文書、七六四、前掲。

27——北東アジア課「前田北東アジア課長韓国出張報告」一九六一年八月一七日、外務省文書、二〇〇六－五八八－二九〇。

28——北東アジア課、外務省文書、同上。

29——北東アジア課、外務省文書、同上。

30——北東アジア課、外務省文書、同上。

31——北東アジア課「第六次日韓会談再開に関する日本側打合せ」一九六一年八月二九日、外務省文書、二〇〇六－五八八－一四一八。

32——北東アジア課「第六次日韓会談再開に関する日本側打合せ」外務省文書、同上。

33——아주과［亜州課］「無題［首席代表から外務部長官宛て電報］」韓国外交文書、七八六『박정희 국가재건최고회

의 의장 일본 방문『朴正熙国家再建最高会議議長日本訪問』, 1961.11.11-12』フレーム番号一八七－一八八。

34——北東アジア課「第六次日韓会談再開に関する日本側打合せ」外務省文書、前掲。

35——北東アジア課「アジア局長・李公使第一回会談記録」一九六一年八月三日、外務省文書、二〇〇六－五八八－三五九。

36——北東アジア課「日韓会談再開問題に関する伊関局長・李公使会談要旨」一九六一年八月二四日、外務省文書、二〇〇六－五八八－三五九。

37——参議院外務委員会調査室「日韓基本条約及び諸協定等に関する参考資料」一九六五年一〇月、外務省文書、二〇〇六－五八八－一六四七。

38——北東アジア課「伊関局長・李公使非公式会議要旨」一九六一年九月四日、外務省文書、二〇〇六－五八八－三五九。

39——北東アジア課「伊関アジア局長・李東煥公使会議要旨」一九六一年九月二一日、外務省文書、二〇〇六－五八八－三五九。

40——北東アジア課「小坂大臣・金裕沢院長会談議録」一九六一年九月一日、外務省文書、二〇〇六－五八八－三六〇。

41——北東アジア課、外務省文書、同上。

42——北東アジア課、外務省文書、同上。

43——北東アジア課「武内次官、バーガー大使会談記録」一九六一年九月五日、外務省文書、二〇〇六－五八八－一七九二。

44——北東アジア課「小坂大臣、金裕澤経済企画院院長第2回会談要旨」一九六一年九月七日、外務省文書、二〇〇六－五八八－三六〇。

45——北東アジア課、外務省文書、同上。

46——北東アジア課「在京米大使館書記官の内話に関する件」一九六一年九月一四日、外務省文書、二〇〇六－五八八－一七九二。

47——北東アジア課「韓国政情および日韓関係に関する米大使館員内話の件」一九六一年一〇月一二日、外務省文書、二〇〇六－五八八－一七九二。

48——北東アジア課「伊関アジア局長・李東煥公使会談要旨」一九六一年九月二一日、外務省文書、二〇〇六－五八八

－三五九。

49——杉道助追悼録刊行委員会編発行『杉道助追悼録』上、一九六五年、一九九頁。

50——鈴木宏尚『池田政権と高度成長期の日本外交』慶應義塾大学出版会、二〇一三年、七〇～七一頁。

51——北東アジア課「第六次日韓会談に臨む日本側代表打合せ会議概要」一九六一年一〇月一七日、外務省文書、二〇〇六－五八八－一四一八。

52——亜州課「중요신문기사보고의 건［重要新聞記事報告の件］」韓国外交文書、七八六、前掲、フレーム番号三〇八－三〇九。

53——李元徳、前掲書、一九九六年、一四二頁。

54——木村昌人「日本の対韓民間経済外交—国交正常化をめぐる関西財界の動き—」『国際政治』第九二号、一九八九年、一一八～一二〇頁。

55——参議院外務委員会調査室「日韓基本条約及び諸協定等に関する参考資料」一九六五年一〇月、外務省文書、二〇〇六－五八八－一六四七。

56——北東アジア課「池田首相、金鍾泌部長会談要旨」外務省文書、一九六一年一〇月二五日、外務省文書、二〇〇六－五八八－一八二〇。

57——劉、前掲書、二〇一六年、三三〇～三三一頁。

58——北東アジア課「池田首相、金鍾泌部長会談要旨」外務省文書、前掲。

59——亜州課「親書及び感謝の書簡」韓国外交文書、七八六、前掲。

60——亜州課「重要新聞記事報告の件」韓国外交文書、同上、フレーム番号二九八。

61——北東アジア課「池田総理、朴正煕議長会談要旨」一九六一年一一月一二日、外務省文書、二〇〇六－五八八－九六八。

62——北東アジア課、外務省文書、同上。

63——亜州課「重要新聞記事報告の件」韓国外交文書、七八六、前掲、フレーム番号三一一－三一六。

64——北東アジア課「池田、朴会談後の事態における日韓会談の進め方（伊関局長指示事項）」一九六一年一一月一三日、外務省文書、二〇〇六－五八八－九七一。

65——外務省アジア局「朴議長記者会見要旨」一九六一年一一月一二日、外務省文書、二〇〇六－五八八－九七〇。

66――亜州課「2-2首脳会談及び活動状況」韓国外交文書、七八六、前掲。
67――亜州課「重要新聞記事報告の件」韓国外交文書、同上。
68――李鍾元は、朴正煕外交の失敗の事例として、池田・朴会談をめぐる政治過程を詳細に検証している。李鍾元、前掲論文、二〇一〇年、一七九～二〇〇頁。
69――『朝日新聞』一九六一年一一月七日。
70――『讀賣新聞』一九六一年一一月一〇日。
71――「昭和三七年二月二一日NHK特別番組『首相と語る』のうちの日韓問題に関する部分の抜粋」外務省文書、二〇〇六‐五八八‐一三三四。
72――外務省アジア局「朴議長記者会見要旨」外務省文書、前掲。
73――外務省アジア局、外務省文書、同上。
74――北東アジア課「池田首相・ライシャワー大使会談要旨」一九六二年一月五日、外務省文書、二〇〇六‐五八八‐一七九五。
75――「第一七八回外交政策企画委員会記録」一九六一年一一月一五日、外務省文書、二〇〇六‐五八八‐一三六八。
76――参議院外務委員会調査室「日韓基本条約及び諸協定等に関する参考資料」一九六五年一〇月、外務省文書、二〇〇六‐五八八‐一六四七。
77――北東アジア課「日韓請求権問題に関する外務省大蔵省打合せ会要旨」一九六一年九月八日、外務省文書、二〇〇六‐五八八‐一三五九。
78――北東アジア課、外務省文書、同上。
79――アジア局「韓国側対日請求額に対する大蔵、外務両省による査定の相違について」一九六二年二月一五日、外務省文書、九五〇六‐五八八‐一七四九。
80――経済協力部政策課「対韓経済協力実施上の問題点について」一九六一年一一月二七日、外務省文書、二〇〇六‐五八八‐一三六四。
81――アジア局「韓国側対日請求額に対する大蔵、外務両省による査定の相違について」外務省文書、前掲。
82――北東アジア課「日韓請求権問題解決要綱に関する件」外務省文書、前掲。
83――「最近の日韓関係に関する件」一九六一年一二月一二日、外務省文書、二〇〇六‐五八八‐三六八。

84――アジア局長「日韓会談今後の選び方に関する件」一九六一年一二月二七日、外務省文書、二〇〇六-五八八-一四二〇。

85――アジア局「韓国側対日請求額に対する大蔵、外務両省による査定の相違について」外務省文書、前掲。

86――北東アジア課「池田首相・ライシャワー大使会談要旨」外務省文書、前掲。

87――樋渡、前掲書、一九九〇年、一二一～一二六頁。

88――アジア局「韓国側対日請求額に対する大蔵、外務両省による査定の相違について」外務省文書、前掲。

89――アジア局長「日韓会談の今後の進め方について」一九六二年一月一六日、外務省文書、二〇〇六-五八八-一三三三。

90――北東アジア課「日韓会談の進め方に関する勉強会の状況要点」一九六二年一月九日、外務省文書、二〇〇六-五八八-一三三三。

91――北東アジア課「池田首相・ライシャワー大使会談要旨」外務省文書、前掲。

92――ライシャワー駐日大使とバーガー駐韓大使この二人の米国大使の仲裁については、李鍾元の前掲論文(二〇〇九年a、二〇一〇年)において詳細に解明されている。

93――北東アジア課「池田首相、ライシャワー大使会談等に関する米大使館員の内話の件」一九六二年一月五日、外務書文書、二〇〇六-五八八-一七九六。

94――北東アジア課、外務書文書、同上。

95――北東アジア課「日韓関係に関する在京米大使館の内話の件」一九六二年一月一二日、外務省文書、二〇〇六-五八八-一七九六。

96――北東アジア課、外務省文書、同上。

97――「杉・裵両首席代表申合わせ事項」一九六二年一月一七日、外務省文書、二〇〇六-五八八-一七〇九。

98――アジア局「池田首相、金鍾泌韓国中央情報部長会談要旨」一九六二年二月二一日、外務省文書、二〇〇六-五八八-一八二一。

99――アジア局、外務省文書、同上。

100――アジア局、外務省文書、同上。

101――アジア局、外務省文書、同上。

102——北東アジア課「金鍾泌中央情報部長離日直前の内話に関する件」一九六二年二月二四日、外務省文書、二〇〇六-五八八-一八二一。
103——アジア局「池田首相、金鍾泌韓国中央情報部長会談要旨」外務省文書、前掲。
104——아주과［亜州課］「韓日外相会談第一次会議会議録」韓国外交文書、七三三『제6차한일회담제1차정치회담 동경［第六次韓日会談 第一次政治会談 東京］, 1962.3.12-17, 전2권［全二巻］(V.2 최덕신－고사카(小坂)외상회담［崔徳新-小坂外相会談］1962.3.12-17)』。
105——「日韓間の請求権問題に関する小坂外相発言要旨」一九六二年三月一二日、外務省文書、二〇〇六-五八八-七一九。
106——亜州課「日韓間の請求権問題に関する小坂外相発言要旨」韓国外交文書、七三三、前掲。
107——동북아주과［東北亜州課］「청구권문제［請求権問題］」韓国外交文書、七五二『제6차 한일회담 청구권 관계자료［第六次韓日会談：請求権関係資料］, 1963』。
108——参議院外務委員会調査室「日韓基本条約及び諸協定等に関する参考資料」外務省文書、前掲。
109——北東アジア課「第六次日韓全面会談の一般請求権小委員会第八回会合」一九六一年一〇月二七日、外務省文書、二〇〇六-五八八-一二一八。
110——東北亜州課「請求権問題」韓国外交文書、七五二、前掲。
111——北東アジア課「日韓会談問題別経緯(四)(一般請求権問題)」外務省文書、前掲。
112——北東アジア課「杉・裵両首席代表会談(第一回)記録」一九六二年三月一三日、外務省文書、二〇〇六-五八八-一七〇九。
113——「首席代表昼食会記録」一九六二年、外務省文書、二〇〇六-五八八-一七〇九。
114——「ハリマン国務次官補会談資料」一九六二年三月一六日、外務省文書、二〇〇六-五八八-一三三四。
115——アメリカ局北米課「日韓問題に関するライシャワー大使の内話」一九六二年四月一七日、外務省文書、二〇〇六-五八八-一七九九。
116——アメリカ局北米課、外務省文書、同上。
117——北東アジア課「日韓問題に関する小坂大臣・ライシャワー大使会談記録」一九六二年四月一七日、外務省文書、二〇〇六-五八八-一八〇〇。

118 ——東北亜州課「請求権問題」韓国外交文書、七五二、前掲。
119 ——アジア局長「日韓会談の今後の進め方について」一九六二年四月二五日、外務省文書、二〇〇六‐五八八‐一三三六。
120 ——アジア局長、外務省文書、同上。
121 ——東北亜州課「請求権問題」韓国外交文書、七五二、前掲。
122 ——アジア局長「日韓会談の今後の進め方について」外務省文書、前掲。
123 ——東北亜州課「請求権問題」韓国外交文書、七五二、前掲。
124 ——アジア局長「日韓会談の今後の進め方について」外務省文書、前掲。
125 ——「ハリマン国務次官補会談資料」外務省文書、前掲。
126 ——森田一［著］・服部龍二、昇亜美子、中島琢磨［編］『心の一燈：回想の大平正芳その人と外交』第一法規、二〇一〇年、二九〜三四頁。
127 ——福永文夫『大平正芳：「戦後保守」とはなにか』中公新書、二〇〇八年、一〇一〜一一七頁。
128 ——北東アジア課「池田首相、金鍾泌部長会談要旨」一九六一年一〇月二五日、外務省文書、二〇〇六‐五八八‐一八二〇。
129 ——「七月一八日NHKテレビ『池田改造内閣の政策を聞く』における日韓問題に関する大平外相と長谷川才次氏並びに唐島基智三氏の対談内容」外務省文書、二〇〇六‐五八八‐一三三七。
130 ——「七月一九日NHKテレビ『東西南北』における日韓問題に関する大平外相と細川隆元氏との対談内容」外務省文書、二〇〇六‐五八八‐一三三七。
131 ——森田、前掲書、五四〜五五頁。
132 ——アジア局「日韓会談の今後の進め方に関する基本方針（案）」一九六二年七月二〇日、外務省文書、二〇〇六‐五八八‐一八八二。
133 ——北東アジア課「日韓会談の進め方に関する幹部会議概要」一九六二年七月二四日、外務省文書、二〇〇六‐五八八‐一三三八。
134 ——北東アジア課、外務省文書、同上。
135 ——北東アジア課、外務省文書、同上。

136――北東アジア課、外務省文書、同上。
137――「Ⅸ　日韓会談予備交渉－請求権処理大綱の決定と漁業問題等の進展　㈠日韓会談の進め方についての幹部会議」外務省文書、二〇〇六－五八八－一八八二、一三～一六枚目。
138――外務省文書、同上。
139――アジア局「日韓会談の今後の進め方に関する基本方針（案）」外務省文書、前掲。
140――アジア局、外務省文書、同上。
141――北東アジア課「日韓会談の進め方に関する幹部会議概要」外務省文書、前掲。
142――アジア局「日韓会談の今後の進め方に関する基本方針（案）」外務省文書、前掲。
143――アジア局、外務省文書、同上。
144――北東アジア課「日韓会談の進め方に関する幹部会議概要」外務省文書、前掲。
145――北東アジア課、外務省文書、同上。
146――アジア局「日韓会談の今後の進め方に関する基本方針（案）」外務省文書、前掲。
147――参議院外務委員会調査室「日韓基本条約及び諸協定等に関する参考資料　（八）第六次会談」一九六五年一〇月、外務省文書、二〇〇六－五八八－一六四七。
148――アジア局「日韓会談の今後の進め方に関する基本方針（案）」外務省文書、前掲。
149――アジア局、外務省文書、同上。
150――アジア局、外務省文書、同上。
151――北東アジア課「日韓会談の進め方に関する幹部会議概要」外務省文書、前掲。
152――在タイ大江大使「日韓会談再開に関する漢字紙論説報告の件」一九六二年八月二一日、外務省文書、二〇〇六－五八八－六六八。
153――在タイ大江大使、外務省文書、同上。
154――参議院外務委員会調査室「日韓基本条約及び諸協定等に関する参考資料　（八）第六次会談」外務省文書、前掲。
155――参議院外務委員会調査室、外務省文書、同上。
156――参議院外務委員会調査室、外務省文書、同上。
157――北東アジア課「日韓予備交渉第三回会合記録」一九六二年八月二九日、外務省文書、二〇〇六－五八八－六五〇。

158 ——北東アジア課「日韓予備交渉第一回会合記録」一九六二年八月二一日、外務省文書、二〇〇六‐五八八‐六五〇。

159 ——北東アジア課、外務省文書、同上。

160 ——北東アジア課「日韓予備交渉に関する米側情報」一九六二年八月二八日、外務省文書、二〇〇六‐五八八‐一八〇六。

161 ——아주과［亜州課］「予備折衝第四回会議録、1962.9.3」韓国外交文書、七三七『제6차한일회담 제2정치회담 예비절충［第六次韓日会談　第二次政治会談　予備折衝］：본회의［本会議］, 1-65차［一～六五次］1962.8.21-64.26. 전5권［全五巻］(V.2 4-21次［四～二一次］1962.9.3-12.26)』。

162 ——亜州課「韓日予備交渉に関する政府の訓令」韓国外交文書、七三七、前掲。

163 ——「IX　日韓会談予備交渉—請求権処理大綱の決定と漁業問題等の進展　(二)日韓全面会談予備交渉の開始と米国側の関心」外務省文書、二〇〇六‐五八八‐一八八二、六四～七二枚目。

164 ——亜州課「予備折衝第六回会議録、1962.9.13」韓国外交文書、七三七、前掲。

165 ——経済局アジア課「韓国の経済開発五カ年計画を中心とする経済情勢について—出張報告—」一九六二年一〇月一〇日、外務省文書、二〇〇六‐五八八‐二九三。

166 ——北東アジア課「後宮審議官韓国出張報告」一九六二年一〇月八日、外務省文書、二〇〇六‐五八八‐二九二。

167 ——経済局アジア課「韓国の経済開発五ヵ年計画を中心とする経済情勢について—出張報告—」外務省文書、前掲。

168 ——北東アジア課「後宮審議官韓国出張報告」外務省文書、前掲。

169 ——経済局アジア課「韓国の経済開発五ヵ年計画を中心とする経済情勢について—出張報告—」外務省文書、前掲。

170 ——「池田首相・大平大臣話し合い結果」一九六二年一〇月一五日、外務省文書、九五〇六‐五八八‐一八二四。

171 ——北東アジア課「バーガー駐韓米大使の情勢判断等に関する在京米大使館よりの通報」一九六二年一〇月一六日、外務省文書、二〇〇六‐五八八‐一八〇六。

172 ——「池田首相・大平大臣話し合い結果」外務省文書、前掲。

173 ——北東アジア課「日韓予備交渉第八回会合記録」一九六二年九月二六日、外務省文書、二〇〇六‐五八八‐六五〇。

174 ——亜州課「予備折衝第一〇回会議録、1962.10.10」韓国外交文書、七三七、前掲。

175 ——北東アジア課「池田首相、金鍾泌部長会談要旨」外務省文書、前掲。

176 ——アジア局「一〇月二〇日の大平大臣・金鍾泌部長会談における大平大臣の発言要旨（案）」一九六二年一〇月

一五日、九五〇六-五八八-一八二四。

177 ——北東アジア課「バーガー駐韓米大使の情勢判断等に関する在京米大使館よりの通報」外務省文書、前掲。

178 ——「大平大臣・金鍾泌韓国中央情報部長会談記録要旨」一九六二年一〇月二〇日、外務省文書、九五〇六-五八八-一八二四。

179 ——外務省文書、同上。

180 ——外務省文書、同上。

181 ——「大平・金会談（一〇月二〇日）の結果に関する伊関局長のコメント」一九六二年一〇月二三日、外務省文書、九五〇六-五八八-一八二四。

182 ——「Ⅸ　日韓会談予備交渉—請求権処理大綱の決定と漁業問題の進展　㈢大平外務大臣・金鍾泌中央情報部長会談」外務省文書、前掲。

183 ——外務省文書、同上。

184 ——外務省文書、同上。

185 ——北東アジア課「ラスク国務長官・金韓国中央情報部長会談内容に関する米側よりの通報」一九六二年一一月七日、外務省文書、二〇〇六-五八八-一八二三。

186 ——Seoul Embassy to Tokyo Embassy, 1962.11.8, RG84, Japan, Tokyo Embassy, Classified General Records,1952-1963, UD2828A (NND959026), 320, Box.85, NA.

187 ——亜州課「予備折衝第一四回会議録,1962.11.9」韓国外交文書、七三七、前掲。

188 ——「Ⅸ　日韓会談予備交渉—請求権処理大綱の決定と漁業問題の進展　㈢大平外務大臣・金鍾泌中央情報部長会談」外務省文書、前掲。

189 ——外務省文書、同上。

190 ——동북아주과[東北亜州課]「金・大平外相の会談内容（1962.11.12）」韓国外交文書、七九六『김종필 특사 일본방문[金鍾泌特使の日本訪問], 1962.10-11』。

191 ——理財局「日韓の請求権の処理について」一九六二年一二月五日、外務省文書、二〇〇六-五八八-一七七五。

192 ——これに対し、池田首相が大平外相に「嫉妬」しているという噂もあったという。伊藤昌哉『池田勇人—その生と死』至誠堂、一九六六年、一七四頁。

193——亜州課「池田首相の請求権に対する裁断に関する報告」韓国外交文書、七三七、前掲。
194——亜州課、韓国外交文書、同上。
195——亜州課「予備折衝第一四回会議録」, 1962.11.9」韓国外交文書、同上。
196——森田、前掲書、二〇一〇年、六一〜六四頁。
197——「IX 日韓会談予備交渉－請求権処理大綱の決定と漁業問題の進展 ㈢大平外務外相・金鍾泌中央情報部長会談」外務省文書、前掲。
198——外務省文書、同上。
199——山本、前掲論文、一九八三年、一一六頁。
200——「IX 日韓会談予備交渉－請求権処理大綱の決定と漁業問題の進展 ㈢大平外務大臣・金鍾泌中央情報部長会談」外務省文書、前掲。
201——外務省文書、同上。
202——外務省文書、同上。
203——外務省アジア局北東アジア課「日韓会談重要資料集(三)－請求権問題の解決方法に関する大平外相の金鍾泌部長あて書簡－」一九六三年一〇月一日、外務省文書、二〇〇六－五八八－五二七。
204——「池田首相記者会見(一二月六日)資料」外務省文書、二〇〇六－五八八－一八三三。
205——亜州課「駐米大使のハリマンおよび大平面談報告、1962.12.5」韓国外交文書、七三七、前掲。
206——北東アジア課「日韓予備交渉第一六回会合記録」一九六二年一一月二二日、外務省文書、二〇〇六－五八八－六五一。
207——동북아주과[東北亜州課]「韓日会談対策の最終検討」韓国外交文書、七六三『속개 제6차 한일회담. 현안문제에 관한 한국측 최종입장[続開第六次韓日会談：懸案問題に関する韓国側の最終立場], 1963.4-64.3』。
208——本書で取り上げている日韓会談に関する先行文献では、過去清算の観点から「大平・金合意」を低く評価している。すなわち、「大平・金合意」が停滞する日韓請求権交渉および日韓会談を決着づける重要な契機にはなったが、韓国が請求権の名目を放棄して妥結した内容は、過去に対する日本の謝罪の機会が葬られることを意味するとしている。さらに、次章において詳細に検討するが、当時「大平・金合意」に対する韓国国民の反感は強く、同合意に基づいた日韓会談妥結に対する国内の反対運動は激しく展開されるのである。

209——「IX　日韓会談予備交渉－請求権処理大綱の決定と漁業問題の進展　㈢大平外務大臣・金鍾泌中央情報部長会談」外務省文書、前掲。

210——東北亜州課「韓日会談対策の最終検討」韓国外交文書、七六三、前掲。

211——東北亜州課、韓国外交文書、同上。

212——東北亜州課、韓国外交文書、同上。

213——東北亜州課、韓国外交文書、同上。

第6章 構造的制約の解消と交渉妥結への歩み
——「大平・金合意」以降の政治過程 一九六三〜六五年

「大平・金合意」を契機に、日韓会談は国交正常化の仕上げへと向かう。しかし、請求権交渉が最終的な妥結に至るには、まだ約三年の歳月が必要であった。両国の国内情勢、とりわけ日韓会談反対運動の展開や、経済協力資金をめぐる追加交渉など、乗り越えるべき多くのハードルが残されていたためである。

先行研究では、「大平・金合意」以降、こうしたハードルが解消され、請求権問題が最終決着し、日韓国交正常化に至る過程が通史的に取りあげられる。これらの研究は概して、国交正常化の過程で歴史問題が清算されずに終わった点や、日韓基本条約の陥穽を批判的に捉え、そのような非完結性が、現在の日韓関係にも影を落としていると結論付ける[1]。

本章では、「大平・金合意」以後の第六次日韓会談後半期と第七次日韓会談期に焦点を当てる。この時期、会談の妥結をめぐって両国の軋轢は依然強かったが、大平・金会談で合意された原則を覆すことは事実上不可能となっていた。日本と韓国、そして米国の利害関係が、必然的に日韓会談妥結を迫ったためである。また、木宮正史の議論を踏まえれば、「大平・金合意」で請求権問題が経済協力方式として決着されたことにより、従来日韓会談の進展を制約していた構造的要因が解消されたことも大きかったといえよう[2]。歴史認識をめぐる対立に拘束され続けてきた両国関係であったが、それ以上に「経済論理」や「冷戦論理」が優先されるなかで、会談は決着に向かったのである。

外務省を中心に形成された日本政府の対韓政策が、初期日韓会談期から「大平・金合意」に至るまで一貫した論理に貫かれていたことは前述の通りである。本章では、「大平・金合意」以後の会談も、それまでの日韓交渉および外務省の対韓政策の延長線上で展開されたことを明らかにしながら、日韓会談が最終妥結されるまでの過程を再検討する。対韓外交における日本の一貫した論理が、会談の妥結という新しい関係性と構造のなかで如何に展開するかも、併せて考察していく。

1　日韓経済協力に対する展望

◆外務省訪韓団の楽観論

一九六二年一一月の「大平・金合意」により、経済協力方式として妥結した日韓の請求権交渉は、新たな議論の出発点となった。日本政府は、経済協力をどのように進めるかを検討するため、外務省の経済協力局やアジア局から対韓視察団を次々と派遣した。

外務省の沢木正男経済協力局経済協力課長に率いられた訪韓団は、一九六三年一月一一日から一六日まで韓国に滞在した。沢木訪韓団は米国大使館、イタリア大使館、ドイツ大使館などソウルにある外国大使館を訪問している。ソウルに日本の在外事務所がまだ設置されていない状況で、米国大使館は韓国の国内情勢に関する貴重な情報源になっていた。またイタリアやドイツは日本に先立って経済協力を供与しており、対韓援助の状況を把握することで今後の参考となることが期待された。民間レベルではすでに日韓経済交流が進展しており、日本の経済協力への韓国経済界の関心は高まっていた。そのため沢木訪韓団は、韓国銀行、経済人協会、貿易協会といった韓国の経済機関を訪問し、蔚山《ウルサン》、仁川《インチョン》など、韓国国内の工業地区も視察している[3]。

沢木訪韓団は帰国後の出張報告書において、韓国の経済状況および今後の日韓間の経済関係に肯定的な所見を述べた。まず、現在韓国の経済計画は、日本からの「有償借款や無償供与を期待せずに」立案されている。ただし将来的には、米国の対韓援助の借款切り替えが予想されるため、韓国は日本からの請求権支払いによってこれを埋め合わせることを考えている。また、韓国経済に自立の見通しが立ってきたことから、かつて見られた日本の経済的再支配への恐怖心は薄れてきている。韓国人の対日感情は良好であり、諸外国で見られる日本人と現地人とのトラブルが韓国では起こっていない、と報告した[4]。

沢木は、日本からの影響力が薄れている現状が、日本に対する韓国国民の感情を緩和させたとし、これについて韓国の官僚たちから受けた特別な印象を以下のように記している。「韓国の経済企画院の局長や課長クラスなど、現在韓国政府内の権限のある官僚のすべては大卒一〇年以内程度の若手である。これらの人々は、大卒後米国や英国などに留学し新経済理論を身につけた上で、日本の実情を知る人は少ない」[5]。

加えて沢木は、韓国の工場施設における米国や西独製の機械の進出は著しく、このままでは諸外国の対韓進出に日本が後れを取り、長期的に日本の不利に働くと警告した。その巻き返しのためには、韓国の長期経済計画の進展に伴い、韓国の経済人を経済視察に招待するなどして、その眼を日本に向けさせる必要性があり、韓国が軍事政権の統制経済下にある現在だからこそ、経済協力には十分な効果が期待できる、と沢木は記している[6]。

一方、前田北東アジア課長が率いた訪韓団は、沢木らの日程とずらして、同年一月一一日から一九日まで韓国に滞在した。経済協力関連の視察であった沢木訪韓団とは対照的に、前田訪韓団は韓国の政治情勢の分析に焦点を合わせていた。

前田は、現在の韓国の政治情勢は野党組織の劣勢の上、全てが与党ペースで動いており、軍事政府は日韓会談を与野党間の争点にしないという空気が強いと述べた。こうした状況を沢木経済協力課長は、朴政権が日韓経済協力を強力に推進するための十分条件と評価していた。しかし前田は、韓国の野党勢力が政治的劣勢を挽回するため、今後は日韓会談を政府与党への攻撃材料として利用する可能性があると分析していた[7]。後述するように、この分析は結果的に的中することになる。

また前田は、漁業問題に関する韓国の圧力が深刻である点を指摘していた。とりわけ、崔徳新外相が「請求権問題は過去の問題であり、漁業は将来の問題であるから両者は別個である」と両者を区別し、「請求権問題で結論が出たから漁業問題で韓国が譲るべきだという日本の議論は本来ありえない」と発言したことを取り上げている[8]。

ただし、日韓間の経済協力の展望を楽観視する点では北東アジア課も経済協力課と共通していた。韓国の政情不安や漁業問題を意識せざるを得ないとしつつも、対韓経済協力は早期に実施することが望ましいと結論付けた。外務省内の見解は、おおむね対韓交渉を積極的に進める方向で一致していたからである[9]。

経済協力推進の機運が高まるなか、外務省経済協力局は、民間ベースの商業借款であれば日韓国交正常化前でも実施可能にするとし、「先国交、後経済協力」という方針に融通をきかせている。たとえば、民間業者より申請があった場合には、対韓プラント輸出に際しての延払信用供与を認めるというものである。そして、通常借款の条件として、①支払いの保証は韓国銀行のL／Cを取得すれば足りることとする。②輸出代金保険の付保を認める。③延払条件についてはケース・バイ・ケースに審査の上決定する、という具体案を提示した。さらに、民間の商業借款を将来的に政府ベースの無償・有償借款に振替える提案も行われた[10]。

この時期、外務官僚を中心に、日韓国交正常化および対韓経済協力を早期に実現し、国交正常化の前にも経済協力を可能にする、という新たな方針が進められていた。

◆日本政府内の慎重論

外務省の積極姿勢とは対照的に、大蔵省は経済協力に慎重な対処を求めていた。大蔵省は、国交正常化前の延払信用供与は可能としつつも、時期を問題視していた。すなわち、請求権問題のみならず漁業問題とその他全ての問題が妥結され、国交正常化の見通しが得られた時点でなければ許可は出せないというのである。さらに外務省が提案した、商業借款を政府ベースの無償・有償借款に振替えることは認められず、さらに、韓国で諸外国の受入体制に関する対日差別が存在することを問題視し、その撤廃を前提にすることを求めた[11]。

しかし、大蔵省の反対はあくまで技術的な議論に留まるものであり、そこに日韓交渉の進展自体を妨げる意図はなかった。大蔵省は、日韓交渉の妥結が確定的になった段階で、同省の反対によって会談が不調となり責任を問われることを避けるために、最終的には外務省の提案を認めている[12]。

外務省は、対韓経済協力を効果的に実施するためには、できる限り早い時期に韓国へ進出すべきだと考えていた。そして、閣僚レベルにおける政治的判断は別にして、少なくとも関係各省の実務レベルでは、経済協力の実施方式をめぐる技術的な問題点の洗い出しなど、討議を進めておく必要があると主張した[13]。

ただし、外務省内にも慎重論は存在していた。一九六三年四月三日から一二日まで一〇日間韓国へ赴いた小木曽本雄条約局法規課長は、沢木や前田の率いた訪韓団よりも慎重な見解を示している。前述の訪韓団報告とは対照的に、小木曽は韓国人の対日認識は未だ厳しいと指摘した。そして、個人的な相手方のホスピタリティを親日的感情と誤解したり、短期滞在で得られた知識を基礎的なものと誤解したり、市街における商品の陳列状況によって経済状況を判断したり、外国人と接することの多い運転手やボーイ等の言動を民衆の声であるかのごとく考えたりすることは危険である、と報告している[14]。「韓国人一般は、過去日本の植民地支配を受けたことや現在新生独立国という立場について、強いコンプレックスを持っている。たとえば、韓国の高い教育熱は、日本統治時代に朝鮮人の教育が制限されていたことへの反発であり、これも日本へのコンプレックスに起因する。こうした内在的なコンプレックスが、何らかの契機で反日感情に転化する可能性がある」と、小木曽は分析した[15]。

その上で、小木曽は、日韓関係が緊密になればなるほど、日韓相互の内政への影響力の強さは他国の場合とは比較にならないだろうと記している。そのため、日韓協定の締結は、単なる戦後処理ではなく、日本が韓国に対してどのような責任を持つのかを検討した上で推進すべき事柄であると述べた。協定それ自体が目的なのではなく、将来、両国間の特別な関係を如何に構築するかという問題だと言えた。小木曽は、日韓会談の妥結結果は、国交回復後の日韓関係の性格を規定すると考えていたのである[16]。

◆日本国内の政治論争

日韓国交正常化および対韓経済協力へのアプローチについては日本政府内にも温度差はあったが、これを推進すること自体には異見がなかった。だが日韓会談の早期妥結をめぐっては、与党・自民党内で、慎重論者と積極論者による政治論争が展開されていた。藤山愛一郎、三木武夫などの慎重論者は、南北朝鮮問題や将来の日中国交正常化までも視野に入れ、軍事政権を相手に交渉を妥結することに懐疑的であった。むろん、慎重派も日韓交渉の推進自体に反対だったわけではない。彼らは、韓国との政治的妥結を急ぐべきではなく、請求権金額の削減や李ラインの撤廃を条件に、漸進的な合意を模索すべきであると主張していた。しかし、こうした慎重論は、「大平・金合意」が成立したことによって次第に退潮していった[17]。

他方、岸信介、石井光次郎、佐藤栄作などの対韓交渉積極論者は、いわゆる「釜山赤旗論」や「日韓安保一体論」を論拠として、日韓国交正常化によって韓国の政治経済を安定させ、日本の安全保障を確保すべきだと主張していた[18]。自民党内の対韓交渉積極派は、冷戦という国際情勢を意識した「反共論理」に基づいて、日韓国交正常化の早期妥結を訴えた。

また、早くから日韓関係の進展を期待していた日本財界は、池田政権の対韓外交に期待を寄せていた。なかでも関西財界を中心に結成された日韓経済協会は、「韓国は低廉かつ豊富な労働力と市場としての魅力があり、既に欧米諸国が韓国に進出している」として、最も積極的に韓国経済界への接近を図っていた[19]。「大平・金合意」以降、積極派と慎重派の双方が存在する自民党や財界の主張は、概ね外務省の政策案の範囲内にあり、会談進展を推進する立場を表明していた。

これに対し、社会党や共産党といった野党・革新勢力は、軍事独裁政権である朴政権との交渉そのものに反対であった。革新勢力の主張に反駁するため、自民党は「日韓問題PR委員会」を発足させ「世論啓発工作」を展開した。自民党は「韓国は日本と同じく自由主義国家に属し、日本とは地理的にも歴史的にも極めて密接な関係にあり、両国の国交正常化は、アジアの安定と繁栄の支柱として世界各国より多大な期待をかけられている」と説き、「冷戦論理」や「反共論理」を前面に出して日韓国交正常化の必要性を強調した[20]。

当時、日本国内の在日朝鮮人社会では、日韓問題対策連絡会議や朝鮮総連、そして日朝協会を中心に、日韓会談への反対運動が展開されていた。日朝協会は、一九五二年六月二日、植民地朝鮮と一定の関係を持っていた日本人を中心に、「朝鮮に対する特殊な関心」と「朝鮮に対する一種の保護者的態度」という認識の下で結成されていた[21]。日朝協会は成立過程で日本の革新系政党の支援を受けていたが[22]、発足を主導した一部の日本人を除き、日朝協会への参加者の大部分は在日朝鮮人であった。そのため日朝協会の活動は、在日朝鮮人に対する影響力の拡大に傾き、早くから北朝鮮帰国事業を奨励していた。そして、一九五八年四月に第四次日韓会談が開始すると「会談阻止」を強力に打ち出し、反対姿勢を明確にした。一九五五年、北朝鮮を本国として結成された親北朝鮮団体である朝鮮総連は、日本の革新政党と日朝協会の協力を得て日韓会談反対闘争を組織的に展開するのである[23]。

在日朝鮮人社会における日韓会談への反対運動に、自民党とのイデオロギー的な対立を意識する社会党や共産党などの革新系野党が影響していたことは、注目すべき点である[24]。

◆法律論争の回避

朴政権は、日韓会談の早期妥結を望む一方、請求権問題について日本側に完全に譲歩する意思はなかった。とりわけ、請求権の名目問題は韓国国内で関心が集まっているとして、「大平・金合意の基本方針は変更しないが、まずは名目問題の議論から進めたい」と日本側に要請した。「経済協力名目で無償供与と借款を提供し請求権概念を導入しない」という日本側の主張をそのまま受け入れては、韓国国民を納得させることはできそうになかった。朴政権は、国内の反発を抑えるために、少なくとも「請求権の解決と経済協力の増進を希望し、無償供与および借款が提供される」という文言を挿入すべきであると主張した[25]。

請求権の名目をめぐって日韓対立が表面化したのは、一九六三年二月から開始された経済協力に関する日韓両国の専門家会合である。日本側代表団は、外務省経済協力局、大蔵省為替局、通産省経済協力部、経済企画庁の経済協力課など、関連各省庁で経済協力を主管する部局の官僚から構成された。また、有償経済協力の借款条件と関連する金融問題は大蔵省、輸出入ライセンスに関しては通産省、経済基金関係では経企庁の主管課が代表団に加わった。これとは対照的に韓国政府からの出席者はわずか四人に留まった[26]。それゆえ、韓国側は、専門的な協議に入るとたちまち能力の限界を露呈した。

韓国側は、この会合を「経済協力」に関する会議ではなく「請求権及び経済協力」とすることを提案した。だが、日本側は、経済協力は日韓国交正常化に伴うものであって請求権ではないと一蹴した。請求権に関するイメージを完全に打ち消すことを目指しているのは明白だった。また日本側は、韓国が経済協力を有効に利用することを求め、韓国側から見れば、あたかも日本側が経済協力の恩恵を韓国に与えるかのような態度で会合に臨んだ[27]。

名目をめぐる論戦がしばらく続いた後、両国代表団は、過去の法律論争の再燃を恐れ、妥協点を見出すことになる。結果的に、経済協力や請求権については、日韓双方が別の名称を用いることになった。この会合についても、日本側では「経済協力に関する専門家会合」、韓国側では「請求権と経済協力に関する専門家会合」と呼ぶという、日韓両側の立場を両立させるための苦肉の策が取られることとなった[28]。

朴政権は、国内の批判を意識し名目に関する議論の余地を確保しようとしたが、それは再び法律論争を蒸し返す危険性が高かった。最終的に朴政権は、法律論争を回避し、経済協力の実施方式をめぐる技術的問題の協議を重視する態度を示すことになった。「大平・金合意」後、請求権問題をめぐる日韓交渉は、経済協力の条件をめぐる闘争へと議論の中心を移していく[29]。

2　交渉の変数

◆金鍾泌の政界退陣とそのインパクト

「大平・金合意」を池田首相が承認して間もなくの一九六二年一二月二七日、軍事政権の朴正煕議長は記者会見を開いて重大発表を行った。第一に、請求権問題に関して「無償三億ドル、有償二億ドル、民間借款一億ドル以上、総額六億ドル」の条件で、日本と最終的な合意を見たという内容であった。なお、この時点でまだ「大平・金合意」の具体的内容や、合意メモの存在は知られていなかった。第二に、軍事政権から民政への移管を明らかにしたことである。朴正熙は、民政移管に備えて腹心の金鍾泌KCIA部長を予備役に編入し、軍事政権の理念を継承する新党である民主共和党の結成に当たらせると発表した[30]。

ところが、この発表は韓国国内で一斉に批判を浴びることとなった。まず、請求権の金額が六億ドルで合意されたことに、国民の予想に比べて少額であるという批判に加え、合意の代償として、韓国が漁業問題で譲歩することになるのではないかという憂慮がわき上がった[31]。また、民政移管については、移管そのものへの反対ではなかったが、その方法をめぐって野党側のみならず軍事政権内部からも強い反対論が起こった。反対者たちは、金鍾泌を予備役にして民政移管を行うという朴正熙の計画は、与党の中心勢力に側近を起用して政権を掌握する狙いだと批判した。当時、軍事政権内部では、朴正熙に次ぐ権力者であった金鍾泌の独走を警戒した派閥抗争が生じていたのである[32]。

朴議長は、日韓交渉の推進と国内政治改編を同時発表し、外交と内政の二兎を得ることを狙っていた。しかし、朴正熙に次ぐナンバーツーと認知されてきた金鍾泌が「大平・金合意」という政治的成果を上げたのみならず、民政移管後も権力者としての確実な地位を約束されたことは、与党内で金鍾泌に対する牽制と批判を高める結果となった。

一九六三年一月、軍事政権の反主流派の実力者である金東河《キム・ドンハ》最高会議国防外交委員長が自らの辞任を発表して、主流派の金鍾泌にも一切の公職から引退することを迫った。だがこうした反対派の政治攻勢にもかかわらず、金は一九六三年二月二日、民主共和党の創党準備委員長に選出された[33]。朴議長は、軍政府内の不満を収拾するため同一八日に、民政移管の際に自らは大統領選挙に立候補しないことを公約したが、軍内部の反金感情は急速に広がり、翌一九日には韓国各軍の首脳部が一斉に金を要職から退けるよう要求した。危機感を覚えた朴は、同二〇日に金の政界引退を発表、金は二三日に米国に「外遊」するとして出国した[34]。

金外遊後の一九六三年三月、政権非主流派によるクーデター計画が発覚し、現役軍人と民間人が多数逮捕された。朴議長は、民政移管公約を撤回した上、軍政の四年間延長を宣言する。そして、「非常事態収拾臨時措置法」を公布し、民間人の政治活動、集会、デモ、政治論文の発表を一切禁じた。突然の軍政延長声明は内外に大きな衝撃を与えた。米国政府は、三月二五日の国務省声明で、韓国の軍政延長に反対すると表明した。ケネディ大統領も記者会見で、韓国の民政復帰を要望した。韓国国内では、諸政党、言論界、学生らの激しい反発を呼び、各地で反対デモが頻発するなど、韓国の政情は緊迫した事態に陥った[35]。

金の政界退陣と韓国の政情不安は、高まってきていた日韓交渉妥結の機運に水を差す出来事であった。日韓会談は再び停滞せざるを得なくなったのである。

日本にも韓国の政情不安が伝わるなか、日本政府は日韓会談継続をめぐって国会での激しい論戦にさらされた。一九六三年二月二六日の第四三回国会衆議院本会議で、衆議院副議長でもある社会党の岡田春夫議員は、朴軍事政権が深刻な危機に陥っているため、日韓会談の前途は全く予断を許さぬ情勢であると指摘した上、「日韓交渉に強く反対する」と政府を指弾した。しかし池田首相は、困難な状況でも会談を中止しない意思を表明し、「韓国が国交正常化に熱意のある合理的な態度で臨む限り、日本は韓国の政情に関心を持ちながら信義と誠意を尽くして交渉を継続することが、外交にあたるものの責任である」と答弁した[36]。

続く二八日の参議院外務委員会では、大平外相が「日韓間の懸案は韓国の政情如何にかかわらずある。現在予備交渉の場があり、先方が話合おうという態度をとっている限り、これをうけて話合うのがわれわれの任務である」と述べて、池田首相と同様に日韓会談を中断しないことを言明した[37]。

大平は米国に対して、韓国政府は会談推進の意思を有しており、かつ現実的態度で交渉に臨む能力があるので、少なくとも日本側から韓国の政情不安を理由に会談中断を求めることはないと伝えている[38]。また、金溶植韓国外相に対しても、現在日本国内では日韓会談への反対世論があるが、日本政府には日韓会談を妥結する意志があり、日本人の大多数も国交正常化自体については賛成であると述べ、会談継続の意思を明確にした[39]。

日本政府は、金鍾泌の政界退陣をめぐる韓国の政情不安という予想外の事態に当惑したが、会談を中断しない方針を明らかにしたのである。

◆「朴・金体制」をめぐる国務省と外務省の論争

池田首相と大平外相が、日韓会談を継続する意思を確認するなか、外務省は朴正煕と金鍾泌によるリーダーシップが崩壊することを懸念していた。この時期、日本の政界には、バーガー駐韓大使が反朴・反金派を支持し金鍾泌を政界退陣に追い込んだ、という噂が流れていた。一九六三年二月二〇日に金の政界引退が発表された直後、大平外相は国務省に、「従来米国は朴正煕と金鍾泌ラインを中核として韓国軍事政権の安定を保ち、民政移管後も当分そのラインが維持されるとしたが、なぜ最近反朴、反金派を支持しているのか」と回答を求めた。これに対し国務省は、「朴・金ラインをバックアップすることで、韓国の政治経済の安定を図る政策を維持すると考えていたが、最近の韓国情勢はむしろ朴・金ラインによって混乱し、これが流血事態まで広がる恐れ」があるとして、朴・金ラインを排除する可能性を否定しなかった[40]。

エマーソン(John K. Emmerson)駐日公使は外務省に対し、金鍾泌の政界退陣に米国はかかわっていないと強調したが、「韓国軍部の高官は朴議長を支持しているが、金鍾泌を切ることを強硬に主張しており、このような金の不人気が朴議長の政治的負担になっていることは事実」だと伝えた。その理由についてエマーソンは、金鍾泌が党の機構問題や人事に関して妥協しなかったため、与党内の反対派を敵に回したと説明した。もし朴議長が政情悪化前の一月半ばの段階で金を切っていれば、大統領立候補を取りやめる必要もなかったとの観測を示した[41]。

外務省は、金鍾泌が日韓会談の早期妥結に向けて強力なリーダーシップを発揮することを期待していただけに、新たな事態を憂慮していた。朴が引退した場合、その次の中心となる政治勢力の不在が危惧される一方、仮に朴が引退しないとしても、金鍾泌を欠いて果たして円滑な民政移管が実現できるのか疑問であった[42]。

一九六三年四月には、国務省のイェーガー(Joseph Yeager)東アジア局長が訪日していた。このとき後宮アジア局長は、外務省内の大勢は「大平・金合意」によって請求権問題は大筋の合意を見たと考えていると述べた。そのため、朴と金の存在なくしては、会談の妥結が不可能になるのではないかという懸念があると語った。その上で後宮は、米国政府は朴議長率いる軍事政権を最も安定した政府として認めていたのではなかったかと質した[43]。

イェーガーは、朴政権は以前の韓国政権より安定しているし、軍事政権内にはまだ金鍾泌派が残っていると答えた。だが同時に「朴・金体制」でなくても日韓会談の妥結は可能であり、米国としては朴と金の存在にはこだわらない。むしろ日本政府の方が金の存在を意識し過ぎるがゆえに、会談進展の妨げになるのではないかと反問してきた[44]。

金鍾泌が政界退陣に追い込まれたにもかかわらず、外務省は、あくまで「朴・金体制」での日韓会談妥結を望んだ。しかし、米国政府は、朴政権を安定した政権として評価しながらも、必ずしも「朴・金体制」の下で会談を妥結する必要はないと考えたのである。

◆漁業協定をめぐる日韓の軋轢

「大平・金合意」により請求権問題がある程度の決着を見たことで、日韓間では漁業問題が新たな争点として浮上していた。これまでも論じたように、漁業問題は、一九五〇年代から日韓間の大きな懸案であった。

日本は、漁業問題と関連して、李ラインや操業権をめぐる専管水域問題のみならず、竹島問題についても取り上げていた。そして、一九六二年の小坂・崔外相会談に際して、小坂外相は竹島問題を解決するために国際司法裁判所へ提訴することを言及していた[45]。

大平・金会談の際にもこれらの問題が話題に上がっていた。この時、金鍾泌は、国際司法裁判所には日本人判事が任命されているため、全体的な雰囲気が韓国にとって不利であると主張し、竹島問題を国際司法裁判所へ提訴する案を受諾しなかった[46]。しかし、李ラインや専管水域問題については、請求権問題に関する基本合意が行われれば、漁業会談を迅速に開催し話を進められると約束していた。金は、その対価として、日本は日韓漁業協定による対韓漁業援助と請求権問題での譲歩をするよう要求していた[47]。

一九六三年、韓国政情が混乱し金鍾泌が政界を離れるなか、代わって大平の交渉相手となったのが金溶植外相であった。

大平は金溶植に対し、「日本人一般には、厖大な在韓私有財産が没収された上に、請求権問題の解決として韓国へ巨額の経済協力を供与することは理解し得ないという気分がある」と述べて、日本がすでに請求権問題で譲歩している点を強調した。日本が請求権問題で譲歩したのだから、韓国側は漁業問題で誠意を示す必要があると示唆したのである[48]。

大平は、「日本の重要関心である漁業問題について、わが国民の十分納得し得る合理的な解決が得られないようでは、国民一般の支持を得る自信がない」という池田首相の見解を伝え、日本政府の方針は請求権および経済協力問題と漁業問題を連動させることであることを明らかにしている。そして、竹島問題を含めた漁業問題について、韓国が日本国民の納得する措置をとる必要があるとして、早急な解決を求めたのである[49]。

大平は国務省に対しては、日韓会談妥結のための池田首相の基本方針を以下のように伝えている。第一に、韓国政府が領海を一二カイリにするという日本側提案を受諾すること。第二に、請求権問題における借款償還期限、焦げ付き債権の返済期間、船舶問題などに関して更なる譲歩を要求しないこと。第三に、駐韓日本代表部の設置を無条件に認めること、である。これに加えて、大平は、韓国政府が日韓会談を進める意思と能力があることを示すには、漁業問題に関する日本の要求を履行すべきであると述べた[50]。

漁業問題に日本政府が強硬な態度を強めるなか、韓国の野党は漁業問題をめぐって朴政権への政治攻勢を強めた。金鍾泌は、「大平・金合意」の前日である一九六二年一一月一一日の記者会見で、李ラインを撤廃する可能性を示唆していた。このことが韓国国内では、漁業問題において日本に譲歩したかのような印象を与えていたことは否めない[51]。韓国野党は、「日本外相と金鍾泌との合意の裏面には何かあり、これは漁業問題に対する韓国の譲歩である」と非難していた[52]。

野党の攻勢に対し金溶植外相は、「大平・金合意」には請求権問題と漁業問題をめぐる裏取引など存在しないと強調し、「独島[竹島の韓国名]は韓国の領土であってこれに対して譲歩する意思はない」と明言した。また、漁業協定を締結した結果が韓国漁民の利益にならないのであれば、その時は韓国側の措置をそのまま継続するとした。金外相は、野党攻勢は外交問題を国内政争の具にしており、国内情勢の転換に利用しようとしていると批判した。だが、韓国政府の釈明にもかかわらず、野党は日韓交渉を継続すべきではないと主張し、国内の漁業問題への関心は強まる一方であった[53]。

一方、日本政府は漁業問題での韓国への譲歩を拒否し、日本案を完遂することを言明する。後宮アジア局長は、韓国代表団の裵代表に対し「請求権について三億、二億の数字が明らかになった以上、漁業についても一二カイリという数字が表面に出ないような協定ではとても話にならない」と述べ、日本が構想した漁業協定案を提示した[54]。大平外相も、「大平・金合意」の経済協力資金提供とは別枠で、総額一億七八〇〇万ドルの漁業協力資金を提供するという漁業協定案を示しつつ、専管水域一二カイリの確保と李ライン撤廃という日本の主張を貫徹しようとした[55]。

日本政府は、漁業問題を今後の日韓交渉全体における「ペース・メーカー」と位置付けて、漁業問題の討議を急ごうとした。そして、漁業問題に目途がつくまで他の問題は討議できないと韓国側に伝えた[56]。しかし、韓国政府は、あくまで請求権問題と会談妥結を前提として漁業問題を解決すべきで、漁業問題単独の解決は不可能であると日本側の要求を拒絶した[57]。

日韓両国は請求権の金額や名目といった妥結内容のみならず、漁業問題についても思惑を違えていた。そのため韓国国内で、「大平・金合意」は苦境に立たされることになる。

◆韓国の民政移管と朴正熙政権の安定

一九六三年七月二七日、朴政権は三月に公布した「非常事態収拾臨時措置法」と軍政延長の声明を撤回する。そして、同年一〇月に大統領選挙、一一月に国会議員選挙を実施し、一二月に民政移管を行なう新たな計画を発表した。その後、一〇月一五日に行なわれた大統領選挙に民主共和党から立候補した朴は、民政党の尹潽善候補をわずか一五万票差で破って辛勝した[58]。

朴が大統領に当選したことで、韓国国内の政治情勢も一応の安定を見せ、日韓会談もようやく軌道に乗ることになった。朴は、日韓会談を年末の民政移管前に妥結したいという希望を日本側へ伝えた。外務省は、幹部会議を開き朴の提案を検討したが、会合では、朴大統領の政権基盤の脆弱性に懸念が示された。大統領選挙の際、朴があまりにも辛勝であったため、野党に対する立場は弱まっており、さらに民政移管後は国会内で野党側の発言力が増大すると見込まれた[59]。

外務省では、韓国情勢を踏まえ、朴政権との会談の推進と妥結をめぐって以下のような二つの案が検討されていた。一つは、軍事政権の方が会談の妥結は容易であるので、民政移管前に会談妥結を急ぐという見解であった。しかしこれは、「日本が軍事政権を相手に軍政期間中無理矢理会談を妥結しようとする」、などの反発を招く恐れがあるとして慎重を期するとされた。もう一つは、一一月の国会議員選挙で与党が勝つためには、朴政権は漁業問題などに思い切った譲歩案を示し難いので、韓国の国内情勢を見極めるという見解であった[60]。

外務省としても、韓国情勢が不透明なため、会談妥結を急ぐべきかそれとも見極めるべきかで判断しかねていたのである。しかも、もし韓国の国会議員選挙で野党が勝利する場合、日本の立場は不利になるという懸念が強かった。結局、外務省幹部会議では、日本でも衆議院選挙を控え、国内の反対勢力を刺激する可能性もあることから、軍事政権との会談は慎重に取扱う方向で結論付けられた[61]。

ところが、一九六三年一一月二六日の韓国の国会議員選挙は、外務省の憂慮を払拭するかのように、与党の民主共和党が勝利した。しかも、民主共和党は野党三党の合計議席を大きく引き離す多数議席を確保した[62]。また政界退陣に追い込まれていた金鍾泌もこの選挙で政界復帰を果たした。外遊から帰国した金は、一二月一日に民主共和党の議長に就任する。一二月一六日、軍事政権の中心であった国家再建最高会議が解散され、翌日国会が開かれた。新憲法の発効によって朴正煕は第五代大韓民国大統領に就任し、崔斗善《チェ・トゥソン》を国務総理とする新内閣が発足した。これによって、韓国は二年七カ月にわたる軍事政権に終止符を打ち、選挙による政府が登場した[63]。

外務省が、「経済論理」や「反共論理」を前面に出し、早急な日韓国交正常化を目指していた朴政権との関係維持を望ましいと考えていたことは、先述の通りである。したがって、韓国の政情変化が朴政権を弱体化させ、「大平・金合意」が全面否定される事態を、外務省が強く懸念したことは想像に難くない。こうしたなかで、朴正煕の下で韓国の民政移管が成功し、さらに韓国の国会議員選挙の結果、朴政権が強化されたのみならず、金鍾泌が政界に復帰したことで、外務省は、再び「朴・金体制」の確立を期待することができるようになった。

3　日韓会談の政治化

◆日韓会談反対運動の狙い

韓国が民政に移管し、一九六四年に入ると「朴・金体制」の下で日韓交渉は速やかに再開された。韓国国内の政情が安定したと見た自民党は、日韓会談の妥結を促進するために、一九六四年三月に団長一名、与党議員六名、野党議員六名からなる韓国の国会議員団一三名を日本へ招請した。民政党、民主党、三民会などの韓国の野党勢力はこの招請を拒否したが[64]、韓国世論は、日韓会談の早期妥結を目指す朴政権の対日接近をひとまず支持していた。韓国世論は、野党の立場は理解できるが、むしろ日本の政党人と意見交換を行なうことで双方の理解を深めるべきであるとし、野党の態度に批判的であったのである[65]。

ところがこの時期、日韓双方で日韓会談への反対運動が高揚し、日韓会談は両国国内で政治化しつつあった。日韓会談への反対運動は、まず日本国内で拡大した。前述のように、日本国内では一九五八年から在日朝鮮人社会を中心に、朝鮮総連や日朝協会といった親北朝鮮団体が日韓会談への反対運動を展開していた。一九六一年、韓国で軍事政権が成立し、その翌年の末に「大平・金合意」が出されると、日本の革新政治勢力である社会党や共産党は、朝鮮半島の分断固着化への反対を強調し、組織的に反対運動に加わった。そして、韓国軍事政権が民政移管に成功し、日韓会談が本格的に妥結に向かうと、日本国内における反対運動はさらなる高潮を見せた[66]。

韓国国内で日韓会談への反対運動が本格化したのは、一九六三年五月以降である。一九六三年五月一日、尹潽善元大統領と許政元首相を含めた一三人の在野政治家は「韓日会談に対する声明書」を発表し、朴政府が日韓会談問題から手を放し、「大平・金合意」の内容と交渉過程を公開するよう要求した[67]。同年七月に、野党側を中心とする在野の反対闘争運動は、李ラインの死守を決議した上、軍事政権が日本に対し屈辱的かつ低姿勢で秘密外交を行っていると糾弾し、全国的な反対運動に踏み切っていた[68]。

こうしたなか、一九六三年一一月の国会議員選挙で政界に復帰した金鍾泌は、一九六四年三月には日韓交渉のテーブルに戻っていた。金鍾泌民主共和党議長は、東京で「五月初旬に日韓協定が調印されるだろう」と発言する。しかし、韓国の学生らは、金が「政治的取引」を主導したとして、強く反発した。ソウルでは、「日韓会談の即時中止」、「平和ライン死守」のスローガンを掲げる大学生デモが起こり、これを契機に、デモは全国に広がり大規模化する傾向をみせた[69]。韓国の野党は、一九六四年三月九日に「対日侮辱外交反対汎国民闘争委員会」を結成し、李ラインが実質撤廃される方向へと進んだとして、各地で日韓会談に対する反対運動を展開するようになった[70]。

朴政権は、学生デモの原因を、野党の展開する反対運動が学生を刺激したためだと見て、日韓会談は屈辱的なものではなく、国家利益のために締結すべきであると宣伝した。しかし、反対デモはますます激しくなるばかりで、一九六四年三月二六日、朴大統領は特別放送を通じて「政府はあくまで日韓会談を推進し、韓国の主張を貫徹する」という決意を示しつつも、会談に冷却期間を置くと発表せざるを得なかった。そして、日韓会談のため訪日中だった金鍾泌と漁業交渉を担当する元容奭《ウォン・ヨンソク》農林相を帰国させ、デモの鎮静化を図ろうとした。妥結に近づいた日韓会談は、四月六日の農相会談を最後に、またもや一時中断されることになった[71]。

米国政府は、外務省に、韓国国内の学生デモは、韓国国民に広く共有された反日感情と日本による再支配への脅威が反映されているが、日韓会談そのものへの反対ではないと伝えた。学生デモは政府に対する一般的な不信感を表明したものにすぎず、その契機は野党側による煽動であり、デモ参加者の大多数は野党など特定の政党を意識して支持しているものではないと強調した。そして、韓国の野党は政府与党の内部に分裂をもたらすことを目指して、日韓交渉に対する攻撃と学生デモを通じて政府の弱体化を狙っていると指摘した。学生デモは、朴大統領自身に対する不信というより、日韓交渉の内容と進め方に関する不安と不満を背景にした、金鍾泌への政治的攻撃であるというのが米国政府の分析であった[72]。

しかし日本政府は、韓国国民の過半数が反対する会談なら妥結する意味がないとし、第六次日韓会談の中止を決定した。さらに、韓国政府により新たに日本漁船が拿捕される事態が発生したが、その際、日本の海上保安庁の巡視船が李ラインを「侵犯」するという事件が起こった。日本が領海を侵犯したということで韓国の対日世論は一層硬化し、日韓会談反対運動を刺激した。一九六四年七月に自民党総裁選挙が予定されていた日本政府にとっても、この事件の波紋を意識せざるを得なかった。日韓交渉の妥結に向けた日本国内の肯定的なムードはもはや冷却化しつつあった[73]。

◆韓国内での反政府運動の拡大

朴政権は日韓会談反対運動による国内の混乱と日韓交渉の停滞を収拾すべく、一九六四年五月九日に内閣改造を断行し、丁一権《チョン・イルクオン》内閣を発足させた。朴はこの内閣改造を「混乱した政情を収拾するための人心一新の措置」としてアピールした。そして、丁内閣は改めて日韓会談妥結への積極姿勢を明らかにした。しかし、そもそも大統領の権限と権力が絶対的である韓国国政の特徴上、内閣改造や首相の個人的信念によって、政権の基本構想が変わることは期待できなかった。新内閣もまた国内での信認を得られず学生デモが再発する。デモ隊は、日韓会談中止に加えて、「悪徳財閥や不正腐敗した元凶の処罰、政治犯の釈放」を掲げ、以前にも増して過激な反対運動を展開した。韓国国内の日韓会談への反対運動は、朴政権の打倒を目指す反政府運動の様相を帯びるようになっていった[74]。

一九六四年六月三日、学生たちと一般大衆を含む大規模なデモ隊がソウルに集結し、国会議事堂と青瓦台［韓国大統領官邸］に向かったが、これを阻止しようとした警察と衝突した。「六・三事態」と呼ばれるこの大規模な衝突は、韓国の国内情勢を緊張状態に追い込んだ。朴政権は同日ソウル市内に非常戒厳令を公布し、強い態度でデモを鎮圧した。五日には、デモに参加した学生と彼らに影響を与えた大学教員の処分を命じる「学園浄化方針」を打ち出し、彼らを逮捕した[75]。その一方、朴政権は戒厳令公布の二日後、デモの標的となった金鍾泌を民主共和党の議長から辞任させ、六月一八日には、再び金を外遊させた。また五七名の不正公務員を摘発するなど、国民の不信を除くことに努めた[76]。

一九六四年七月二九日、「六・三事態」後に公布された非常戒厳令は解除されたが、韓国政府はその後も、言論や学生に対する取締りを強めた。戒厳令を違反したとして逮捕された大学生は、ソウル市内だけで二二四人にのぼったが、彼らの身柄は拘束され続けた。また、言論活動を規制する目的で、「言論倫理委員会法」の制定を試みた[77]。これは野党のみならず言論界の大きな反発を呼び、再度大きな騒乱に発展しかねない情勢となったため、韓国政府は本法案の施行を無期延期したが、韓国の政情不安はしばらく続いた[78]。

繰り返された韓国国内での日韓会談反対運動については様々な分析がなされている。太田修は、この反対運動は過去清算を要求する韓国の民族主義的な論理を背景に「日帝近代化論」と「新植民地主義」に対する批判という側面が強かったとする。太田は、こうした思想的前提で出発した日韓会談への反対運動は、それ以後、植民地主義の批判や戦争被害からの回復を唱える人々の、長い闘争の始まりとなったと論じる[79]。一方、吉澤文寿は、この反対運動について、韓国国内の市民運動や民主化運動と関連付けて考察している。吉澤は、日韓会談の問題点の指摘から始まった反対運動が、学生デモを中心に、徐々に朴軍事政権に対する反政府運動へ移行したと分析し、これが韓国の民主化運動の過程で重要な位置を占めたと論じている[80]。

いずれにせよ、日韓会談反対運動は、朴政権を威嚇するまでに勢力を拡大した。それでも、バーガー前駐韓大使は外務省に、韓国の学生デモと野党の本音は、日韓国交正常化それ自体への反対ではないと繰り返し強調した。バーガーは、韓国の野党が恐れるのは、金鍾泌が推進した「大平・金合意」で会談がまとまり、日本から無償三億ドル、有償二億ドルの経済協力を得た朴政権が強化され、相対的に野党が不利になることであると分析した。そして、韓国の野党政治家の指導者とされている尹潽善元大統領に、「野党側が学生を煽って日韓会談の反対へ追い込んだことは、取り返しのつかぬ失敗であり、その責任は重い」と警告したと語った[81]。

日本政府は、韓国の野党が日韓会談を批判する理由が、会談それ自体への反対というより、国内の政情不安を助長する政治的攻勢であると理解していた。しかし、日本としても、多くの政治的負担のなかで、いま以上、会談を進めることはできない状況であった[82]。

以上に見るように、韓国国内の会談反対運動の本質は、日韓会談そのものへの反対ではなく、朴正煕政権に対する野党の政治的攻勢と金鍾泌に対する反感の側面が強かった。こういった事情は、韓国政府、日本政府、米国政府とも理解していた。したがって、日本政府にとっての今後の課題は、韓国政権のみならず韓国の野党や世論の動きを考慮しながら、会談を妥結することにあった。

4 日韓問題における交渉枠組みの変化

◆韓国の緊急借款要求と外務省の応答

朴政権は「六・三事態」の直後、請求権交渉とは別の緊急借款を日本政府に打診してきた。その目的を、朴政権は「経済疲弊で悪化した民心を和らげ、国内の反日世論を緩和するため」と説明した。韓国国内で高まっている日韓協力への危惧は、外務省としても看過できないところであった。外務省は、朴政権の要請を受け、食糧や消費財を中心に対韓緊急援助を検討することにした。だが、政府内では、韓国国内の情勢不安定を理由に日韓会談を静観する立場が支配的であったことから、政府内での協議が進められない状況にあった。外務省は、政府内の議論に先だって、まず韓国側と非公式に接触し、借款の方式について意見を調整することにした[83]。

対韓緊急援助にあたって外務省が検討した方式は、前年度のインドネシアへの緊急援助供与を事例として、消費財中心に一〇〇〇万ドル規模の延払借款を行なうことであった。外務省は、この方式は韓国の輸出や雇用増加に寄与する点を考慮したものだとして韓国側へ提示する[84]。

しかし韓国政府は、消費財中心の援助は結果的に韓国市場における日本製品の支配につながるとし、プラント〔生産設備・機械・発電所〕を主体とする緊急借款を要請した。さらに借款金額についても二〇〇〇万ドルに増額することを求めた。外務省は、日韓会談が中断状態ではあるが、今後の会談再開は既成事実となっており、韓国との外交的接触を維持することが重要だとして、韓国政府の要請を受け入れる方向で受け止めた[85]。

外務省は、借款の性格を中断状態の日韓会談とどう関連させるかを考慮しながら、支援形式を検討した。外務省がとりわけ慎重を期したのは、二〇〇〇万ドルの借款が、「大平・金合意」の経済協力資金の増額と見られないこと、さらに経済協力資金が国交正常化前に支払われたように見られないことであった。外務省は、この二〇〇〇万ドルの緊急借款を、国交正常化後の経済協力資金とは無関係のものだと強調しなければならなかった[86]。

韓国も、二〇〇〇万ドルの経済協力は、「大平・金合意」の中の「一億ドル以上の民間借款」とは、別個のカテゴリーに属するものであると解した。韓国側と日本側の思惑は異なるものの、二〇〇〇万ドルの対韓緊急借款を、請求権や、これと関連する経済協力とは無関係とする点では一致していた。韓国は、その他、日韓間の貿易拡大の一環として、日本が韓国産の海苔や米の輸入も検討するように要請する。外務省は、政府内で協議を行なった上で、これも前向きに検討すると回答した[87]。

ここで取り上げた対韓緊急借款問題は、日韓間の経済協力が本格的に始動する前のささやかなエピソードに過ぎないと言えるかもしれない。しかし、政治過程の観点から見ると重要な要素が含まれている。すなわち、日韓交渉の様相が「大平・金合意」以後、相当程度変容しているということである。韓国政府は、国内の反日感情を緩和し民心を収拾することを目的に緊急借款を日本に要請した。借款の条件など技術的な点をめぐる駆け引きはあったものの、ここでは従来の日韓交渉を覆っていた歴史問題や請求権論理をめぐる対立はすでに見られない。日韓両国は、歴史や過去の清算をめぐる論争を避けて、国交正常化という共通目標に向けた妥協点を見出していったと言えよう。

◆外務・大蔵両省の政策協議

一九六四年七月二九日、「六・三事態」後に公布された非常戒厳令が解除されると、韓国国内の緊張はひとまず緩和された。八月からは、中断状態の日韓会談も再開に向かう見通しとなった。外務省は関係各省と会議を開いて対韓緊急借款の検討を進めた[88]。

その席上、外務省は、現在海外からの対韓援助の中心となっているのは米国であるが、英国、ドイツ、フランス、イタリアなどの諸国も、従来ある程度の経済協力を韓国に供与していることを指摘し、これらの諸国も、国交正常化後、日本から韓国へ供与される経済協力に強い関心を示していると語った。「日本がこれらの諸国よりも韓国に大きな利害関係を持ちながら、無国交を理由に韓国の経済状態を傍観することは好ましくない」と考えられた。それゆえ、外交的側面からも韓国への経済援助が必要であり、日本は諸外国に率先して韓国経済救済の主導的地位を目指すべきであると外務省は主張した[89]。

大蔵省は、「大平・金合意」を超える追加資金の支払いに警戒を示したが、対韓緊急援助に反対することはなかった[90]。外務省は、この経済協力は経済面を重視しており、本件二〇〇〇万ドルの対韓緊急借款は、「政治的印象の強い大平・金合意の増額として処理するものではない」と説明している[91]。この会議で外務省は、韓国の政治的経済的安定は日本の重要な関心事であるとして、大局的見地から本件援助を実施すると述べた。そして、今後の日韓関係を改善するための対韓緊急援助の意義の大きさを説いた[92]。

その上で、外務省は、韓国側が要請した借款条件をほぼ受け入れ、政府内で次のような処理法案を進めることを提案した。まず、韓国政府の調達庁に二〇〇〇万ドルの原資材を延払形式で輸出し、支払い条件を「三年据置、二年半分割払い、計五カ年半、金利はできるだけ低利」とする案である。その他、韓国から輸入する農水産物に対する規制緩和も要請した。これに加えて、日本国内で「対韓緊急援助は日本から提案したもの」と報道されたことについて[93]、「韓国国内の政情を考慮し、日本が自発的に供与したものにしよう」と関連各省への理解を求めた。かくして「六・三事態」以降韓国から提案された緊急借款は、日本政府の議論を経て迅速に決定されたのである[94]。

対韓緊急借款の問題をめぐる日本政府内の政策決定過程を見ていくと、明らかにその様相に変化が見える。確かに財政支出に消極的な大蔵省と、外交的側面から対韓援助を主張する外務省との見解の相違は依然明白であり、初期日韓会談から「大蔵省の財政論理」と「外務省の外交論理」の対立構図は一貫しているように見える。ただし、この時期の両省の対立は、それまでの請求権問題の解決方式自体をめぐる対立ではなく、対韓経済協力の実施という大原則のなかでの政策調整という色彩が強いものとなっていた。

◆日本政府内の政治力学と日韓関係

しかし、この二〇〇〇万ドルの対韓緊急借款は、その後、留保されることになる。池田内閣は、日韓会談を早く妥結する方針に変わりはないが、重要な問題であるからこそ着実に推進したいとして、対韓緊急借款および会談再開に踏み切らなかったからである。韓国政府内では池田政権の対応に不満が高まり、一時は「大平・金合意」の白紙化を求める主張も台頭した。だが、「大平・金合意は日韓合意の基礎であり、もし白紙化されれば日韓両国間の信頼関係が失われ再交渉は極めて難しくなる」という認識が強かった[95]。韓国は、池田政権の対韓緊急借款の留保の背景には、日本国内の政治情勢が影響していると分析した。

池田首相は、一九六四年七月一〇日の自民党総裁選挙で佐藤栄作を破って総裁三選を果たし、七月一八日に内閣改造を行なった。この第三次内閣改造で外務大臣であった大平が閣外へ去った[96]。大平と同時期に蔵相になった田中角栄が留任したのとは対照的に、外相は大平から代わって椎名悦三郎が就任した。商工官僚出身で商工次官を経て、戦後政界入りした椎名の外相就任は、椎名自らも意外だと述べるほど予想外の人事であった。そして、椎名の外相就任をめぐって、韓国政府と外務省とも、椎名が外務省のトップとしてふさわしいのかという疑問を呈していた[97]。

韓国政府は、「商工官僚出身の椎名は、産業政策には一日の長はあったが、外交問題については経験不足の感は否めず、韓国問題を十分理解した人選とはいえない」と評価した。外務省も韓国に「大平外相時代であれば池田首相の説得は大平に一任できたが、外交手腕が未知数である椎名外相ではこのような期待ができないのではないかと懸念を感じている」と述べている。ただし、韓国政府と外務省は、椎名が「口数が少なくて温和な性格の人」と評価されていたことから、日本の新内閣は従来の外交路線を当面踏襲するという展望に期待をかけていた[98]。

このようなタイミングで、池田政権は対韓緊急借款を留保する決定を下したのである。韓国政府は、日本政府内の合意を得た対韓緊急借款がここで挫折した原因は、新任の椎名外相が外務省の方針を貫徹することができず、田中蔵相の主張に屈服した結果と見た。韓国政府は、今回の対韓緊急借款の留保は「椎名の外相としての能力をTestする一つのCase」として、日本政府の各省間の足並みの乱れを批判した。そして、椎名外相の登場によって、政府内での外務省の比重が低下することを憂慮したのである[99]。

現在では、椎名は、政治家としてのみならず外相としても非常に高い評判を得ている人物である[100]。椎名は、商工省時代「カミソリ椎名」の異名をとるほど頭の回転が速かった。そして全く未知数であった外相に就任すると、外務省関係者が舌を巻いたほど、短期間のうちに複雑な外交懸案を把握し、外務省内の憂慮を払拭したのであった[101]。

注目すべきは、椎名外相が、大平外相とは異なる形で池田首相にアプローチしていた点である。大平は池田の頑固な態度を乗り越えて、対韓国政策に関する外務省案を自らの政治力量によって貫徹していた。大平外相と合意した事案は池田首相の裁可まで確保できた、という外務官僚の告白からも、日韓交渉における大平外相の裁量の大きさが判る。

一方、椎名が自分の外相就任について池田首相に質したとき、池田は「二人でやろう。俺も手伝うから一緒にやろう」[102]と言ったという。見方を変えれば、池田首相が日韓交渉の舵を椎名に一任していなかったとも言えるだろう。後述するが、日韓会談における椎名外相のリーダーシップは、佐藤政権で真価を発揮する。しかし、外相就任直後の池田内閣では、椎名率いる外務省のイニシアティブは、それ以前に比して後退せざるを得なかった。

◆吉田訪韓要請と外務省の反対

池田内閣の主導権に期待ができないなか、韓国政府は別の突破口を模索しようとした。国内の反日感情を一掃し、停滞した日韓関係の雰囲気を転換させるために吉田茂元首相の訪韓を要請したのである。一九六三年六月、池田政権が中国向けのビニロン・プラントの延払輸出を決定したことにより、日台関係が悪化した。この時、台湾を訪れて対日関係転換に努めたのが吉田であった。韓国政府は、日本の近隣アジア外交における吉田の役割を評価し、日台関係の先例を踏まえて吉田の訪韓を要請すると述べた[103]。

だが、こうした韓国政府の吉田訪韓要請の背後には、大物政治家の「謝罪使節」派遣を狙った政治的思惑があった。当時外相だった李東元《リ・ドンウォン》の回顧によれば、韓国政府は吉田元首相の訪韓と吉田による「謝罪」発言を期待し、米国の協力を得て日本からの「謝罪使節」派遣を要求したという[104]。

韓国政府の吉田訪韓招請は、米国を仲介とする形で進められた。一九六四年八月、新たに駐韓大使に着任していたブラウン(Winthrop Gilman Brown)に対して、同年七月二六日に韓国外相に就任した李東元は、吉田訪韓に関する協力を要請した。ブラウン大使が国務省本省にこの件を問い合わせると、国務省は吉田訪韓を肯定的に評価し、韓国側の要望を日本政府へ伝えるよう駐日米国大使館へ訓令した。エマーソン駐日公使からも後宮アジア局長に吉田訪韓の打診がなされた。だが、後宮は「韓国側の誠意は理解できるものの、タイミング的にも検討できる問題ではない」と否定的であった[105]。

ライシャワー駐日大使は椎名外相に吉田訪韓を打診した。ライシャワーは「韓国人は日本にバカにされているという感情がある」として、韓国人の間で日本に関する好印象を作り出す必要があると述べた。その象徴として吉田訪韓は効果的だと考えられたのである。しかし、椎名外相は、「もう少し交渉の山がみえてから」本件を検討したいとして、事実上、吉田訪韓に反対した。「吉田訪韓になれば単なる親善訪問では済まず、どうしても外交的な土産が必要になる」というのが反対の理由であった。また、韓国の従来の傾向に照らして見ると、吉田元首相の滞韓中の言動が悪意をもって切り取られ、利用される恐れもあった。椎名は、「吉田訪韓は日本の切り札であるが、効果が不明な事柄に軽々と利用できない」と回答した[106]。

それでもライシャワーは、吉田訪韓自体が「土産」であり、具体的な政治的譲歩を考えなくてもよいと言葉を続けた。吉田を交渉の「切り札」に使う必要はなく、日韓間の雰囲気改善のために訪韓させれば良いというのである。しかし、椎名は、単なる雰囲気の改善の効果は一時的なものに過ぎず、交渉が進展しなければ効果はないに等しいと切り返した[107]。ライシャワー大使と椎名外相との話し合いでは、「謝罪使節」としての吉田訪韓という言及はなかったものの、「外交的な土産」という表現は、実は吉田元首相による過去への「謝罪」発言を意味していた。

吉田訪韓は、外務省の幹部会でも時期尚早と判断された。外務省は訪韓の是非を問い合わせる吉田に、「訪韓の際には韓国は具体的なお土産を期待していると予想される」ので、日韓交渉妥結後に「お祝い」として訪韓することを進言した。結局、吉田は外務省の意見に従い、韓国側の構想は立ち消えとなった[108]。

その後も韓国政府は吉田訪韓を断念せず、一九六四年九月には、訪韓したバーネット（Robert Barnett）国務次官補代理に仲介を依頼した。バーネットは、外務省に「韓国政府は吉田が訪韓する際に、過去の韓国統治に対する謝罪を明らかにすることを願っている」と伝え、「謝罪使節」として吉田訪韓の必要性を説く。これによって韓国側は外相を長とする代表団を日本へ派遣し、閣僚レベルでの全面会談によって一挙に妥結に至ることを構想していると、バーネットは語った。バーネットは、吉田が「謝罪使を務める嫌な思いをしても、これは日韓両国関係には好影響を与える」とした。吉田の訪韓が日本にとっては「歴史的な賭け」かもしれないが、このことによって日韓関係全てが良くなるのであれば、日本は大局的な見地から検討する意義があると説得を試みた[109]。

しかし、これに対しても後宮アジア局長は、吉田訪韓と過去への謝罪は到底できない相談であり、外部にこのことが漏れれば政府の命取りになると拒絶した。後宮は、吉田が最近も駐日韓国大使に対して日本の朝鮮統治の貢献を誇ったことがあると明かし、吉田は最も「謝罪使節」としては不適当な人選であると語った[110]。

韓国政府が岸信介などの「親韓派」の実力者ではなく、以前から嫌韓的な言動を隠さなかった吉田茂の訪韓を提案したのは意外に思われる。池田政権の後見人であり、保守政界の長老である吉田の口から謝罪発言を引き出すことができれば、韓国の政情不安や国内の反発を抑制することに資すると、韓国側は考えたのかもしれない。

一方、これまで大物政治家の派遣に肯定的であった外務省は、吉田の訪韓に強い反対を示した。それは、日韓請求権問題をめぐる従来からの方針で日韓会談が固まりつつあるなか、政治家の不用意な言動によって思わぬ事態を招くことを憂慮したためかもしれない。換言すれば、外務省は、対韓国政策を進める過程で、政治家の影響力を常に戦略的観点から見極めていたといえよう。

◆「大平・金合意」原則の維持

韓国政府は、二〇〇〇万ドルの対韓緊急借款の実施を留保し、吉田訪韓を拒否した池田内閣に対して、早急な国交正常化の実現を求め続けたのみならず、さらに「大平・金合意」からの増額交渉を要請する。韓国側の請求権増額要請は、民政移管直後の一九六四年初頭、日韓会談の妥結が可視化されていくなかで提案されたものである。韓国政府は、請求権総額に対する国内不満を理由に「大平・金合意」の内容面の補充を求めていた[111]。

このとき韓国では、日本との経済協力を理由に米国の対韓援助が削減されることへの懸念が強かった。日本も、日韓交渉妥結の結果、米国の対韓援助を日本が肩代わりさせられるのではないかという危惧を抱いていた。米国は、日韓両国の憂慮は杞憂であると述べ、米国の対韓援助の削減や日本への転嫁は考えていないと明言した。ただし、日韓会談の妥結ムードを後押しするため、増額交渉の可能性を日本側へ問い合わせた。当時の大平外相は、こうした米国側の立場を確認した上、請求権の名目と関連しない民間借款部分に限って、支払総額の増額交渉に応じることとした。大平は、請求権の増額は考慮の対象にならないが、漁業問題の成り行きを見て「無償三億ドル、有償二億ドル、民間借款一億ドル以上」枠のうち、民間借款部分の増額は考慮の対象にするとしたのである[112]。

「大平・金合意」からの増額交渉問題は、韓国国内で会談反対運動が激化した時期には留保されていたが、このタイミングで韓国政府は、バーネット国務次官補代理を仲介にして、日本側に再度打診してきたのである。韓国政府は、朴正煕の軍事クーデター以前、「小坂善太郎外相によって七億六〇〇〇万ドルが示された」ことを挙げ、この線で請求権の金額を改めることを希望した。ただし、「大平・金合意」を超える金額については、別途協議が進められている漁業借款を転換しても良いと考えていると伝えた。その上で、「大平・金合意」の原則は否定しないが「金鍾泌のイメージの残る六億ドルという数字の代案」は必要だと述べている。韓国政府は、増額交渉の提案が「大平・金合意」の実質的な変更を意味するものではなく、野党を納得させるためであると再三強調している[113]。

経済協力資金にせよ漁業借款にせよ、結局、韓国が日本から受け取る金額には変わりがない。しかし、名目的に「請求権」として日本から受け取る金額を増やし、国内の日韓会談反対世論を和らげようとする、韓国政府の意図は見て取れる。

バーネットは、このような韓国側の意向を外務省へ伝えながら、日本が韓国の要求を受け入れるべき理由として、「韓国が近代化し国際社会の仲間となるためには、米国の対韓援助のみならず日本との経済協力も必要である」と述べた。また、韓国は米国にとっても扱いにくい相手であるが、朴政権が崩壊してしまえば日韓国交正常化のチャンスはないと語った。バーネットは外務省に対し、朴政権を生き残らせるためにも、日本は韓国側の新しい要求を考慮して日韓交渉に臨むべきであると忠告した[114]。

外務省は、韓国側の主張する七億六〇〇〇万ドルという数字が「いついかなる場所で示されたのか思い当たる節がない」と反駁した上で、「大平・金合意の数字を今さらいじくることはできない」と、韓国の要請を拒否する姿勢を見せた。日本国内には、莫大な在韓日本財産が韓国にそのまま引渡されたと主張する勢力が依然存在しており、そのため、「大平・金合意」の金額ですら、韓国にやりすぎであるという考え方があると外務省はバーネットに回答した[115]。

上記に見るバーネットの発言には、韓国への経済協力と国際社会における日本の役割を強調して、日韓会談妥結を目指す米国政府の見解が反映されていた。そもそも外務省は、このような米国の立場を十分に理解していた。朴政権の下で日韓会談の妥結を主張してきたのも外務省であった。しかし、池田政権において、外務省も韓国側の要求に応えようがなく、会談をこれ以上進展させる余力は残されていなかった。

外務省は韓国側にも、経済協力をめぐる日本国内の厳しい雰囲気を伝えた。二〇〇〇万ドルの対韓緊急借款についても、韓国が請求権の一部を前取りした印象が強く、大蔵省は態度を硬化させると述べていた。また、「日本は請求権解決のための経済協力を無償三億ドル、有償二億ドル、総額五億ドルと言っているのに、韓国側は無償三億ドル、有償二億ドル、民間一億ドル以上、総額六億ドルと公表」し、「大平・金合意」内容に対する日韓両国の発表に喰い違いが生じているため、日本国内では「大平・金合意」の内容を公開せよとの要請が高まっていた[116]。

5 佐藤政権下での急進展

◆対韓緊急借款の決定

一九六四年一〇月二五日、池田は病気療養を理由に首相の職を辞し、同年一一月九日に佐藤栄作が首相に就任した。椎名は、佐藤内閣で外相に留任した。対韓交渉積極派の岸元首相の実弟である佐藤は、自身も妥結に積極的であり、政権発足成立直後、朴政権との交渉再開を決定した。日韓両国は、一九六四年一二月三日から第七次日韓会談を開始することに合意する。韓国側は新任の金東祚《キム・ドンジョ》駐日代表部大使が首席代表に任命された。そして日本側は、病気療養中であった杉道助に代わって外務審議官の牛場信彦が首席代表代理に任命された。

第七次日韓会談再開に向けた両国の打合わせは、一九六四年一〇月、池田首相の辞任が確実となった時から行われていた。会談に入るに際して日本側は、漁業問題の解決を優先する原則を示した。椎名外相は、「現在も韓国による日本漁船の拿捕が続けられているため、自民党内部からも対韓外交で政府は弱腰であると攻撃されている」とし、このような状況下では、外務省が国内の関係官庁を引っぱることには困難があると述べたのである[117]。

しかし、金東祚大使は、まず日本政府が第七次日韓会談の開始前に、プラントの延払輸出を中心とする二〇〇〇万ドルの対韓緊急借款を決定すべきであり、その追加輸出も求める。そして、韓国国内で会談再開に向けた肯定的な雰囲気が醸成されるように、一一月に椎名外相が韓国を訪問することを要請した。韓国は、椎名訪韓が実現すれば、拿捕した日本漁船と船員を釈放するとした[118]。

外務省は、緊急借款の実施や椎名外相の訪韓など韓国側の要請を概ね受け入れた。プラント延払の追加は本年度中にはできないが、二〇〇〇万ドルの対韓緊急借款は交換公文書などを通じてまとめるとした。ただし、これと同時に、緊急借款の直後に韓国は拿捕した日本漁船および日本人船員の釈放を実施するよう要請した。また、椎名外相の訪韓については、外交的な「土産」を期待しない純粋な訪問であれば、適切な時期を選んでお招きに応ずると回答した[119]。

対韓緊急借款は、外務省と韓国との間ではすでに合意事項であったが、問題は日本政府内での意見調整であった。特に、大蔵省は請求権問題について、政府内で二〇〇〇万ドルに及ぶ対韓借款の名目をいかに説明するかであった。外務省が苦慮したのは、政治判断で更に金額が増額されるのではないかと警戒していた。大蔵省側の懸念に対し外務省は、プラントの延払輸出は請求権とは別枠で検討中であるとして、「大平・金合意」からの一切の増額可能性を否定した[120]。一方、国会では「これらは商業ベースによる例の一億ドル以上という範疇のなかに入る」と答弁し、「大平・金合意」とは無関係に行なわれることを強調した[121]。

外務省は、「大平・金合意」の「無償三億ドル、有償二億ドル、民間借款一億ドル以上」の内、請求権問題解決のための資金は「無償三億ドル、有償二億ドル」の合計五億ドルのみであり、民間借款は請求権とは全く無関係な商業ベースの借款であるという立場を取った。その上で、プラントの延払輸出を中心とする緊急借款は請求権支払額の増額ではなく、あくまで民間借款の一部を実行するものという説明を貫き、「大平・金合意」を越えた増額はないと印象付けたのである[122]。

ともかく、池田政権下で漂流した対韓緊急借款の実施が急進展したことは、佐藤政権の対韓関係改善への意欲を如実に示す事例であるといえよう。

◆論争より妥協

一九六三年一一月一六日、朴正熙の大統領就任に際して韓国へ特派された大野伴睦自民党副総裁が、記者会見で「日本と韓国は親子の関係のようだ」と発言し、韓国側の反発を買ったことがあった。そのとき同席していた杉道助が、その場の空気を和らげ「危機を救った」エピソードがある。このように、杉は日本側の首席代表として、韓国側を刺激する発言や行動を控えて、無難に代表団を引っ張ってきた[123]。

杉は日韓会談の首席代表に内定した折、「なにか大きな役を引き受けるにあたっては、かならず誰かに相談することにしてきたが、日韓会談首席代表就任については誰にも相談しなかった」と語っていた。杉は、自身「なぜか感傷的になる」と言うほど韓国に対する特別な思いを持ち、「日韓会談の真の目的は日韓両国民のしあわせということ」と述べていた人物である[124]。

しかし、日韓会談における両国の軋轢は根深いものであった。一九六四年一二月に大蔵省理財局が請求権問題についてまとめた文書には、「韓国にある全ての日本船舶や在北朝鮮日本財産に対して日本政府は請求権の主張が可能であり、本来韓国と相互放棄を行う立場ではない」とする、一九五〇年代以来の対韓基本方針が記されている。これに加えて、大蔵省は、日本の対韓経済協力は、韓国の対日請求権の全面放棄に対応するもので、経済協力の随伴的効果として韓国の対日請求権は全面的に消滅したという主張を崩していなかった[125]。大蔵省の主張する論理は省内での説明に留まらず、経済協力をめぐる交渉が具体的な進展を見せ、会談が妥結に近づいた際、再び現れた。

請求権問題をめぐる日韓の論争は、船舶問題の交渉においても展開された。日本側は、日本にある韓国置籍船の返還義務はないとしたのみならず、米軍の在韓日本人財産の処分は、所有権まで及ぶものではないと主張した。しかし、これに対して韓国側は、一九四五年八月九日時点で韓国に置籍していた船舶は、その後日本に搬出されたものを含めて、全て韓国に返還すべきだと反論した。また、在韓日本財産は命令三三号と韓米協定によって韓国政府に帰属され、日本政府は米軍による財産処分を対日講和条約第四条で承認していると述べた。日韓両国が、従来の法的論争を蒸し返したのである[126]。このような法的論理をめぐる従来の日韓論争の再燃は、一時、日韓会談を危機に追い込むことになる。

病に倒れた杉代表が一九六四年一二月一二日に死去し、その後任として一九六五年一月六日、三菱電機前会長である高杉晋一が首席代表に任命された。日本が首席代表に再び財界人を起用したことについては、そもそも対韓交渉積極派だった岸の実弟である佐藤が首相になり、会談妥結のための大枠が決まったことで、大物政治家の起用は必要なかったのかもしれない。しかし、高杉は、三菱電機の経営者出身である。戦前、三菱を含む日本の財閥系企業が朝鮮から多くの人を徴用し犠牲者を出したことはよく知られている。このことを考えれば、高杉の首席代表人選が韓国側を刺激する可能性があった。高杉を起用した佐藤首相の真意は判然としないが、果たして、高杉の存在は日韓交渉を揺さぶる要因となるのである。

前任者の杉とは対照的に、高杉は久保田発言を彷彿とさせる発言によって日韓間に波紋を引き起こした。高杉発言とは、一九六五年一月の政府代表就任に際しての記者会見で、高杉がおこなった「日本の韓国統治にはよい面もあった」という趣旨の一連の発言を指す。高杉は、「日本は韓国に対し兄のような気持ちで仕事をしており、朝鮮統治時代に日本は朝鮮を良くしようとしたのであって何の誤りがあったというのか。今朝鮮の山には木が一本もないが、もし日本と二〇年長く付き合っていたらこのようにはならなかったかもしれない。創氏改名を朝鮮人に強要したのは朝鮮人を同化させ日本人と全く同じ待遇をしようとしたためである」と述べたが、これは久保田発言に示された歴史認識をさらに超えたものであった[127]。

高杉発言を受けて、金東祚大使は「これは従来の久保田妄言にまさるメガトン級の妄言」であると激しく非難し、この発言が日本の変わらぬ歴史認識を露わにしていると批判した[128]。

しかし、日韓両代表団は会談への悪影響を懸念し、高杉発言の波紋を最小限に抑えようとした。外務省は、日本記者団に高杉発言の報道をしないように要請し、大部分の新聞はこれを報道しなかった[129]。ところが、一九六五年一月一〇日付『赤旗』と、一月一三日付『朝鮮中央通信(平壌)』で、この発言が取りあげられた。両紙は、高杉が朝鮮植民地支配を正当化したと一斉に非難した。さらに続いて『赤旗』の報道が一月一九日、駐日特派員電として韓国国内の新聞で報道された[130]。韓国の日刊紙『東亜日報』は「高杉の発言は一九五三年の久保田発言よりも狂的な言辞」だと激しく批判した[131]。それでも朴政権は会談の決裂を避けるべく、この発言を大きく取りあげず高杉発言をもみ消した[132]。

興味深いのは、高杉発言が、一九五三年の久保田発言と本質的に同じものであったにもかかわらず、韓国政府の反応が全く対照的であった点である。先行研究は、李承晩政権と朴正熙政権の対日認識によってこの違いを説明する傾向が強い。しかし、両政権の対照的な反応は、単なる反日か親日の違いに帰されるべきではないと考える。

張博珍も指摘するように[133]、李政権時代における対日交渉の最大の課題は、日本の対韓請求権の主張撤回であり、これを貫徹するため李政権は久保田発言を利用した側面があった。一方、朴政権時代は、既に日本の対韓請求権の主張撤回という争点は片づいた状況で会談が進められた。請求権問題および日韓会談の妥結は、時期の問題は残っていたものの既定路線であった。外務省アジア局も、両国では政府や世論を問わず、日韓会談の妥結と日韓国交の正常化を事実上認める雰囲気となったと見ていた。だからこそ、朴政権は会談の妥結を最優先し、いたずらに高杉発言を取り上げて会談が決裂するような事態を避けたのである。日韓両国における歴史認識の違いや両国間の法律論争は、この時期、もはや日韓会談を中断させるには至らなくなっていた。

◆韓国政情の推移

この時期、東アジアにおける国際情勢は急変していたが、こうした情勢が日韓会談を促進させる一因となったことも否めない。一九六四年秋頃からベトナム戦争が拡大し、同年一〇月には中国が核実験に成功する。これにより、アジア地域における冷戦の緊張感は高まり、一九六五年初頭から米国の対外政策も見直されつつあった[134]。米国政府は、対韓援助の削減を決定し、アジアにおける日本の役割増大を迫った。一九六五年一月に訪米した佐藤首相に対して、米国政府は日韓会談の促進を強く希望し、佐藤自身も日韓会談の妥結を約束している[135]。こうした状況は、政治・経済的に脆弱であった韓国に大きな危機感を与えた。朴政権は、日韓会談を進めなければならないという意識を強め、一九六五年には年頭の辞で「日韓会談は本年中に結末をつける」と明言する[136]。

一九六五年に入ると日韓両政府とも会談の妥結に向かう構えを一段と強め、日韓国交正常化の実現という大方針は既定路線となった。この段階で、前田北東アジア課長は韓国国内の状況を把握するためソウルに滞在していた。前田が収集した情報によれば、朴大統領と民主共和党の主流派は、金鍾泌の手で会談をまとめようとし、米国へ外遊中である金の早期帰国をかねてより強く希望していた。しかし、駐韓米国大使館は金の帰国に反対していた。前田は、金が帰国すれば日韓会談への反対運動を誘発し、再び韓国国内の政情不安をもたらす恐れがある、という駐韓米国大使館側の見解を伝えている。前田は、韓国の一般国民と野党は日韓国交正常化という原則自体には反対していないと見た。しかし困窮する経済状況ゆえに朴政権に対する国民の信頼が欠如し、政権への不満が反政府運動と日韓会談反対運動へと再びつながる可能性があると指摘している[137]。

外務省は前田課長の出張報告に基づいて、韓国人の心情は、日本に経済的な助力を求めたい気持ちと、日本の経済的侵略を恐れる意識が交差した二律背反であり、日韓会談に対する韓国国民の認識が大きく二つに分かれていると見た。実際、韓国世論では日韓会談妥結後に圧倒的な日本の経済侵略が開始されるという懸念が強く、「戦前日本の侵略は武力によって行われたが、今後の侵略は経済力を通じて行われる」という「経済的侵略論」が取り上げられていた。外務省は、このような論理が、韓国国内の反対世論を刺激していると分析した[138]。

ところが、韓国世論の懸念とは対照的に、韓国の経済界においては日韓経済協力への期待が高かった。外務省は、韓国経済界が借款による資本導入や貿易均衡策に加え、海外先進国の斜陽産業を国内に誘致することで、産業の国際分業に参加することを望んでいると看破していた。そして、「日韓間の経済差が大きければ、ある種の産業は日本よりも韓国で行うことが有利になり、両国の経済協力が可能な分野は広範に及ぶ」とする、韓国経済界の構想と期待に注目した。韓国経済界は、「両国の経済協力の下で日本における労働集約輸出産業を韓国に移譲することで、韓国の豊富な労働力を活用する機会が生まれる」という、具体的かつ現実的な構想を外務省に伝えていたのである[139]。

金東祚大使は「野党の尹潽善なども日韓交渉の成立には賛成であり、ただ朴政権の手で成立させることに反対である」と述べ、会談が妥結してしまえば反対世論は収まっていくとの観測を示した。そして、多くの韓国人は、朴政権が倒れれば韓国の政治と経済が混乱状態になると考えており、国内で実際に日韓会談に対する大きな反対はないと語っていた[140]。

外務省は、韓国人は米国の対韓援助の減少によって自立経済への道を余儀なくされたことをよく認識しており、外資導入や技術提携による国際分業への関与を強化せざるを得なくなった現実を認めていると考えていた。韓国野党も、現在の韓国の状況からすれば日韓会談は誰がやっても同じ結果になると認識しており、その本音は日韓会談の早期妥結を要望していると判断していた。いずれにせよ、韓国野党の会談への反対は政略的なものであり、経済協力の推進には問題ないというのが外務省の見立てであった[141]。

ただし、外務省は、今後も韓国政権に対する国民の不満は、再び大規模な会談反対デモの導火線になり得る要素と見ていた。韓国野党が現政府に対する国民の不信に便乗し、複雑な国民感情を利用して「対日妥協屈服」というスローガンで与党を攻撃していることを、外務省は看過できなかった。こうした認識は、前述のように日本、韓国、米国において共通している点である。すなわち、日韓会談は韓国政情によって揺さぶられる可能性が依然強い、と外務省は分析していた[142]。

これに加えて、韓国国内には「金鍾泌と大平が正統な外交ルートを通さず二人だけで決めてしまった」という不満と、「大平・金合意の裏面には漁業問題に関する取引があった」という認識が強いことに注意を払う必要があった。そのため外務省は、今後の会談においては「大平・金合意」のような政治的妥協は困難であるとし、第七次日韓会談は両国の正式の外交ルートを通じて開始することが望ましいと判断していた[143]。

6　日韓会談の最終妥結

◆日韓基本条約をめぐる政治過程

第七次日韓会談では請求権及び経済協力問題の他に、日韓の基本関係、漁業、在日韓国人の法的地位問題について同時に討議が進められた。このなかで、日韓両国は基本関係問題を先に解決することに合意した。同問題においても歴史問題が争点となっていたが、請求権問題に比して論争は少ないとされ、基本関係問題を先に解決して次いで残りの懸案を一気呵成に妥結しようと考えたのである[144]。

これに関しては、韓国が積極的な提案を行っている。金東祚韓国大使は、財産請求権と漁業権問題の交渉は三月以降に解決を引き伸ばしても良いが、日韓基本条約の締結を優先して解決すると述べた。金大使は、二月中に会談が妥結しなければ、韓国経済の破綻だけでなく朴政権の存立すら危ぶまれると説いた。その上で、日韓基本条約を締結すれば国交正常化の形式をとることになり、これは日韓会談の最終妥結の促進につながると述べた。韓国側は、両国国会での批准を必要とする条約の形ではなく、批准を必要としない共同宣言の形式でも良いので、二月中には日韓基本関係問題を取り決めようと提案したのである[145]。

基本関係を討議するための基本関係委員会は、一九六四年一二月八日から椎名外相の訪韓直前の一九六五年二月一五日まで一三回にわたって、駐日韓国代表部と外務省との間で進められた。基本関係問題の骨子は、「日韓両国国民関係の歴史的背景を考慮し、善隣関係及び両国間の関係正常化」を目的として、『大韓民国と日本国間の基本関係に関する条約』を締結することである[146]。

ここで争点となったのは、一九一〇年の日韓併合条約及びそれ以前の日韓間旧条約を無効とする「旧条約無効確認」条項と、「韓国政府の唯一合法性承認」条項すなわち朝鮮半島における韓国の管轄権問題であった[147]。これをめぐる日韓対立の前兆はすでに存在していた。韓国の管轄権問題については、会談初期から日韓両政府内で敏感な課題となっていた。特に、外務省が同問題を将来日韓間の論争となる可能性を指摘していたことは、先述の通りである。また、旧条約無効問題は、第六次日韓会談の時期、韓国が対日請求権の性格を規定するために提起したものである。韓国政府は、「対日講和条約によって日本の旧朝鮮併合は法律的に全く無効になったため、韓国は当然また無条件に日本に対する賠償請求の権利を享有」と主張した。しかし、韓国は、対日請求権の性格を民事上の請求権に限定し、「戦勝国が敗戦国に要求する賠償権」とは異なるものとすると述べた[148]。日本の朝鮮併合および韓国の管轄権問題、この二つの問題は日韓間歴史問題の根本を規定する箇所だったが、これをめぐる日韓双方のかけ離れた認識のため、実務者レベルの委員会討議では最終的な合意に至らなかった[149]。

結局、同問題は椎名外相の訪韓の際にハイレベルで解決することとされた。前述したように、一九六四年八月に、韓国政府は吉田元首相の「謝罪使節」派遣を要求したが、この試みは日本の外務省ですら反対し挫折したことがある。しかし、李東元外相は、「日韓会談に国民がこれだけ反対するのは会談そのものより政府の態度が屈辱的」だからであり、「韓国から一方的に日本を訪れることも屈辱的」だと朴大統領に直訴する。李外相は、「私は日本へ出かけない。代わりに日本の外相をソウルに呼ぶ」と明言し、日本の高位関係者が訪韓することを続けて要求するが、こうした李外相の態度に、日本の政界は否定的であり、朴大統領もあまり好ましく思わなかったという。ところが、椎名外相は自ら韓国を訪問することを決断したと、李東元は回顧している[150]。

一九六五年二月一七日から二〇日まで三泊四日の日程で椎名外相が韓国を訪問した。ところで、椎名訪韓をめぐって両国の間に軋轢が生じていた。椎名外相は、訪韓を決めたものの、「謝罪」まで受諾したわけではなかった。椎名訪韓の最大の目的は日韓基本条約の仮調印であったが、日本国内では訪韓の目的をあくまで「日韓親善」であるとした。しかし、韓国では椎名外相を「謝罪使節」として見て、韓国人の感情を和らげるためには謝罪が必要だとする、ライシャワー駐日大使と韓国外務部の要請は強かった[151]。

そのため、一七日金浦空港に到着した椎名は、「両国間の長い歴史のなかに不幸な期間があったことは誠に遺憾であり、深く反省する」というメッセージを読み上げた[152]。これについて、李東元は、椎名が日本政界の否定的な見解と外務省内の一部反対にもかかわらず、韓国に対し過去問題への「謝罪」発言を決断したと評価している[153]。

椎名外相は李東元外相と会談を行い、基本関係問題において争点となっている前述の二つの点について討議する。なかでも、旧条約無効確認条項については英文の表記をめぐって熾烈な駆け引きが展開された。日韓両側の立場を要約すると、韓国は日韓併合条約「そのものの無効性」を主張したことに対し、日本は「無効になって現在に至る」と規定し旧条約が有効だった時期があったことを暗示しようとした。また、「韓国の唯一合法政府の承認」問題をめぐっては、将来北朝鮮との交渉の余地を残したい日本側と、南北対決を意識し日本と北朝鮮との交渉可能性を遮断しようとする韓国側の利害が衝突していた[154]。

椎名・李外相会談の結果は、韓国は「旧条約無効確認」条項について日本案に譲歩し、日本は「韓国の唯一合法政府の承認」条項を受け入れて、基本条約の最終条文を作成することに決着する。日韓基本条約をめぐる日韓間の政治過程にも初期の法律論争へのしこりが残っていたが、両国はこれを大きな対立に拡大せず、二月二〇日にソウルで日韓両国外相により日韓基本条約が仮調印された[155]。

基本条約の条文をめぐる、椎名と李の駆け引きを示す一次資料は管見に及ばないが、李東元の回想録で確認できる部分もある。李の回顧によると、李外相が朴大統領に対し、韓国併合以前の旧条約無効確認問題については韓国が譲歩するが、韓国の管轄権問題については妥協し難いと述べ、「旧条約無効確認」条項について日本案を受け入れることを進言したという[156]。そして、椎名が帰国する前日である二月一九日夜、ソウルの「清雲閣《チョンウンカク》」という料亭で最終合意が行われたという[157]。

第七次日韓会談は交渉妥結が既成事実となって開始されたとはいえ、椎名の訪韓と謝罪発言、そして基本条約交渉における彼の決断は評価すべきである。椎名は、「佐藤首相の厳命で絶対譲歩できない」とする後宮アジア局長を退室させ、「韓国の唯一合法政府」を認める決断を下したと李東元は回顧している。李東元の回想録には、椎名は素晴らしい人柄の持ち主であり、決断力の優れた大物政治家として書かれている[158]。

この仮調印後、韓国新聞の論調は、旧条約無効確認条項が曖昧な表現となったことに不満を述べながらも、日本と北朝鮮との国交正常化交渉の可能性を遮断することができたと評価している[159]。

日本政府内には、「政府は韓国に対し譲り癖がついてしまい、何もかも早期妥結で韓国ペースに巻き込まれる」という批判と、「日本が対韓譲歩を屈辱だというのは帝国主義的な考え方である」という擁護論が対立していた。しかし、交渉が性急に進められ日本に不利な形で解決されると懸念しつつも、概ね会談の促進には好意的であったという[160]。

◆請求権金額の追加交渉

第一次椎名・李外相会談（六五・三・一〇〜三・一一）

第七次日韓会談における請求権交渉の最終妥結は、椎名と李東元により図られた。椎名訪韓によって基本条約が仮調印されると、残りの諸懸案を討議し日韓会談の妥結に備えることを目的に、李東元外相が訪日した。日本政府は漁業問題の優先解決へと、韓国政府は請求権および経済協力問題の追加交渉へと関心が集中した。

韓国の経済協力資金の増額交渉要請は、池田政権の消極的な態度により進展しなかったが、日韓会談の妥結機運が高まったこの時期、韓国政府は経済協力資金に対する追加交渉を再び要請した。韓国政府が示した案は、漁業借款と船舶関係の資金を経済協力資金に含め、請求権および経済協力資金全体の額を膨らませることであった。佐藤政権はこの増額交渉を拒否せず、一九六五年三月に日本で予定されていた椎名と李東元の外相会談によって協議することとした[161]。

しかし、韓国では、野党が結成した「対日屈辱外交反対韓国民闘争委員会」が、日韓会談反対運動を再点火する。同闘争委員会は、韓国の独立運動を記念する三月一日に、日韓会談に対する日韓両政府の態度を非難するキャンペーンを展開していた[162]。外務省は、韓国内での反対運動について、反対勢力の本音は会談自体への反対ではなく、反対側の数も減少したと見ていた。そして、韓国の一般国民と学生には、日本や日韓会談に対する理解が深まっており、表面的には強硬姿勢で反対している韓国野党も結局は会談妥結に同調すると考えていた[163]。ただし、椎名・李会談が、日韓両国民の信頼を得ることができる透明性を担保するため、大平・金会談の際のような政治的妥結という色彩を帯びないように注意を払う必要があった[164]。

三月一〇日から始まった第一次椎名・李会談で、椎名は「大平・金合意のなかで無償三億ドル、有償二億ドルを変更することは不可能」という日本の立場を強調した。その上で、日本側としてはなるべく「大平・

金合意」を維持したまま、別方式で経済協力資金を増額することを望んでいることを伝えた。請求権の金額が変化したという印象を国内に与えないためであった。ここに陪席した牛場外務審議官は、請求権を含意しない「民間借款一億ドル以上」の数字をあえて変えなくても、韓国に与える経済協力を実質的に増額することはできるとした。椎名も民間借款に関して、韓国側が具体的なプロジェクト案を提出すれば、それに必要な資金を民間レベルで合意し通常の延払として扱えば、これによって経済協力資金の増額が可能になると述べている[165]。

これに対して、李外相は、「民間借款一億ドル以上」の部分の形を変更することは、日本側の立場を考慮したためであり、別方式は意味がないとした。韓国政府としては、「大平・金合意」の内容が野党の攻勢の的になっているため、再交渉の結果、請求権の増額が達成されたという可視的な成果が必要だったのである。李外相は、「三億ドル、二億ドル」の線は動かさずに、民間借款を三億ドルとし「三＋二＋三」案にしたいと申し出た。また可能であれば、この「三＋二＋三」案に、日本が漁業協力資金として約束した約一億ドルと船舶関係資金を加えると、韓国政府が国内世論に対し請求権として説明可能な金額をさらに確保できると付言した[166]。

このように請求権の増額問題に関して、日韓両側は民間資金に限定して追加交渉を行うことで合意した。しかし、具体的な条件をめぐっては未だ温度差があり、同会談では決着に至らなかった。

第二次椎名・李外相会談（六五・三・二三〜四・三）

韓国国内の反対運動が再び展開されるなかで、第二次椎名・李会談は、予定通りに一九六五年三月二三日から開始された。この会談では、民間借款部分の増額をめぐる協議が集中的に行われた。椎名は、「新しい大きな枠をつくるのは困るが大平・金合意への両国の喰い違いが存在することは事実」だとして、新たな諒解案を確定させることは可能だとした[167]。

日本政府内では、「大平・金合意」の中「無償三億と有償二億」のみが請求権の名目を示唆するとして、国内にも韓国との請求権問題解決のための支払い金額は合計五億ドルだと発表していた。そのため、椎名は、「大平・金合意」の民間借款に対する議論のみが可能であるとし、請求権の増額と誤解されかねない議論には徹底して防衛的であった[168]。

この会談で、韓国側の要求額はより具体的となった。李外相はまず、「一億ドル以上を膨らませるならば具体的なプロジェクトを出してほしい」という前回の椎名の意見に対し、事業案に基づいた個々の民間ベースの延払借款より、「つかみ金」方式で具体的数字を提示することを希望した。さらに、民間借款を三億ドルに増額し、すでに日本側が提示した漁業協力資金約一億ドルや船舶関係資金もこれに含めるとした。その結果、民間借款は最終的に五億ドルとなり、これを含めた総額を一〇億ドルにしたいと提案したのである[169]。

その後、韓国側が提案した五億ドルの増額、借款の償還条件、船舶問題と漁業問題との関連をめぐって日韓間の協議が続けられた。一九六五年四月三日、椎名外相と李外相は、請求権問題に関する以下の合意事項に了解した。

［日韓間の請求権問題解決及び経済協力に関する合意事項］

一．無償供与（生産物及び役務）：総額三億ドル、一〇年間均等供与、但し財政事情によって両国政府合意の上繰り上げ実施し得る。

二．長期低利借款（経済協力基金による）：総額二億ドル、一〇年間均等供与、金利は三・五パーセント、償還期間は七年の据置期間を含み二〇年。

ただし、財政及び資金事情によっては双方合意の上償還期間を延長しうる。
三．民間信用供与（商業ベースに基づく通常の民間信用供与）
㈠　民間信用供与総額は三億ドル以上に達することが期待される。
㈡　漁業協力のための民間信用供与九〇〇〇万ドルおよび船舶輸出のための民間信用供与三〇〇〇万ドルは前記㈠に含まれ、かつ、関係法令の範囲内において容易化されるものとする。
四．日韓オープン勘定残高について確認された対韓債権（約四五七三万ドル）
㈠　一〇年間均分払い、金利なし。
㈡　毎年度韓国の要請により、日本側の新たな同意を要せずに、当該年度における日本よりの無償供与よりの減額により現金支払とみなすこととする。
五．これで日韓両国および両国民の財産並びに請求権に関する問題は、対日講和条約第四条に規定するものを含めて完全かつ最終的に解決されたことになる。[170]

日韓両国は「無償三億ドル、有償二億ドル、民間借款三億ドル以上」という、いわゆる「三＋二＋三」方式で最終的に合意に至った。韓国政府は、民間借款を五億ドルにし、総額を一〇億ドルとすることには失敗したが、従来の総額六億ドルに対する不満をある程度埋めて、八億ドルを確保した。

木宮正史は、民間借款を三億ドル以上で合意したことを、朴政権の対日交渉の最大の成果であったと評価する。すなわち、韓国がこの請求権の増額交渉において、増額のみならず、漁業協定や船舶輸出の問題などについても将来政府が関与する余地を残し、好条件を備えた商業借款を獲得したとする[171]。

しかしながら、以上の議論を踏まえると、韓国政府はこの交渉で実質的な請求権の増額ができたのではなく、あくまで国内向けの「見せ掛け」の数字を確保できたに過ぎなかったと言わざるを得ない。むしろ、日本政府が経済協力部分のみを交渉対象とする方針を最後まで貫徹したことを、軽視すべきではない。

◆正式調印にむかって

朴とジョンソンの取引

経済協力方式に関する協定が妥結すると、漁業問題、在日朝鮮人の法的地位問題、文化財問題などの諸懸案も最終合意し、一九六五年四月三日、すべての合意内容に対する仮調印がなされた。しかし、韓国国内で再点火された日韓会談反対運動のため、正式調印の行方は不透明とされた。こうしたなか、朴大統領は、米国から強力な対韓支援を引き出すことで、日韓国交正常化に反対する国内世論を緩和させようと、米国との取引に臨んだ。

この時期、米国のジョンソン(Lyndon B. Johnson)大統領は、韓国軍のベトナム派兵を要請していた。朴大統領は、韓国に対する米国の援助を維持させるための方策として米国の要求に積極的に応じ、自らもベトナムへの増派を申し出、ベトナム特需による経済的成果を狙った[172]。米国政府は、対韓援助維持とベトナム特需を狙った朴の思惑を理解した。そして、韓国のベトナム戦争派兵決定に対する見返りとして、戒厳令を含めた日韓会談に臨む朴政権のスタンスに対する全面的な支援を約束したのである[173]。

その上で、ジョンソン大統領は、韓国のベトナム派兵に対する答礼として朴大統領を米国へ国賓として招請した。一九六五年六月の日韓条約調印を控えた朴大統領は、五月一七日の訪米を決定した。朴大統領はこの訪米を契機に、ベトナム戦争への韓国軍の派兵を約束した代わりに、米国の対韓支援の継続および追加を求めた。ジョンソンは、対韓支援を削減しないことを約束したのみならず、米国の韓国に対する経済的、軍事的援助の継続、日韓交渉およびその他の外交的支援などを主要骨子とする、韓米共同声明案に合意した[174]。

朴大統領の訪米結果に、駐韓米国大使館側は「今回の韓米間の約束は恣意的」であり、これで日韓交渉が順調に妥結するかについては疑問があると述べた。そして、米国政府は、日韓交渉に頑固な反対を続けている尹潽善などの韓国野党政治家を懐柔しているが、日韓会談の批准が無事に終わるまで韓国の情勢は油断できないと、外務省側に伝えている[175]。

ソウルの日本政府駐在事務所の三谷静夫参事官は、韓国政情について、韓国野党の日韓会談への反対は反政府運動の色彩が強いが、最近、韓国国民は野党に批判的であり、野党側にも交渉を妥結すべきという現実論が次第に高まりつつあると報告した。また、朴政権が様々な手段を用いてデモの拡大を抑えた結果、学生デモは概して低調になっており、学生たちの間でも日韓会談への理解が進み、彼らの多くの考え方が破壊的ではなくなったと述べた。ただし、日韓協定の調印および批准段階で一波瀾が起こる可能性があるとも指摘している[176]。

しかし外務省は、韓国世論が朴大統領の訪米効果と韓米関係の好転を認め、韓国の国際的地位が向上したと評価していることを挙げ、朴は訪米効果が残っている間に日韓交渉の妥結と批准を急ぐだろうと見ていた。韓国の軍事クーデター以来朴政権と米国は意思の疎通を欠いていたが、朴の訪米を期に韓米関係が良好になったと外務省は評価した。そして、このような韓米関係の好転と、米国が日韓交渉に対する朴政権の強力な推進力の発揮を容認したことは、日本にとって有利な展開であると考えた[177]。

請求権名目をめぐる討議

日韓交渉に残された最後の議論は、請求権問題に関連する文言の調整であった。経済協力の供与の結果、「請求権問題は消滅した」と主張したい日本側と、「請求権問題解決と経済協力のための供与」という形で「請求権問題」という文言を残したい韓国側の対立は、これまで何度も繰り返されてきた請求権名目に関わる攻防であった[178]。

以上の対立構図を前提に、韓国政府は「大平・金合意」を、韓国の日本に対する一般請求権を解決するための大綱と位置付けた。したがって、対日講和条約第四条(a)および(b)項に規定された韓国の対日請求権については、「大平・金合意」によって「完全かつ最終的に解決した」ものとした。韓国政府は、「大平・金合意」は韓国の対日請求権の放棄を意味するものではなく、あくまで一般請求権の解決のための一方式であると主張した[179]。

だが日本政府は、「大平・金合意」は、対日講和条約第四条(a)項に規定された日韓間取極の結果であり、これによって韓国側の対日請求権が「完全かつ最終的に消滅する」と主張した。すなわち、「大平・金合意」によって、韓国は対日請求権を放棄し、その対価として日本から経済協力資金を受けるのだという主張である。日本側は、「大平・金合意」を、日本が韓国の経済開発と発展に寄与するため、無償と有償の経済協力を提供することに位置付けた[180]。「大平・金合意」における「請求権問題の妥結」の意味をめぐって、両国の解釈は異なっており、日本政府が、対日講和条約第四条(b)項の効力のみを認めない方針はここでも明らかであった。だが、日韓間の決定的な対立は見られず、一九六五年六月に李外相が日本を再訪問し、残された日韓間の争点を調整した上で、同月二二日に正式調印を行うこととした[181]。

日韓両側は、最終的に、「財産及び請求権に関する問題の解決並びに経済協力に関する日本国と大韓民国との間の協定」第二条一項に、「両締約国は、両締約国及びその国民の財産、権利及び利益並びに両締約国及びその国民の間の請求権に関する問題が、サン・フランシスコで署名された日本国との平和条約第四条(a)項に規定されたものを含めて、完全かつ最終的に解決されたこととなることを確認する」という文言を挿入することで合意する[182]。

これは、名称においては協定名に「請求権解決」を残し、日本が韓国へ譲歩したこととなる。だが、第二条一項に「完全かつ最終的に解決された」という文言を挿入し、個人請求権に対する日本の法的責任が回避されたことになる。この文言は、現在まで日韓間の歴史認識をめぐる論争の種となっているが、日韓国交正常化交渉を妥結させていく上で、最後まで制約となっていた問題はひとまず「解消」されたのである。

◆最終調印と批准

日韓両側は、一九六五年六月二二日に東京で「日本国と大韓民国との間の基本関係に関する条約（略称、基本関係条約）」を最終的に締結した。この日韓基本条約の締結に伴い、四項目の関連協定および二五項目の交換公文が結ばれた。四項目の関連協定は、①財産及び請求権に関する問題の解決並びに経済協力に関する日本国と大韓民国との間の協定（略称、日韓請求権並びに経済協力協定）、②日本国に居住する大韓民国国民の法的地位及び待遇に関する日本国と大韓民国との間の協定（略称、日韓法的地位協定）、③日本国と大韓民国との間の漁業に関する協定（略称、日韓漁業協定）、④文化財及び文化協力に関する日本国と大韓民国との間の協定（略称、文化財及び文化協力に関する協定）である。この一連の協定を、通常「日韓協定」と呼ぶ。

日韓条約が正式調印されると、米国政府は、批准過程における日韓両国の葛藤や、両国民の間で根強く残る反感という問題が残されていることを指摘しつつも、日韓条約の締結を両国の相互利益のみならず自由世界の強化をもたらすものとして歓迎した。『ワシントン・ポスト』紙など米国の世論は、日韓両国が相互補完的となる経済協力の糸口を開いたと評価し、これは佐藤栄作と朴正煕両首脳の勇気であると賞賛した[183]。

日韓協定の成立に対して、日本の政財界は概ね歓迎を示し、将来の経済的効果や日韓関係の回復に対して肯定的な評価が多く見られた。日本国内の新聞でも、基本的に歓迎する論調が掲載された。だが、条約が批准されるまでは楽観できないとして、日韓間経済協力が韓国に対して「日本の経済的侵略」という印象を与えないように、注意を払う必要があるとした[184]。

しかし、日韓両国における日韓会談反対運動は依然強かった。韓国内の反対運動の目標は韓国国会における批准の阻止に向かった。野党側は「日韓条約の批准反対に努力を強め全面的な反対運動に乗り出す」と言明し、闘争を予告した[185]。韓国世論の批判も強かった。『東亜日報』[186]、『朝鮮日報』[187]など、韓国の主要日刊紙は最も批判的な論陣を張り、日韓協定には重大な欠陥がありそのまま批准することには反対である、との記事を連載した。そして、このような民族的悲劇を、野党や学生の反対デモのなかで調印しなければならなくなった、と嘆いている。

外務省は、韓国国内の日韓会談反対運動の再発に加えて、韓国世論の批判にさらされ、韓国国会での日韓会談の批准は不透明であると憂慮を示さずにはいられなかった[188]。その後、韓国全土で大学生を中心とするデモが連日展開された。日韓条約批准反対運動には、学生や野党に限らず幅広い層が参加した。そのため、一九六五年八月一二日から始まる批准国会は非常に荒れるものと予想された。ところが、穏健派と強硬派に分裂した野党側は批准阻止のために結束できなかった。同年八月一四日の韓国国会では、野党側のボイコットにより与党議員のみが参加し、日韓条約の批准案を通過させた。その後も、各大学で批准無効決議がなされるなど反対闘争は続いたが、「六・三事態」の再現を恐れた朴政権は一斉取り締まりを展開し、反対闘争を鎮圧した。日韓会談に関する韓国内の一連の反対運動は、一九六五年九月になってようやく収束を迎えた[189]。

日本では、社会党や共産党など革新系政党を中心に日韓条約批准反対闘争が展開された。日本国内の批准反対闘争の論理は、日韓会談への反対論理とほぼ同じものであった。社会党は「日韓条約には日本国民の大多数が反対しており、また南北朝鮮の分断を固定化する」と、共産党は「日韓条約は日韓米三国同盟の結成であり、南北統一を妨害する」と批判した。公明党も「日韓両国内で反対する国民感情の中で批准を強行するのは妥当ではない」と否定的に述べていた[190]。

しかし、日韓会談の最終的な署名と国会批准を迎えた段階で、自民党は「韓国の赤化と日米安保体制を威嚇する左翼による反対運動を排撃し、できるだけ速やかに批准を完了すべき」と述べた[191]。日本の国会でも革新系政党の連帯は実現せず、自民党は一九六五年一一月一二日未明に衆議院本会議で日韓条約批准案を強行採決した。この後、日本国内では安保闘争以来最大規模のデモが展開されたが、衆議院通過以降の反対運動は弱化していった。そして、日韓条約の批准案は同年一二月一一日には参議院本会議を通過し[192]、日韓両国国会における日韓条約の批准は最終的に完了した。

一九六五年一二月一八日、日韓両国の間で批准書が交換され、日韓条約が発効した。これによって、戦後二〇年間にわたって「足踏み状態」であった日韓関係は正常化が果たされ、両国の正式な外交関係が出発することになったのである。

註

1――太田、前掲書、二〇一五年、木宮正史「韓国の対日導入資金の最大化と最適化」李鍾元他、前掲書Ⅰ、二〇一一年、一一五～一四三頁、高崎、前掲書、一九九六年、吉澤、前掲書、二〇一五年、李元徳、前掲書、一九九六年。なかでも、太田と吉澤は、日韓両国における日韓会談への反対運動に焦点を当てて、その背景と論理について考察している。木宮は、この時期民間借款の増額をめぐる韓国の対日交渉過程を検討し、朴政権の外交政策の特徴を抽出した。

2――木宮、同上。

3――経済協力課長沢木正男「大韓民国出張報告書」一九六三年一月一九日、外務省文書、二〇〇六－五八八－二九五。

4――経済協力課長沢木正男、外務省文書、同上。

5――経済協力課長「日韓経済協力関係促進に関する件」一九六三年一月一七日、外務省文書、二〇〇六－五八八－一八八六。

6——経済協力課長、外務省文書、同上。
7——北東アジア課「前田北東アジア課長韓国出張報告」一九六三年一月二一日、外務省文書、二〇〇六-五八八-二九六。
8——北東アジア課、外務省文書、同上。
9——北東アジア課、外務省文書、同上。
10——北東アジア課、外務省文書、同上。
11——経済協力局経済協力課「対韓民間経済協力の推進につき関係各省の協議に関する件」一九六三年一月二八日、外務省文書、二〇〇六-五八八-一八八八。
12——経済協力局経済協力課、外務省文書、同上。
13——経済協力局経済協力課、外務省文書、同上。
14——北東アジア課「小木曽課長韓国視察報告に関する件」一九六三年四月一三日、外務省文書、二〇〇六-五八八-二九八。
15——北東アジア課、外務省文書、同上。
16——北東アジア課、外務省文書、同上。
17——金斗昇、前掲書、一八二〜一八四頁。
18——金斗昇、同上、二〇〇八年、一八二〜一八四頁。
19——金斗昇、同上、二〇三〜二〇九頁。
20——吉澤、前掲書、二〇一五年、一八四〜一八五頁。
21——李尚珍、前掲論文、高崎他、前掲書、二〇〇五年、二三五〜二六七頁。
22——一九四八年の世界平和擁護大会を契機に、一九四九年日本でも平和擁護日本委員会が結成され、平和擁護運動が開始した。その後、日本平和擁護運動は、日本共産党が主唱していた民主民族戦線の文脈を合わせ持って、「平和を守る会」の組織化を主導する。一九五〇年、朝鮮戦争の勃発に刺激された「平和を守る会」は、一九五一年一月一五日「全面講和愛国運動教会」を結成する。そこには、日本共産党、労農党の関係者の他に左派系列の社会党再建準備会のメンバーらが加わって、一九五一年六月に「平和擁護日本委員会」は「日本平和委員会」と改称された。日本の革新系政党がかかわっていた「日本平和委員会」は、「日朝協会」の結成を支援していたのである。朴正鎮、前掲書、二〇一二年、七五〜八〇頁。

23——金鉉洙、前掲書、二〇一六年、一三四〜一五三頁。

24——金鉉洙、同上。

25——東北亜州課「한일회담 관계［韓日会談関係］：중요 현안 문제에 관한 한국측의 기본 입장［重要懸案問題に関する韓国側の基本立場］」韓国外交文書、七六四、前掲。

26——「日韓経済協力に関する専門家会合記録　第一回」一九六三年二月一三日、外務省文書、二〇〇六－五八八－一一六三。

27——外務省文書、同上。

28——外務省文書、同上。

29——동북아주과［東北亜州課］「한일간 청구권해결 및 경제협력에관한 협정에대한 방침［韓日間請求権解決及び経済協力に関する協定に対する方針］」韓国外交文書、七六三『속개 제6차 한일회담. 현안문제에 관한 한국측 최종입장［続開第六次韓日会談：懸案問題に関する韓国側の最終立場］, 1963.4-64.3』。

30——『東亜日報』一九六二年一二月二七日、夕刊。

31——アジア局北東アジア課「一九六二年一二月二七日に行なわれた朴正熙議長の記者会見談のうち日韓関係に関する部分について」一九六三年一月一〇日、外務省文書、二〇〇六－五八八－七七五。

32——参議院外務委員会調査室「日韓基本条約及び諸協定等に関する参考資料　二、交渉の経緯　（八）第六次会談」一九六五年一〇月、外務省文書、二〇〇六－五八八－一六四七。

33——参議院外務委員会調査室、外務省文書、同上。

34——木宮、前掲書、二〇一二年、五四〜五七頁。

35——参議院外務委員会調査室「日韓基本条約及び諸協定等に関する参考資料　二、交渉の経緯　（八）第六次会談」外務省文書、前掲。

36——「第四十三回国会　衆議院会議録第十号」一九六三年二月二六日『国会会議録検索システム』（二〇一七年八月二三日検索）。

37——「第四十三回国会　参議院外務委員会会議録第九号」一九六三年二月二八日『国会会議録検索システム』（二〇一七年八月二三日検索）。

38――(電信写)在米朝海大使宛、大平大臣発「日韓会談に対する日本側の基本的態度に関する件」一九六三年三月九日、外務省文書、二〇〇六‐五八八‐一八一九。

39――アジア局長「金溶植外務部長官・大平外相会談要旨」一九六三年三月二六日、外務省文書、二〇〇六‐五八八‐一七一七。

40――(電信写)在米朝海大使宛、大平大臣発「韓国政情に関する米側見解照会の件」一九六三年二月二〇日、外務省文書、二〇〇六‐五八八‐一八一九。

41――アジア局長「韓国政情に関する米国大使館エマーソン公使の連絡要旨」一九六三年三月六日、外務省文書、二〇〇六‐五八八‐一八〇九。

42――アジア局長、外務省文書、同上。

43――北東アジア課「国務省イェーガー東アジア局長との会談要旨(韓国関係)」一九六三年四月一七日、外務省文書、二〇〇六‐五八八‐一八一六。

44――北東アジア課、外務省文書、同上。

45――漁業問題に関連してもう一つの重要な論点だったのが、竹島[韓国名:独島]領有権をめぐる対立である。この竹島問題は日韓会談では目立った議題ではなかったが、漁業問題と密接に関連したため水面下では日韓交渉の最終段階で難問となっていた。結局、竹島問題は日韓基本条約において、「解決せざるをもって、解決したとみなす。したがって、条約で触れない」という曖昧な形で片づけられる。漁業問題および竹島問題をめぐる日韓間の駆け引きについては、ロー・ダニエル『竹島密約』草思社、二〇〇八年、二〇二~二二〇頁を参照。

46――東北亜州課「한일회담 가현안 문제에 관한 아측 최종입장 결정[韓日会談諸懸案問題に関する我が側の最終立場の決定]:6. 독도 문제[独島問題]」韓国外交文書、七六三、前掲。

47――趙胤修、前掲論文、二〇〇八年、一一六~一二三頁。

48――アジア局長「金溶植外務部長官・大平外相会談要旨」一九六三年三月二六日、外務省文書、二〇〇六‐五八八‐一七一七。

49――アジア局長、外務省文書、同上。

50――(電信写)在米朝海大使宛、大平大臣発「日韓会談に対する日本側の基本的態度に関する件」外務省文書、前掲。

51――趙胤修、前掲論文、二〇〇八年、一一六~一二三頁。

52——アジア局北東アジア課「日韓問題に関する在野政治家の声明とこれに対する外務部長官の声明」一九六三年五月二日、外務省文書、二〇〇六‐五八八‐七七六。
53——アジア局北東アジア課、外務省文書、同上。
54——北東アジア課「日韓予備交渉第四八回会合記録」一九六三年八月二二日、外務省文書、二〇〇六‐五八八‐一一六八。
55——「大平・ラスク会談資料（日韓交渉）」一九六四年一月二七日、外務省文書、二〇〇六‐五八八‐一六七七。
56——北東アジア課「三月六日の閣議における大臣の発言振り（案）」一九六四年三月五日、外務省文書、二〇〇六‐五八八‐一七八二。
57——（公信写）米第三〇八四号「対韓援助調整に関する件」外務省文書、前掲。
58——木宮、前掲書、二〇一二年、五六頁。
59——幹部会「現時点において韓国側の要請に応じ法的地位、文化財、請求権等日韓会談の各関係会合を全面的に再開することの可否」一九六三年一〇月二九日、外務省文書、二〇〇六‐五八八‐一三四三。
60——幹部会、外務省文書、同上。
61——幹部会、外務省文書、同上。
62——木宮、前掲書、二〇一二年、五六頁。
63——朴政権の成立から崩壊までの政治過程に関しては、韓国現代史の概説書である以下の著書を参考。朴天郁、前掲書、二〇一七年、二四〇～二五〇頁。
64——参議院外務委員会調査室「日韓基本条約及び諸協定等に関する参考資料　二、交渉の経緯　（八）第六次会談」外務省文書、前掲。
65——『韓国日報』一九六四年三月六日。
66——吉澤、前掲書、二〇一五年、二四九～三一七頁。
67——『東亜日報』一九六三年五月一日。
68——『東亜日報』一九六三年七月二四日。
69——吉澤、前掲書、二〇一五年、二八〇～三一一頁。
70——吉澤、同上、二四九～二五七頁。

71——동북아주과[東北亜州課]「2-8. 한일회담과 학생데모 사태에[韓日会談と学生デモの事態に関して]」, 1964.3.30」韓国外交文書、七五四『제6차한일회담 회담관계 자료회의및 회담관계 제문제점 연구[第六次韓日会談 会談関係閣僚会議および会談関係諸問題点の研究], 1963-64』。

72——北東アジア課「韓国情勢に関する在京米大使館よりの情報について」一九六四年四月一〇日、外務省文書、二〇〇六-五八八-一六七八。

73——東北亜州課「2-8. 어업자료회담 제의에대한 일측반응에 대하여[漁業閣僚会談の提案に対する日本側の反応に関して]」1964.5.18」韓国外交文書、七五四、前掲。

74——参議院外務委員会調査室「日韓基本条約及び諸協定等に関する参考資料 二、交渉の経緯 (八)第六次会談」外務省文書、前掲。

75——吉澤、前掲書、二〇一五年、二五五~二五七頁。「六・三事態」の導火線になった大学生の決議文やデモの展開様相については以下を参照されたい。6・3동지회[編]『6・3학생운동사 편집위원회[六・三学生運動史編集委員会]一九九四年。

76——参議院外務委員会調査室「日韓基本条約及び諸協定等に関する参考資料 二、交渉の経緯 (八)第六次会談」外務省文書、前掲。

77——吉澤、前掲書、二〇一五年、二五五~二五七頁。

78——参議院外務委員会調査室「日韓基本条約及び諸協定等に関する参考資料 二、交渉の経緯 (八)第六次会談」外務省文書、前掲。

79——太田、前掲書、二〇一五年、二六四~二六八頁。

80——吉澤、前掲書、二〇一五年、二四九~三一七頁。

81——北東アジア課「前駐韓バーガー米大使の内話に関する件」一九六四年七月一三日、外務省文書、二〇〇六-五八八-一六八二。

82——(公信写)米第三〇八四号「対韓援助調整に関する件」外務省文書、前掲。

83——北東アジア課「日韓経済会談および対韓援助に関する件」一九六四年六月一五日、外務省文書、二〇〇六-五八八-一九〇八。

84——外務省「韓国に対する援助問題(改定案)」一九六四年六月二〇日、外務省文書、二〇〇六-五八八-一九〇八。

85——経済局アジア課・経済協力局経済協力課「韓国援助問題に関する韓国側要望内容」一九六四年六月二五日、外務省文書、二〇〇六‐五八八‐一九〇八。

86——経済局アジア課・経済協力局経済協力課、外務省文書、同上。

87——北東アジア課「日韓会談首席代表第一二回非公式会合記録」一九六四年七月二三日、外務省文書、二〇〇六‐五八八‐四五三。

88——北東アジア課「対韓商品援助問題に関し外相の大蔵大臣に対する申入れ要領(案)」一九六四年八月一五日、外務省文書、二〇〇六‐五八八‐一九〇八。

89——北東アジア課、外務省文書、同上。

90——北東アジア課「対韓緊急商品援助に関する若干の問題点について」一九六四年八月五日、外務省文書、二〇〇六‐五八八‐一九〇八。

91——経済局アジア課・経済協力局経済協力課「韓国援助問題に関する韓国側要望内容」外務省文書、前掲。

92——北東アジア課「対韓緊急商品援助に関する若干の問題点について」外務省文書、前掲。

93——『朝日新聞』一九六四年六月一一日(朝刊)。

94——北東アジア課「対韓緊急商品援助に関する若干の問題点について」外務省文書、前掲。

95——東北亜州課「김 오히라 합의의 백지화에 대하여[金・大平合意の白紙化に関して]」1964.8.1」韓国外交文書、七五四、前掲。

96——福永は、大平が後日読売新聞の記者に「池田は、私[大平]が官房長官の時までには非常に信用していたが、私が外相になって人気が高まると、嫉妬し、非常に警戒していた。皆が池田と大平は一心同体と思っているが、全く違う」と回顧したことを引用している。福永、前掲書、二〇〇八年、一一五〜一一七頁。

97——池井優『語られなかった戦後日本外交』慶應義塾大学出版会、二〇一二年、一二〇頁。

98——東北亜州課「한일회담관계 각료회의[韓日会談関係閣僚会議]」韓国外交文書、七五四、前掲。

99——東北亜州課「2-21. 내각 개조후의 일본의 대외정책[内閣改造後の日本の対外政策]、1964.9.21」韓国外交文書、同上。

100——清宮龍『素顔の首相と大物政治家―戦後編』善本社、二〇一〇年、一一〇〜一一三頁、李東元[著]・具末謨[訳]『日韓条約の成立―李東元回顧録　椎名悦三郎との友情―』彩流社、二〇一六年。

101——池井、前掲書、二〇一二年、一二一頁。
102——池井、同上、一二〇頁。
103——北東アジア課「韓国側の吉田元首相訪韓の希望表明について」一九六四年八月二二日、外務省文書、二〇〇六-五八八-一六八〇。吉田元首相の訪台をめぐる政治過程については、井上の著書を参照されたい。井上、前掲書、二〇一〇年、二五八~二七七頁。
104——李東元［著］・具末謨［訳］『日韓条約の成立—李東元回顧録　椎名悦三郎との友情—』彩流社、二〇一六年、六二~七二頁。
105——北東アジア課「韓国側の吉田元首相訪韓の希望表明について」外務省文書、前掲。
106——北東アジア課「吉田元首相訪韓問題に関する椎名大臣とライシャワー米大使の会談要旨」一九六四年八月二七日、外務省文書、二〇〇六-五八八-一六八三。
107——北東アジア課、外務省文書、同上。
108——北東アジア課「吉田元首相訪韓問題に関する件」一九六四年八月二九日、外務省文書、二〇〇六-五八八-一七八五。
109——北東アジア課「バーネット国務次官補代理の内話に関する件」一九六四年九月一五日、外務省文書、二〇〇六-五八八-一六八四。
110——北東アジア課、外務省文書、同上。
111——(公信写)米第三〇八四号「対韓援助調整に関する件」外務省文書、前掲。
112——「大平・ラスク会談資料(日韓交渉)」一九六四年一月二七日、外務省文書、二〇〇六-五八八-一六七七。
113——北東アジア課「バーネット国務次官補代理の内話に関する件」外務省文書、前掲。
114——北東アジア課、外務省文書、同上。
115——北東アジア課、外務省文書、同上。
116——北東アジア課「日韓会談首席代表第一九回非公式会合記録」一九六四年一〇月一日、外務省文書、二〇〇六-五八八-四五四。
117——北東アジア課「椎名大臣・金代表会談要旨」一九六四年一〇月二二日、外務省文書、二〇〇六-五八八-一七八五。

118——外務省アジア局「日韓問題に対する韓国側希望とこれに対する日本側の方針」一九六四年一〇月二九日、外務省文書、二〇〇六‐五八八‐一七八六。

119——北東アジア課「日韓会談再開問題等に関する韓国側申入れに対する日本側回答」一九六四年一一月一四日、外務省文書、二〇〇六‐五八八‐一七八六。

120——「統一見解」一九六四年一二月二日、外務省文書、二〇〇六‐五八八‐一八三三。

121——「第四十七回国会　衆議院予算委員会議録第二号」一九六四年一一月二八日『国会会議録検索システム』(二〇一七年八月二三日検索)。

122——北東アジア課「日韓会談首席代表第一九回非公式会合記録」外務省文書、前掲。

123——杉道助追悼録刊行委員会編発行、前掲書・上、一九六五年、二〇九〜二一〇頁。

124——杉道助追悼録刊行委員会編発行、前掲書・下、一九六五年、一九五〜一九七頁。

125——理財局「日韓請求権問題の未解決点について」一九六四年一二月一二日、外務省文書、二〇〇六‐五八八‐一九一二。

126——東北亜州課「韓日会談諸懸案問題に関する我が側の最終立場の決定：船舶問題」韓国外交文書、七六三、前掲。

127——北東アジア課『高杉発言』問題の概要」一九六五年一月二五日、外務省文書、二〇〇六‐五八八‐一四二二。

128——金東祚、前掲書、一九九三年、二七〇〜二七一頁。

129——北東アジア課「日韓会談に対する韓国側の態度について」一九六五年一月一八日、外務省文書、二〇〇六‐五八八‐二八九。

130——北東アジア課『高杉発言』問題の概要」外務省文書、前掲。

131——『東亜日報』一九六五年一月二〇日。

132——동북아과[東北亜課]「한일회담 일본측 대표 다카스기 실언문제[韓日会談日本側代表高杉の失言問題]」韓国外交文書、一四五九『제7차 한일회담 본회의 및 수석대표회담 [第七次韓日会談本会議及び首席代表会談]、1964-65』。

133——張博珍、前掲書、二〇〇九年、四七九〜四八三頁。張は、李政権時代の久保田発言と朴政権時代の高杉発言、この二つの発言に対する韓国政府の異なる対応について、対日請求権問題に対する韓国政府の内在的思考と対日戦略に関連づけて論じている。

134――アジア冷戦に関する最近の論文集としては、赤木莞爾・今野茂光編『戦略史としてのアジア冷戦』慶應義塾大学出版会、二〇一三年を参照されたい。

135――동북아주과[東北亜州課]「사또수상의 방미와 한일문제에 관한 신문보도[佐藤首相の訪米と韓日問題に関する新聞報告]」韓国外交文書、一四五三『한일회담에 대한 미국의 입장[韓日会談に対する米国の立場]、1965』。

136――北東アジア課「日韓会談に対する韓国側の態度について」外務省文書、前掲。

137――前田北東アジア課長「韓国出張報告」一九六四年一二月二五日、外務省文書、二〇〇六―五八八―三一〇。

138――アジア局北東アジア課「韓国出張報告―主として韓国の国民感情を中心に―」一九六五年二月一七日、外務省文書、二〇〇六―五八八―三一一。

139――アジア局北東アジア課、外務省文書、同上。

140――北東アジア課「日韓会談に対する韓国側の態度について」外務省文書、前掲。

141――アジア局北東アジア課「韓国出張報告―主として韓国の国民感情を中心に―」外務省文書、前掲。

142――アジア局北東アジア課、外務省文書、同上。

143――アジア局北東アジア課、外務省文書、同上。

144――동북아주과의전과[東北亜州課儀典課]「2. 의제[議題]」韓国外交文書、一五〇〇『시이나에쓰사부로(椎名悦三郎)일본외상방한[日本外相の訪韓]、1965.2.17-20』。

145――北東アジア課「日韓会談に対する韓国側の態度について」外務省文書、前掲。金は「三月以降には、三・一独立万歳運動、四・一九学生革命、五・一六軍事革命、六・二五朝鮮戦争などの記念日が相次ぎ、また今年は日韓保護条約六〇周年にもあたっているので、二月中に国交回復の共同宣言が出なければ日韓交渉が棚上げされる心配がある」と強調した。

146――동북아주과[東北亜州課]「대한민국과 일본국간의 기본관계에 관한 조약(가역)[大韓民国と日本国間の基本関係に関する条約(仮訳)]」韓国外交文書、一四五五『제7차한일회담 기본관계 위원회 회의록 및 훈령[第七次韓日会談　基本関係委員会会議録及び訓令]、1964.12-65.2』。

147――これをめぐっては日韓会談当時から現在まで日韓間の論争の的となっている。同問題の妥結過程については、李元徳(前掲書、一九九六年、二六三～二六八頁)と吉澤(前掲書、二〇一五年、二一三～二二七頁)の著書を参照されたい。また、李元徳は最近、日韓間の基本関係条約を将来北朝鮮の対日交渉を念頭にいれ改めて考察している。李元

徳、前掲論文、李鍾元の他、前掲書I、二〇一一年。

148——동북아주과［東北亜州課］「2. 기본조약 관계 시안［基本条約関係試案］」韓国外交文書、七五六『속개 제6차한일회담 기본관계위원회［続開　第6次韓日会談基本関係委員会］, 1964』。

149——東北亜州課「기본관계조약 양측입장 대조표（한일외상회담 개최직전 현재）［基本関係　条約両側立場の対照表（韓日外相会談開催直前の現在案）, 1965.2.18］」韓国外交文書、一四五五、前掲。

150——李東元、前掲書、二〇一六年、六二～七二頁。

151——吉澤、前掲書、二〇一五年、二一五～二一六頁。

152——椎名悦三郎追悼録刊行会『記録　椎名悦三郎（下巻）』一九八二年、四九頁。

153——李東元、前掲書、二〇一六年、七一頁。

154——張博珍（前掲書、二〇〇九年、四九九～五一〇頁）と吉澤（前掲書、二〇一五年、二一八～二二七頁）は、第七次日韓会談における基本関係問題をめぐる日韓間討議を詳細に記述しているが、訪韓した椎名外相と韓国の李東元外相との交渉についてはまだ不明な部分が多い。

155——張博珍、同上、五〇六～五一〇頁。だが張博珍は、管轄権問題についても実質上日本が譲歩したとは見えにくいと指摘している。

156——李東元［著］・崔雲祥［訳］『韓日条約締結秘話：ある二人の外交官の運命的出会い』ＰＨＰ研究所、一九九七年、八七～八八頁。

157——李東元、前掲書、二〇一六年、一一四～一二〇頁。

158——李東元、同上。

159——『朝鮮日報』一九六五年二月二三日、『京郷新聞』一九六五年二月二四日、『東亜日報』一九六五年二月二五日。

160——情内「椎名外相の訪韓に関する新聞論調（四十・二・一七～二・二三）」一九六五年二月二三日、外務省文書、二〇〇六－五八八－一三三二。

161——アジア局北東アジア課「記者会見用想定問題集（大臣訪韓用）」一九六五年二月一〇日、外務省文書、二〇〇六－五八八－一三二八。

162——（電信写）前田調査官ソウル発「対日屈辱外交反対韓国民闘争三・一声明等に関する報道」一九六五年三月二日、外務省文書、二〇〇六－五八八－一二八九。

163——(電信写)前田調査官ソウル発「韓国国内情勢、日韓会談の見通しについて民主共和党委員の内話」一九六五年三月一七日、外務省文書、二〇〇六-五八八-二八九。

164——アジア局北東アジア課「記者会見用想定問題集(大臣訪韓用)」外務省文書、前掲。

165——北東アジア課「椎名大臣・李長官会談録」一九六五年三月一一日、外務省文書、二〇〇六-五八八-七二八。

166——北東アジア課、外務省文書、同上。

167——「日韓外相会談第一回会合記録」一九六五年三月二四日、外務省文書、二〇〇六-五八八-七二九。

168——「椎名大臣とライシャワー大使との会談」一九六五年三月二三日、外務省文書、二〇〇六-五八八-一六九二。

169——「日韓外相会談第一回会合記録」外務省文書、前掲。

170——「(不公表)日韓間の請求権問題解決及び経済協力に関する合意事項(案)」一九六五年四月三日、外務省文書、二〇〇六-五八八-七三九。

171——木宮、前掲書、二〇一一年、一一五〜一四三頁。

172——木宮、前掲論文、一九九五年、六八〜一〇四頁。

173——동북아주과[東北亜州課]「ブラウン駐韓国大使新任儀典長、バンディ極東担当次官補との会談内容報告(1965.3.16)」韓国外交文書、一四五三『한일회담에 대한 미국의 입장[韓日会談に対する米国の立場], 1965』。

174——北東アジア課「朴大統領の訪米について」一九六五年五月二八日、外務省文書、二〇〇六-五八八-二〇七。

175——北東アジア課「在韓米国大使館ハビブ参事官の内話について」一九六五年五月二五日、外務省文書、二〇〇六-五八八-一六九三。

176——北東アジア課「最近の韓国内の政治情勢」一九六五年六月三日、外務省文書、二〇〇六-五八八-三一二。

177——北東アジア課「朴大統領の訪米について」外務省文書、前掲。

178——アジア局「日韓会談の現状および今後の進め方について」一九六四年二月一七日、外務省文書、二〇〇六-五八八-一七八二。

179——アジア局北東アジア課「日韓請求権問題に関する事務レベル第二回会合記録」一九六五年三月二二日、外務省文書、二〇〇六-五八八-七八。

180——アジア局北東アジア課、外務省文書、同上。

181——先行研究のなかで第七次日韓会談の展開様相を詳細に分析し解明しているのは、張博珍(前掲書、二〇〇九年、四九九〜五一〇頁）と吉澤（前掲書、二〇一五年、二一八〜二二七頁）の研究がある。そのなかでも、日韓基本条約の仮調印以降日韓会談が批准されるまでの過程を解明したのは吉澤が唯一である。

182――「財産及び請求権に関する問題の解決並びに経済協力に関する日本国と大韓民国との間の協定」一九六五年六月二二日、外務省文書、二〇〇六－五八八－一九八、東北亜州課「2．基本条約関係試案」韓国外交文書、七五六、前掲。韓国側では、「大韓民国と日本国間の請求権解決及びに経済協力に関する協定」が正式名称である。

183――外務省「日韓条約および諸協定調印に対する韓国および各国の反響」外務省文書、前掲。

184――日本国内世論の論調と反応は次の史料にまとまっている。情報文化局「日韓正式調印に関する国内新聞論調」外務省文書、二〇〇六－五八八－二一〇、一九六五年七月一日。

185――「韓国の最近の正常について（在ソウル米大使館の観測）」一九六五年七月一二日、外務省文書、二〇〇六－五八八－一六九四。

186――『東亜日報』一九六五年六月二五日〜七月一三日。

187――『朝鮮日報』一九六五年七月四日〜八日。

188――外務省「日韓条約および諸協定調印に対する韓国および各国の反響」一九六五年七月一二日、外務省文書、二〇〇六－五八八－一六九四。

189――吉澤、前掲書、二〇一五年、二六一〜二六四頁。

190――参議院外務委員会調査室「日韓基本条約及び諸協定等に関する参考資料：四、条約及び協定等に対するわが国各党の態度及び韓国国内の動き」一九六五年一〇月、外務省文書、二〇〇六－五八八－一六四七。

191――参議院外務委員会調査室、外務省文書、同上。

192――吉澤、前掲、二八五〜二八九頁。

結論　日韓国交正常化交渉の今日的課題

国交正常化に伴う日本からの経済協力に備え、韓国では一九六六年二月一九日に「請求権資金の運用及び管理に関する法律」が公布された。資金使用の基準について、無償経済協力資金は農業、林業、水産業の振興、有償経済協力資金は企業育成、そして基幹産業と社会間接資本を補充することを骨子としている[1]。日本では、無償経済協力は外務省経済協力局賠償課を主管部署とし、有償経済協力については海外経済協力基金が主管することとした[2]。

両国は、無償経済協力の実施細目に関しては一九六六年四月一九日に、有償経済協力の実施細目に関しては同年六月二一日、合意に達する。そして、同年九月八日から一〇日まで、ソウルで日韓経済閣僚懇談会が開催され、いよいよ日韓の経済関係は本格的な展開を見ることになった[3]。

しかし、請求権問題が「過去清算」をめぐる両国の見解の相違を解決できないまま、経済協力方式によって妥協されたことで、日韓会談に際して懸案となった対立軸は、今日に至るまで残されたままである。

韓国との関係構築にあたって、終戦直後から日本政府が準備していたのは、対韓請求権主張を正当化する法的論理であった。こうした日本政府の試みは、戦前の朝鮮支配が合法的であり、日本の朝鮮統治が朝鮮の近代化に貢献したと考える政治家と官僚の認識、旧総督府出身者を含む引揚者たちの私有財産への執着、植民地主義を清算しない連合国側の戦後処理方針などを下支えに進められた。さらに、戦後開始されたグローバル冷戦のアジアへの波及による新しい国際秩序の出現は、「過去清算」を唱える韓国政府の立場を弱め、日韓国交正常化の最終的な目的を経済協力に帰着させる構造的要因となった。

ここでは、日本政府の対韓政策が如何に形成され、最終的に経済協力方式に至ったのかを、本書の問題提起と分析視座に照らしながら改めて総括することとする。

日本の対韓政策の連続性

日韓請求権問題が経済協力方式で解決される過程を、一九五〇年代と一九六〇年代を貫く「連続史観」の立場から見るとき、「政治家決定史観」や「米国介入史観」といった従来の議論では説明できなかった部分が明らかになる。すなわち、経済協力方式による請求権問題の妥結は、政治家の政治的決断や米国の圧力の産物として片付けられるものではなく、日韓会談の開始から妥結まで、韓国問題に対する日本政府の一貫した交渉論理と政策方針に基づいて実現されたと見るべきである。

日本の対韓請求権の主張に当初から含意されていた歴史認識は、第三次日韓会談の際の久保田発言や、日韓会談妥結を目前に波紋を巻き起こした高杉発言などから垣間見えるように、日韓会談の全過程にわたり日本政府に内在し続けた。また、日本政府の対韓政策は、表層的には「対韓請求権の主張と相殺」から「相互放棄＋α」を経て、「対韓請求権の主張撤回」、そして「経済協力方式」へと変容した。しかし、これらの政策方針は、「請求権を実質的には相互放棄にした上で、請求権の名目ではない形で韓国への支払いを認める」という、外務省の対韓戦略によって一貫している。

一九五二年四月の第一次日韓会談の決裂直後から約一年間の会談第一次中断期に、経済協力方式の政策的起源ともいえる「相互放棄＋α」案が外務省アジア局で提起された。同案は、対韓請求権の主張とこれを支える法的論理を前提とした上で、形成されている。一九五三年一月、「相互放棄＋α」案は外務省内で主要な対韓政策として成立する。その後、同年一〇月第三次日韓会談の開始直前、対韓強硬論の先頭に立って外務省の構想を押さえていた大蔵省も「相互放棄＋α」案を了解し、同案は日本政府の対韓政策案として収斂する。同案は、日韓会談が最終妥結するまで日本政府の対韓政策の基底を成した。

一方の韓国は、「相互放棄」を主張する日本の政策が、対韓請求権と同様の法的論理に基づいていることを見抜いていた。韓国にとって「相互放棄」とは、旧朝鮮統治を正当化し対韓請求権を主張する日本の従来の態度と変わりないものだった。韓国は、対韓請求権の主張そのものを放棄するよう要求し続けるが、日本は拒否する。応酬は激しい歴史論争へと発展し、日韓会談は長い中断期に追い込まれる。これが、約四年半に及ぶ会談第二次中断期であった。

会談第二次中断期、公式な会談は中断されていたが、外務省は、韓国、米国との非公式な接触を通じて、水面下の交渉を断続的に行った。この時期、日本と韓国は必ずしも対立に終始したわけではない。日本政府内には強硬論も根強かったが、外務省は、公式会談の再開のためには日本が対韓請求権の主張を撤回せざるを得ないことを認識していた。ただし、外務省は、「日本は対韓請求権を表面的には撤回するが、その対価として実際交渉の際には韓国の対日請求権も放棄させ、実質的には相互放棄に導く」という戦略を明らかにして、政府内の異論を抑え込む。

経済協力方式は一九六二年の「大平・金合意」で妥結されるが、本書で明らかにしたように、これは一九五〇年代日本の「相互放棄＋α」案の延長線上にあった。「相互放棄＋α」案に含意された内在的論理は、以下のプロセスを経て経済協力方式として収斂していく。

日韓会談の最初期から妥結に至るまで、外務省と大蔵省は「相互放棄＋α」案をめぐって対立を繰り返した。しかし、両省間の議論は、対韓請求権主張を支えている従来の法的論理を放棄しないまま、日韓交渉進展のための戦略的措置として、従来の法的論理を全面に出さない「棚上げ」論を大前提としたものであった。日本の「相互放棄＋α」という主張は、過去の植民地主義に擁護的な歴史認識の表象であり、当初の対韓請求権主張から一歩も踏み出してはいない。最終的に、請求権の名目が事実上排除された経済協力方式で請求権問題が妥結されたことを見る限り、日本側の法的論理は貫徹されたといえよう。

また、言うまでもなく「相互放棄」は、韓国の対日請求権の放棄も前提としている。日本は、会談第二次中断期に対韓請求権主張の放棄を言明する。その一方、日本政府内では「これは日本の一方的放棄を意味せず、その対価として韓国の対日請求権も放棄させ、実質的に相互放棄に導く」という戦略が共有されていた。外務省は、こうした日本側の含意を、非公式接触を通じて韓国側に強調し続けた。そして、第五次日韓会談以降、韓国が請求権を主張しないならば金額の面で日本が譲歩するという駆け引きが展開される。そして、第六次日韓会談において韓国の朴政権は、日本からの経済協力資金の確保を優先し、日本に対する請求権主張を実際に行わない決断を下したのである。このことからも、経済協力方式に、日韓間請求権の「相互放棄」の意味が内包されていることは明白である。

さらに「＋α」をめぐっては、構想の当初から日本政府内で「オマケ」、「経済提携」、「経済的援助」、「経済復興への協力」、「経済協力」などの用語によって説明されていたことを指摘しなければならない。一九六〇年代に入って、請求権問題を経済協力方式として解決することが明確に方向づけられたにもかかわらず、請求権金額の総額と経済協力の実施方式をめぐる外務省と大蔵省の構想には齟齬があった。しかし両省の認識は、韓国へ全く支払いを行わないことは現実的に不可能であることと、韓国への請求権支払いを経済問題として解決するという認識では共通しており、そのことが結果的に、請求権問題が経済協力方式により妥結される下地となった。

請求権問題をめぐる日本政府内の政策決定過程

「合理的行為者」モデルに基づく従来の議論では、「日本」と「韓国」の交渉過程が主たる論点となってきた。ゆえに日本政府内の対韓政策形成過程については必ずしも明確とは言えなかった。ところが「政府内政治」モデルを分析概念に用いることで、韓国問題をめぐる日本政府内の各省庁の政策論理と利益が折衝を重ねた末に、経済協力方式へと収斂していく過程が鮮明に見えてくる。

日本政府内では「相互放棄＋α」案が一定の支持を獲得するまでに、外務省アジア局、外務省条約局、大蔵省などを中心に駆け引きが展開されていた。

そもそもアジア局は、日本が対韓請求権を主張する論理の矛盾を指摘するなど、この問題をめぐる法律論争に懐疑的であった。日本の主張は戦後の日韓関係の進展を妨げるだけでなく米国を刺激する恐れもあるので、厳格な法的論理の援用を自制し日韓会談の妥結を模索すべきだ、というのがアジア局の考えであった。これに対し、条約局は、法解釈上の原則を強調することで政府内の対韓強硬派に加勢していた。しかし、条約局も日本の法的論理が韓国の法的論理を完全に崩すものにはなっていないことを認め、韓国との関係回復という外交課題を重視する外務省の大方針には反対しなかった。逆に、日本の財政状況を最優先する大蔵省は、外務省案に批判的であり、交渉の妥結まで対韓強硬姿勢を翻さなかった。対韓国政策の形成過程においては、関連する省庁間および外務省内の部局間で、それぞれの政策論理の衝突が見られたのである。

請求権問題をめぐる外務大蔵両省間の対立は、会談の妥結直前まで繰り返されることになるが、外務省は、財政的規律を重視するあまり消極的な大蔵省を説得しながら、政治的譲歩に傾きがちな政治家たちの動きを抑制し、韓国側とのすりあわせを重ねていった。彼らは日本の法的論理や対韓請求権主張の根本的な放棄を避けつつも、請求権とは異なる方法で問題を解決することを指向した結果、最終的に韓国との合意が可能な金額での経済協力方式に至るのである。

折々の各政権と外務省の間に、韓国問題をめぐる認識の異同があったことにも注意を払う必要があるだろう。各政権が対韓政策を決定するにあたり、外務省の戦略と政権首脳の目論見が折り合うか否かによっても、日韓会談は停滞したり、あるいは進展を見せたりすることになったからである。

たとえば、吉田政権は日韓会談を開始したものの、吉田自身は消極姿勢に終始したため、交渉はほぼ進展しなかった。会談第二次中断期の前半期に成立した鳩山政権は、対韓関係改善を唱えながらも対共産圏外交を重視するあまり、北朝鮮と韓国に対する外交政策に混乱を引き起こした。こうした鳩山政権の朝鮮半島政策に外務省は批判的であった。一九五〇年代初期の日韓会談は、吉田と鳩山の消極的な対韓態度に加えて、これに便乗した大蔵省の対韓強硬姿勢のため、停滞した側面もある。

会談第二次中断期の後半期に登場した岸政権は、会談再開の契機を作る。対韓交渉積極派である岸首相と外務省の対韓認識は概ね一致し、日本政府内では議論が後退していた「相互放棄＋α」案が再び浮上する。同案は、対韓請求権の主張撤回という岸の決断を支える論理的・政策的基盤となった。そして、岸首相の対韓請求権の主張撤回方針は、日本政府内でも議論を経て合意される。その後の日韓会談の過程で、実際に日本の対韓請求権の主張放棄が提唱されたことはなかったが、岸政権の下で、対韓請求権の主張撤回が決定されるに際して、岸が外務省の建議を積極的に受け入れたことは注目に値する。

一九六〇年代、池田政権下の大平外相と伊関アジア局長、中川条約局長間の意見一致は、日韓会談をめぐる政府内の論争を収束させるに至る。大平・金会談で請求権問題が経済協力方式として妥結される際に、韓国問題における主な意思決定者であった池田首相と大平外相との間には微妙な軋轢が存在していた。だが、大平外相は、以前から外務省内で検討が進んでいた経済協力方式の大枠を受け入れ、「大平・金合意」を成し遂げる。外務省が、韓国問題における政治家の決断を支える論理と政策を提供した実例が、ここでも見出せる。その後の佐藤政権下でも、日韓会談が最終妥結に至るまで外務省と政権の協調関係は目を引く。

以上に見るように、「政府内政治」モデルによって日本政府内の意思決定過程を考察すると、政治家の政治的決断や米国の圧力により日本の対韓政策が転換されたとする従来の議論とは、異なる側面が見えてくる。すなわち、日韓会談の節目に交渉を次の段階へと進展させる上で決定的な契機を作った岸首相、大平外相、佐藤首相の政治的決断は、外務省と韓国問題における認識を共有したとき可能となったのである。その反面、吉田政権と鳩山政権における会談の停滞、そして対韓経済協力をめぐる池田首相の決断の躊躇の際には、外務省と政権との意見調整につまずきがあったことは明らかである。

見逃せないのは、外務省が政府内で同省の意見をまとめていく上で、米国の介入を適宜活用したことである。外務省と米国務省の間には、対韓戦略を国際的な政治動向と日米の協調を重視して考えるという共通点がある。このことは、日本政府内の意見調整過程で、外務省が優位性を確保する一助となったと言ってよい。要するに、外務省は、国内政治状況と米国の仲介をうまく用いながら、当初からの構想の有効性を確保し続けたのである。その意味で、日韓会談に対する米国の圧力は限定的であった。米国の介入は交渉の促進要因とはなったが、それだけでは妥結の決定的要因とはならなかったのである。

日韓会談における外務省の意思調整

本書では、外務省が日韓交渉の政策決定過程に深く関与したのみならず、経済協力という最終的な妥結方式の政策的起源が外務省の初期韓国政策の延長線上にあったことを明らかにした。そもそも日本政府には日韓会談に対する戦略や政策が欠如しており、交渉においても消極的であったとする従来の議論は見直す必要があるだろう。

韓国にとっても、日本政府内で最も信頼に足る交渉相手は外務省に他ならなかった。そして、外務省と韓国との交渉も常に連続性の上に成り立っていた。日韓会談においては、代表団による公式会談よりも、「非正式接触者」を活用した政治会談において重要な合意がなされている。山本剛士は、両国間の対立が激しいほど、「非正式接触者」の関与する余地が大きいと述べている[4]。

吉田政権と鳩山政権期に日韓の公式交渉は停滞するが、そこでも「非正式接触者」を通じた討議は継続していた。中川アジア局長と駐日韓国代表部の柳参事官の議論や、谷外務省顧問と金溶植駐日韓国代表部公使の討議などは、「公式－非公表」型の「非正式接触者」間交渉の典型例である。これらの交渉当事者は、それぞれ本国政府の指示もしくは基本的な政策方針の下で合理的選択のための協議を行ったが、交渉内容や接触の事実自体、公表を自制していた。一九六二年の「大平・金合意」を導いた大平と金鍾泌は、二人とも政府から公式に交渉の資格を与えられていたが、当初はその合意内容を秘密にし、その後も二人の交渉過程や決着内容が両国国内において明らかにされていない点で、「公式－非公表」型の交渉であったといえよう。岸政権下では、日本政府の公認を受けた公式交渉者ではない矢次が内密に活躍し、日韓関係の改善に寄与した。ただし、このような「非正式接触者」が、外務省の政策構想を乗り越えるような大胆な決断を下せたとは言い難い。

代表団による公式会談、ハイレベルの政治会談、また種々の非正式接触、そのいずれにも外務省は深く関与していた。すなわち、従来「非正式接触者」を通した日韓間協議を論じる際には、政治家の力量や米国の圧力が強調されていたが、本書の議論は、外務省の役割を浮き彫りにしている。日本政府の対韓交渉において、外務省は「政策形成」のみならず「接触」[5]と「交渉」[6]の次元にまで影響を及ぼした。本書の叙述は外務官僚たちによる政策的・戦略的連続性をひもとく過程でもある。そこには、かつてニコルソンが提示した「理想的な外交官」[7]の姿を垣間見ることもできよう。

しかしながら問題も残された。外務省の対韓交渉戦略は、戦後日本の直面した外交課題を重視するゆえに柔軟な側面もあったが、その基底に潜む対韓認識は日本政府内の一般的な認識と変わるところはなかった。言うなれば、このような外務省の対韓認識が、「過去清算」をめぐる論争の種を残したまま請求権問題を経済協力方式による解決へと導き、戦後日韓関係を制約する「六五年体制」[8]を確立させたのである。そして、「六五年体制」は今日まで継続し、日韓国交正常化交渉の負の影響とも言うべき感情的しこりは今も両国間に影を落としている。日韓関係の真の「正常化」は、依然大きな外交課題として残されている。

註

1——조약과/동북아주과(条約課/東北亜州課)「請求権資金の運用及び管理に関する法律　法律第一七四一号、一九六六年二月一九日公布」韓国外交文書、一九四四『한일간의 청구권 및 경제협력협정 제1의정서 제7조 및 제1의정서의 실시 세목―협정 및 제1조 2의 합동위원회―협정, 1966. 전3권(V.3 추가합의사항 체결 국내조치(韓日間の請求権及び経済協力協定第一議定書第七条及び第一議定書の実施細目―協定及び第一条二の合同委員会―協定、一九六六、全三巻、追加合意事項締結国内措置)』。

2——北東アジア課「日韓条約諸協定の実施状況」一九六六年七月一二日、外務省文書、二〇〇六-五八八-一二四三。国家行政組織法(一九四八年法律第一二〇号)第七条第六項の規定に基づき、一九六九年一月二四日に外務省組織令の一部を改正する政令九号を制定し、「賠償課及び賠償経理課」を「経済協力第二課及び経理課」に改め、一九六九年一月二七日から施行した(http://www.houko.com/00/02/S44/009.HTM 二〇一七年一一月一一日閲覧)。

3——경제협력과[経済協力課]「韓日経済閣僚懇談会討議記録、1966.9.8~9.10、経済企画院」韓国外交文書、二〇〇三『한일경제각료간담회. 서울(韓日経済閣僚懇談会、ソウル), 1966.9.8-10』。

4——山本、前掲論文、一九八三年、一一五頁。
5——「接触」の定義については、西原、前掲論文、一九八三年、二頁を参照。
6——「交渉」の定義については、H・ニコルソン［著］・斎藤眞・深谷満雄［訳］『外交』東京大学出版会、一九六八年、五〜八頁を参照。
7——ニコルソン、同上、九八〜一一二頁。
8——これは、朴正鎮の議論を踏まえている。朴正鎮は、日韓会談が妥結した一九六五年を境に、各部門別で日本と北朝鮮との交流は非対称的となり、日朝関係は東北アジアの地域冷戦に埋め込まれたとし、これを「六五年秩序」と呼ぶ（朴正鎮、前掲書、二〇一二年、四九五〜四九七頁）。日韓会談妥結が、戦後日韓関係の枠を制限したのみならず、日本と北朝鮮との関係へまで影響をしたということである。

あとがき

筆者が神戸大学大学院の博士課程で本格的な研究生活に入った二〇一二年の八月一〇日、韓国の李明博《リ・ミョンバク》大統領（当時）が竹島（韓国名：独島《トクト》）に上陸した。

二〇〇八年に李が大統領に就任する際、戦前の大阪に生まれ、財閥現代建設のCEO出身である彼を「親日」かつ「実用」的人物として評価していた日本政府は、盧武鉉《ノ・ムヒョン》前政権時代に疎隔した日韓関係の改善を期待した。事実、中国・ロシア・日本といった近隣諸国や米国との協調を打ち出した李大統領は、就任まもなく訪米・訪日するなど、日韓関係にも好転の兆しが見えたかに思われた。しかし、この竹島上陸により両国の関係はふたたび急速に冷え込んでしまう。この出来事については、危機的状況にあった内政の問題から国民の関心をそらすため、李大統領が対日感情を利用した側面は否めないだろう。

本書を執筆中の二〇一八年一月には、韓国の文在寅《ムン・ジェイン》政権が、二〇一五年一二月二八日に朴槿恵《パク・クンヘ》前政権と安倍晋三政権との間で結ばれた慰安婦問題に関する合意に、裏面合意があったことを明らかにし、その無効を示唆した。今もなお、日韓両国の間には、同慰安婦合意の破棄と再交渉をめぐる深い軋轢がある。ドラマやK－POPによる韓流ブームを契機に増大した民間交流の一方で、歴史認識による感情的対立は依然として根強い。

現在の日韓対立の起源が、戦前の歴史問題と一九六五年の日韓基本条約の不完全性に起因することは広く認識されている。こうした時期に、同じ六五年に妥結した日韓請求権交渉をめぐる歴史的展開の再構成に挑むことは、筆者にとって迷い尽きせぬ問題設定であった。日本と韓国両国における一般人の意識、もっと限定すれば筆者の知人たちにおいてさえ、その認識には大きな隔たりがあった。韓国では「歴史の加害者である日本の罪を明らかに」することを求める声が、日本では「未来志向的な日韓関係のため架け橋の役割を期待する」という声が多い。けして相容れることのない双方の「注文」と「期待」に、本書が応えることは到底叶わない。それでも、日本政府の対韓政策の本質を丁寧に究明する努力だけは惜しまなかったつもりである。本書が、日韓関係における「六五年体制」の起源と歴史的帰結を冷静に見つめ、日韓関係の根本的な捻じれが解消される手がかりとなれば幸いである。

本書は、二〇一五年一月に、神戸大学大学院法学研究科に提出した博士学位論文「戦後日本の韓国外交——日韓国交正常化交渉の再検討」を加筆修正したものである。本書の内容の一部は、以下の論文として発表したものであるが、いずれも本書の執筆過程で、大幅に書き改めた。

第一章　「日韓国交正常化交渉における日本政府の政策論理の原点——「対韓請求権論理」の形成を中心に」『国際政治』第一七二号、二〇一三年。

第二章　「1950年代初期、日本の対韓請求権交渉案の形成過程——「相互放棄プラスアルファ」案の形成を中心に」『アジア研究』第六二巻第一号、二〇一六年。

第三章　「日韓会談中断期、対韓請求権主張撤回をめぐる日本政府の政策決定過程——初期対韓政策の変容と連続、1953-57年」『神戸法学雑誌』第六四巻三・四号、二〇一五年。

第四章第四節　「日韓会談請求権問題における日本政府の政策的連続性――「経済協力方式」の起源と妥結」『現代韓国朝鮮研究』第一五号、二〇一五年。

本書の完成までには、実に多くの方々のご指導、お力添えをいただいた。改めて感謝の辞を記したい。

大西裕先生（神戸大学大学院法学研究科教授）は、大学院時代の指導教官である。計量的アプローチによって日韓関係や韓国問題を分析する師匠とは異なり、筆者は歴史研究に取り組んだが、先生は筆者の議論が「感傷」に流れることに注意を喚起しつつ、研究の自立性を最大限尊重してくださった。また、研究者として「冷静」に問題の本質を追求することの重要性を強調し、恣意的な資料の解釈、加害者と被害者を前提とした議論の危険性について常に注意を払ってくださった。博士論文の提出後、その反動で落ち込んでいた筆者を激励し、この本が出版されることを誰よりも望み、千倉書房にご紹介くださったのも先生である。

井上正也先生（成蹊大学法学部教授）は、筆者の大学院の先輩であると同時に、特別な「師匠」である。大西先生が大学院の指導教官として「公的」な支援を担当くださったとするならば、それ以外のほぼすべてについて井上先生から指導を受けたと言ってよいだろう。本書は筆者の修士課程の研究テーマとも連続しているが、修士課程から博士課程を経て、本書の完成に至るまで、井上先生の指導と激励は絶対的なものであった。研究テーマの選定、アプローチ、史料の収集と解析、貴重な文献の確保、日本語の細かな表現まで、筆者は井上先生に負うところが多い。ただし、歴史学者として厳しく自らを律する井上先生のコメントは、いつも冷静かつ冷厳なものであり、本書の文責が筆者にあることは言うまでもない。

永井史男先生（大阪市立大学法学研究科教授）は、学部時代の国際政治ゼミの指導教官であり、同ゼミと読書会を含めて三年間もお世話になった。そして大学院への進学に対しても懇切丁寧な指導を受け、進学後も愛情あふれる助言と激励をいただいた。また、先生のご厚意により現在の所属と研究室を得て、筆者は安定した環境の下で本書を無事に仕上げることが出来た。

韓国には「親と師は影も踏むな」ということわざがある。儒教文化の影響で親に対する尊重と尊敬を最大の孝行とし、加えて伝統的に教育に対する情熱が強いことから、師匠は親と同格で敬われる。大西、井上、永井の諸先生は、筆者にとって、学恩に与った指導教官としてのみならず、日本でのつつがない研究生活を送る上でも、色々な面で「親身」となってくださった心強い存在である。いつも暖かく見守ってくださった三人の先生に改めて感謝申し上げる。

また、神戸大学大学院法学研究科政治系の先生方と先輩方にも、一方ならぬお力添えをいただいた。栗栖薫子先生、多湖淳先生、博士論文の副査をご担当いただいた安井宏樹先生からは、学術論文の発表や学会報告、博士論文の構想や研究アプローチに関して、厳しいご助言とともに心温まるご支援をいただいた。博士課程期間中、史料調査のため五回渡米したが、それは神戸大学大学院の優れた支援プログラムなしには考えられないことであった。一人の研究者も大事に育てる大学のシステムを築き上げた品田裕先生をはじめとする先生方に厚く御礼申し上げる。兄弟子である故驛賢太郎先生、梶原晶先生、関智弘先生からは、厳格かつ建設的なコメントと激励をいただいた。井原伸浩先生、渡辺公太先生、同じ門下の新井田実志さんは、論文作成や学会報告準備の際に、日本語を母国語としない筆者のため快く日本語のネイティブチェックをしてくださった。ともに大学院時代を送った多くの先輩後輩とは、研究室と専門分野こそ異なったが、学内研究会、読書会、談話室休憩中、飲み会などで様々なテーマで議論をし、刺激しあった。すべてのお名前を挙げることはできないが、筆者にとって大事な存在である。

本書の一部となった論文の執筆過程や学会・研究会報告の場において、木宮正史、浅野豊美、吉澤文寿、太田修、楠綾子、村上友章、張博珍、朴一、李東俊、金世徳、李元徳、長澤裕子の諸先生から貴重なコメントや示唆を賜った。吉澤、太田先生らは「日韓会談文書・全面公開を求める会」を采配して、貴重な外務省文書の公開に大きく貢献されたが、このお仕事なくして本書は生まれなかった。また韓国外交文書に関して、李元徳、李東俊、浅野先生らから多くの示唆と協力を得た。日韓会談関連研究の発展を心から願い、これらの史料を快く提供してくださった諸先生に粛然として感謝を申し上げる。

五百籏頭真先生と御厨貴先生からは、ひょうご震災記念21世紀研究機構の研究会において、暖かいご指導と激励をいただいた。両先生は、筆者の無遠慮で唐突な質問にいつも温厚に付き合ってくださったが、しばしば周囲の諸先輩は筆者の態度に冷や汗をかいたようである。謹厳な泰斗であり、慈愛に満ちた碩学である両先生に、研究者としての指針を与えていただいたことを心から感謝したい。

今般、外交史研究には十分な財政的支援が欠かせないものとなっている。本書の研究は、神戸大学の凌霜賞海外派遣事業と六甲台後援会(二〇一〇~二〇一四年度)、富士ゼロックス・研究助成(二〇一三~二〇一四年度)、松下財団・研究助成(二〇一五年度)からのご支援によって、はじめて成立し得たことを記して感謝したい。また、本書の刊行にあたっては、日本学術振興会科学研究費補助金(研究成果公開促進費・二〇一七年度)の交付を受けた。

千倉書房の神谷竜介氏には、大西先生からのご推薦で刊行を受け入れていただいたが、大学院時代に研究会で知遇を得た氏から「博論の出版は感慨深い」」、「良い本にしましょう」というお返事をいただいたときの喜びは、いまも記憶に新しい。これを契機に、ようやく自分の研究に対する自信と誇りを持つことが出来た。初めての出版への不安は大きかったが、無事刊行にこぎ着けたのは、ひとえに神谷氏のおかげである。厚く御礼申し上げる。

筆者は、日本での生活で一度もホームシックを感じたことがない。そう言うと、近年では大阪からソウルへの里帰りが容易になり、また、あちこちにある韓国料理店で郷里の食事ができるからだろう、と分析する人もいる。しかし、植元香陽子氏、故佐野芳男氏、日本橋カトリック教会のおばちゃんたちがいて、異邦人としてのプレッシャーを感じずにいられたことが、一番の理由であることは断言できる。筆者を娘のように支えてくださった多くの方々に、改めて感謝申し上げる。

最後に、筆者の人生の中で最も大切な、母と亡き父、三人の兄弟姉妹に感謝する。両親は、筆者の日本留学、そして博士課程進学について、「茨の道」と一貫して反対した。母は今でも、韓国の伝統的な価値観の下、平凡な人生が最良だと言う。博士号を取得しても「おめでとう」と言ってくれなかった母に、すこし寂しい想いもあったが、先日、妹から連絡があり「母が親戚におねえちゃんのことをめっちゃ自慢している」と聞いた。

やはり最後は「母と亡き父に捧げる」という言葉で本書を締めくくりたい。

二〇一八年一月九日

大阪の狭い自宅で　金恩貞

(Decimal #s 305 and 320).
• 2845 (NND931501) Korea; U.S. Embassy, Seoul; General Records, 1953-1963 (Decimal #s 305 and 320).
• 2846 (NND822402) Korea; U.S. Embassy, Seoul; Classified General Records, 1953-1963 (Decimal #s 305 and 320).
• 2846 (NND948813) Korea; U.S. Embassy, Seoul; Classified General Records, 1953-1963 (Decimal #s 305 and 320).

◆ **William J. Sebald Papers, 1887-1980 [hereafter, Sebald Diaries], Special Collections and Archives Division, Nimitz Library, U.S. Naval Academy, Annapolis, Maryland.**

조윤수「평화선과 한일 어업 협상-이승만 정권기의 해양질서를 둘러싼 한일간 마찰」『외교 문서공개와 한일회담의 재조명2 : 의제로 본 한일회담』선인, 2010년, pp.421-445.
최영호「해방 직후 재일한인 단체의 본국지향적 성격과 제1차 한일회담」『외교문서공개와 한일회담의 재조명2 : 의제로 본 한일회담』선인, 2010년, pp.18-49.
한경구「한일법적지위협정과 재일한인 문제」『외교문서공개와 한일회담의 재조명2 : 의제로 본 한일회담』선인, 2010년, pp.52-85.
한상일「제5차 한일회담과 청구권 문제」『외교문서공개와 한일회담의 재조명2 : 의제로 본 한일회담』선인, 2010년, pp.163-187.
후지이다케시「제1공화국의 지배 이데올로기—반공주의와 그 변용들」『역사비평』통권 83호, 2008년, pp.117-151.

3　英語文献

3-1　未公刊史料

◆公文書

United States of America

United States National Archives II, College Park, Maryland (NA)

〈Record Group 59〉

- General Records of the Departments of State, Central Decimal Files.
  1950-54 (NND822902) (Decimal #s 694.95A/3-1753 to 694A.2972/2-1450).
  1955-59 (NND877402) (Decimal #s 694.0026/4-158 to 694.95B/12-2056).
- General Records of the Departments of State, Lot Files.
  Miscellaneous Records Relating to Japan and Korea,1945-53 (NND867207), List:1.
  Miscellaneous Lot Files BUREAU OF FAR EASTERN AFFAIRS—Correspondence and Subject Files, 1959 (NND937313), List:3.
  Miscellaneous Lot Files Subject Files Relating to Japan, 1954-59 (NND917353), List:6.
- General Records of the Departments of State, Lot Files, Microfilmed.
  Records of the Office of Northeast Asian Affairs, Japan Subject Files, 1947-1956 (NND 867210), List:8.

〈Record Group 84〉

- 2826 (NND948800) Japan; U.S. Embassy, Tokyo; General Records,1936-1963 (Decimal #s 305 and 320).
- 2828 (NND832469) Japan; Office of the U.S. Political Advisor For Japan, Tokyo; Classified General Records,1945-1952 (Decimal #s 305 and 320).
- 2828A (NND959026) Japan; U.S. Embassy, Tokyo; Classified General Records, 1952-1963

Vol.25, No.1, 1997년, pp.263-297.
박태균「한일협정 반대운동시기 미국의 적극적인 개입정책」『외교문서공개와 한일회담의 재조명1 : 한일회담과 국제사회』 선인, 2010년, pp.71-97.
오오타 오사무「한일회담에 관여한 한국 관료의 일본인식」『韓国史学報』 제7호, 1999년, pp.311-351.
유영구「한일・북일관계의 고정화 과정 小考 : 55년 체제에서 1965년 한일 국교정상화까지」『中蘇研究』 21권4호, 1997년, pp.137-177.
이동준「한일청구권교섭과 '미국해석' : 회담 '공백기' 를중심으로」『외교문서공개와 한일회담
의 재조명1 : 한일회담과 국제사회』 선인, 2010년, pp.39-70.
이이범「한일회담의 타결과 일본 국내정치 관계」『외교문서공개와 한일회담의 재조명1 : 한일회담과 국제사회』 선인, 2010년, pp.101-123.
이현진「전후 복구계획을 둘러싼 한미논쟁」 이화여대 한국근현대사 연구실『국학자료원』 2007년, pp pp.591-617.
장박진「한일회담에서의 피해보상 교섭의 변화과정 분석—식민지관계 청산에 대한 '배상', '청구권', '경제협력' 방식의 '연속성' 을 중심으로」『정신문화연구』 제31권 제1호, 2008년, pp.209-241.
———「한일회담에서의 기본관계조약 형성과정의 분석 : 제2조 '구조약 무효조항' 및 제3조 '유일합법성 조항' 을 중심으로」『국제・지역연구』 제17권 제2호, 2008년, pp.1-39.
———「한일회담 청구권 교섭에서의 세부항목 변천의 실증분석 : 대일8항목요구 제5항의 해부」『정신문화연구』 제34권 제1호, 2011년 3월, pp.86-117.
———「한일회담 청구권 교섭에서의 세부항목 변천의 실증분석 : 대일8항목요구 제2항의 해부」『일본공간』 Vol.6, 2011년 5월, pp.195-241.
———「대일평화조약 제4조의 형성과정 분석 : 한일간 피해보상 문제에 대한 '보상', '청구권' 의 이동(異同)」『국제・지역연구』 제20권 제3호, 2011년, pp.1-42.
———「전후 한국의 대일배상 요구의 변용 : 미국의 대일배상 정책에 대한 대응과 청구권 으로의 수렴」『아세아연구』 제55권 제4호, 2012년, pp.116-153.
———「미국의 전후 처리와 한반도 독립문제 :'근거 없는 독립' 과 전후 한일관계의 기원」『아세아연구』 제56권 3호, 2013년, pp.23-64.
정병욱「조선총독부관료의 귀환후의 활동과 한일교섭—同和協会・中央日韓協会를 중심으로」 광복60년기념사업추진위원회 편저『광복60 새로운 시작 종합학술대회 자료집 I』 2005년, pp.214-232.
정진아「이승만 정권의 자립경제론, 그 지향과 현실」『역사비평』 통권 83호, 2008년. pp.89-116.
조양현「한일회담과 아시아 지역주의 : 지역주의 구상의 한일 간 상호 비대칭성」『외교문서공개와 한일회담의 재조명1 : 한일회담과 국제사회』 선인, 2010년, pp.16-38.

년, pp.208-240.
김창록「1965년 한일조약과 한국인 개인의 권리」『외교문서공개와 한일회담의 재조명 2 : 의제로 본 한일회담』 선인, 2010년, pp.229-261.
———「한일 과거청산의 법적 구조」『法史学研究』 제47호, 2013년, pp.85-113.
———「한일 청구권협정에 의해 해결된 권리 : 일제 강제동원 피해 관련 대법원 판결을 소재로」 경북대학교 법학연구원 『법학논고』 제49집, 2015년, pp.791-835.
———「법적 관점에서 본[2015 한일 외교장관 합의]」『민주법학』 제60호, 2016년, pp.45-76.
고바야시레이코「한일회담과 재일한국인의 법적지위 문제 : 퇴거강제를 중심으로」『외교 문서공개와 한일회담의 재조명2 : 의제로 본 한일회담』 선인, 2010년, pp.119-158.
나가사와 유코「일본 패전 후의 한반도 잔여주권(残余主権)과 한일 '분리' : 신탁통치안및
대일강화조약의 '한국포기' 조항을 중심으로(1945～1952)」『아세아연구』 제55권 4호 통권150호, 2012년, pp.55-84.
남기정「샌프란시스코 평화조약과 한일관계 : '관대한 평화' 와 냉전의 상관성」『동북아 역사논총』 제22호, 2008년, pp.37-71.
노기영「민단의 본국지향노선과 한일교섭」『외교문서공개와 한일회담의 재조명2 : 의제로 본 한일회담』 선인, 2010년, pp.87-117.
다카사키소오지「일본 정계의 제2공화국관」『韓国史学報』 제7호, 1999년. pp.353-379.
박명림「박정희 시대 재야의 저항에 관한 연구, 1961-1979－저항의제의 등장과 확산을 중심 으로」『韓國政治外交史論叢』 제30집 제1호, 2008년, pp. 29-62.
———「박정희와 김일성 －한국적 근대화의 두 가지 길」『역사비평』 통권 82호, 2008년, pp.126-156.
———「이승만의 한국문제・동아시아・국제 관계 인식과 구상－악마화와 신화화, 건국 담론과 분단 담론의 대립을 넘어」『역사비평』 통권 83호, 2008년, pp.58-88.
———「대한민국 건국과 한국 민족주의－김구 노선을 중심으로」『韓國政治外交史論叢』 제31집 제1호, 2009년, pp.177-209.
———「4월혁명과 5・16군사쿠데타에서 미국의 역할」『역사비평』 통권 113호, 2015년, pp. 342-369.
박정진「일본의 한일회담 반대운동 : 북한의 통일전선전술과 '일한회담반대통일행동' 의 전개」『외교문서공개와 한일회담의 재조명1 : 한일회담과 국제사회』 선인, 2010년, pp.197-250.
박진희「이승만의 대일인식과 태평양동맹 구상」『역사비평』 통권 76호, 2006년, pp. 90-118.
박진희「1950년대의 대일정책과 한일회담의 쟁점」 이화여대 한국근현대사 연구실 『국학자료원』 2007년, pp.559-589.
빅터차「1965년 한일수교 협정체결에 대한 현실주의적 고찰」『한국과 국제정치』

2-3　単行本

국민대학교일본학연구소편『한일회담과 국제사회 －외교문서 공개와 한일회담의 재조명1－』
선인, 2010년.
――――『의제로 본 한일회담 －외교문서 공개와 한일회담의 재조명2－』
선인, 2010년.
김동조『회상 30년 한일회담』중앙일보사, 1986년.
――――『냉전 시대의 우리 외교』문화일보사, 2000년.
김영호『한국전쟁의 기원과 전개과정』성신여자대학교출판부, 2006년.
김용식『희망과 도전：외교회고록』동아일보사, 1987년.
김유택『재계회상』한국일보사, 1981년.
김현수『일본에서의 한일회담 반대운동』선인, 2016년.
박명림『한국전쟁의 발발과 기원』나남, 2003년.
박명림『제1공화국의 수립과 위기』한길사, 2010년.
박진희『한일회담：제1공화국의 대일정책과 한일회담의 전개과정』선인, 2008년.
박태균『한국전쟁』책과함께, 2005년.
배의환『보리고개는 넘었지만－裵義煥回顧録』코리아헤럴드・내외경제신문, 1991년.
서중석『한국 현대사』웅진지식하우스, 2013년.
유의상『대일외교의 명분과 실리－대일청구권 교섭과정의 복원』역사공간, 2016년.
유진오『한일회담－제1차 회담을 회고하면서』한국외교안보연구원, 1993년.
유진오『한일회담』외무부 외교안보연구원, 1994년.
이동원『대통령을 그리며』고려원, 1992년.
이원덕『한일 과거사 처리의 원점－일본의 전후처리 외교와 한일회담－』서울대학교출판, 1996년.
이재오『한일관계사의 인식 －한일회담과 그 반대운동』학민사, 1987년.
임병직『임정에서 인도까지：임병직 외교 회고록』여원사, 1964년.
장박진『식민지관계 청산은 왜 이루어질 수 없었는가：한일회담이라는 역설』논형, 2009년.
――――『미완의 청산』역사공간, 2014년.
한배호『한국정치사』일조각［一潮閣］, 2008년.
6・3동지회편『6・3학생운동사』6・3학생운동사 편집위횐회, 1994년.

2-4　公刊論文

김경묵「일본 사회운동의 하나로서 재일코리언의 사회운동：시민운동과 국제연대를 통한 재검토」『외교문서공개와 한일회담의 재조명1：한일회담과 국제사회』선인, 2010년, pp.252-280.
김은정「경제 협력 방식의 성립을 둘러싼 일본의 정치과정」『일본공간』20호, 2016

『제4차 한일회담 예비교섭, 1956-58(V.3 1958.1-4)』 등록번호 101.
『제5차 한일회담 예비회담, 일반청구권 소위원회 회의록, 1-13차, 1960-61』 등록번호 718.
『제6차 한일회담 제1차 정치회담 동경, 1962.3.12-17 전2권(V.2 최덕신－고사까(小坂)외상회담, 1962.3.12-17)』 등록번호 733.
『제6차 한일회담 제2차 정치회담 예비절충 : 본회의, 1-65차, 1962.8.21-64.2.6 전5권(V.2, 4-21차 1962.9.3-12.26)』 등록번호 737.
『제6차 한일회담 청구권 관계자료, 1963』 등록번호 752.
『제6차 한일회담 회담관계 각료회의 및 회담관계 제문제점 연구, 1963-64』 등록번호 754.
『속개 제6차 한일회담 본회의 개최를 위한 예비교섭(최규하 본부대사 방일 접촉보고) 및 본회의, 1963.6-64.3』 등록번호 755.
『속개 제6차 한일회담, 기본관계 위원회, 1964』 등록번호 756.
『속개 제6차 한일회담, 청구권 위원회 회의록 및 경제협력문제, 1964』 등록번호 762.
『속개 제6차 한일회담. 현안문제에 관한 한국측 최종입장, 1963.4-64.3』 등록번호 763.
『한일회담에 대한 미국의 입장, 1961-65』 등록번호 764.
『박정희 국가재건최고회의 의장 일본 방문, 1961.11.11-12』 등록번호 786.
『김종필 특사 일본방문, 1962.10-11』 등록번호 796.
『제7차 한일회담 기본관계위원회 회의록 및 훈령, 1964.12-65.2』 등록번호 1455.
『제7차 한일회담 본회의 및 수석대표회담, 1964-65』 등록번호 1459.
『제7차 한일회담 청구권관계회의 보고 및 훈령, 1965 전2권(V.2 1965.4.3 가서명 이후의 청구권 및 경제협력 위원회, 1965.4-6)』 등록번호 1468.
『이동원 외무부장관 일본 방문, 1965』 등록번호 1486.
『시이나에쓰사부로(椎名悦三郎)일본 외상 방한, 1965.2.17-20』 등록번호 1500.
『한일간의 청구권 및 경제협력협정 제1의정서 제7조 및 제1의정서의 실시 세목－협정 및 제1조2의 합동위원회－협정, 1966. 전3권(V,3 추가합의사항 체결 국내조치)』 등록번호 1944.
『한일경제각료간담회. 서울, 1966.9.8-10』 등록번호 2003.

2-2　公刊史料・政府刊行物・定期刊行物

大韓民国政府『対日賠償要求調書』1954年。
大韓民国政府『한일회담백서[韓日会談白書]』1965年。
『京郷新聞』
『東亜日報』
『朝鮮日報』
『韓国日報』

―――「日韓の新公開外交文書に見る日韓会談とアメリカ(2)――朴正煕軍事政権の成立から「大平・金メモ」まで」『立教法学』第77号、2009年、109〜140頁。

―――「日韓の新公開外交文書に見る日韓会談とアメリカ(3)――朴正煕軍事政権の成立から「大平・金メモ」まで」『立教法学』第78号、2010年、155〜205頁。

―――「日韓会談の政治決着と米国――「大平・金メモ」への道程」李鍾元、木宮正史、浅野豊美［編］『歴史としての日韓国交正常化』Ⅰ、法政大学出版局、2011年、83〜114頁。

李錫敏「トルーマン政権期における『冷戦戦略』の形成とアジア冷戦の始まり――対ソ脅威認識を中心に」赤木莞爾、今野茂光［編］『戦略史としてのアジア冷戦』慶應義塾大学出版会、2013年、11〜37頁。

李東俊「日韓請求権交渉と『米国解釈』――会談『空白期』を中心にして」李鍾元、木宮正史、浅野豊美［編］『歴史としての日韓国交正常化』Ⅰ、法政大学出版局、2011年、53〜82頁。

―――「旧朝鮮銀行在日資産の再編と韓国の対日請求権交渉」浅野豊美［編］『戦後日本の賠償問題と東アジア地域再編』慈学社、2013年、111〜155頁。

1-5　未公刊論文
趙胤修「日韓漁業の国際政治――海洋秩序の脱植民化と『国益』の調整」東北大学法学研究科博士学位論文、2008年。

2　韓国語文献

2-1　未公刊史料
◆公文書
한국외교사료관 한일회담외교문서［韓国外交史料館韓日会談外交文書］(詳細な文書情報は脚注で和訳表記)
『한일회담 예비회담(1951.10.20-12.4) 본회의 회의록, 제1차-10차, 1951』등록번호 77.
『제1차 한일회담(1952.2.15-4.21) 청구권분과위원회 회의록, 제1차-8차, 1952.2.20-4.1』등록번호 86.
『제2차 한일회담(1953.4.15-7.23) 청구권 위원회 회의록, 제1차-3차, 1953.5.11-6.15』등록번호92.
『제3차 한일회담(1953.10.6-21), 본회의 회의록 및 1-3차 한일회담 결렬경위(1953.10-12)』등록번호 95.
『제3차 한일회담(1953.10.6-21), 청구권 위원회 회의록, 제1-2차, 1953.10.9-15』등록번호 97.
『제4차 한일회담 예비교섭, 1956-58(V.1 경무대와 주일대표부간의 교환공문, 1956-57)』등록번호 99.

原朗「戦争賠償問題とアジア」『アジアの冷戦と脱植民地化（近代日本と植民地 8）』岩波書店、1993年、269〜289頁。

樋口敏広「日米関係の中のガリオア返済交渉」浅野豊美［編］『戦後日本の賠償問題と東アジア地域再編』慈学社、2013年、223〜271頁。

平山龍水「朝鮮半島と日米安全保障条約——日米韓連鎖構造の形成」『国際政治』第115号、1997年、58〜73頁。

藤井賢二「李承晩ラインと日韓会談」『朝鮮学報』3月号、2004年、121〜150頁。

———「公開された日韓国交正常化交渉の記録を読む——李承晩ライン宣言を中心に」『東洋史訪』2006年、51〜69頁。

藤井新「朝鮮半島と国際連合」『国際政治』第92号、1989年、132〜144頁。

アウロ・ブッサーニ、ミシェル・グリマルディ［著］・高秀成［訳］「所有権的担保——大陸法の概観」『慶應法学』第34号、2016年、157〜192頁。

松岡完「1950年代アメリカの同盟再編戦略」『国際政治』第105号、1994年、80〜93頁。

三谷太一郎「脱植民地化の意義」『アジアの冷戦と脱植民地化（近代日本と植民地 8）』岩波書店、1993年、まえがき。

山下康雄「在韓日本資産に対する請求権」『国際法外交雑誌』第51巻第5号、1952年、1〜30頁。

山本剛士「日韓関係と矢次1夫」『国際政治』第75号、1983年、114〜129頁。

湯浅成大「アイゼンハワー期の対中国政策」『国際政治』第105号、1994年、45〜59頁。

吉川洋子「対比賠償交渉の立役者たち」『国際政治』第75号、1983年、130〜149頁。

吉次公介「池田＝ケネディ時代の日米安保体制」『国際政治』第126号、2001年、37〜51頁。

李元徳「日韓基本条約と北朝鮮問題——唯一合法性条項とその現在的含意」李鍾元、木宮正史、浅野豊美［編］『歴史としての日韓国交正常化』Ⅰ、法政大学出版局、2011年、321〜349頁。

李尚珍「日朝協会の性格と役割」高崎宗司、朴正鎮［編］『帰国運動とは何だったのか』平凡社、2005年。

李鍾元「戦後米国の極東政策と韓国の脱植民地化」『アジアの冷戦と脱植民地化（近代日本と植民地 8）』岩波書店、1993年、3〜37頁。

———「東アジアにおける冷戦と地域主義——アメリカの政策を中心に」『講座・世紀間の世界政治3』日本評論社、1993年、185〜238頁。

———「韓日会談とアメリカ——『不介入政策』の成立を中心に」『国際政治』第105号、1994年、163〜181頁。

———「韓日国交正常化の成立とアメリカ——1960〜65年」『年報近代日本研究』第16号、1994年、272〜305頁。

———「日韓の新公開外交文書に見る日韓会談とアメリカ（1）——朴正熙軍事政権の成立から「大平・金メモ」まで」『立教法学』第76号、2009年、1〜33頁。

瀬々敦子「大陸法国における信託の受容の在り方について――中国、日本、フランス、ドイル、ケベック、スコットランド等を比較して」『京都府立大学学術報告（公共政策）』第3号、2011年、45～66頁。

添谷芳秀「中国の台頭と日韓協力」小此木政夫、河英善［編］『日韓新時代と共生複合ネットワーク』慶應義塾大学出版会、2012年、73～94頁。

高崎宗司「第3次日韓会談と「久保田発言」」『思想』1985年、53～67頁。

―――「日韓条約で補償は解決したか」『世界』第572号、1992年、40～47頁。

高松基之「チャイナ・ディファレンシャル緩和問題をめぐってのアイゼンハワー政権の対応」『国際政治』第105号、1994年、60～79頁。

高橋伸夫「中国と社会主義陣営――1960年代を中心に」『国際政治』第107号、1994年、30～42頁。

田中孝彦「冷戦史の再検討」『国際政治』第134号、2003年、1～8頁。

田中宏「日本の戦後責任とアジア――戦後補償と歴史認識」『アジアの冷戦と脱植民地化（近代日本と植民地 8）』岩波書店、1993年、183～215頁。

張博珍「日韓会談における被害補償交渉の過程分析――「賠償」・「請求権」・「経済協力」方式の連続性」李鍾元、木宮正史、浅野豊美［編］『歴史としての日韓国交正常化』Ⅰ、法政大学出版局、2011年、21～52頁。

鄭敬娥「60年代における日本の東南アジア開発」『国際政治』第126号、2001年、117～131頁。

ペテル・デュラナ「日本社会党の対朝鮮半島政策の源流と展開――1950年代野党外交における未発の可能性」李鍾元、木宮正史、浅野豊美［編］『歴史としての日韓国交正常化』Ⅰ、法政大学出版局、2011年、177～206頁。

長澤裕子「戦後日本のポツダム宣言解釈と朝鮮の主権」李鍾元、木宮正史、浅野豊美［編］『歴史としての日韓国交正常化』Ⅱ、法政大学出版局、2011年、129～156頁。

成田千尋「米国のベトナム戦争介入と日韓国交正常化――韓国軍ベトナム派兵に着目して」『史林』99巻2号、2016年、29～61頁。

西原正「日本外交と非正式接触者」『国際政治』第75号、1983年、1～11頁。

日朝協会『日朝友好運動10年のあゆみ』1960年、5～6頁。

朴正鎮「国際関係から見た帰国事業――赤十字国際委員会の参加問題を中心に」高崎宗司、朴正鎮［編］『帰国運動とは何だったのか――封印された日朝関係史』平凡社、2005年、147～151頁。

―――「日韓会談反対運動」李鍾元、木宮正史、浅野豊美［編］『歴史としての日韓国交正常化』Ⅰ、法政大学出版局、2011年、261～290頁。

―――「日韓会談と日朝関係　1950～1959年」李鍾元、木宮正史、浅野豊美［編］『歴史としての日韓国交正常化』Ⅰ、法政大学出版局、2011年、291～320頁。

朴ヨンジュン「『新時代』への道程」小此木政夫、河英善［編］『日韓新時代と共生複合ネットワーク』慶應義塾大学出版会、2012年、23～71頁。

———「1960年代韓国における冷戦と経済開発——日韓国交正常とベトナム派兵を中心にして」『法学志林』第92巻第4号、1995年、1～116頁。

———「韓国の対日導入資金の最大化と最適化」李鍾元、木宮正史、浅野豊美［編］『歴史としての日韓国交正常化』Ⅰ、法政大学出版局、2011年、115～144頁。

———「一九六〇年代韓国における冷戦外交の三類型——日韓国交正常化、ベトナム派兵、ASPAC」小此木政夫、文正仁［編］『市場・国家・国際体制』慶應義塾大学出版会、2001年、91～146頁。

金恩貞「日韓国交正常化交渉における日本政府の政策論理の原点——『対韓請求権論理』の形成を中心に」『国際政治』第172号、2013年、28～43頁。

———「日韓会談中断期、対韓請求権主張撤回をめぐる日本政府の政策決定過程——初期対韓政策の変容と連続、1953～57年」『神戸法学雑誌』第64巻第3・4号、2015年、1～47頁。

———「日韓会談請求権問題における日本政府の政策的連続性——『経済協力方式』の起源と妥結」『現代韓国朝鮮研究』第15号、2015年、17～29頁。

———「1950年初期、日本の対韓請求権交渉案の形成過程——『相互放棄プラスアルファ』案の形成を中心に」『アジア研究』第62巻第1号、2016年、9～23頁。

金昌禄「韓日請求権協定」『歴史論評』12月号、2015年、61～75頁。

金斗昇「池田政権の安全保障政策と日韓交渉——『経済安保路線』を中心に」『国際政治』第128号、2002年、192～210頁。

金民樹「対日講和条約と韓国参加問題」『国際政治』第131号、2002年、133～147頁。

木村昌人「日本の対韓民間経済外交——国交正常化をめぐる関西財界の動き」『国際政治』第92号、1989年、116～131頁。

小林玲子「日韓会談と『在日』の法的地位問題——退去強制を中心に」李鍾元、木宮正史、浅野豊美［編］『歴史としての日韓国交正常化』Ⅱ、法政大学出版局、2011年、297～324頁。

呉忠根「朝鮮分断の国際的起源——原則の放棄と現状の承認」『国際政治』第92号、1989年、96～115頁。

崔永鎬「終戦直後の在日朝鮮人・韓国人社会における『本国』指向性と第1次日韓会談」李鍾元、木宮正史、浅野豊美［編］『歴史としての日韓国交正常化』Ⅱ、法政大学出版局、2011年、237～265頁。

坂元一哉「日ソ国交回復交渉とアメリカ——ダレスはなぜ介入したか」『国際政治』第105号、1994年、144～162頁。

佐々木隆爾「いまこそ日韓条約の見直しを」『世界』第580号、1993年、120～136頁。

———「アジア・太平洋戦争の戦後補償のために支払った金額」『日本史研究』1994年、193～207頁。

佐藤哲雄「第二次世界大戦後の日本の賠償・請求権処理」『外務省調査月報』第1号、1994年、77～115頁。

元、木宮正史、浅野豊美［編］『歴史としての日韓国交正常化』Ⅰ、法政大学出版局、2011年、207～230頁。

五十嵐武士「アイゼンハワー政権の対外政策の解剖」『国際政治』第105号、1994年、94～111頁。

池田慎太郎「自民党の『親韓派』と『親台派』――岸信介・石井光次郎・船田中を中心に」李鍾元、木宮正史、浅野豊美［編］『歴史としての日韓国交正常化』Ⅰ、法政大学出版局、2011年、147～176頁。

池田直隆「アメリカの見た鳩山内閣の「自主」外交 」『国際政治』第129号、2002年、173～185頁。

石井修「『政治経済戦争』としての米国対外経済政策――アイゼンハワー期」『国際政治』第70号、1982年、100～119頁。

―――「冷戦変容期の国際政治」『国際政治』第107号、1994年、1～10頁。

伊藤隆、小此木政夫「李承晩の密書」『This is 読売』1999年、38～40頁。

井上正也「吉田茂の中国『逆浸透』構想――対中国インテリジェンスをめぐって、1952年-1954年」『国際政治』第151号、2008年、36～53頁。

岩崎政明「土地所有権の遡及的移転と課税処分――英国におけるequityの法理をめぐる議論を素材として」『税務大学校論叢』40周年記念論文集、2008年、61～82頁。

太田修「二つの講和条約と初期日韓交渉における植民地主義」李鍾元、木宮正史、浅野豊美［編］『歴史としての日韓国交正常化』Ⅱ、法政大学出版局、2011年、21～54頁。

奥園秀樹「朴正煕のナショナリズムと対米依存」『国際政治』第126号、2001年、65～79頁。

小此木政夫「米軍の南朝鮮進駐――間接統治から直接統治へ」赤木莞爾、今野茂光［編］『戦略史としてのアジア冷戦』慶應義塾大学出版会、2013年、83～105頁。

菅英輝「アメリカの戦後秩序構想とアジアの地域統合」『国際政治』第89号、1988年、109～125頁。

―――「ベトナム戦争をめぐる国際関係」『国際政治』第107号、1994年、11～29頁。

―――「ベトナム戦争と日米安保体制」『国際政治』第115号、1997年、75～93頁。

―――「冷戦の終焉と60年代性――国際政治史の文脈において」『国際政治』第126号、2001年、1～22頁。

菊池嘉晃「帰国運動・帰国事業と帰国者の「悲劇」」坂中英徳、韓錫圭、菊池嘉晃［共著］『北朝鮮帰国者問題の歴史と課題』新幹社、2009年、275～281頁。

岸信介、高碕達之助「アジアの経済開発とナショナリズム」『アジア問題調査会』1954年、1月号、22～31頁。

北岡伸一「賠償問題の政治力学」北岡伸一、御厨貴［編］『戦争・復興・発展』東京大学出版会、2000年、168～173頁。

木宮正史「韓国における内包的工業化戦略の挫折――5・16軍事政府の国家自律性の構造的限界」『法学志林』第91巻第3号、1994年、1～78頁。

松岡完『20世紀の国際政治』同文舘出版、1982年。

牧原出『内閣政治と「大蔵省支配」』中公叢書、2004年。

宮城大蔵『戦後アジア秩序の模索と日本』創文社、2004年。

───『戦後日本のアジア外交』ミネルヴァ書房、2015年。

テッサ・モーリス－スズキ［著］・田代泰子［訳］『北朝鮮へのエクソダス──「帰国事業」の影をたどる』朝日新聞社、2007年（朝日文庫、2011年）。

森田一［著］・服部龍二、昇亜美子、中島琢磨［編］『心の一燈──回想の大平正芳その人と外交』第一法規、2010年。

矢次一夫『わが浪人外交を語る』東洋経済新報社、1973年。

山下康雄『領土割譲の主要問題』有斐閣、1949年。

山本剛士『日韓関係──協力と対立の交渉史』教育社、1978年。

山本満『日本の経済外交──その軌跡と転回点』日経新書、1973年。

吉澤文寿『戦後日韓関係──国交正常化交渉をめぐって［新装新版］』クレイン、2015年。

吉次公介『池田政権期の日本外交と冷戦』岩波書店、2009年。

吉見俊哉『ポスト戦後社会──シリーズ日本近現代史〈9〉』岩波新書、2009年。

李鍾元『東アジア冷戦と韓米日関係』東京大学出版会、1996年。

───、木宮正史、浅野豊美［編］『歴史としての日韓国交正常化』Ⅰ・Ⅱ、法政大学出版局、2011年。

───、木宮正史、磯崎典世、浅羽祐樹［著］『戦後日韓関係史』有斐閣アルマ、2017年。

李庭植［著］・小此木政夫、吉田博司［訳］『戦後日韓関係史』中央公論社、1989年。

李東元［著］・崔雲祥［訳］『韓日条約締結秘話──ある2人の外交官の運命的出会い』ＰＨＰ研究所、1997年。

───・具末謨［訳］『日韓条約の成立──李東元回顧録　椎名悦三郎との友情』彩流社、2016年。

李東俊『未完の平和』法政大学出版局、2010年。

劉仙姫『朴正煕の対日・対米外交』ミネルヴァ書房、2012年。

若槻泰雄『戦後引揚げの記録』時事通信社、1991年。

和田春樹『朝鮮戦争全史』岩波書店、2002年。

渡辺昭夫［編］『戦後日本の対外政策』有斐閣、1995年。

1-4　公刊論文

浅野豊美「サンフランシスコ講和条約と帝国清算過程としての日韓交渉」李鍾元、木宮正史、浅野豊美［編］『歴史としての日韓国交正常化』Ⅱ、法政大学出版局、2011年、55〜94頁。

───「経済協力の国際政治的起源」浅野豊美［編］『戦後日本の賠償問題と東アジア地域再編』慈学社、2013年、197〜222頁。

安昭榮「韓日会談をめぐる日本の政策決定過程──1960年の局面転換期を中心に」李鍾

高柳賢三『英米法原理論　全訂版（英米法講義第1巻）』有斐閣、1958年。

――――『司法権の優位　増訂版（英米法講義第3巻）』有斐閣、1958年。

――――『英米法の基礎（英米法講義第4巻）』有斐閣、1958年。

武田竜夫『日本の外交――積極外交の条件』サイマル出版会、1990年。

田中孝彦『日ソ国交回復の史的研究――戦後日ソ関係の起点――1945〜1956』有斐閣、1993年。

ロー・ダニエル『竹島密約』草思社、2008年。

谷田正躬、辰巳信夫、武智敏夫［編］『日韓条約と国内法の解説』大蔵省印刷局、1966年。

ヴィクターD・チャ［著］・船橋洋一、倉田秀也［訳］『米日韓反目を超えた提携』有斐閣、2003年。

沈志華［著］・朱建栄［訳］『最後の「天朝」――毛沢東・金日成時代の中国と北朝鮮』上・下、岩波書店、2016年。

陳肇斌『戦後日本の中国政策――1950年代東アジア国際政治の文脈』東京大学出版会、2000年。

永野慎一郎、近藤正臣［編］『日本の戦後賠償――アジア経済協力の出発』勁草書房、1999年。

H・ニコルソン［著］・斎藤眞、深谷満雄［訳］『外交』東京大学出版会、1968年。

日韓漁業協議会『日韓漁業対策運動史』日韓漁業協議会、1968年。

波多野澄雄［編］『池田・佐藤政権期の日本外交』ミネルヴァ書房、2004年。

――――、佐藤晋『現代日本の東南アジア政策』早稲田大学出版部、2007年。

波多野善大『国共合作』中公新書、1973年。

服部龍二『大平正芳――理念と外交』岩波現代全書、2014年。

――――『日中国交正常化――田中角栄、大平正芳、官僚たちの挑戦』中公新書、2011年。

原彬久『岸信介――権勢の政治家』岩波新書、1995年。

韓培浩［著］・木宮正史、磯崎典世［訳］『韓国政治のダイナミズム』法政大学出版局、2004年。

朴天郁［著］・李潤玉［訳］『韓国近・現代史』夏雨、2017年。

朴正鎮『日朝冷戦構造の誕生1945-1965――封印された外交史』平凡社、2012年。

ディヴィッド・ハルバースタム［著］・山田耕介、山田侑平［訳］『ザ・コールデスト・ウインター――朝鮮戦争』上・下、文春文庫、2012年。

樋渡由美『戦後政治と日米関係』東京大学出版会、1990年。

福永文夫『大平正芳――「戦後保守」とはなにか』中公新書、2008年。

船橋洋一［編著］『いま、歴史問題にどう取り組むか』岩波書店、2001年。

保城広至『アジア地域主義外交の行方――1952-1966』木鐸社、2008年。

細谷千博『サンフランシスコ講和への道』中央公論社、1984年。

――――『日本外交の軌跡』日本放送出版協会、1993年。

――――、有賀貞［編］『国際環境の変容と日米関係』東京大学出版会、1987年。

岸信介『岸信介回顧録――保守合同と安保改定』廣済堂出版、1983年。

―――、矢次一夫、伊藤隆『岸信介の回想』文藝春秋、1981年（文春学藝ライブラリー、2014年）。

北岡伸一『自民党――政権党の38年』読売新聞社、1995年。

―――『日本政治史――外交と権力』有斐閣、2011年（増補版、2017年）。

木宮正史『国際政治のなかの韓国現代史』出川出版社、2012年。

―――、李元徳［編］『日韓関係史　1965–2015：①政治』東京大学出版会、2015年。

木村幹『朝鮮・韓国ナショナリズムと「小国」意識――朝貢国から国民国家へ』ミネルヴァ書房、2000年。

―――『近代韓国のナショナリズム』ナカニシヤ出版、2009年。

―――『韓国における「権威主義的」体制の成立――李承晩政権の崩壊まで』ミネルヴァ書房、2003年。

清宮龍『素顔の首相と大物政治家　戦後編』善本社、2010年。

金斗昇『池田勇人政権の対外政策と日韓交渉』明石書店、2008年。

金東祚［著］・林建彦［訳］『韓日の和解――日韓交渉14年の記録』サイマル出版会、1993年。

金学俊『朝鮮戦争――原因・過程・休戦・影響』論創社、2007年。

権容奭『岸政権期の「アジア外交」――「対米自主」と「アジア主義」の逆説』国際書院、2008年。

楠綾子『吉田茂と安全保障政策の形成』ミネルヴァ書房、2009年。

―――『占領から独立へ』吉川弘文館、2013年。

近代日本研究会［編］『戦後外交の形成』山川出版社、1994年。

国際法事例研究会『日本の国際法事例研究（6）戦後賠償』ミネルヴァ書房、2016年。

小島晴則『幻の祖国に旅立った人々――北朝鮮帰国事業の記録』2014年。

―――『写真で綴る北朝鮮帰国事業の記録――帰国者九万三千余名最後の別れ』高木書房、2016年。

坂中英徳、韓錫圭、菊池嘉晃［共著］『北朝鮮帰国者問題の歴史と課題』新幹社、2009年。

佐道明広、小宮一夫、服部龍二［編］『人物で読む現代日本外交史――近衛文麿から小泉純一郎まで』吉川弘文館、2008年。

椎名悦三郎追悼録刊行会『記録　椎名悦三郎（下巻）』1982年。

下村恭民、辻一人、稲田十一、深川由起子［著］『国際協力――その新しい潮流』有斐閣選書、2013年。

杉道助追悼録刊行委員会編発行『杉道助追悼録』上・下、1965年。

鈴木宏尚『池田政権と高度成長期の日本外交』慶應義塾大学出版会、2013年。

高崎宗司『検証日韓会談』岩波新書、1996年。

―――、朴正鎮［編］『帰国運動とは何だったのか――封印された日朝関係史』平凡社、2005年。

西村熊雄『サンフランシスコ平和条約』鹿島研究所出版会、1971年。

［著者不明］『在外財産問題の処理の記録——引揚者特別交付金の支給』内閣総理大臣官房管理室、1973年。

『朝日新聞』

『毎日新聞』

『讀賣新聞』

『赤旗』

1-3　単行本

赤木完爾、今野茂充［編］『戦略史としてのアジア冷戦』慶應義塾大学出版会、2013年。

浅野豊美［編］『戦後日本の賠償問題と東アジア地域再編』慈学社、2013年。

グレアム・アリソン、フィリップ・ゼリコウ［著］・漆嶋稔［訳］『決定の本質——キューバ・ミサイル危機の分析』第2版Ⅰ・Ⅱ、2016年。

五百旗頭真『米国の日本占領政策』上・下、中央公論社、1985年。

———［編］『戦後日本外交史』有斐閣アルマ、2007年（第3版補訂版、2014年）。

———［編］『日米関係史』有斐閣、2008年。

五十嵐武士『日米関係と東アジア——歴史的文脈と未来の構想』東京大学出版会、1999年。

池井優『駐日アメリカ大使』文春新書、2001年。

———『語られなかった戦後日本外交』慶應義塾大学出版会、2012年。

石井修『冷戦と日米関係』ジャパンタイムズ、1989年。

———『国際政治史としての20世紀』有信堂、2000年。

伊藤昌哉『池田勇人——その生と死』至誠堂、1966年。

井上正也『日中国交正常化の政治史』名古屋大学出版会、2010年。

岩見隆夫『田中角栄——政治の天才』学陽書房、1998年。

———『岸信介——昭和の革命家』学陽書房、1999年。

太田修『日韓交渉——請求権問題の研究［新装新版］』クレイン、2015年。

大平正芳『私の履歴書』日本経済新聞社、1978年。

小此木政夫、張達重［編］『戦後日韓関係の展開』慶応義塾大学出版会、2005年。

———、河英善［編］『日韓新時代と共生複合ネットワーク』慶應義塾大学出版会、2012年。

———、文正仁［編］『市場・国家・国際体制』慶應義塾大学出版会、2001年。

ブルース・カミングス［著］・鄭敬謨、林哲、加地永都子［訳］『朝鮮戦争の起源1——1945-1947年、解放と南北分断体制の出現』2012年。

———・鄭敬謨、林哲、山岡由美［訳］『朝鮮戦争の起源2——1947-1950年、「革命的」内戦とアメリカの覇権』上・下、2012年。

菊池嘉晃『北朝鮮帰国事業——「壮大な拉致」か「追放」か』中公新書、2009年。

参考文献

（日本語文献は五十音順、韓国文献は가나다順）

1　日本語文献

1-1　未公刊史料

◆公文書

情報公開に基づく日本外務省開示文書（詳細な文書情報は脚注で表記）

2007年、開示請求番号　2006-588。

2008年、開示請求番号　2006-588。

2013年、開示請求番号　9506-588。

◆国会会議録検索システム（http://kokkai.ndl.go.jp）

1-2　公刊史料・定期刊行物

大蔵省理財局外債課『日韓請求権問題参考資料（未定稿、第2分冊）』1963年。

大蔵省財政史室［編］『昭和財政史――終戦から講和まで：1．総説』1984年。

―――『昭和財政史第1巻：総説』東洋経済新報社、2000年。

―――『昭和財政史第2巻：財政――政策及び制度』東洋経済新報社、2000年。

―――『昭和財政史第3巻：予算（1）』東洋経済新報社、2000年。

―――『昭和財政史第4巻：予算（2）』東洋経済新報社、2000年。

条約局法規課『講和条約研究資料　第1巻～第5巻』1950年。

―――講和条約研究資料　第6巻――平和条約案に対する独乙国意見書』1951年。

―――『領土割譲と国籍・私有財産　講和条約の研究　第1部（山下教授）』1951年。

―――『講和条約と在外資産　講和条約の研究　第2部（山下教授）』1951年。

―――『講和条約と外国財産　講和条約の研究　第3部（山下教授）』1951年。

―――『講和条約と工業所有権　講和条約の研究　第4部（山下教授）』1951年。

―――『戦争と契約　講和条約の研究　第5部（山下教授）』1951年。

―――『米国の独乙財産処理　講和条約の研究　第6部（山下教授）』1951年。

―――『講和条約研究資料（上巻）』1951年。

―――『講和条約研究資料（下巻）』1951年。

外務省、法務省、農林省［編］『日韓条約と国内法の解説』大蔵省印刷局、1966年。

外務省条約局、法務府法制意見局［編］『解説平和条約――日本の約束』印刷庁、1951年。

ハ行

マ行

ヤ行

ラ行

タ 行

ナ 行

サ 行

主要事項索引

英字

ア行

カ行

サ行

タ行

ナ行

ハ行

主要人名索引

ア行

カ行

［著者略歴］

金恩貞（キム・ウンジョン）
大阪市立大学法学研究科客員研究員
二〇〇九年大阪市立大学法学部卒業。二〇一五年神戸大学大学院法学研究科博士後期課程修了。博士（政治学、神戸大学）。神戸大学大学院法学研究科特別研究員、公益財団法人ひょうご震災記念21世紀研究機構主任研究員などを経て、二〇一七年より現職。

日韓国交正常化交渉の政治史

二〇一八年　二月二八日　初版第一刷発行
二〇一九年　五月一八日　初版第二刷発行

著者　金恩貞
発行者　千倉成示
発行所　株式会社 千倉書房
〒一〇四-〇〇三一　東京都中央区京橋二-四-一二
電話　〇三-三二七三-三九三一（代表）
https://www.chikura.co.jp/

印刷・製本　精文堂印刷株式会社
造本装丁　米谷豪

ISBN 978-4-8051-1138-3 C3031

叢書 21世紀の国際環境と日本

001
同盟の相剋
水本義彦 著

比類なき二国間関係と呼ばれた英米同盟は、なぜ戦後インドシナを巡って対立したのか。超大国との同盟が抱える試練とは。
❖A5判／本体 三八〇〇円＋税／978-4-8051-0936-6

002
武力行使の政治学
多湖淳 著

単独主義か、多角主義か。超大国アメリカの行動形態を左右するのは如何なる要素か。計量分析と事例研究から解き明かす。
❖A5判／本体 四二〇〇円＋税／978-4-8051-0937-3

003
首相政治の制度分析
待鳥聡史 著

選挙制度改革、官邸機能改革、政権交代を経て「日本政治」は如何に変貌したのか。二〇一二年度サントリー学芸賞受賞。
❖A5判／本体 三九〇〇円＋税／978-4-8051-0993-9

表示価格は二〇一九年五月現在

千倉書房

叢書
21世紀の国際環境と日本

004
人口・資源・領土
春名展生 著
人口の増加と植民地の獲得を背景に、日本の「国際政治学」が歩んだ近代科学としての壮大、かつ痛切な道のりを描く。
❖A5判／本体 四二〇〇円＋税／978-4-8051-1066-9

005
「経済大国」日本の外交
白鳥潤一郎 著
石油危機に直面した資源小国が選択した先進国間協調という外交戦略の実像。二〇一六年度サントリー学芸賞受賞。
❖A5判／本体 四五〇〇円＋税／978-4-8051-1067-6

006
冷戦の終焉と日本外交
若月秀和 著
貿易摩擦、歴史認識問題、そして冷戦の終焉へ。一九八〇年代の日本外交の達成と蹉跌から、いま我々は何を学ぶべきか考える。
❖A5判／本体 七〇〇〇円＋税／978-4-8051-1113-0

表示価格は二〇一九年五月現在

千倉書房

統治の条件　前田幸男・堤英敬 編著

綿密な調査に基づいて民主党の政権運営と党内統治を検証し、自民党「以外」が政権を担当するための「条件」を探る。

❖Ａ５判／本体　四五〇〇円＋税／978-4-8051-1052-2

分裂と統合の日本政治　砂原庸介 著

統治機構改革から二〇年を経た日本政治は、有権者に新たな選択肢を提供できているのか。二〇一七年度大佛次郎論壇賞受賞。

❖Ａ５判／本体　三六〇〇円＋税／978-4-8051-1112-3

政党政治の制度分析　建林正彦 著

選挙制度改革は日本政治をどう変えたのか。政権交代がもたらした議員たちの政策選好の変化を数量分析が捉える。

❖Ａ５判／本体　四六〇〇円＋税／978-4-8051-1119-2

千倉書房

表示価格は二〇一九年五月現在

安全保障政策と戦後日本 1972〜1994

河野康子＋渡邉昭夫 編著

史料や当事者の証言をたどり、七〇年代から九〇年代へと受け継がれた日本の安全保障政策の思想的淵源と思索の流れを探る。

❖A5判／本体 三四〇〇円＋税／978-4-8051-1099-7

戦後スペインと国際安全保障

細田晴子 著

基地や核をめぐる対米関係、地域安全保障の要衝、日本と通じる状況を抱えたスペインは如何にして戦後国際社会へ復帰したか。

❖A5判／本体 三八〇〇円＋税／978-4-8051-0997-7

人間の安全保障

福島安紀子 著

世界の安全保障に寄与し、グローバル化・多様化する脅威に立ち向かうための日本の政策フレームワークを提言する。

❖A5判／本体 四二〇〇円＋税／978-4-8051-0958-8

表示価格は二〇一九年五月現在